冬季奥林匹克运动项目概览

刘志睿 陈曲骏骊 张 博 主 编

中国纺织出版社有限公司

内 容 提 要

《冬季奥林匹克运动项目概览》是掌握冬季奥林匹克竞赛通用知识，是高等体育院校冬季奥林匹克运动专业、运动训练（冰雪）专业学习的主要内容，本书作为教学、培训教材，包括各冬季奥林匹克运动项目通识知识。主要介绍冬季奥林匹克运动会竞赛项目的起源沿革、比赛设项、比赛设施、比赛规则和观赛礼仪等相关知识。

图书在版编目（CIP）数据

冬季奥林匹克运动项目概览 / 刘志睿，陈曲骏骊，张博主编．-- 北京 : 中国纺织出版社有限公司，2022.12

ISBN 978-7-5229-0198-5

Ⅰ．①冬… Ⅱ．①刘… ②陈… ③张… Ⅲ．①冬季奥运会－体育项目－基本知识 Ⅳ．①G811.212

中国版本图书馆 CIP 数据核字（2022）第 253109 号

责任编辑：闫 星　　责任校对：寇晨晨　　责任印制：储志伟

中国纺织出版社有限公司出版发行

地址：北京市朝阳区百子湾东里 A407 号楼　邮政编码：100124

销售电话：010—67004422　传真：010—87155801

http://www.c-textilep.com

中国纺织出版社天猫旗舰店

官方微博 http://weibo.com/2119887771

北京虎彩文化传播有限公司印刷　各地新华书店经销

2022 年 12 月第 1 版第 1 次印刷

开本：889×1194　1/16　印张：25

字数：658 千字　定价：168.00 元

《冬季奥林匹克运动项目概览》编委会

主　编：刘志睿　陈曲骏骊　张　博

副主编：王子涵　高　一　李智鹏　贺　鹤

前言

进入21世纪，我国体育领域对体育专门人才的需求发生了很大变化，为适应人才培养需要，“冬季奥林匹克运动”课程作为通识课程，面向体育院校各专业学生开设。本书作为“冬季奥林匹克运动”课程专用教材，从各体育专业学生的专业特点出发，根据各体育专业教学计划和培养目标，结合课程教学实际的基础上编写的。

本书比较全面地介绍了冬季奥林匹克运动的各个项目，课程取材坚持理论与实践兼顾和少而精的原则。部分内容结合目前国际及我国体育运动项目的发展进行适当拓展，着眼于运动实践活动，以期帮助各体育专业学生掌握冬季奥林匹克运动项目的基础知识，为今后开展各种冬季奥林匹克运动项目领域工作和研究提供必要的知识准备。总括全书，体现了以下特色。

1. 人文性

编写中把握“以人为本”的教育思想，力求通过冬季奥林匹克运动项目的平台，把握时代发展的脉搏与冬季奥林匹克运动项目领域的变化，使学生不断更新体育观念、增强参与意识、提高体育文化素养、优化生活方式，最终达到促进学生健康、学会生活、提高生活品质和养成终身体育锻炼的目标。

2. 普适性

编写中贴近实际，通识性和实践性鲜明，力求能够适应多种课程类型的需要。既适用于对冬季奥林匹克运动项目的基础知识及发展趋势感兴趣的学生，抑或在对此类运动项目研究过程中可能涉及该类问题的学生，也可用作普通高校公共体育课程的教学。

3. 时效性

本书对冬季奥林匹克运动项目的选择注重及时反映各项目发展的前沿信息，将近年来与教材内容相关的、得到公认的前沿知识选择性地进行吸收和补充，体现本书的时代特征。

4. 趣味性

本书编写以冬季奥林匹克运动项目的历史发展及项目欣赏为切入点，以各冬季奥林匹克运动项目的基础知识为传授平台，以形式多样、注重实践的教学模式为媒介，注重内容的趣味性。

本书编写人员队伍专业化、年轻化。其中博士4人，平均年龄在40岁以下，大多从事高校体育教学、竞赛和裁判工作十年以上，有4人还有在国外学习或工作的经历。

本书主要用作全国体育院校的相关冬季奥林匹克专业、冰雪运动专业及运动训练（冰雪）专业开设的“冬季奥林匹克运动”课程的教学用书，也可作为广大中小学体育教师再教育的自学参考书。

本书的编写分工如下：

刘志睿负责框架体系设计、稿件整理及审稿工作，并负责编写第二章第一至第十四节，第三章第一、第四、第五节（约17.1万字）。陈曲骏骊负责编写第四章第一、第二、第四、第五节（约15.6万字）。张博负责编写第一章，第二章第十五至第二十四节，第四章第六节，第五章（约15.3万字）。王子涵负责编写第三章第三节（约4.5万字）。高一负责编写第四章第三节（约4.3万字）。李智鹏负责编写第四章第七节（约4.5万字）。贺鹤负责编写第三章第二节（约4.5万字）。

编者

2022年8月

目 录

第一章　冬季奥林匹克运动会概述

第一节　冬季奥林匹克运动会的起源

冬季奥林匹克运动会（olympic winter games，以下简称“冬奥会”），在全世界各国和地区轮流举行，是世界上规模最大的冬季综合性运动会。冬奥会参与国分布在世界各地，包括欧洲、非洲、美洲、亚洲、大洋洲，由国际奥林匹克委员会（international olympic committee，以下简称“国际奥委会”）主办，按实际举行次数计算届数。

19 世纪末 20 世纪初，随着国际体育运动的兴起，冬季运动得到了人们较大的关注，一些冰雪运动如滑冰、滑雪、冰球、雪橇等项目在欧美国家逐渐普及和发展。各种项目组织在欧美国家纷纷建立，一些跨国性的冬季运动单项赛会也相继举行。例如，1880 年美国纽约布鲁克林区举行的国际速度滑冰对抗赛，1883 年挪威举行的霍尔门科伦国际传统滑雪赛和瑞士达沃斯国际无舵雪橇赛，以及 1885 年德国汉堡和芬兰吕伐登举行的国际速度滑冰冠军赛等。随后，1887 年在挪威成立了世界上第一个滑雪俱乐部，1890 年在加拿大成立了世界上第一个冰球协会，1892 年国际滑冰联盟在荷兰成立，1893 年在荷兰阿姆斯特丹举行了首届男子速度滑冰锦标赛。然而，由于冬季项目自身的局限性和最初的小众性，在 1896 年首届奥运会筹办的时候，冬季项目并未纳入竞赛范围。

在冰雪运动日益普及的情况下，现代奥运会发起人顾拜旦建议单独举办冬奥会。1901 年在欧洲斯堪的纳维亚半岛举行的两项运动比赛非常成功，获得了观众的认可和好评，但冬奥会建议未被采纳。主要原因是缺少挪威和瑞典等冰雪强国的支持，这样的设想不得不暂时搁浅。1908 年，法国又成立了世界范围的国际冰球联合会。

令人兴奋的是，1908 年在英国伦敦举办的第四届夏季奥运会上增加了花样滑冰项目。4 月 27 日，来自瑞典、德国、俄国、奥地利以及英国的 21 名花样滑冰运动员，在伦敦的普林西斯人造滑冰馆进行了男子规定滑、男子自由滑、女子单人以及双人滑四个项目的比赛，这是现代冬奥会花样滑冰的起源。比赛吸引了大量观众，花样滑冰高雅的艺术魅力给大家留下了深刻的印象。一些冬季项目的参与者在倍感欣慰的同时，开始酝酿如何真正单独举办冬奥会。

1911 年，当时的国际奥委会委员康特·布伦内塔·迪瑟乌希首次在匈牙利布达佩斯第十一次会议上提出单独举办冬奥会的建议，但是遭到了其他国家的明确反对，专家分析反对者担心举办冬奥会影响传统的霍尔门科伦滑雪大赛以及北欧运动会的国际地位。更让人出乎意料的是，第五届斯德哥尔摩奥运会的组织者瑞典甚至都没有将花样滑冰比赛列入比赛项目，也不修建滑冰馆，从话语和行为上都采取了排斥的态度。

尽管如此，冰雪运动参与者还是没有放弃，年轻的后来人不但努力让花样滑冰在 1920 年比利时安特卫普举办的第七届奥运会上回归，而且增加了一项新的集体项目——冰球。花样滑冰和冰球加入奥运会后引起了观众的极大兴趣，但因天气条件给组织者带来诸多不便，这两个项目都提前在 4 月份进行，而大多数比赛项目和奥运会的开幕式直到 8 月中旬才举行。这使得一届奥运会要持续长达五个月的时间，在人力、物力上耗费太大。鉴于此，人们倾向于把冰雪项目从奥运会中分离出来，单独进行冰雪项目的奥运会。

1921 年 7 月 2 日，第七届奥林匹克代表大会在瑞士洛桑举行，讨论了法国的提议，并向国际奥委会建议单独举办冬奥会。因为对后续的发展难以预测，同时避开敏感的“冬奥会”字眼，出于保守考虑，1922 年在法国巴黎举行的会议上决定将这次比赛命名为“国际冬季体育运动周”。

随后，在法国的夏蒙尼市承办了当时被称为“国际冬季体育运动周”的运动会，来自十六个国家的 258 名运动员在夏蒙尼进行了七个项目的比赛，良好的竞赛氛围和影响力让人们感受到了冬季奥运项目的魅力。由于与巴黎世界博览会同时举办，本届奥运会实质上变成了世界博览会的一部分，成了招揽观众的体育表演，因此本届奥运会的大部分宣传品上都没有出现“奥林匹克”的字样。虽然被“淹没”在世界博览会中，但女性运动员的首次参与还是开创了奥林匹克运动的历史。

1925 年，在捷克布拉格举行的第二十二次会议上决定追认 1924 年法国夏蒙尼“国际冬季体育运动周”为第一届冬季奥林匹克运动会。

冬奥会最初规定每四年举行一次，与夏奥会在同一年、同一个国家举行。从 1928 年德国圣莫里茨举办第二届冬奥会开始，冬奥会与夏奥会的举办地点改在不同的国家举行。

1924 年 1 月 25 日，是冬季奥林匹克运动会的传承者永远不会忘记的一天，正是这天，叩响了冬季奥林匹克运动诞生的大门。如果没有近代奥林匹克发起人顾拜旦先生的坚持，如果没有冬季项目在欧美的群众基础，也许人们就感受不到如今的冰雪运动的魅力了。正是这位现代奥林匹克之父，促进了夏奥会与冬奥会的和谐发展。

第二节　冬季奥林匹克运动的发展

1908 年第四届英国伦敦和 1920 年第七届比利时安特卫普奥运会，曾将花样滑冰运动和冰球运动被列为正式比赛项目。在 1924 年第八届法国巴黎奥运会前，在法国的夏蒙尼举行“国际冬季体育运动周”，进行冬季运动项目比赛。1925 年国际奥委会布拉格会议决定每四年举行一次这类运动会，并将夏蒙尼“国际冬季体育运动周”作为第一届冬奥会。自 1924 年第一届冬奥会开始，每四年一届，截至 2022 年已经举办了二十四届。1986 年，国际奥委会全会决定从 1994 年起将冬奥会和夏奥会分开，间隔两年举行。1992 年冬奥会（法国阿尔贝维尔）是最后一届与夏奥（西班牙巴塞罗那）会同年举行的冬奥会。

冬奥会先后在欧洲、北美洲、亚洲等国家成功举办，共有 96 个国家和地区先后参加冬奥会。参赛人数由 1924 年的 258 人，增至 2022 年的 2 892 人。冬奥会的影响力已经从欧美冰雪体育强国逐渐向世界各国扩散，参赛国家已经遍布五大洲。虽然冬奥会在参赛地域和影响力上无法与夏奥会相比拟，但它已经成为国际奥委会竞赛活动非常重要的组成部分，其特有的内涵与魅力吸引了大量冰雪运动爱好者的参与。

第二十四届冬奥会于 2022 年 2 月 4 日至 2 月 20 日在中国北京和张家口举行。冬奥会的举办城市与夏奥会的举办城市的差别在于举办城市的属性。夏奥会一般都是在首都或者大城市举办，而冬奥会在首都举办的仅有两次，早期的举办地多为较偏远、降雪量多的山城小镇。北京也成为世界上首个同时举办过夏奥会和冬奥会的城市。

随着人们对奥林匹克内涵认识的加深，冬奥会的外延不断扩大，使得物质文化建设逐渐丰富起来。会徽、奖牌、火炬、海报、吉祥物的设计是每一届奥运会的必要组成部分。会徽的意义超越奖牌、吉祥物、主体育场造型等一切奥运元素，它具有跨越国界的力量，它向全世界展示主办国家及城市对于奥林匹克精神的理解。从早期复杂的招贴画式会徽到如天简约抽象的艺术性徽记，城市与民族的痕迹深深地烙印在每一届奥运会会徽上面。

开幕式是每届奥运会的一大亮点，是举办国对外展示与宣传自己的窗口。奥运会的入场仪式随着时间的推移而日趋完善，随着世界大环境的变迁，奥林匹克理想已超越政治制度、意识形态、文化传统、种族肤色的差异，具有极强的兼容性和广泛性，被世界各国人民所接受和推崇。

从 20 世纪 80 年代开始，关心下一代、尊重大自然相继被纳入奥运会的主题和目标。冬奥会努力倡导儿童参与，如 1988 年加拿大卡尔加里冬奥会首次将点燃主火炬的光荣使命授予少年，1994 年挪威利勒哈默尔冬奥会开幕式由两个明星和六名儿童组成的“家庭”共同主持。1994 年，冬奥会将圣火改用酒精作为燃料；1998 年日本长野冬奥会，为了减少火炬燃烧的二氧化碳，采用丙烷代替传统石蜡作为燃料，并且将“提倡儿童参与，尊重大自然、和平与友谊”作为目标。组织者在场馆设计和建设的过程中，力求少砍伐树木，同时注意保护动物，比赛场地的开发建设都经过专家评估，并遵循自然优先的原则。

从早期的指定城市举办奥运会，到现在的竞争申办奥运会，变化的背后看重的是冬奥会给举办城市、举办国家带来的新变化。运动会的会期只不过半个月左右的时间，但通过举办运动会带动城市的建设和发展的红利则能持续几十年。

例如，通过拓宽马路，改扩建机场、车站等交通枢纽，可以使城市的基础设施更加完善；通过新建体育场馆，可以丰富城市的体育设施，让市民进行体育活动时有更多的选择；通过举办全球性的体育盛会，还能吸引世界各国的游客纷至沓来，促进旅游业的发展，带动并激活整个经济产业链，使举办城市乃至整个国家进入一个崭新的发展阶段。运动会所带来的这些好处是真真切切的，它是造福社会的一种表现形式，是千载难逢的发展机遇，这就是各国争相举办冬奥会的重要原因。

媒体在冬奥会的发展过程中也扮演着重要角色。报道冬奥会的媒体形态由单一到多样，经历了平面媒体主导、广电媒体主导、网络媒体主导和多媒体融合这四个时期。媒体在冬奥会的位置经历了由边缘到中心，由从属到主导的变化，围绕媒体出现了国际奥委会、奥运会组委会、赞助商、广告商、政治集团等诸多利益群体的博弈，媒体自身也存在着平面媒体、广播、电视及以网络和手机为标志的新媒体之间的博弈。这些博弈不仅影响冬奥会及其报道媒体的发展，而且对媒体服务的对象、目标、内容、标准及方式等各个方面也产生了深刻影响，从而决定了冬奥会媒体服务的基本走向。

截至 2022 年北京・张家口冬奥会，从历届冬奥会获得前三名的国家所属地域统计来看，获得前三名的国家的次数共计 71 次。其中，中欧 22 次（民主德国 5 次、德国联队 1 次、德国 9 次、奥地利 4 次、瑞士 3 次）；北欧 22 次（挪威 15 次、芬兰 3 次、瑞典 4 次）；东欧 13 次（苏联 9 次、独联体 1 次、俄罗斯 3 次）；北美洲 13 次（美国 10 次、加拿大 3 次）；西欧 1 次（法国 1 次）；亚洲 1 次（中国 1 次）。

由此可见，欧洲国家有 58 次进入奖牌榜前三位，占 81.6%，美洲国家 13 次，占 18.3%，欧美等冰雪强国垄断了冬奥会奖牌榜的前三位。虽然现今五大洲都有参与，但是由于自然地理等因素的限制，有的国家很难有好的训练和备战环境，像大洋洲的澳大利亚能取得金牌实属不易，其他国家更多地则是重在参与。参与冬奥会次数最多的运动员分别是来自瑞典的埃里克松、澳大利亚的科茨、奥地利的埃德尔和英国的迪克森，他们各自参加过六届冬奥会。

冬奥会的比赛项目由首届冬奥会所设置的 4 个大项、7 个分项、16 个小项，发展到 2022 年北京第二十四届冬奥会的 7 个大项、15 个分项、109 小项。

从冬奥会的大项设置来看，从第一届冬奥会的四个大项发展为第二十四届的 7 个大项，整体呈现出了“缓慢式、渐进式”的上升趋势，总体增幅不大。冬奥会设置的滑冰、冰球、冰壶、滑雪、冬季两项、有舵雪橇和无舵雪橇 7 个大项，已经覆盖了所有冰雪运动的大项。其中，冰上占 3 项，雪上占 4 项。

从冬奥会的分项设置来看，自第一届冬奥会的 7 个分项发展到第二十四届的 15 个分项，分项增长 2.1 倍。15 个分项里，冰上项目占了 5 项，雪上项目占了 10 项，雪上项目为冰上项目数量的两倍。分项设置作为大项设置的纽带，能确保冬奥会项目设置的平稳增长与协调发展。

从冬奥会的小项设置来看，自首届的 16 个小项，发展到第二十四届的 109 个小项，增长 6.8 倍。增长量度很大的原因，一方面是冰雪运动的迅速发展，另一方面是女性社会地位提高，她们参与竞技运动的积极性也相应地提高了。

在大项设置趋于饱和，分项设置稳步拓展的态势下，项目设置的发展趋势主要是大项增加缓慢，小项发展快速；增设项目的空间集中表现在小项的数量增加上，主要是参赛人数的变化以及女性项目的增加和竞赛方式与方法的变化。女子项目和女运动员比例逐渐增大，女子项目的增加将会成为优先考虑的重点。男女项目设置即将逐步走向平等；按照男女项目均衡发展的基本思路，由于男女小项设立不均衡，适当增加女子小项或压缩男子小项将成为今后冬奥会小项变化的主要趋势。随着冬奥会参与人数和国家的增多，举办国在每届比赛的小项设置上也会作微幅调整。总体原则是要符合近些年国际奥委会控制比赛周期和人数的要求。

冬奥会的竞技格局呈现出强者恒强的态势，强势区域与弱势区域界限清晰，两极分化严重，长时间内这种状态会持续，弱势区域很难升级到强势区域。以俄罗斯、德国、挪威、美国为代表的欧美强势国形成长期区域垄断，项目发展相对均衡；较强国家项目发展不均衡，存在明显的选择性优势；弱势国家根据各自的国情，有重点地选择突破，形成了良好的发展态势。强势区域的激烈竞争、弱势区域的突破崛起，导致金牌分布趋于分散，各区域的竞技实力差距在此消彼长中逐渐缩小。

在冬奥会的发展过程中，和平与友谊依然是永恒的主题，是商业化和职业的任务所在。商业化的色彩也将越来越浓重，反兴奋剂斗争和保证裁判的执法公正将是长期的。

第三节　中国冬季奥林匹克运动的发展

一、中国与冬奥会结缘

与夏奥会相比，我国的冬奥会项目起步很晚，发展过程中表现出明显的项目不均衡的现象，对于冰雪项目我们还有很多空白，但具有一定的后发优势。与冬季项目相关的科学研究水平和装备制造业相对落后，北京 · 张家口 2022 年冬奥会成功举办之后，会对此有很大的促进作用。面对未来的发展机遇，我们应当再次剖析现实情况，有重点地发展优势项目，扶持潜在优势项目，打造一些有竞争力的一般项目。努力提高冬奥会的项目发展水平，促进项目发展科技创新，为冬奥会项目提供技术保障。开阔视野，以国际化视野加强冬奥会发展的制度、文化、物质建设，实现我国冬奥会城市与环境的可持续发展。在政治上，加大政府宏观调控力度，保证夏季运动项目和冬季运动项目协调发展；在经济上加大投入，以冰雪产业促进冬季运动项目的全面开展；在文化上，提升冰雪文化的内涵，引导群众性健身活动与竞技运动共同开展；在社会认同上，深化冬季运动项目改革，激发人民的参与热情。

我国于 1980 年首次派队参加冬奥会，在参加的 18 个单项比赛中没有一人进入前十名；1984 年南斯拉夫萨拉热窝的第十四届冬奥会上，在参加的 26 个单项比赛中没有人进入前六名，在 49 个参赛代表团中排名第二十三位。1988 年加拿大卡尔加里冬奥会，五星红旗首次在冬奥会赛场上升起，李琰在女子短道速滑表演赛中获 1 000 米金牌和 500 米、1 500 米铜牌。1992 年第十六届法国阿尔贝维尔冬奥会，叶乔波带伤顽强拼搏，夺得 500 米和 1 000 米两项速滑的银牌，虽与金牌擦肩而过，但实现了奖牌的突破。1994 年挪威利勒哈默尔的第十七届冬奥会中国代表团排名第十九位。1998 年日本长野冬奥会中国夺得多枚银牌，错失金牌良机，成为世纪遗憾。2002 年的美国盐湖城冬奥会上，杨扬为我国实现冬奥会金牌“零的突破”。2006 年第二十届意大利都灵冬奥会，中国以 2 金 4 银 5 铜的成绩排名第十四位。2010 年第二十一届加拿大温哥华冬奥会，中国代表团用 5 金 2 银 4 铜奖牌榜第七位的历史最佳战绩，让“中国红”飞扬在加拿大这个美丽的枫叶之国。2014 年第二十二届俄罗斯索契冬奥会，中国获得 3 金 4 银 2 铜，奖牌总数九枚，取得了较好的运动成绩，表现出良好的精神风貌，获得了双丰收。2018 年第二十三届韩国平昌冬奥会，中国代表团克服重重困难获得 1 金 6 银 2 铜，排在奖牌榜第十四位。2022 年第二十四届北京 · 张家口冬奥会，中国代表团以 9 金 4 银 2 铜，总计十五枚奖牌，位列奖牌榜第三。不仅实现了我国参加冬奥会的最好成绩，也刷新了自 2010 年加拿大温哥华冬奥会韩国代表团第五名的亚洲最好位序。

实现冬奥会金牌零的突破，这个目标是那样令人向往，而过程又是那样艰辛。从 1980 年中国首次参加美国普莱西德湖冬奥会到 1998 年日本长野冬奥会，叶乔波、李琰、张艳梅、李佳军、陈露等众多中国冰雪健儿为夺取冬奥会金牌进行了不屈不挠的努力。9 银 5 铜的成绩尽管距离冠军仅一步之遥，但这始终不能令人满意（短道速滑 1992 年之前是表演项目，因此成绩不被计入）。

2002 年美国盐湖城冬奥会让所有中国人、中国冰雪人多年的苦苦等待和期盼如愿以偿，而这一切都归功于一个名叫杨扬的短道速滑运动员。2 月 16 日 20 点 50 分（美国当地时间），当杨扬风驰电掣般地冲过盐湖城冬奥会女子 500 米决赛的终点线之后，杨扬将全身的力量和激情凝聚于自己的双拳，仿佛帮助自己摘得首枚冬奥会金牌的并非是她的双脚，而是双拳；紧随杨扬冲过终点线的王春露，尽管只得到了一枚铜牌，但脸上开心的笑容却比冠军还要灿烂，而看台上一直高悬着心观看比赛的杨阳和孙丹丹则已经泪流满面。中国选手杨扬在美国盐湖城冬奥会的短道速滑女子 500 米比赛中赢得金牌，实现了金牌零的突破后，世界三大通讯社——法新社、美联社和路透社均发表署名文章，对杨扬的成功和中国在冬季项目上的突破给予了高度评价。

中国冰雪健儿在世界舞台上奋力拼搏，争金夺银，为我国树立了良好的国际形象。历史会铭记杨扬、李琰、王濛、周洋、李坚柔、曲春雨、范可新、李佳军、武大靖、任子威、李文龙、叶乔波、王曼丽、张虹、王北星、高亭宇、陈露、申雪 / 赵宏博、庞清 / 佟健、张丹 / 张昊、隋文静 / 韩聪、王冰玉 / 柳荫 / 岳清爽 / 周妍、韩晓鹏、李妮娜、徐囡囡、郭心心、徐梦桃、刘佳宇、张鑫等运动员，他们开创和延续了中国的传统优势项目，同时还有很多优秀的运动员也值得我们尊重和敬佩。

二、中国冬运会的发展之路

与冬季奥林匹克运动会相对应的是中华人民共和国冬季运动会（national winter games of the people's republic of China），简称“全国冬运会”或“冬运会”，是中国规模最大，级别最高的冬季综合性体育赛事，每四年举办一次。第一届全国冬季运动会于1959年2月在哈尔滨市和吉林市举行，此后基本上是每四年举办一次，至2022年已举办十三届（第二届停办但届次照算，第十四届延期）。第一至第四届作为全国运动会的冬季项目，与全运会的夏季项目一起作为一项赛事举办。1983年以后，冬季运动会从全国运动会中分离，另行举办。

1959年第一届全国运动会没有设冰雪项目，但冰雪项目在2月单独举行了运动会，称为“1959年全国冬季运动会”。运动会分两地举行，滑雪项目在吉林市，冰上项目在哈尔滨市，参加的单位有北京市等12支队伍。其中参加滑雪项目的有5支队伍的122名运动员。

1965年第二届全国运动会举行，当时依旧没有包括冬季项目，而由于同期冰雪项目没有像首届全国冬季运会那样单独举行类似的综合性赛会，故没有第二届全国冬季运动会。

第三届全国冬季运动会于1976年1月16日至26日、2月18日至23日在黑龙江省哈尔滨市举行，共有14个代表队的972名运动员参加。比赛项目有速度滑冰、花样滑冰、冰球、高山滑雪和越野滑雪5个分项，67个小项，有607名运动员参加本届冬运会。

第四届全国冬季运动会于1979年分别在黑龙江省尚志市、新疆乌鲁木齐市和北京市三地举行，竞赛项目有速度滑冰、花样滑冰、冰球、高山滑雪和越野滑雪，共5个分项，60个小项，共有12支队伍的227名运动员参加。

第五届全国冬季运动会于1983年3月12日至22日由黑龙江省哈尔滨市承办，运动会设有花样滑冰、速度滑冰、短道速滑、冰球、高山滑雪、越野滑雪和现代冬季两项等7个分项，49个小项，共有607名运动员参加了比赛。

第六届全国冬季运动会于1987年3月8日至16日由吉林省吉林市承办，共设速度滑冰、短道滑冰、花样滑冰、冰球、高山滑雪、越野滑雪、冬季两项和跳台滑雪8个分项，共有15个代表团的573名运动员参加了比赛。

第七届全国冬季运动会于1991年2月2日至9日由黑龙江省哈尔滨市承办。本届冬运会有35个代表团参加，运动会设速度滑冰、花样滑冰、冰球、高山滑雪、越野滑雪、冬季两项、跳台滑雪7个分项，57个单项和1个表演项目——自由式滑雪（两个单项）。

第八届全国冬季运动会于1995年1月14日至24日由吉林省吉林市承办。来自全国33个代表队的579名冰雪运动员参加了9个分项58个小项的比赛。

第九届全国冬季运动会于1999年1月在吉林省长春市举行，共30个代表团的1168名运动员参赛。本届冬运会包括速度滑冰、短道速滑、花样滑冰、冰球、越野滑雪、高山滑雪、跳台滑雪、自由式滑雪和冬季两项9个分项的比赛。

第十届全国冬季运动会于2003年1月5日至18日在黑龙江省哈尔滨市举行。本届冬运会设置10个大项、74个小项，来自34个代表团的846名运动员参加了比赛。

第十一届全国冬季运动会于2008年1月18日至28日在黑龙江省齐齐哈尔市举行。本届冬运会共设11个分项，90个小项，来自北京等地的35个代表团的1 000多名运动员参加了本届冬运会，在参赛人数、比赛项目和赛事规模上都创造了新的纪录。

第十二届全国冬季运动会于2012年1月3日至13日由吉林省承办，本届冬运会是首次由省级政府承办的大型综合性冬季赛会，5个大项、12个分项、105个小项共吸引了43个代表团的1 067名运动员参加。

第十三届全国冬季运动会于 2016 年 1 月在新疆维吾尔自治区举行。此次冬运会是经国务院批准，由国家体育总局主办、新疆维吾尔自治区人民政府承办的综合性全国冬季运动会，这是新疆第一次举办全国综合性运动会。共有 1 389 名运动员在 5 个大项、11 个分项和 97 个小项里展开了激烈的角逐。

第十四届全国冬季运动会原定于 2020 年由内蒙古自治区举办的，但 2020 年 1 月 26 日，第十四届全国冬季运动会组委会宣布，接国家体育总局通知，“十四冬”将推迟举行。2022 年 8 月 15 日，体育总局办公厅宣布，第十四届全国冬季运动会延期至 2024 年年初举办。本届冬运会共设 7 个大项、15 个分项、109 个小项，设置滑冰（速度滑冰、短道速度滑冰、花样滑冰）、滑雪（高山滑雪、越野滑雪、跳台滑雪、自由式滑雪、单板滑雪）、冬季两项、冰球、冰壶、雪车、雪橇七大项；设置轮滑、轮滑冰球、陆地冰壶、滑轮、滑轮 + 射击、跳台滑草、跳台滑草 + 滑轮夏季项目。

自 1959 年第一届全国冬季运动会召开至今，我国冬季运动项目已经走过了六十多年的风雨历程。通过回首中国代表团征战冬奥会的参赛史，我们可以欣喜地看到，我国冰雪健儿正在用自己的不懈努力书写着中国冬季奥林匹克运动的辉煌篇章。

第二章　历届冬季奥林匹克运动会介绍（1924—2022）

历届冬季奥林匹克运动会举办地及举办时间如表 2-1 所示。

表2-1　历届冬季奥林匹克运动会举办地及举办时间

届数	举办国家	主办城市	举办时间
1	法国	夏蒙尼	1924 年 1 月 25 日—1924 年 2 月 5 日
2	瑞士	圣莫里茨	1928 年 2 月 11 日—1928 年 2 月 19 日
3	美国	普莱西德湖	1932 年 2 月 4 日—1932 年 2 月 15 日
4	德国	加米施 · 帕滕基兴	1936 年 2 月 6 日—1936 年 2 月 16 日
5	瑞士	圣莫里茨	1948 年 1 月 30 日—1948 年 2 月 8 日
6	挪威	奥斯陆	1952 年 2 月 14 日—1952 年 2 月 25 日
7	意大利	科尔蒂纳丹佩佐	1956 年 1 月 26 日—1956 年 2 月 5 日
8	美国	斯阔谷	1960 年 2 月 18 日—1960 年 2 月 28 日
9	奥地利	因斯布鲁克	1964 年 1 月 29 日—1964 年 2 月 9 日
10	法国	格勒诺布尔	1968 年 2 月 6 日—1968 年 2 月 18 日
11	日本	札幌	1972 年 2 月 3 日—1972 年 2 月 13 日
12	奥地利	因斯布鲁克	1976 年 2 月 4 日—1976 年 2 月 15 日
13	美国	普莱西德湖	1980 年 2 月 13 日—1980 年 2 月 24 日
14	南斯拉夫	萨拉热窝	1984 年 2 月 8 日—1984 年 2 月 19 日
15	加拿大	卡尔加里	1988 年 2 月 13 日—1988 年 2 月 28 日

续表

届数	举办国家	主办城市	举办时间
16	法国	阿尔贝维尔	1992 年 2 月 8 日—1992 年 2 月 23 日
17	挪威	利勒哈默尔	1994 年 2 月 12 日—1994 年 2 月 27 日
18	日本	长野	1998 年 2 月 7 日—1998 年 2 月 22 日
19	美国	盐湖城	2002 年 2 月 8 日—2002 年 2 月 24 日
20	意大利	都灵	2006 年 2 月 10 日—2006 年 2 月 26 日
21	加拿大	温哥华	2010 年 2 月 12 日—2010 年 2 月 28 日
22	俄罗斯	索契	2014 年 2 月 7 日—2014 年 2 月 23 日
23	韩国	平昌	2018 年 2 月 9 日—2018 年 2 月 25 日
24	中国	北京 · 张家口	2022 年 2 月 4 日—2022 年 2 月 20 日

第一节　1924 年第一届法国夏蒙尼冬季奥林匹克运动会

开幕时间：1924 年 1 月 25 日
闭幕时间：1924 年 2 月 4 日
主办国家：法国
主办城市：夏蒙尼
项目数量：4 个大项、7 个分项、16 个小项
参赛国家和地区：16 个
参赛运动员：258 名（女运动员 13 人，男运动员 245 人）

一、举办背景

20 世纪初期，冰雪运动就已经在一些欧美国家得到了广泛开展。1901 年斯堪的纳维亚地区国家举行了北欧运动会，后来这项比赛形成了传统，直至第一届冬季奥林匹克运动会的成功举办，北欧运动会才在 1926 年停办。

皮埃尔 · 德 · 顾拜旦很早就设想单独举办冬季奥林匹克运动会，国际奥委会也曾就此进行过讨论。但是顾拜旦的建议却遭到了斯堪的纳维亚半岛国家的强烈反对。瑞典、挪威、芬兰等国的代表认为，既然已经有了一个传统的北欧运动会，再举办一个相同的冬季奥林匹克运动会没有必要，并提出古奥运会并没有冬季项目。这些国家扬言，如果国际奥委会强行召开冬季奥林匹克运动会，他们将不会派队伍参加。这对当时冬季奥林匹克运动会的举办，乃至冬季项目的推广十分不利。因为当时冬季奥林匹克运动会没有瑞典、挪威、芬兰等竞技水平较高、冰雪运动开展较普及的国家参加，将失去了代表性，也会失去了人们对冰雪运动的兴趣。

因此，单独举办冬季奥林匹克运动会的议题搁浅以后，在 1908 年英国伦敦奥运会首次列入了花样滑冰比赛，引起了人们极大的兴趣。截至 1920 年比利时安特卫普奥运会，除花样滑冰外，还增加了冰球比赛。这届奥运会各项比赛的观众都不多，唯独花样滑冰和冰球两项赛事吸引了成千上万的冰上运

动爱好者。这极大地反映了当时观众对冬季项目的喜爱程度，也再次促使单独举办冬季奥林匹克运动会的事宜提上了议程。

二、举办地简介

夏蒙尼是法国一个不大的城镇，海拔 1 050 米，被风景引人入胜的阿尔卑斯山脉所环绕，同喜马拉雅山极为相似：裂缝很深的冰川从勃朗峰冰雪覆盖的山顶一直铺到相距 4.8 千米的谷底。

1741 年，两位年轻的英国贵族威廉·温德汉姆和理查德·波科克发现了 priory of chamouni 村庄（夏蒙尼村庄的原名）。当时，他们并不知道，自己所发现的这个小型的高山村庄及其冰川会对整个欧洲产生影响。1770 年，第一家旅馆开放，标志着酒店业的早期发展和首次登山探险活动的开始。1786 年，人们首次征服勃朗峰，开启了这座山峰的新时代。1816 年，第一家豪华酒店建立。

然而，夏蒙尼发展的重大转折点在于修通公路和铁路。1866 年，第一辆马车首次到达夏蒙尼村庄广场；1901 年，圣热尔维勒法耶镇和夏蒙尼镇之间的火车开始通车。火车的道路大大改善了小镇冬天的交通状况，由此开创了冬季运动旅游。

夏蒙尼地区的滑雪历史，可以追溯到 1924 年第一届冬季奥林匹克运动会开幕，由于当地的特殊地理环境，也就是从那时起，夏蒙尼逐渐成为欧洲人滑雪的天堂。夏蒙尼拥有欧洲最高、最好的缆车，能从山脚直达高度 3 842 米的南针峰，近距离感受阿尔卑斯山壮丽的景色，感受法国风情的夏蒙尼风光。除了滑雪和登山，这里还有更刺激非凡的直升机游览和空中跳伞活动。

1924 年第一届冬季奥运会在夏蒙尼举办，为了这次比赛，法国专门修建了一个冰场，供滑冰和冰球项目比赛用。夏蒙尼山谷也被奉为冬季“麦加圣城”。

三、申办与筹备

在 1921 年捷克布拉格的国际业余田径联合会的会议期间，挪威、瑞典、芬兰、瑞士、法国、加拿大等国代表重新讨论了举办冬季奥林匹克运动会问题，并提出了相关方案。顾拜旦在 1922 年国际奥委会巴黎会议上，竭力地劝说反对者，终于取得了成功，并决定在 1924 年法国巴黎奥运会前举行此类比赛，但避开了使用“奥运会”，称为“第八届奥林匹亚德体育周”。很明显，当时并未将冬季奥林匹克运动列为传统的正式比赛项目，而是作为在夏季奥运会前的冰雪表演项目。正因第八届夏奥会东道主是法国，所以，国际奥委会也将这个体育周委托法国承办，会址定在夏蒙尼。

1921 年，国际奥林匹克委员会决定于 1924 年在法国的夏蒙尼举行“1924 国际冬季体育运动周”活动。1925 年在布拉格国际奥委会总会上这届比赛被追认为第一届冬季奥林匹克运动会。

四、开幕式

开幕式前一星期，夏蒙尼当地风雨不停，冰场变成了水池，几乎使比赛延期，但突然一次冰冻，使大会得以顺利进行。1924 年 1 月 25 日，夏蒙尼天空晴朗，大会正式开幕。

各队入场先后与夏奥会略有不同，以法文字母为序，奥地利率先，东道主殿后。运动员宣誓由东道主派出的滑雪运动员卡米耶·曼德里翁宣读，其他各队派一名代表复诵。

五、参赛国家和地区

本届冬奥会参赛的有冰雪运动水平较高的挪威、芬兰、瑞典、瑞士、奥地利、美国、加拿大、法国以及对比赛不抱多大希望但颇有兴趣的英国、意大利、比利时、捷克斯洛伐克、拉脱维亚、匈牙利、南斯拉夫、波兰共计 16 个国家的 258 名运动员参加。

六、比赛项目

本届冬奥会设有滑雪（越野滑雪、跳台滑雪、北欧两项）、滑冰（速度滑冰、花样滑冰）、冰球和有舵雪橇 4 个大项、7 个分项、16 个小项的比赛项目。另有两个表演项目：军事滑雪射击（后演变为冬季两项）和冰上溜石（后演变为冰壶）。

七、赛事情况

同 1896 年夏奥会一样，获第一个冬季奥林匹克运动会冠军的也是来自美国的运动员——男子速度滑冰运动员查尔斯·朱特劳。他在有 27 名运动员参加的 500 米速度滑冰中取胜，成绩 44 秒整。本届速度滑冰除 500 米外，还有 1 500 米、5 000 米、10 000 米和全能。芬兰包下了其余四项的金牌，其中克拉斯·顿贝格一人得 3 枚金牌（1 500 米、5 000 米和全能）和 1 枚银牌（1 000 米），是本届冬奥会成绩最出色的运动员。

奥地利于 19 世纪末在维也纳创办了一所花样滑冰学校，20 世纪初期成为花样滑冰强国，培养了不少在国际上享有盛誉的运动员，这次他们派出了最优秀的选手参赛。男子单人滑中，金牌的主要竞争者是两次世界冠军和 1920 年比利时安特卫普奥运会金牌获得者瑞典的吉利斯·格拉夫斯特伦和奥地利选手威·伯克尔。在自由滑中，两人不相上下，但在规定滑中，吉利斯·格拉夫斯特伦占有一定优势。不过观众不满意评分结果，当吉利斯·格拉夫斯特伦领取金牌时，部分观众吹起了口哨。女子单人滑中，奥地利两次世界冠军黑·普兰克·索博轻松获得了金牌，但在男女双人滑中，奥地利却碰上了强劲的对手。奥地利出场的是海·恩格尔曼和阿·柏格。恩格尔曼曾获 1913 年世界冠军，不过当时的舞伴是另一个人。他们的对手中有 1911 年世界冠军、1920 年奥运会金牌获得者，芬兰的亚科布逊夫妇以及法国名手安·若利和皮·布律内。不过开赛后恩格尔曼和伯格一路顺风，如愿以偿。挪威女子花样滑冰运动员索尼娅·赫妮参加本届冬奥会时只有 11 岁，是年龄最小的参赛选手。

滑雪项目北欧占有明显优势，挪威 29 岁的托雷夫·豪格是其中的佼佼者。从 1918 年始至 1923 年，他在世界性的霍尔门科伦滑雪大赛中，七次在 40 千米越野滑雪、50 千米越野滑雪和两项全能赛中获取冠军。赛前人们预测，以豪格为首的挪威滑雪选手将是这次比赛中的主要夺标者。结果正如所料，在滑雪四个项目（18 千米越野滑雪、50 千米越野滑雪、跳台滑雪和两项全能）赛中，12 枚奖牌几乎全被挪威囊括，仅芬兰的塔·尼库在 18 千米赛中夺去了 1 枚铜牌。豪格一人得了 4 枚金牌中的 3 枚，另得了 1 枚跳台滑雪铜牌，但时隔半个世纪后，国际奥委会于 1974 年发现，当时在跳台滑雪比赛中，豪格的分数（18.000）是因计算错误得出的，他的正确分数应是 17.821，低于美国运动员安德斯·豪根的 17.915 分，这枚铜牌应属于美国人。于是 1974 年 9 月 12 日，在挪威首都奥斯陆举行的一次特别仪式上，豪格的女儿郑重地将这枚铜牌交还给豪根。

夏蒙尼奥运会之后，豪格又在霍尔门科伦滑雪大赛中夺得了 50 千米冠军。为了纪念这位被誉为“滑雪之王”的选手，挪威后来在他的家乡竖立了纪念碑。

雪橇运动 19 世纪就已在一些国家开展。19 世纪末，瑞士圣莫里茨的居民和旅游者就不时看到一些英美青年坐着雪橇从山上向下驶滑，并举行这类比赛。1908 年奥地利首次举行了全国雪橇赛，随后，1910 年德国也举办了全国赛。进入 20 世纪 20 年代后，这项运动日益发展，不少国家成立了雪橇俱乐部，并经常进行国际比赛。因此，法国将这一项目列为冬奥会比赛，但参赛国家水平发展不平衡，开展较普及的国家派出了两个队。本届有舵雪橇仅男子 4 人座一个项目，瑞士一队获得了冠军，其余进入前六名的队均属欧洲。

冰球项目上北美的加拿大和美国占有明显优势。预赛中，加拿大分别以 30∶0、22∶0、33∶0 胜捷克斯洛伐克、瑞典和瑞士；美国也以 11：0、19：0、22：0 胜英国、比利时和法国。从比分来看，当时欧美水平的差距是相当大的。决赛中加拿大以 6：1 胜了美国，获得金牌。

本届共 14 个单项，挪威以 4 枚金牌、7 枚银牌、7 枚铜牌高居榜首；芬兰队金牌数与挪威相等，但奖牌总数少于挪威，分别为 3 枚银牌、3 枚铜牌位居第二名；奥地利 2 枚金牌、1 枚银牌获第三名。

八、奖牌榜（表 2-2）

表2-2　第一届冬季奥林匹克运动会奖牌榜

排名	国家或地区	金牌（枚）	银牌（枚）	铜牌（枚）	总数（枚）
1	挪威	4	7	6	17
2	芬兰	4	4	3	11
3	奥地利	2	1	0	3
4	瑞士	2	0	1	3
5	美国	1	2	1	4
6	英国	1	1	2	4
7	瑞典	1	1	0	2
8	加拿大	1	0	0	1
9	法国	0	0	3	3
10	比利时	0	0	1	1
总计		16	16	17	49

数据来源：国际奥委会官方网站。

第二节　1928 年第二届瑞士圣莫里茨冬季奥林匹克运动会

开幕时间：1928 年 2 月 11 日
闭幕时间：1928 年 2 月 19 日
主办国家：瑞士
主办城市：圣莫里茨
项目数量：4 个大项、8 个分项、14 个小项
参赛国家和地区：25 个
参赛运动员：464 名（女运动员 26 人，男运动员 438 人）

一、举办背景

1928 年 2 月 11 日至 2 月 19 日在瑞士圣莫里茨举行的第二届冬季奥林匹克运动会，也是第一次在与当年的夏季奥运会不同的城市举行的冬季奥林匹克运动会。

二、举办地简介

圣莫里茨位于瑞士东南部的格劳宾登州，库尔东南、因河河谷上游，被山清水秀的恩嘎丁山谷环抱。四周是壮丽的阿尔卑斯山峰，有冰川水补给莱茵河、波河和多瑙河。两个小村落和矿泉疗养，被阿尔卑斯山峰所环绕，地势较高，风景优美，冬季时间较长，17 世纪时已成为上流社会的疗养地和夏季游览地。

圣莫里茨常年举办各项顶级赛事和活动，瑞士分别于 1928 年和 1948 年举办过两次冬奥会，两次都是在圣莫里茨。1907 年，这座城市冰封的湖面上首次举办了激动人心的冬季赛马会。后来演变成了如今一年一度的圣莫里茨冰湖赛马。世界最著名和顶级的雪上马球赛事——圣莫里茨雪地马球世界杯每年一月、二月也会定期上演。1934 年、1948 年、1974 年、2003 年和 2017 年圣莫里茨五度主办高山滑雪世锦赛。

三、申办与筹备

申请主办第二届冬季奥林匹克运动会只有瑞士一个国家的达沃斯、恩格尔堡和圣莫里茨三个城市，最后选定了圣莫里茨作为本届冬奥会的举办地。

四、开幕式

在 1928 年 2 月 11 日的开幕式上，瑞士联邦总统埃德蒙德・舒尔希斯宣布了本届冬奥会开幕，代表运动员宣誓的是瑞士滑雪运动员汉斯・埃登本茨。

五、参赛国家和地区

本届冬奥会参加比赛的有 25 个国家的 464 名运动员，其中女运动员 26 人。运动员数比上届几乎增加了一倍。首次参赛的国家有德国、荷兰、罗马尼亚、立陶宛、卢森堡、墨西哥、日本、阿根廷和爱沙尼亚。

六、比赛项目

本届冬奥会的项目稍有变化，上届的有舵雪橇由 4 人座改为 5 人座，另外增加了一项 4 轮有舵雪橇赛。

七、赛事情况

圣莫里茨一向气候稳定，但在第二届冬季奥林匹克运动会期间气候反常，出现罕见的高温，冰雪融化，致使滑雪运动受到很大影响。本届冬奥会速度滑冰只举行了 500 米、1 500 米、5 000 米三个项目的比赛，10 000 米决赛时，天气突然转暖，冰雪开始融化，比赛被迫中断，最后组委会做出决定，取消了这个项目。500 米赛时，上届三枚金牌获得者芬兰的克・顿贝格和挪威的贝拉斯・埃文森以 43 秒 4 的成绩同时到达终点，并列冠军；顿贝格又在 1 500 米比赛中获第二枚金牌，而在 5 000 米比赛中，顿贝格惨败，只获第 12 名，挪威的年轻选手伊瓦尔・巴兰格鲁德获得了冠军。

花样滑冰“王国”奥地利在本届冬奥会上接连失利，遭到了全军覆没的厄运。男子单人滑比赛中，奥地的利威・伯克尔再次输给了瑞典的格拉夫斯特伦，只得了银牌；夺得女子单人桂冠的是挪威 15 岁的索尼亚・海妮，她在柴科夫斯基的《天鹅之死》芭蕾舞曲伴奏下，以梦幻般的舞姿吸引了观众，获得热烈的掌声，从而夺得金牌，成为最年轻的冬季奥林匹克运动会个人项目金牌获得者，并将这一纪录保持了74年，她还在1927—1936年世界杯锦标赛中十次夺得桂冠，是冰坛史上女子单人滑中最出色的运动员；男女双人滑的冠军被德国的安德烈·若利和皮埃尔·布律内夫妇获得。

滑雪比赛也碰上了反复无常的天气。50千米越野赛时，气温在零度以上，给滑行带来了困难，挪威并没有像上届那样垄断这项比赛，瑞典却出人意料地囊括了前三名，佩尔·埃里克·海德伦德获冠军，他到达终点的时间要比上届冠军慢了一个多小时。在18千米滑雪赛时，气温突然下降，大地又出现冰冻，挪威运动员在恶劣的条件下夺得这个项目的全部奖牌。豪格的继承人，上届亚军约·格勒图姆斯布罗滕获第一名。第二天，他又在两项全能比赛中再获一枚金牌。跳台跳雪冠军也被挪威的阿·安德森夺取，上届冠军挪威的亚·图林·塔姆斯在这项比赛中受重伤。

在5人座有舵雪橇赛时，因天气变暖，只比赛了2轮，而不是规定的3轮，不过仍颁布了名次，美国二队、一队分获得冠亚军。获得5人座有舵雪橇冠军的驾驶者威廉·菲斯克，当时只有16岁零3个月，是美国获冬季奥林匹克运动会金牌最年轻的运动员。4轮有舵雪橇赛，由美国约翰兄弟俩杰尼逊和希顿分获冠亚军。希顿还在5人座有舵雪橇赛中得了一枚银牌。

冰球赛共有11个队参加，上届亚军美国队没有参赛，加拿大以11：0胜瑞典、13：0胜瑞士、14：0胜英国，轻松蝉联冠军。

八、奖牌榜（表2-3）

表2-3　第二届冬季奥林匹克运动会奖牌榜

排名	国家或地区	金牌（枚）	银牌（枚）	铜牌（枚）	总数（枚）
1	挪威	6	4	5	15
2	美国	2	2	2	6
3	瑞典	2	2	1	5
4	芬兰	2	1	1	4
5	法国	1	0	0	1
6	加拿大	1	0	0	1
7	奥地利	0	3	1	4
8	比利时	0	0	1	1
9	瑞士	0	0	1	1
10	英国	0	0	1	1
11	德国	0	0	1	1
12	捷克斯洛伐克	0	0	1	1
总计		14	15	12	41

数据来源：国际奥委会官方网站。

第三节　1932 年第三届美国普莱西德湖冬季奥林匹克运动会

开幕时间：1932 年 2 月 4 日
闭幕时间：1932 年 2 月 15 日
主办国家：美国
主办城市：普莱西德湖
项目数量：4 个大项、7 个分项、14 个小项
参赛国家和地区：17 个
参赛运动员：252 名（女运动员 21 人，男运动员 231 人）

一、举办背景

由于刚刚经历了一场全球范围的经济大萧条，这届奥运会的筹办工作受到了极大的经济困扰。组委会主席格弗雷·杜威捐出自己家族的一块地，作为兴建雪橇比赛车道之用。

二、举办地简介

普莱西德湖译为宁静湖或静湖，是美国东北部纽约州艾塞克斯县阿第伦达克山脉的一个宁静的山镇，靠近普拉茨堡市西南 64.37 千米的北埃尔巴中心。普莱西德湖与附近的萨拉纳克湖和图柏湖组成了所谓三湖区域。环绕普莱西德湖与米勒湖形成了这个山峦起伏、景色秀丽的宁静山镇。自 1850 年就已经辟为避暑胜地。这个山镇冬季天气晴朗，气候寒冷、干燥，是理想的冬季运动场所。这是冬季奥林匹克运动会自从 1924 年举办以来，首次来到美洲大陆。

普莱西德湖以举办 1932 年和 1980 年冬季奥林匹克运动会而闻名。

三、申办与筹备

第三届冬奥会除美国的普莱西德湖申办外，还有德国的贝尔堡、加拿大的蒙特利尔、美国的丹佛、德卢恩、明尼阿波利斯和约塞米特谷等 7 座城市也参加了申办。最终国际奥委会将会址选在美国的普莱西德湖，于 1932 年 2 月 4 日至 15 日举行。

四、开幕式

第三届冬奥会于 1932 年 2 月 4 日开幕，时任纽约州州长的富兰克林·罗斯福（后来的美国总统）携夫人出席和主持了开幕式。他通过无线电发表了热情洋溢的讲话，强调了体育运动对促进人类相互了解的作用。美国著名的速度滑冰运动员杰克·谢亚代表运动员宣读了誓词。

五、参赛国家和地区

本届冬奥会美国向 56 个国家发出了邀请，但当时正值经济危机席卷世界各国，因此，应邀参加的只有 17 个国家的 252 名运动员。

六、比赛项目

本届比赛项目较上届冬奥会没有多大变化，只将有舵雪橇四人座改成四人座，另增设了一项双人座，取消了上届的 4 轮有舵雪橇赛。速度滑冰的竞赛方法不再采用上两届的两人一组比赛，最后以成绩决定名次的方法，而根据举办方的要求，采用田径比赛方法首先分组预赛，然后成绩优秀者再决赛，以决赛成绩分名次，而且速度滑冰取消了全能赛。

七、赛事情况

对于速度滑冰项目的竞赛方法，东道主美国与欧洲国家出现了分歧。东道主美国拟采取他们熟悉的田径竞赛法，即先分组预赛，成绩差者淘汰，优秀者进入决赛；而欧洲国家坚持仍采用上两届的竞赛方法，即分两人一组比赛，最后以成绩决定名次。双方各执己见，争论不休，直到开幕前夕仍未能统一认识。欧洲一些优秀选手（包括上两届五枚金牌获得者、芬兰的图恩伯格）提出，如果美国坚持不改，他们将不参加比赛。对此，美国置之不理，我行我素，仍坚持使用自己熟悉的方法。结果速度滑冰 4 个项目的比赛冠军轻易地全部被美国运动员获得，但美国遭到嘲讽，博取了“搞小动作”的名声。这也成为冬奥会历史上遗留下来的一大争议。

在速度滑冰项目中，美国的约・谢伊获得 500 米、1 500 米金牌，欧・贾菲获 5 000 米、10 000 米金牌。欧洲只有挪威两名选手贝・埃文森和伊・巴兰格鲁德各获得了一枚银牌。

花样滑冰是在室内冰场进行的，首先进行自由滑，然后是规定滑。男子单人滑中，奥地利 23 岁的卡尔・舍费尔获冠军，上届冠军 35 岁的瑞典名将格拉夫斯特伦屈居亚军。女子单人赛时，上届的冠军挪威的索尼娅・海妮以优美的舞姿赢得了七个裁判的最高分最终获得冠军。女子单人赛中，英国塞西莉娅・科莱奇得了第八名，她刚 11 岁零两个月，是参加冬季奥林匹克运动会年龄最小的运动员。有趣的是，双人赛中获第七名的美国人约瑟夫・萨维奇已经 53 岁，是参赛选手中年龄最大的，可以说是科莱奇的祖辈人了。

18 千米越野滑雪时，气温突然升高，促使冰雪迅速融化，加之这年降雪较少，滑道只剩下薄薄的一层冰雪，比赛不得不在极其复杂和困难的条件下进行。瑞典的斯玫・乌特尔斯特隆和阿克尔・维克尔斯特隆分获了冠亚军。

在进行有“马拉松”之称的 50 千米滑雪赛时，居然下起雨来，原先安排的滑雪路线已无法使用，组委会不得不临时找了一块大的林间地带于 2 月 14 日进行了这项比赛。它的实际距离为 48.239 千米。在 18 千米赛中获得铜牌的芬兰人维里・萨克宁夺得了桂冠，而夺冠呼声最高的另一名芬兰选手瓦伊诺・里卡宁以 20 秒之差屈居亚军。滑雪中另两项冠军被挪威夺得。比格尔・鲁德在跳台跳雪赛中取胜。上届冠军格勒图姆斯布罗腾这次又蝉联了两项全能冠军。原计划在 2 月 8—9 日举行的双人有舵雪橇赛由于大风雪不得不顺延一天，而第二天大风雪影响更大，致使 4 人座有舵雪橇赛延至闭幕（2 月 13 日）后的 2 月 14—15 日才举行。美国获得了这两项金牌。在冬、夏季奥运会上均获金牌的唯一选手——美国人艾・伊根（1920 年拳击冠军），就是在本次 4 人座有舵雪橇赛中夺冠的。

本届冬奥会的冰球项目仅有 4 个队参加，比赛采取双循环制。美国、加拿大队轻松地战胜了德国队和波兰队。美国、加拿大两队比赛时，第一场美国队以 1 ：2 败北。此后的第二场比赛使本届冬奥会进入了高潮，仅能容纳 3 000 人的冰场，一下子涌进了 7 000 人。开始，美国队以 2 ：1 领先，但不久加拿大队就将比分扳平，直到终场哨声吹响，双方均再无建树。在加时赛过程中仍未改变 2 ：2 平局的比赛局面。最终加拿大队第四次夺得了冠军。

本届冬奥会受伤事故频发，在雪橇四人座练习中，德国一队和二队雪橇均在滑行过程中突然脱离滑道，飞出赛道后导致运动员出现脑震荡及骨折情况。最终，德国队不得已放弃了本届冬奥会雪橇项目的全部比赛。美国队则借助天时地利人和的优势首次获得冬奥会奖牌榜第一名。

八、奖牌榜（表 2-4）

表2-4　第三届冬季奥林匹克运动会奖牌榜

排名	国家或地区	金牌（枚）	银牌（枚）	铜牌（枚）	总数（枚）
1	美国	6	4	2	12
2	挪威	3	4	3	10
3	瑞典	1	2	0	3
4	加拿大	1	1	5	7
5	芬兰	1	1	1	3
6	奥地利	1	1	0	2
7	法国	1	0	0	1
8	瑞士	0	1	0	1
9	德国	0	0	2	2
10	匈牙利	0	0	1	1
总计		14	14	14	42

数据来源：国际奥委会官方网站。

第四节　1936 年第四届德国加米施·帕滕基兴冬季奥林匹克运动会

开幕时间：1936 年 2 月 6 日
闭幕时间：1936 年 2 月 16 日
主办国家：德国
主办城市：加米施·帕滕基兴
项目数量：4 个大项、8 个分项、17 个小项
参赛国家和地区：28 个
参赛运动员：669 名（女运动员 80 人，男运动员 589 人）

一、举办背景

第四届冬季奥林匹克运动会于 1936 年在德国的两个城市加米施和帕滕基兴举行。在这届冬奥会上，主办方高效率的公共汽车服务将 50 万观众带到了最后一天比赛的赛场，成为早期冬奥会历史上少见的盛况。

高山滑雪在本届冬奥会上首次成为正式比赛项目，但也引起了争议。国际奥委会否定了其下属的

国际滑雪联合会的比赛规则，不允许滑雪教练员参加冬奥会，因为国际奥委会认为他们都是职业运动员，与国际奥委会只允许业余运动员参加比赛的精神相违背。这引起了瑞士和奥地利两国滑雪运动员的不满，他们抵制了这届冬奥会的高山滑雪比赛。这个争议一直持续到冬奥会结束，国际奥委会仍然不做让步，并且决定，在 1940 年的冬奥会将不再举行滑雪比赛。

二、举办地简介

加米施·帕滕基兴是位于德国南部巴伐利亚州的城市，背靠德国巍峨的最高峰楚格峰，西面 10 千米是清秀的高山湖艾泊湖，由加米施和帕滕基兴的两个老村庄合并而成，行政中心位于加米施－帕滕基兴县 1935 年设镇，成为国际疗养地和冬季运动中心。加米施·帕滕基兴还是南部民族手工艺中心，以传统的铁器、艺术木器、雕刻和酿酒闻名欧洲。旅游业发达，每年有大批游客来此游览和锻炼，以中心滑雪区旅游者最多，这里有许多旅馆、疗养院，还有夏季登山设施、滑雪学校。为举办奥运会，又建了加米施·帕滕基兴奥林匹克冰上运动中心，被认为是在欧洲的同类产品中最大、最现代化的运动场之一。此外，冰壶运动作为国家领导中心的角色，一直承担主场比赛的奥林匹克冰球场，奥林匹克冰上运动中心是冬季奥运会建筑群的一部分。冰上运动中心包括奥运溜冰场与 670 个座位的看台，第二个大厅也有一个三车道和一个公平的竞争环境为冰壶室外冰场的冰壶大厅。

三、申办与筹备

在 1931 年巴塞罗那的国际奥委会上，确定将由德国的柏林举办 1936 年夏季奥林匹克运动会，在这届会议上，德国奥委会也宣布根据当时的国际奥委会章程，他们将开始行使举办冬奥会的权利，德国领导人认为加米施和帕滕基兴这两个城市联合举办，更有利于宣传效果，德国奥委会的领导人因此将冬奥会的举办城市改为这两个城市，国际奥委会被迫接受这项决定，并再次确认柏林作为这届奥运会的举办城市，同时接受加米施和帕滕基兴作为举办城市。

本届申请主办的只有德国巴伐利亚州的姊妹城加米施和帕滕基兴一家，它在无竞争对手的情况下获得了承办权。同年的 1936 年夏季奥运会也在柏林召开，这是奥运会史上第三次也是最后一次冬、夏季奥运会在同一个国家举行。

四、开幕式

在开幕仪式上，德国总理希特勒宣布本届冬奥会开幕。代表运动员宣誓的是德国滑雪运动员维尔赫姆·博格纳。

五、参赛国家和地区

本届冬奥会共有来自 28 个国家的 669 名运动员参赛。

六、比赛项目

本届冬奥会共设 4 大项 17 小项比赛，项目比上届增加了男子 4×10 千米越野滑雪接力赛和男女高山滑雪两项（高山速降和超级大回转）。高山滑雪在这届奥运会上第一次列为冬季奥运会的正式比赛项目。冰壶在这届奥运会上列为表演项目，同时军队行进表演也在本次冬奥会上演。

七、赛事情况

本届冬奥会速滑比赛恢复了以前分两人组赛，最后按成绩定名次的方法。挪威囊括了全部金牌，冰坛老将伊瓦尔·巴兰格鲁德一人获得500米、5 000米、10 000米三块金牌；他的队友查尔斯·蒂森获1 500米金牌，而巴兰格鲁德以1秒之差在本项中屈居亚军，而在第一、第二届速度滑冰中大显威风的芬兰队由于顿贝格退役而后继无人。在上届包揽速度滑冰全部金牌的美国选手这次仅得一枚铜牌。

花样滑冰男女单人滑金牌得主仍是上届的冠军。奥地利的会费尔较轻松地蝉联冠军，而挪威名将索尼娅·海妮仍夺得金牌，说起索尼娅·海妮的蝉联，其中还有一段插曲，因为她蝉联两届冠军之后名气大振，应邀拍摄了以冰舞为题材的影片，因此有人认为她已成为职业运动员，没有资格参加这届奥运会。对此挪威当然持否定态度，力争参赛。最后，索尼娅·海妮是在国际奥委会未加表态的情况下参赛的，而上届获第八名的英国小姑娘科莱奇在该比赛中获得银牌。男女双人滑比赛中，德国的布律内夫妇拒绝参赛，德国15岁的玛·赫贝尔与男子单人滑银牌得主埃·拜尔合作夺得金牌。

本届冬奥会滑雪比赛中50千米越野赛的前四名被以埃·维克隆德为首的瑞典选手包下。18千米赛中瑞典的埃·拉尔松夺冠，挪威的奥·哈根以1分05秒之差屈居亚军。不过哈根在两项全能赛中获得金牌，他的队友奥·霍夫斯巴肯和斯布罗达尔包下了银牌、铜牌。上届跳台跳雪冠军挪威的比·鲁德再次取胜。首次列入的4×10千米越野滑雪接力赛，芬兰选手奋力拼搏，以6秒的微弱优势获得了冠军。阿尔卑斯山式综合滑雪的金、银牌被德国人囊括。男子项目的冠、亚军是弗·普弗尼尔和古·兰奇纳尔；女子冠、亚军获得者分别是克·克兰茨和克·格拉泽格尔，挪威16岁的莱·绍·尼尔森赢得了女子赛的铜牌，她是当时的网球名将和世界滑冰能手，曾多次在网球赛中取得好成绩并多次创造速度滑冰世界纪录，因当时女子速度滑冰未列为冬奥会项目，她才参加了本项比赛。

雪车项目中，美国未能再次垄断，仅男子双人座蝉联了冠军。4人座金、银牌为瑞士一队、二队夺走。冰球赛中英国队获得了这届冠军，三夺这项金牌的加拿大队在冬奥会上第一次失败，屈居亚军。

在冰球比赛前，连续蝉联三届冠军的加拿大对英国提出了抗议，因为英国队中有8名主力选手是加拿大人，他们是出生于英国而后移民至加拿大，后来被英国招募回去的，但加拿大的抗议被驳回，比赛结果英国获得冠军，加拿大屈居亚军。

本届冬奥会共设17个单项，挪威队表现出色，夺回了在美国普莱西德湖失去的优势，获金牌7枚、银牌5枚、铜牌3枚。

八、奖牌榜（表2-5）

表2-5　第四届冬季奥林匹克运动会奖牌榜

排名	国家或地区	金牌（枚）	银牌（枚）	铜牌（枚）	总数（枚）
1	挪威	7	5	3	15
2	德国	3	3	0	6
3	瑞典	2	2	3	7
4	芬兰	1	2	3	6
5	瑞士	1	2	0	3
6	奥地利	1	1	2	4
7	英国	1	1	1	3

续表

排名	国家或地区	金牌（枚）	银牌（枚）	铜牌（枚）	总数（枚）
8	美国	1	0	3	4
9	加拿大	0	1	0	1
10	法国	0	0	1	1
11	匈牙利	0	0	1	1
总计		17	17	17	51

数据来源：国际奥委会官方网站。

第五节　1948 年第五届瑞士圣莫里茨冬季奥林匹克运动会

开幕时间：1948 年 1 月 30 日
闭幕时间：1948 年 2 月 8 日
主办国家：瑞士
主办城市：圣莫里茨
项目数量：4 个大项、9 个分项、22 个小项
参赛国家和地区：28 个
参赛运动员：669 名（女运动员 77 人，男运动员 592 人）

一、举办背景

第五届冬奥会原来准备于 1940 年在日本北海道札幌举办，但由于日本帝国主义发动了侵华战争，国际奥委会取消了冬季奥林匹克运动会，瑞士的圣莫里茨成为候选城市，但 1936 年冬季奥林匹克运动会上，因为滑雪教练员的参赛问题，瑞士奥委会与国际奥委会发生争议，瑞士也宣布放弃承办这届冬季奥林匹克运动会。德国在 1939 年 7 月向国际奥委会表示，他们愿意在上届奥运会的举办城市加米施·帕滕基兴承办第五届冬奥会。四个月后，第二次世界大战爆发，接下来的两届奥运会都被迫取消。1948 年第二次世界大战结束之后的第一届冬季奥林匹克运动会在瑞士的圣莫里茨举办。

二、举办地简介

圣莫里茨位于瑞士东南部的格劳宾登州，库尔东南、因河河谷上游，四周是壮丽的阿尔卑斯山峰，有冰川水补给莱茵河、波河和多瑙河，被山清水秀的恩嘎丁山谷环抱。交通便利，有著名的雷蒂亚铁路通过。

圣莫里茨也是冬季运动的天堂，滑雪、徒步、雪橇等各色各样的冬季活动每年都吸引无数的运动爱好者来到这里。瑞士举办过的二次冬季奥林匹克运动会都是在圣莫里茨。

三、申办与筹备

第二次世界大战迫使两届冬季奥林匹克运动会取消。国际奥委会曾对这两届运动会事先作了安排。1940 年冬季奥林匹克运动会会址起初选在日本的札幌，因日本发动侵华战争，国际奥委会取消了他的主办权，事后会址改在瑞士的圣莫里茨；申请主办 1944 年运动会的有加拿大的蒙特利尔和意大利的科

蒂纳丹佩佐，后来科蒂纳丹佩佐中选，但这两届冬季奥林匹克运动会均因战争而告吹。

第二次世界大战结束后，奥运会恢复举行。当时，1948 年夏季奥运会已选定在伦敦召开，国际奥委会曾希望英国同时承办冬季奥林匹克运动会，但遭到英国拒绝。随后瑞士建议由圣莫里茨承办。就这样，圣莫里茨自 1928 年过去的二十年后，又成为世界冰雪人士关注的中心，它也是第一个主办两届冬季奥林匹克运动会的城市。因为冬季奥林匹克运动会是按实际举行次数计算，所以本届延续上届为第五届。

圣莫里茨被选中是因为瑞士曾在战争中保持中立，也因为它已经举办过 1928 年第二届冬季奥林匹克运动会。这使奥运会的组织更简单、经济。不过虽然有很多比赛场所的存在，但是在不到十八个月的时间之内举办冬季奥林匹克运动会依然是一项艰巨的任务。

四、开幕式

在大会开幕式上，瑞士联邦总统恩里科·塞里奥宣布本届冬奥会开幕。代表运动员宣誓的是东道主的冰球运动员里卡多·比比·托里亚尼。

五、参赛国家和地区

本届冬奥会共有 28 个国家的代表团参加，其中智利、丹麦、冰岛、韩国和黎巴嫩都是首次参加冬奥会。德国和日本因发动第二次世界大战而被禁止参赛。

六、比赛项目

本届冬奥会的比赛项目比以前有所增加，单项数首次突破 20 个，达到 22 个，包括冰球、高山滑雪、有舵雪橇、花样滑冰、速度滑冰、越野滑雪、北欧两项、跳台滑雪、冰橇（钢架）、表演项目和冬季五项全能。另外，恢复了 4 人座雪橇比赛。

在这届冬奥会上，高山滑雪成为正式比赛项目，尽管在 1936 年冬奥会上，高山滑雪的一些比赛项目已经走入冬奥会，但第五届冬奥会上，高山滑雪的三个比赛项目同时成为冬奥会男女正式比赛项目。

七、赛事情况

一向以冰雪强国著称的挪威，虽受到战争的影响，但仍在速滑项目中占领先地位。芬·赫尔格森、斯·德斯塔德、雷·利亚克勒夫分别在 500 米、1 500 米和 5 000 米中为挪威夺得全部 4 项速滑中的 3 枚金牌。10 000 米金牌被瑞典的阿·赛德尔特获取。

在花样滑冰项目上，昔日曾享有盛誉的挪威、奥地利、瑞典诸国，这次均与金牌无缘，获得桂冠的都是其他国的新人。在男子花滑中美国选手表现出色，来自哈佛大学 18 岁的理查德·巴顿以他出色的表现轻松取男子单人项目的金牌。女子单人金牌得主是来自加拿大渥太华的 20 岁选手巴尔巴拉·斯科特。欧洲只有比利时的米·拉努瓦和皮·博尼这对选手在男女双人滑中获得冠军，这也是比利时第一次在冬季奥林匹克运动会上取得这样的荣誉。

瑞典在男子滑雪赛中取得了出色的成就，接连获得三枚金牌。以马·伦德斯特隆为首的三名瑞典选手，包下 18 千米越野滑雪赛的全部奖牌。50 千米赛中，瑞典的尼·卡尔松和哈·埃里克松分获金、银牌。在 4×10 千米接力赛中，瑞典队又战胜了强手芬兰、挪威队，赢得了桂冠，而前四届中一直囊括两项全能前三名的挪威队在本届冬奥会的滑雪赛中居然一枚金牌都没得，而在跳台跳雪中挪威夺得了冠、亚军，彼·胡格斯泰德获冠军，重返赛场的 36 岁的老将比·鲁德获亚军。

在山地滑雪赛中，欧洲大陆占有明显优势，法国男选手享·奥雷耶一人独得山地两项和快速降下两枚金牌和回转障碍滑雪 1 枚铜牌。瑞士的埃·赖约尔特尔获男子回转障碍金牌；黑·施卢内格尔获女子快速降下冠军。奥地利的特·拜泽尔获女子山地两项的 1 枚金牌，而来自大洋彼岸的仅有美国 20 岁的格·弗雷泽在女子回转障碍滑雪和山地两项赛中获得 1 枚金牌和 1 枚铜牌。

在冰球赛中，参加冰球赛的有九个队，美国派出了两个队：一个属美国奥委会，另一个属美国业余冰球联合会，两者都自称代表美国队。组委会经过长时间研究，最后决定美国奥委会派出的队参加开幕式，但不参加比赛，美国冰联派出的队参加比赛，但不计名次，属表演性质。冰球最后是加拿大比捷克斯洛伐克队净胜两球险夺冠军。

八、奖牌榜（表 2–6）

表2–6　第五届冬季奥林匹克运动会奖牌榜

排名	国家或地区	金牌（枚）	银牌（枚）	铜牌（枚）	总数（枚）
1	挪威	4	3	3	10
2	瑞典	4	3	3	10
3	瑞士	3	4	3	10
4	美国	3	4	2	9
5	法国	2	1	2	5
6	加拿大	2	0	1	3
7	奥地利	1	3	4	8
8	芬兰	1	3	2	6
9	比利时	1	1	0	2
10	意大利	1	0	0	1
11	匈牙利	0	1	0	1
12	捷克斯洛伐克	0	1	0	1
13	英国	0	0	2	2
总计		22	24	22	68

数据来源：国际奥委会官方网站。

第六节　1952 年第六届挪威奥斯陆冬季奥林匹克运动会

开幕时间：1952 年 2 月 14 日
闭幕时间：1952 年 2 月 25 日
主办国家：挪威
主办城市：奥斯陆
项目数量：4 个大项、8 个分项、22 个小项
参赛国家和地区：30 个

参赛运动员：694 名（女运动员 109 人，男运动员 585 人）

一、举办背景

北欧是世界上滑雪运动最普及的地区，早在 1901 年，就曾举行过北欧运动会，但自 1924 年第一届冬奥会以来，挪威首都奥斯陆一直没有机会承办冬季奥运会。这次奥斯陆与美国的普莱西德湖、意大利的科蒂纳丹佩佐三个城市一同提交了举办 1952 年第六届冬季奥运会的申请。为申办本届冬奥会，意大利的科尔蒂纳丹佩佐和美国的普莱西德湖都作出了积极的努力，但奥斯陆以挪威广泛的冬季运动基础和市民的热情支持以及市政当局的重视，赢得了国际奥委会多数委员的赞同。最后国际奥委会于 1947 年在斯德哥尔摩大会上通过决议，将 1952 年第六届冬季奥运会的举办权授予了奥斯陆。

二、举办地简介

奥斯陆不同于前几届承办冬奥会的小镇，它是挪威的首都及第一大城市，是挪威的政治、经济、文化、交通中心和主要港口。

奥斯陆位于挪威东南部，坐落在奥斯陆峡湾北端山丘上，背倚巍峨耸立的霍尔门科伦山，是全欧洲最富有、安全和拥有最高生活水准的城市之一，也是世界上最幸福的城市之一。它于 1 000 年前后建城，是斯堪的纳维亚半岛上最为古老的都城。它的名字来源于古老的挪威语，一个是“神”，另一个是“草地”。

奥斯陆人喜爱滑雪，冰雪运动非常普及，每年三月的第一个星期日是滑雪节，这一天奥斯陆的男女老少都出来参加滑雪运动。这就是挪威在历届冬奥会上都占有优势的原因之一。奥斯陆市郊的霍尔门科伦是理想的滑雪场所，著名的霍尔门科伦世界滑雪大赛，就是因在这里举行而得名。

三、申办与筹备

奥斯陆没有成功申办 1936 年的奥运会，在投票中最终输给了德国的柏林。当时主办夏季奥林匹克运动会的国家也同时举办冬季奥林匹克运动会。在 1936 年柏林奥运会之后，国际奥委会（IOC）决定在不同的国家举办冬季奥林匹克运动会和夏季奥林匹克运动会。由于第二次世界大战，奥运会不得不暂停举办。1948 年伦敦举办了战后第一次夏季奥林匹克运动会，并建议奥斯陆举办 1948 冬季奥林匹克运动会，但挪威市议会拒绝了，原因是在挪威的文化中，他们反对在冬季运动中竞争，尤其是滑雪。所以 1948 冬季奥林匹克运动会最终是在瑞士的圣莫里茨举办，但在历届冬季奥林匹克运动会中挪威的运动员都取得了不错的成绩，因此，挪威政府相信 1952 年冬奥会是一个绝佳的机会，可以促进民族团结，并向世界表明挪威已经从第二次世界大战的创伤中恢复过来。

与奥斯陆竞争本届冬奥会举办权的还有意大利的科蒂纳丹佩佐和美国的普莱西德湖，在 1947 年 6 月 21 日举行的第四十次国际奥委会大会中，国际奥委会宣布 1952 年冬奥会将于挪威奥斯陆举办。同时，挪威成为第一个举办冬奥会的斯堪的纳维亚国家，同时是第一个在首都举办冬奥会的国家。

在本届冬奥会的筹备过程中，挪威几乎人人都投入冬奥会筹备工作中，奥斯陆到处呈现出节日的气氛，但“万事俱备只欠雪”，由于天公不作美，周围国家大雪纷飞，积雪满地，而奥斯陆则降雪量很少。无奈，挪威只得组织所有力量将树林和山沟中的积雪集中起来，铺在赛道上，但仍然不足。国际奥委会曾考虑临时变换会址，正巧开幕前一天天降大雪，使得这届冬奥会如期举行。

四、开幕式

大会于 1952 年 2 月 14—25 日举行，本届冬奥会首次在主会场燃烧了奥林匹克火焰，但与夏奥会不同的是，火种不是来自奥林匹亚，而是取自挪威冰雪运动奠基人松德雷·诺德海姆生前居住过的莫尔盖达尔村的一所石房中。共有94人参与了本届圣火的滑雪传递。火炬接力途经之处都是曾在北欧运动会、霍尔门科伦滑雪大赛和冬季奥林匹克运动会上取得优异成绩的挪威选手所在的城市和村镇。同夏奥会一样，火炬于开幕式前到达主办地，并由知名人士点燃主体场塔上的火焰。本届冬奥会点燃圣火的是挪威著名探险家弗里迪奥夫·南森的孙子埃吉尔·南森。

在开幕式上宣布大会开幕的是挪威公主拉根希尔德，而东道主的跳台滑雪选手托尔比约恩·法尔坎格代表运动员进行了宣誓。

五、参赛国家和地区

本届冬奥会共有30个国家和地区的694名运动员参加比赛。首次参加冬奥会的国家有新西兰和葡萄牙。

六、比赛项目

本届冬奥会除传统的冰球、有舵雪橇、花样滑冰、速度滑冰、北欧两项、跳台滑雪项目外，还新增了男子和女子大回转降下和女子10公里越野滑雪两个项目。高山滑雪中的两项全能被取消了，改为传统的三项：大回转障碍滑、回转障碍滑雪和快速降下。

七、赛事情况

本届冬奥会的头号新闻人物是早已驰名冰坛的挪威28岁老将马尔·安德森，他一人包下1 500米、5 000米、10 000米3个项目的金牌，但挪威队未能像在1936年第四届冬奥会上那样包下全部冠军，500米赛时，美国的肯·亨利和唐·麦克德莫特分别夺得了金牌、银牌。上届冬奥会男子花样滑冰冠军美国的理·巴顿这次又再度夺得桂冠。女子花样滑冰桂冠则被英国的新星珍·阿特韦格夺得。

挪威在滑雪赛中再次取得出色成绩，哈·布伦登夺得18千米金牌、西·斯洛特维克在两项全能中获胜、阿·贝格曼在跳台跳雪中夺冠，但在50千米赛中挪威失利，芬兰的韦·哈库利宁和埃·科莱赫迈宁分取了该项的冠、亚军。4×10千米接力赛芬兰轻松拿到了金牌，而第一次列入比赛项目的女子10千米越野滑雪，以吕·维代曼为首的芬兰三名选手，囊括了全部的奖牌。上届越野滑雪赛中曾三夺金牌的瑞典，在本届冬奥会上接连失利，只得了2枚铜牌。

山地滑雪项目中的男子大回转赛，挪威的斯·埃里克森对地形了如指掌，轻易地夺得了金牌。不过他却在回转赛中输给了奥地利的奥·施奈德，只得了亚军。意大利33岁的山地滑雪老将泽·科洛在速降赛中，轻松地获取了金牌。上届山地两项女子冠军、奥地利的格·约胡姆·拜泽尔，获得速降赛金牌；两个女子滑雪回转项目的金牌均被20岁的美国运动员安·劳伦斯夺得。

冰球赛共九个队参加，加拿大蝉联了冠军，美国队获银牌，瑞典队获铜牌。

八、奖牌榜（表2–7）

表2–7　第六届冬季奥林匹克运动会奖牌榜

排名	国家或地区	金牌（枚）	银牌（枚）	铜牌（枚）	总数（枚）
1	挪威	7	3	6	16

续表

排名	国家或地区	金牌（枚）	银牌（枚）	铜牌（枚）	总数（枚）
2	美国	4	6	1	11
3	芬兰	3	4	2	9
4	奥地利	2	4	2	8
5	联邦德国	2	0	0	2
6	民主德国	1	2	2	5
7	加拿大	1	0	1	2
8	意大利	1	0	1	2
9	英国	1	0	0	1
10	荷兰	0	3	0	3
11	瑞典	0	0	4	4
12	瑞士	0	0	2	2
13	匈牙利	0	0	1	1
14	法国	0	0	1	1
总计		22	22	23	67

数据来源：国际奥委会官方网站。

第七节　1956 年第七届意大利科尔蒂纳丹佩佐冬季奥林匹克运动会

开幕时间：1956 年 1 月 26 日
闭幕时间：1956 年 2 月 5 日
主办国家：意大利
主办城市：科尔蒂纳丹佩佐
项目数量：4 个大项、8 个分项、24 个小项
参赛国家和地区：32 个
参赛运动员：820 名（女运动员 132 人，男运动员 688 人）

一、举办背景

1949 年国际奥委会罗马会议上终于将曾于 1944 年和 1952 年两次申办未果的科尔蒂纳丹佩佐选为了第七届冬奥会的会址。科尔蒂纳丹佩佐本应在 1944 年主办第七届冬季奥林匹克运动会，但因第二次世界大战而取消。1956 年科尔蒂纳丹佩佐冬季奥林匹克运动会因为苏联的加入而具有特殊的意义。

二、举办地简介

科尔蒂纳丹佩佐市是意大利北部贝卢诺省一个山间小镇，当时仅 6 000 人左右。但是它早就是驰

名遐迩的冬季运动中心。早在 1897 年，这里就举行过滑雪比赛。从 1902 年开始，除滑雪、滑冰比赛外，于 1908 年又增设了雪橇类项目的比赛。第一次世界大战后，科尔蒂纳丹佩佐市新的冰雪运动设施不断出现，多次承办过大型国际冰雪赛，如 1927 年的世界滑雪锦标赛、1928 年的国际大学生冬季运动会、1932 年的世界高山滑雪锦标赛等，也使得科尔蒂纳丹佩佐市成了冰雪运动爱好者的旅游胜地。

2019 年 6 月 24 日，国际奥委会主席巴赫宣布意大利科尔蒂纳丹佩佐获得 2026 年第二十五届冬奥会举办权。

三、申办与筹备

1949 年国际奥委会罗马会议上终于将曾于 1944 年和 1952 年两次申办未果的科尔蒂纳丹佩佐选为了本届冬奥会的会址。国际奥委会将这里选为本届冬奥会会址后，科尔蒂纳丹佩佐市又改建和新建了许多冬运设施，其中一些具有世界一流水平，并为花样滑冰和冰球比赛专门修建了一个有四层看台、能容 1 万～ 1.2 万人的大型冰场。同时参加申请主办第七届冬季奥林匹克运动会的有挪威的奥斯陆和美国的科罗拉多斯普林斯。

四、开幕式

本届冬奥会于 1956 年 1 月 26 日—2 月 5 日举行。1 月 26 日上午 11 时许，大会正式开幕。意大利总统乔瓦尼・格隆基出席了开幕典礼，并宣布大会开幕。本届点燃奥林匹克火焰的是意著名男子花样滑冰运动员吉多・卡罗利。代表运动员宣誓的为意大利上届冬奥会女子高山滑雪速降比赛铜牌获得者朱里亚娜・切纳尔・米努佐。她也是奥运会史上第一个执行这种光荣使命的女性。

五、参赛国家和地区

本届冬奥会应邀有 33 个国家和地区（代表队 32 个）的 820 名运动员（女子 132 人，男子 688 人）参赛。首次参加的有伊朗、玻利维亚、苏联；德意志民主共和国和德意志联邦共和国经过协商，组成了德国联队参赛。

六、比赛项目

本届冬奥会的竞赛项目除冰球、高山滑雪、有舵雪橇、花样滑冰、速度滑冰、越野滑雪、北欧两项、跳台滑雪外，又增加了两个单项：男子 18 千米滑雪被取消，改为 15 千米、30 千米滑雪；女子列入了 3 × 5 千米滑雪接力赛。项目总数为 4 大项 24 小项。

七、赛事情况

在速度滑冰比赛中，苏联的叶夫根尼・格里申以 40 秒 2 的创世界纪录的成绩获得 500 米赛的冠军，并打破了 1924—1952 年历届冬奥会速度滑冰比赛无一人突破世界纪录的沉寂局面。之后，格里申还与队友尤里・米哈伊洛夫同时取得 1 500 米比赛 2 分 08 秒 6 的成绩，再次刷新世界纪录，两人同登冠军领奖台、此外，苏联的鲍里斯・希尔科夫还在 5 000 米比赛中夺得了桂冠。速滑中全部 4 个项目，苏联只有 10 000 米比赛未得金牌，冠军被瑞典的西格瓦德・埃里克松获得。

美国在本届的男女花样滑冰中都取得了优异的成绩。以艾・詹金斯为首的 3 名选手包下了男子单人滑的全部奖牌；女子单人滑的金、银牌则被坦・奥尔布赖特和卡・海斯分获。欧洲在这次花样滑冰比赛中，只有奥地利的伊・施瓦茨和库・奥佩尔特在男女双人滑中赢得了冠军。

滑雪比赛是本届冬奥会人们关注的中心，因为冬季奥林匹克运动会滑雪赛，既是奥运会赛，又是世界锦标赛，可同时获取奥运会冠军和世界冠军。男子越野滑雪的主要竞争者挪威、芬兰、瑞典和苏联各获 1 枚金牌，上届冬奥会 18 千米冠军挪威的哈·布伦登获 15 千米冠军；上届冬奥会 50 千米冠军芬兰的韦·哈库利宁获 30 千米的金牌；瑞典的滑雪名手西·耶恩伯格虽然在 15 千米和 30 千米赛中都只获银牌，但在 50 千米赛中终于获金牌；苏联则以较强的实力在 4×10 千米中赢得了金牌。女子 10 千米越野滑雪中，夺标呼声最高的 1954 年世界冠军获得者，苏联的柳博夫·科济列挂夺得了胜利。首次列入比赛的女子 3 × 5 千米接力，芬兰以 27 秒的优势夺冠，苏联屈居亚军。

有“白色闪电”之称的奥地利的 19 岁选手安东·扎勒，在速降、回转和大回转赛中，三夺金牌。因奥运会滑雪成绩同时也是世界锦标赛成绩，三项的总成绩列为锦标赛全能成绩，这样扎勒一下子获得 3 枚奥运会金牌和 4 个世界冠军，成为滑雪史上取得这样出色成就的第一个选手。日本的猪谷千春在回转中获银牌，是亚洲在冬季奥林匹克运动会上的第一个获奖者。

瑞士的马·贝尔托获女子速降赛金牌，伦·科利亚尔获女子回转冠军；德国的奥·赖歇特夺得女子大回转第一名，这也是德国联队在本届赛中取得唯一的 1 枚金牌。在开幕式上代表运动员宣誓的是意大利滑雪选手朱·米鲁往只得了两个第四名。

冰球赛共有 10 个队参加，苏联获得冠军，这是苏联第一次获奥运会冰球冠军，并同时获该年世界和欧洲冠军。

八、奖牌榜（表 2-8）

表2-8　第七届冬季奥林匹克运动会奖牌榜

排名	国家或地区	金牌（枚）	银牌（枚）	铜牌（枚）	总数（枚）
1	苏联	7	3	6	16
2	奥地利	4	3	4	11
3	芬兰	3	3	1	7
4	瑞士	3	2	1	6
5	瑞典	2	4	4	10
6	美国	2	3	2	7
7	挪威	2	1	1	4
8	意大利	1	2	0	3
9	德国联队	1	0	1	2
10	加拿大	0	1	2	3
11	日本	0	1	0	1
12	波兰	0	0	1	1
13	匈牙利	0	0	1	1
总计		25	23	24	72

数据来源：国际奥委会官方网站。

注：因参与速度滑冰的两人同时抵达终点而并列冠军，金牌总计为 25 枚。

第八节　1960 年第八届美国斯阔谷冬季奥林匹克运动会

开幕时间：1960 年 2 月 18 日
闭幕时间：1960 年 2 月 28 日
主办国家：美国
主办城市：斯阔谷
项目数量：5 个大项、8 个分项、27 个小项
参赛国家和地区：31 个
参赛运动员：665 名（女运动员 144 人，男运动员 521 人）

一、举办背景

1946 年，美国冬季体育的先锋者亚历山大·卡申格第一次来到斯阔谷，并与朋友们一起买下了这块土地，仅过了三年，他们就将这里开辟成了滑雪胜地，并大胆设想要将其作为冬季奥运会的举办地。

1960 年，美国斯阔谷冬季奥林匹克运动会的申办过程进展得不是很顺利，这个距离加州旧金山 300 千米，海拔 1 900 米的山城，在向国际奥委会提出申办时，完全没有比赛用的运动设施和场馆。经过大量工作，卡申格表现出一个组织者杰出的才干，据说他将一个巨大的（花 5 800 美元制作的）斯阔谷模型搬到了国际奥委会大会上，并以此说服了冬季体育运动联合会的领导们，最终竟奇迹般地使国际奥委会的大多数成员站到了自己一边。

二、举办地简介

斯阔谷是加利福尼亚州内华达山脉间的一块盆地。一百多年前，这里原是印第安人聚居的地方。印第安人的习惯是，男人终年外出狩猎，妇女在家操持家务。当第一批白人移民到达这里时，看到的只是一些妇女。女子按印第安人的叫法称“斯阔”。这就是斯阔谷得名的由来。

斯阔谷海拔 1 889 米。以往几届冬季奥林匹克运动会会址的海拔高度都比这里低，如圣莫里茨海拔为 1 856 米，科尔蒂纳丹佩佐为 1 184 米，而加米施·帕滕基兴仅为 732 米。斯阔谷冬季奥林匹克运动会是第一次在海拔较高点举行的冬季盛会。这个谷地是美国著名的冬季运动中心之一，体育设施完善，并有一个可容 11 000 名观众的冰场。

三、申办与筹备

第八届冬季奥林匹克运动会再次从欧洲大陆转至大洋彼岸举行，国际奥委会在 1955 年第五十一次巴黎全会上最后选定了斯阔谷。申请主办本届冬奥会的除美国的斯阔谷外还有德意志联邦共和国的加米施·帕滕基兴、奥地利的因斯布鲁克、瑞士的圣莫里茨三座城市。

在 1960 年斯阔谷冬奥会中，组委会专门修建了一个奥林匹克村供运动员住宿。这是冬季奥林匹克运动会史上第一次专门的运动员村。大会还安装了一台“拉马克”电子计算机，供花样滑冰等比赛使用。每一个项目结束后，计算机只需几秒就用英、法两种文字公布全部比赛成绩，并附有运动员的简单履历。这大大减少了裁判员的统计工作，缩短了成绩公布时间。

本届冬奥会在筹办过程中遇到了不少问题。在雪橇比赛中，因为只有九个国家报名，组委会认为不值得花大笔钱兴建一条雪橇比赛场地，因此拒绝为了举办雪橇比赛专门兴建一条比赛赛道并宣布不

举办雪橇比赛，这是雪橇比赛第一次也是唯一一次在冬季奥林匹克运动会中缺席。

四、开幕式

1960 年 2 月 18 日举行了隆重的开幕式，15 000 名观众出席了盛会。宣布本届冬奥会开幕的是当时还在担任美国副总统的尼克松（后任美国第三十七届总统）。在圣火点燃仪式中，两届冬季奥林匹克运动会冠军安・劳伦斯・米德高举来自远方挪威的火种，从白雪皑皑的陡峭山坡上飞驰而下，奥运会速度滑冰冠军肯・亨利接过火种绕场一周，随后燃起熊熊的奥林匹克火焰，将大会气氛推向了高潮。

五、参赛国家和地区

本届冬奥会共有 30 个国家和地区的 665 名运动员参加。因为旅费等问题，欧洲削减了参加人数，南非是首次参加冬奥会。

六、比赛项目

本届冬奥会共设有 4 项运动、8 个大项、27 个单项比赛（冰球、高山滑雪、冬季两项、花样滑冰、速度滑冰、越野滑雪、北欧两项、跳台滑雪）。在本届冬奥会比赛中，冬季两项（包括越野滑雪和射击两项）第一次成为冬奥会的正式比赛项目，但是只有男子 20 千米个人赛。在本届冬奥会上，女子速度滑冰也第一次成为正式比赛项目。因为设备问题，取消了雪橇项目。

第一次出现在冬季奥林匹克运动会比赛中的冬季两项由滑雪和射击两个完全不同的项目组成，既要求运动员有良好的滑雪技术，又要求枪打得准。这项运动在冰雪地区开展较为广泛，因为它可用于狩猎，又具有军事意义。它的隶属关系与其他项目不同，它与现代五项组成同盟，称为“现代五项和冬季两项同盟”，这是唯一一个在冬、夏季奥运会均设有比赛项目的国际体育组织。

七、赛事情况

速度滑冰赛中，苏联在男子比赛中再现了上届冬奥会的成就，夺取了 4 枚金牌中的 3 枚。29 岁的叶夫根尼・格里申在 500 米赛中，以与上届冬奥会同样的成绩 40 秒 2 蝉联冠军；1 500 米赛中，格里申和挪威的罗・奥斯都以 2 分 10 秒 4 的成绩并列冠军；苏联的另一名速度滑冰运动员维克托・科西奇金在 2 月 25 日他 22 周岁生日的那天为自己赢得了 1 500 米金牌。挪威在速度滑冰中也取得了较好的成绩，除奥斯获 1 500 米金牌外，克・约翰内森在 10 000 米赛中获金牌。本届冬奥会新增加的女子速度滑冰项目中，苏联占有明显的优势，获 3 项冠军，其中著名速度滑冰手利迪妞・斯科布利科娃一人独得了 1 500 米、3 000 米两项金牌。

欧洲国家在花样滑冰赛中遭到了自 1924 年冬季奥林匹克运动会以来的第一次失败，一枚金牌也没拿到，而美洲则出尽了风头。上届冬奥会男子单人滑铜牌获得者达维德・詹金斯，这次荣获了该项桂冠。女子单人金牌得主，则是美国的卡罗尔・海斯，她是法国著名的花样滑冰选手、两届冬奥会男女双人滑冠军布律内夫妇的得意门生。加拿大的巴・瓦格纳和罗・保罗夺得了男女双人滑冠军。

欧洲在滑雪赛中仍占上风，男子越野滑雪依旧是芬兰、挪威、瑞典等国争雄，除 30 千米冠军瑞典的西・耶恩伯格是上届冬奥会 50 千米金牌获得者外，其余获桂冠的多是新人。女子 10 千米项目赛中，苏联以 29 岁老将玛利亚・古萨科娃为首的 4 名女将囊括了前四名。高山滑雪金牌除回转一项被美洲的加拿大选手安・赫格斯维特夺去冠军外，余下的金牌都被欧洲国家夺走。整个滑雪项目，德国成绩最好，共获 3 枚金牌，其中海・雷克纳格尔获男子跳台跳雪冠军、乔・托马获两项全能金牌、海・拜布尔获女子速降金牌。瑞士的罗・斯托布和伊・吕格分获男女大回转冠军。奥地利的埃・欣特泽尔在男子回转中获胜，法国的让·维亚尔内在男子快速降下中获金牌。

冰球比赛共 9 个队参加，美国队获冠军，加拿大获亚军。

闭幕式那天，大会组委会组织了一次优秀速滑运动员破纪录赛，苏联的格里申以 39 秒 6 创世界纪录，成为世界上第一个用不到 40 秒时间滑完 500 米的选手。

本届冬奥会共举行了 27 个单项比赛，在男子速滑中有两人并列冠军，共决出了 28 枚金牌。苏联再次居领先地位，获得金牌 7 枚，银牌 5 枚，铜牌 9 枚；德国联队这次成绩出色，上升到第二位，获得金牌 4 枚，银牌 3 枚，铜牌 1 枚；美国作为东道主，成绩不是很理想，获得金牌 3 枚、银牌 4 枚、铜牌 3 枚，位居第三。挪威成绩略有回升，金牌数与美国相等，只是银牌、铜牌少一些。

八、奖牌榜（表 2–9）

表2–9　第八届冬季奥林匹克运动会奖牌榜

排名	国家或地区	金牌（枚）	银牌（枚）	铜牌（枚）	总数（枚）
1	苏联	7	5	9	21
2	德国联队	4	3	1	8
3	美国	3	4	3	10
4	挪威	3	3	0	6
5	瑞典	3	2	2	7
6	芬兰	2	3	3	8
7	加拿大	2	1	1	4
8	瑞士	2	0	0	2
9	奥地利	1	2	3	6
10	法国	1	0	2	3
11	波兰	0	1	1	2
12	荷兰	0	1	1	2
13	捷克斯洛伐克	0	1	0	1
14	意大利	0	0	1	1
总计		28	26	27	81

数据来源：国际奥委会官方网站。

第九节　1964 年第九届奥地利因斯布鲁克冬季奥林匹克运动会

开幕时间：1964 年 1 月 29 日

闭幕时间：1964 年 2 月 9 日

主办国家：奥地利
主办城市：因斯布鲁克
项目数量：6个大项、10个分项、34个小项
参赛国家和地区：37个
参赛运动员：1 091名（女运动员199人，男运动员892人）

一、举办背景

1964年1月29日—2月9日，第九届冬季奥林匹克运动会在奥地利的因斯布鲁克举行，共设置了6个大项、34个小项，共产生了103枚奖牌，历时12天，有37个国家和地区参加了本届冬奥会。

二、举办地简介

因斯布鲁克是奥地利西南部城市，为蒂罗尔州首府。因斯布鲁克这个名字的由来很简单，意思是因河上的桥，市区分布在因河两岸，临近阿尔卑斯山，与德国、意大利和瑞士相邻，海拔570米，交通方便，是旅游和举行冬季运动竞赛的理想场所。该市有一个能容10 000人的体育馆，是欧洲为数不多的冬季运动体育馆之一。体育馆旁是一个滑冰场，滑冰场所有良好的体育设施。

因斯布鲁克初步形成于1180年，1420—1665年是哈布斯堡家族的居住地，在马克西米利安一世统治时期（1490—1519年）因斯布鲁克成了国家中心，它的文化、艺术也得到了迅速发展。

这座小山城曾经于1964年和1976年两次举办冬奥会，载入了体育盛会的史册。

三、申办与筹备

奥地利是一个爱好冰雪运动的国家，在以往几届冬季奥林匹克运动会上都曾取得过好成绩，特别是高山滑雪和花样滑冰，多次夺得金牌。但是直到上一届即第八届，奥地利才由因斯布鲁克提出主办冬季奥林匹克运动会申请。在上届会址竞选中，因斯布鲁克败于美国的斯阔谷。1964年第九届冬季奥林匹克运动会，因斯布鲁克终于战胜对手加拿大的卡尔加里和芬兰的拉蒂，赢得了主办权。

四、开幕式

开幕式上，按惯例点燃了奥林匹克火炬，承担这个光荣使命的是奥地利男运动员里德尔。与前几届不同的是，从本届开始，火种不再取自挪威，而是和夏奥会一样，取自奥林匹亚。开幕式的地点也改在可容纳6 000名观众的跳台滑雪场地，而不像以往那样在滑冰场举行。开幕式进行得十分隆重，宣布本届盛会开幕的是奥地利总统阿道夫·沙尔弗，而代表运动员宣誓的是奥地利雪车选手保罗·阿斯特。

五、参赛国家和地区

本届冬奥会参加比赛的有来自37个国家和地区（36个队）的1 091名运动员。第一次参赛的有朝鲜、印度和蒙古。中国没有运动员参加这次冬奥会。

六、比赛项目

本届冬奥会的竞赛项目又有一些变化。跳台滑雪分为90米、70米两个级别，不过也有人认为是新设了90米跳台滑雪，因为此前这项比赛均为70米。女子越野滑雪增加了一个5千米项目，恢复了上

届被取消了的有舵雪橇，并增设了无舵雪橇。

七、赛事情况

在滑雪比赛中，瑞典35岁的老将耶恩贝里参加了男子的全部越野赛，并且取得两枚金牌：在50千米比赛中获金牌，这是他自1956年始，接连在3届冬奥会30或50千米赛中取胜；在4×10千米越野接力赛中获得金牌。挪威的克努森夺取了北欧两项冠军，这是挪威自1924年以来第七次获该项桂冠。不过滑雪赛中成绩突出的是苏联24岁的女教师博亚尔斯基赫，她包揽了5千米、10千米金牌，还在3×5千米接力赛中取胜，是本届滑雪项目中获金牌最多的运动员。

在山地滑雪赛中，充满激情的奥地利观众不停地为本国同胞鼓掌、呼叫、加油。奥地利选手在观众热情的支持下超水平发挥，接连取得三项冠军。在众多优秀选手中，最引人注目的是法国的戈切尔姊妹。姐姐克里斯蒂娜比妹妹玛里耶勒大一岁多，但成绩远不如妹妹。这次姐姐在小回转赛中获金牌，妹妹获银牌；而在大回转赛中，则是妹妹获金牌，姐姐得银牌。本届冬奥会后克里斯蒂娜再无所建树，玛里耶勒则仍是冰雪场上的活跃人物。

30岁的苏联现代冬季两项选手梅拉宁，当时颇有名气，曾三次获世界冠军。他在本届冬奥会前的选拔赛中的成绩不是很理想，仅得了第十五名，差点未能入选代表队，但他在现代冬季两项比赛中却发挥了应有的水平，夺得该项比赛的冠军。

本届速度滑冰比赛开创了冬奥会历史上的奇迹。上届两枚金牌获得者、24岁的苏联女选手斯科布利科娃，囊括了全部四个项目的金牌。女子3 000米赛中，朝鲜的韩弼花与苏联的斯捷尼娜并列第二，这也是亚洲女子在冬奥会上获得的第一枚奖牌。男子速度滑冰的金牌由美国、苏联、挪威、瑞典均分。上届冠军中这次仅有挪威的约翰内森在5 000米赛中再获金牌。近两届冬奥会名噪冰坛的32岁苏联老将格里申只在500米项目中获得了银牌。

在花样滑冰赛中欧洲可以说是打了翻身仗，他们上届一枚金牌未得，这次却从美洲人手中夺得了全部金牌。德国的施内尔多费尔获得男子单人滑冠军。荷兰的戴克斯特拉在女子单人滑中表现出色，为荷兰在冬奥会上夺得第一枚金牌。双人滑中，苏联的别洛乌索娃、普罗托波波夫获冠军。亚军获得者是德国的一对选手，事后发现他们曾参加过职业性冰上轻歌舞剧演出，与运动员的“业余”规定不符，于1966年被追回银牌。

冰球比赛共8个队参加。苏联队战胜所有对手，赢得了金牌。

八、奖牌榜（表2-10）

表2-10　第九届冬季奥林匹克运动会奖牌榜

排名	国家或地区	金牌（枚）	银牌（枚）	铜牌（枚）	总数（枚）
1	苏联	11	8	6	25
2	奥地利	4	5	3	12
3	挪威	3	6	6	15
4	芬兰	3	4	3	10
5	法国	3	4	0	7
6	德国	3	3	3	9

续表

排名	国家或地区	金牌（枚）	银牌（枚）	铜牌（枚）	总数（枚）
7	瑞典	3	3	1	7
8	美国	1	2	3	6
9	荷兰	1	1	0	2
10	加拿大	1	0	2	3
11	英国	1	0	0	1
12	意大利	0	1	3	4
13	朝鲜	0	1	0	1
14	捷克斯洛伐克	0	0	1	1
总计		34	38	31	103

数据来源：国际奥委会官方网站。

第十节　1968 年第十届法国格勒诺布尔冬季奥林匹克运动会

开幕时间：1968 年 2 月 6 日
闭幕时间：1968 年 2 月 18 日
主办国家：法国
主办城市：格勒诺布尔
项目数量：6 个大项、10 个分项、35 个小项
参赛国家和地区：37 个
参赛运动员：1 158 名（女运动员 211 人，男运动员 947 人）

一、举办背景

第十届冬季奥林匹克运动会于 1968 年 2 月 6—18 日在法国格勒诺布尔举行。这也是法国第二次举办冬季奥林匹克运动会。值得一提的是，吉祥物的设计始于本届冬奥会，这个称为“雪士”的半人半物的卡通型滑雪小人形象，以其夸张的硕大脑袋和细巧而坚硬的身体，象征一个有着坚强意志的小精灵，而它也成为历史上第一个非正式冬奥会吉祥物。

二、举办地简介

格勒诺布尔是法国东南部一座古老的城市，伊泽尔省首府。在阿尔卑斯山区，罗讷河支流伊泽尔河畔，当时城镇人口有 10 余万。是著名的滑雪胜地，城市周围有数座条件优异的雪场。

格勒诺布尔拥有 2 000 多年的历史，它的历史可远溯古罗马时期，远在古希腊、古罗马时期就已驰名于世。公元前 43 年是格勒最早载人历史记录的年份，格勒诺布尔仅仅是一个不起眼的法国小镇，名叫库拉罗。379 年，罗马皇帝格拉提安将此地建为帝国都市，并将其更名为格拉提安波利斯。9 世纪初，统治多菲内公国的阿尔邦伯爵选定格勒诺布尔为其首都。1340 年，多菲内公国委员会在格勒设立。1349 年，格勒所在的多菲内公国归顺法王夏尔五世的统治，成为法国的一个行省，但直至 1457 年仍保

持自治。1790 年，原先的多菲内省被分为现今三个省：伊泽尔省、德隆省和上阿尔卑斯省。

三、申办与筹备

1968 年第十届冬季奥林匹克运动会前，有加拿大的卡尔加里、芬兰的拉蒂、美国的普莱西德湖、日本的札幌、挪威的奥斯陆和法国的格勒诺布尔六个城市竞选主办。在竞选中，格勒诺布尔坚守自己申办冬奥会的决心，提出了有力的论据：格勒诺布尔有豪华的大酒店、舒适的小旅馆、颇具地方特色的小饭馆，小饭馆经营各种法国传统美食佳肴，而且饭店数量之多难以想象，大约每二十个居民就拥有一处。此外还有一个重要的理由是格勒诺布尔气候温和，冬天天气较为稳定。在投票表决中，格勒诺布尔赢得了胜利。

格勒诺布尔有较为完善的体育设施，为举办第十届冬奥会，本届大会组委会把这届运动会办成“最有成效、最有组织的运动会”，从获得主办权之日起，就积极着手准备工作。他们仅花了十六个月的时间，就建成一个有 12 000 万个座位的冰场，作为速度滑冰和冰球的比赛场；冰场旁还修建了法国第一个人造滑冰场。滑雪场地设备齐全，并盖了一个奥林匹克村。

四、开幕式

法国总统戴高乐宣布了比赛开幕，将圣火点燃的则是花样滑冰运动员卡尔玛，代表运动员宣誓的是高山滑雪运动员拉克鲁瓦。

本届冬奥会的开幕式非常隆重热烈，约有七万名来自世界各地的观众出席。主办当局别出心裁，将三万朵色泽艳丽的红玫瑰，从直升机上撒向笼罩着节日气氛的运动场。天空满是徐徐飘落的鲜花，四周散发着沁人心脾的阵阵清香。鲜红的花瓣散落在洁白的雪地上，显得鲜艳夺目。观众既像置身于繁华喧闹的城市，又似在幽雅恬静的田园，别有一番情趣。玫瑰在格勒诺布尔有着特别的含义，该城的城徽即以 3 朵红玫瑰作为标志，象征着这里的工业、文化教育、旅游和冬季运动三大特色。

五、参赛国家和地区

本届冬奥会应邀参赛的有来自 37 个国家和地区的 1 158 名运动员。首次参加的国家有摩洛哥。民主德国和联邦德国从本届开始，均独立组队参赛。

六、比赛项目

本届冬奥会设有 10 大项 35 小项，首次出现了现代冬季两项运动中的 4 × 7.5 千米接力。

七、赛事情况

挪威在这次男女越野滑雪中取得突出成绩，格伦宁根和埃勒塞特分别夺得男子 15 千米和 50 千米越野滑雪的桂冠，他们还在男女两个接力项目中取胜，总共获得四枚金牌。

苏联的别洛乌索夫和捷克斯洛伐克的拉什卡分别获得 90 米、70 米跳台滑雪的金牌，首次在男子个人滑雪中为各自的国家取得冠军。男子山地滑雪赛中，24 岁的法国选手基利在大回转、回转障碍滑雪和快速降下中接连夺冠。运动会结束后，基利转为职业运动员，失去了在奥运会上再显身手的资格。

在男女速度滑冰中一度称雄的苏联队，这次遭到严重打击。男子 4 项，联邦德国、荷兰、挪威和瑞典各得 1 枚金牌。苏联老将格里申再次出现在冰场上，但只在 500 米比赛中获得第四名。女子情况稍好，蒂托娃夺得 500 米桂冠。荷兰女队表现出色，盖森和舒特分享了 1 000 米和 3 000 米金牌。

奥地利在花样滑冰男子单人滑中，获得了桂冠。女子单人滑金牌为多次世界冠军、美国 19 岁的明星弗莱明获得。苏联的别洛乌索娃和普罗托波波夫蝉联男女双人滑冠军。

冰球比赛共十四个队参加。决赛期间，在苏联以 4 ： 5 输给捷克斯洛伐克后，形势变得非常微妙。苏联、捷克斯洛伐克、加拿大三队都各输一场，积分均为 10 分。谁打好最后一场，谁就将赢得冠军。捷克斯洛伐克与夺冠无望的瑞典对阵，以 2 ： 2 战和，而苏联却出人意料地以 5 ： 0 轻松赢了加拿大，赢得这项桂冠。

苏联的吉洪诺夫和挪威的索尔贝格是现代冬季两项个人赛金牌的主要争夺者。最终索尔贝格获得冠军，但在 4×7.5 千米接力赛中，苏联战胜挪威，获得了团体第一名。

运动雪橇，按规定需进行 4 轮比赛，因天不作美，只赛完 3 轮。奥地利的施密德、意大利的莱希纳分获男女单座冠军，民主德国获得男子双座冠军。有舵雪橇男子双人座和四人座，均为意大利夺魁。

本届冬奥会之前，许多滑雪选手的运动服上出现了广告标志，这引起了国际奥委会的注意，并引起了争议。后来国际奥委会决定予以约束管理，因此这些滑雪选手被取消了参赛资格。此举给比赛结果带来了一些影响。

本届冬奥会共举行了 35 个单项比赛。挪威卷土重来，获金牌 6 枚、银牌 6 枚、铜牌 2 枚，位列榜首；自 1956 年参赛以来成绩一直居首位的苏联队，本届因在滑雪、滑冰赛中成绩不理想，退居第二名，所获金、银、铜牌分别为 5 枚、5 枚、3 枚；位列第三的是法国队，金银铜牌分别为 4 枚、3 枚、2 枚。

八、奖牌榜（表 2-11）

表2-11　第十届冬季奥林匹克运动会奖牌榜

排名	国家或地区	金牌（枚）	银牌（枚）	铜牌（枚）	总数（枚）
1	挪威	6	6	2	14
2	苏联	5	5	3	13
3	法国	4	3	2	9
4	意大利	4	0	0	4
5	奥地利	3	4	4	11
6	荷兰	3	3	3	9
7	瑞典	3	2	3	8
8	联邦德国	2	2	3	7
9	美国	1	5	1	7
10	芬兰	1	2	2	5
11	民主德国	1	2	2	5
12	捷克斯洛伐克	1	2	1	4
13	加拿大	1	1	1	3
14	瑞士	0	2	4	6

续表

排名	国家或地区	金牌（枚）	银牌（枚）	铜牌（枚）	总数（枚）
15	罗马尼亚	0	0	1	1
总计		35	39	32	106

数据来源：国际奥委会官方网站。

第十一节　1972年第十一届日本札幌冬季奥林匹克运动会

开幕时间：1972年2月3日
闭幕时间：1972年2月13日
主办国家：日本
主办城市：札幌
项目数量：6个大项、10个分项、35个小项
参赛国家和地区：35个
参赛运动员：1 006名（女运动员205人，男运动员801人）

一、举办背景

第十一届冬季奥林匹克运动会于1972年2月3—13日在日本札幌举行。这是冬奥会第一次在欧洲和美国以外的地区举办，也是亚洲举办的第一届奥运会。

在这届冬奥会上，职业运动员的参赛问题再次成为焦点，国际奥委会严禁参加奥运会的运动员接受任何金钱酬劳，否则视为职业运动员取消参赛资格。

二、举办地简介

札幌是日本最北面的城市，位于日本北海道岛西部，为全日本人口第五多的城市，也是日本的政令指定都市之一。由于札幌市是北海道政府（道厅）及石狩支厅办公室所在地，因此也成为北海道行政中枢。

1869年（明治二年），日本将虾夷地改名为北海道，并设置开拓使负责对北海道的开发，同时开始建设札幌。1875年（明治八年）开始，最初的屯田兵加入札幌的开发行列，铁路的铺设与工商产业的发展也陆续开始。1882年日本废除开拓使，比照日本在其他地区的行政区划，在北海道设置函馆县、札幌县与根室县共三个县。1884年原属札幌县底下的札幌区变更为札幌郡，并在市中心的地区另设一个也是同样名为札幌区的次级行政区及区役所（区公所）。1886年北海道三县又被取消，正式将“道”升级为日本的一级行政区，设置北海道厅，而札幌也成为道厅（道政府）的所在地，被称为“北海道厅旧红砖厅舍”的历史性建筑。

1922年（大正十一年）日本开始实施被称为“市制”的新版地方行政区划制度，札幌市正式建市。1947年，日本施行地方自治法，札幌市首度进行市长的民选。1950年举办第一届的札幌雪祭。1972年，札幌市正式升格为政令指定都市，底下划分7区，并且在同年举行了第十一届冬季奥林匹克运动会。

札幌每年2月的雪节游人最盛，也是日本冰雪运动的中心之一。

三、申办与筹备

第十一届冬季奥林匹克运动会于1972年2月3—13日在日本札幌举行。申请主办本届冬奥会的除札幌外，还有加拿大的班夫、芬兰的拉提和美国的盐湖城。这是冬奥会自创始以来第一次在欧美以外的大洲，也是第一次在亚洲举办。

日本为了开好本届冬奥会，专门修建了一个大型冰场，增设了一些体育设施，并采用了不少现代化的先进仪器，大大提高了组织工作的效能。

四、开幕式

同1964年东京第十八届夏季奥运会一样，日本组织了大型的火炬接力活动。火炬从奥林匹亚传到日本本土后，大会组织了15 000名年龄在11～20岁的青少年进行火炬接力跑，在2月3日的开幕式上，由一位名叫高田秀喜的学生点燃了大会圣火。

札幌冬奥会吸引了3 895名记者前来采访。

五、参赛国家和地区

参加本届冬奥会的共有来自35个国家和地区的1 006名运动员。首次参加的有菲律宾和中国台北队的运动员。

六、比赛项目

本届冬奥会比赛项目与上届完全相同，项目总数仍为6大项35个小项。

七、赛事情况

从1969年开始，连续在世界和欧洲锦标赛中夺冠的苏联著名花样滑冰运动员伊琳娜·罗德尼娜和亚历山大·乌兰诺夫，首次参加冬奥会，就获得了男女双人滑冠军。男子单人滑桂冠由捷克斯洛伐克的翁·内佩拉夺得；女子单人滑冠军由奥地利的贝·舒巴获得。

在男女越野滑雪赛中，苏联成绩突出。韦杰宁在男子30千米赛中，成为本届第一个冠军，他也是苏联在男子越野滑雪个人赛中第一个摘取金牌的选手。韦杰宁还为苏联在4×10千米赛中夺取胜利立下汗马功劳。苏联29岁的滑雪能手库拉科娃是本届成绩最杰出的女运动员。她在5千米、10千米比赛中接连取胜，另在3×5千米接力赛中也取得一枚金牌。

东道主以笠谷幸生为首的3名选手在70米跳台滑雪中包揽了全部奖牌。笠谷幸生是日本也是亚洲第一个冬奥会金牌获得者。跳台滑雪的另一项90米台，冠军被波兰的福尔图纳所获取。这是波兰第一次取得这样的成绩。越野滑雪赛中意大利20岁的托尼在大小回转障碍赛中获金牌、银牌，但本届高山滑雪成绩最突出的是瑞典队，在男女项目中共获得了三枚金牌。

男子速度滑冰比赛，荷兰居领先地位，其中申克接连夺得5 000米、1 500米和10 000米速滑金牌，成为继巴兰格鲁德、安德森之后第三个在一届冬奥会上取得三枚金牌的男子速滑选手。

冰球赛共有11支队参加。多次夺冠的苏联队由于不少老将引退，新手不够成熟，起初对能否再次取胜信心不足。但是他们打出了高水平，连败美国、捷克斯洛伐克等队，只与瑞典战平，再次登上了冠军宝座。

现代冬季两项由挪威的索尔贝格蝉联个人冠军，苏联则再次取得接力赛的金牌。民主德国在雪橇赛中大显身手，以沙伊德尔和米勒为首的6名男女选手，包揽了男女单人座的全部奖牌；在男子双人座中，也与意大利队并列第一名。有舵雪橇的男子双人座和4人座由联邦德国与瑞典分获金牌。

本届冬奥会苏联东山再起，夺回魁首地位，获得金牌8枚、银牌5枚、铜牌3枚。以往成绩一般的民主德国队，这次脱颖而出，共获得金牌4枚、银牌3枚、铜牌7枚，令人刮目相看。瑞士位列第三，获金牌4枚，银牌、铜牌各3枚。

八、奖牌榜（表2-12）

表2-12　第十一届冬季奥林匹克运动会奖牌榜

排名	国家或地区	金牌（枚）	银牌（枚）	铜牌（枚）	总数（枚）
1	苏联	8	5	3	16
2	民主德国	4	3	7	14
3	瑞士	4	3	3	10
4	荷兰	4	3	2	9
5	美国	3	2	3	8
6	联邦德国	3	1	1	5
7	挪威	2	5	5	12
8	意大利	2	2	1	5
9	奥地利	1	2	2	5
10	瑞典	1	1	2	4
11	日本	1	1	1	3
12	捷克斯洛伐克	1	0	2	3
13	波兰	1	0	0	1
14	西班牙	1	0	0	1
15	芬兰	0	4	1	5
16	法国	0	1	2	3
17	加拿大	0	1	0	1
总计		36	34	35	105

数据来源：国际奥委会官方网站。

第十二节　1976年第十二届奥地利因斯布鲁克冬季奥林匹克运动会

开幕时间：1976年2月4日
闭幕时间：1976年2月15日

主办国家：奥地利
主办城市：因斯布鲁克
项目数量：6 个大项、10 个分项、37 个小项
参赛国家和地区：37 个
参赛运动员：1 123 名（女运动员 231 人，男运动员 892 人）

一、举办背景

1976 年 2 月 4—15 日，第十二届冬季奥林匹克运动会在奥地利因斯布鲁克举行，这也是因斯布鲁克第二次举办冬奥会。

二、举办地简介

因斯布鲁克是奥地利西南部城市，为蒂罗尔州首府。因斯布鲁克这个名字的由来很简单，意思是因河上的桥，市区分布在因河两岸，临近阿尔卑斯山，与德国、意大利和瑞士相邻，海拔 570 米，交通方便，是旅游和举行冬季运动竞赛的理想场所。该市有一个能容 10 000 人的体育馆，是欧洲为数不多的冬季运动体育馆之一。体育馆旁是一个滑冰场，滑冰场所有良好的体育设施。

因斯布鲁克初步形成于 1180 年，1420—1665 年是哈布斯堡家族的居住地，在马克西米利安一世统治时期（1490—1519 年）因斯布鲁克成了国家中心，它的文化、艺术也得到了迅速发展。

这座小山城曾经于 1964 年和 1976 年两次举办冬奥会，载入了体育盛会的史册。

三、申办与筹备

本届冬奥会原先的主办者是美国的丹佛，但丹佛所在的科罗拉多州州民，以及丹佛的市民都反对政府发行公债来筹集冬奥会资金。丹佛于是在 1972 年 11 月 15 日向国际奥委会表示放弃本届冬奥会的承办权。奥地利因斯布鲁克随即向国际奥委会递出申请，愿意接手。1973 年 2 月 4 日国际奥委会决定，把这届冬奥会交给奥地利的因斯布鲁克举办。时隔十二年后，因斯布鲁克再次举办冬季奥林匹克运动会。

四、开幕式

大会于 1976 年 2 月 4—15 日进行。2 月 4 日举行了隆重的开幕式。按惯例在主体场燃起了奥林匹克火焰，但与其他会址不同的是，主会场设有两个火焰塔，一个是十二年前的，另一个是新建的。开幕式上，首先由奥地利的雪橇运动员约瑟夫·费斯特曼特尔点燃了新建塔上的火焰，然后由他的同胞、高山滑雪运动员克里斯特尔·哈斯点燃了旧火炬塔。两个焰塔同时日日夜夜燃烧，标志着因斯布鲁克是冬季奥林匹克运动会两次主办地。

奥地利总统主持了开幕式，奥地利艺术家身着民族服装，表演了精彩的民族舞蹈。总统鲁道夫·克尔什拉格宣布了大会开幕。代表运动员宣誓的是东道主的有舵雪橇选手维尔纳·戴尔·卡尔特，而代表比赛官员宣誓的是奥地利的北欧两项裁判员威利·科斯廷格。

五、参赛国家和地区

本届冬奥会共有来自 37 个国家和地区的 1 123 名运动员参加。首次参加的有安道尔、圣马力诺。中国台湾地区派出 18 名男运动员参加比赛。

六、比赛项目

本次冬奥会共设置 6 个大项 37 个小项。此外，新增了冰上舞蹈和男子 1 000 米速度滑冰，女子 3 × 5 千米改为 4 × 5 千米。

七、赛事情况

雪橇虽然列入冬奥会的时间较早，但无论是有舵雪橇还是无舵雪橇，在世界各地开展得并不广泛，每届比赛，特别是近几届，主要是欧洲国家参加，而且是一国派两个队。本届冬奥会的雪橇赛中，民主德国、联邦德国、奥地利和瑞士包下全部男女五个项目的前六名，而成绩突出的民主德国队，又囊括了全部金牌，这在冬奥会历史上是没有先例的。

男女越野滑雪主要是苏联、分栏两国争雄。男子项目两国各得 2 枚金牌，可谓势均力敌；女子比赛又是平分秋色；但在 4 × 5 千米接力赛中，苏联战胜芬兰，夺得了 1 枚金牌。高山滑雪成绩突出的是联邦德国 25 岁的米特迈尔，她在快速降下和回转障碍滑中两夺桂冠。

在札幌冬奥会男女速度滑冰比赛中全军覆没的苏联队，这次东山再起，在该项比赛中共获得 4 枚金牌。

美国 19 岁的哈米尔在女子花样滑冰单人滑中以优异的成绩赢得金牌。她与弗莱明出自同一师门，是优秀教练法西亲手培养出来的。有趣的是，哈米尔只是从电视上看到弗莱明的精彩表演后，才投身法西门下走上冰场的。英国的柯里获得了男子单人滑桂冠。苏联的罗德尼娜再次以她优美的舞姿和熟练的技巧，在双人滑中战胜了所有对手。

在前两届冬奥会上，苏联在现代冬季两项个人赛中每次越野滑雪成绩只要领先，射击就总出现脱靶现象，以致功亏一篑。这次终于如愿以偿，克鲁格洛夫夺下这枚金牌。接力赛也由苏联蝉联了冠军。

在冰球比赛中，加拿大队和瑞典队因有职业选手参加，而被取消了参赛资格，余下十二支队参加。夺冠呼声较高的捷克斯洛伐克队，在决赛中以 3 ∶ 4 输给对手苏联，苏联第五次获得桂冠。

本届冬奥会共举行 37 个单项比赛。苏联取得了空前的胜利，获得 13 枚金牌、6 枚银牌、8 枚铜牌。民主德国再次成绩卓著，较稳固地取代了挪威、美国以往在冬奥会上的优势地位，对苏联也逐渐构成威胁，它这次共得金牌 7 枚、银牌 5 枚、铜牌 7 枚。居第三位的美国队，获金牌、银牌各 3 枚，铜牌 4 枚。挪威队与美国队金牌、银牌数相等，但铜牌只有 1 枚。

八、奖牌榜（表 2–13）

表2–13　第十二届冬季奥林匹克运动会奖牌榜

排名	国家或地区	金牌（枚）	银牌（枚）	铜牌（枚）	总数（枚）
1	苏联	13	6	8	27
2	民主德国	7	5	7	19
3	美国	3	3	4	10
4	挪威	3	3	1	7
5	联邦德国	2	5	3	10
6	芬兰	2	4	1	7

续表

排名	国家或地区	金牌（枚）	银牌（枚）	铜牌（枚）	总数（枚）
7	奥地利	2	2	2	6
8	瑞士	1	3	1	5
9	荷兰	1	2	3	6
10	意大利	1	2	1	4
11	加拿大	1	1	1	3
12	英国	1	0	0	1
13	捷克斯洛伐克	0	1	0	1
14	瑞典	0	0	2	2
15	列支敦士登	0	0	2	2
16	法国	0	0	1	1
总计		37	37	37	111

数据来源：国际奥委会官方网站。

第十三节　1980 年第十三届美国普莱西德湖冬季奥林匹克运动会

开幕时间：1980 年 2 月 13 日
闭幕时间：1980 年 2 月 24 日
主办国家：美国
主办城市：普莱西德湖
项目数量：6 个大项、10 个分项、38 个小项
参赛国家和地区：37 个
参赛运动员：1 072 名（女运动员 232 人，男运动员 840 人）

一、举办背景

1980年2月13—24日在美国的普莱西德湖举行，比赛在开幕式的前一天就已拉开。赛区比较分散：滑冰、冰球在奥林匹克中心冰场，滑雪在怀特菲斯山，跳台滑雪在英特维尔雪场，现代冬季两项和雪橇在霍文伯格山。大会共招募了 6 703 名志愿服务者。

二、举办地简介

自 1932 年冬季奥林匹克运动会在这里召开以后，普莱西德湖这个人口不多（1932 年不足 2 000 人，1980 年为 2 700 人左右）的山间小镇，成为美国冬季运动活跃的场所之一。但是四十多年过去了，原有的设施已很难适应将近半个世纪后再度承办奥运会的需要。因此，当冬奥会决定再度在这里举行后，美国冬季奥林匹克运动会组委会从 1977 年就开始大兴土木。他们新建了一座奥林匹克村，改建了奥林匹克中心滑冰运动场，修造了两个跳雪台以及雪橇滑道等。

三、申办与筹备

美国普莱西德湖在与加拿大温哥华竞选 1980 年冬季奥林匹克运动会主办权时，由于温哥华在投票前临阵退出而最终成为唯一申办者，成为继瑞士的圣莫里茨、奥地利的因斯布鲁克之后第三个两次承办冬季奥林匹克运动会的城市。

大会组委会虽然做了不少努力，但仍碰上了很多难题。这个小镇固然有承办冬奥会的经验，但 1932 年冬奥会无论从参加人数还是竞赛规模都是无法与本届相提并论的。本届冬奥会期间，从世界各地涌来包括运动员在内的客人就达 50 000 人之多。如何解决交通运输和避免堵塞现象，曾使大会组织者煞费苦心。主办者虽然做了许多努力，但仍出现了一些纰漏。例如，本届第一个项目 30 千米滑雪比赛结束后，负责授奖的国际奥委会副主席姆扎利所乘的车辆竟被堵在了路上，最后不得不临时请基拉宁主席替代。

雪的问题也使组委会大伤脑筋。这年冬季，普莱西德湖雪量颇少，组委会只好搞人造雪，但老天好像故意为难似的，人工雪刚造好，在开幕前一天来了一场暴风雪。因为人造雪和天然雪很难融为一体，组委会又不得不组织大量人力清扫。在组委会的努力下，一个个难题得到了妥善解决。

四、开幕式

2 月 13 日当地时间 14：30，雪后晴空，蓝天白云，远近群山，银装素裹，把普莱西德湖装扮得分外好看。虽然天气寒冷，但看台上仍挤满了名衣着绚丽的观众。在组委会主席布兰德・费尔、国际奥委会主席基拉宁先后讲话后，副总统蒙代尔代表美国总统宣布大会开幕，随后是隆重的入场仪式。

这届冬奥会的奥林匹克之火是 1 月 30 日在奥林匹亚点燃的，于开幕前一天传到主办地。这次点燃运动场火炬与以往不同，点火人不是本国知名运动员或社会名流，而是一位年已 45 岁并有 5 个孩子的普莱西德湖普通市民查尔斯・摩根・克尔博士。代表运动员宣誓的是美国 21 岁的速度滑冰选手、世界冰坛名将埃里克・海登。速度滑冰裁判员泰里・麦克德莫特代表比赛官员宣誓。

五、参赛国家和地区

本届冬奥会参加比赛的有来自 37 个国家和地区的 1 072 名运动员。中国奥委会是 1979 年在国际奥委会合法席位得到恢复后，首次派队出席冬奥会，28 名男女运动员参加了滑冰、滑雪、现代冬季两项等 18 个单项的比赛。哥斯达黎加、塞浦路斯也是第一次参加。

六、比赛项目

本届冬奥会竞赛项目除增加现代冬季两项 10 千米个人赛一项外，其余均与上届相同。比赛战幕于开幕前一天就已拉开。

七、赛事情况

本届冬奥会强手如林，成绩卓著，仅男女速度滑冰的 9 个项目就有 63 人 108 次打破冬奥会纪录并重写一项世界纪录。普莱西德湖的头号新闻人物是美国男子速度滑冰运动员海登，他囊括了全部五个速滑项目的金牌，这在冬奥会历史上是绝无仅有的。他被授予第十三届冬季奥林匹克运动会杰出运动员称号。女子的四项冠军被荷兰、民主德国、挪威、苏联均分。

苏联的花样滑冰运动员罗德尼娜在双人滑中再次夺冠，这是她自 1972 年始第三次获冬奥会金牌。

男、女单人滑金牌分别为英国的卡曾斯和民主德国的珀奇获得。冰上舞蹈赛中，上届获第四名的苏联选手利尼丘克和卡尔波诺索夫跃居冠军。齐米亚托夫在男子越野滑雪赛中取得了优异成绩，他在30千米、50千米和接力赛中三夺金牌，成为冬奥会第一个取得如此优异成绩的滑雪选手。女子项目中民主德国的佩措尔德成绩突出，她在10千米和接力项目中获得两枚金牌。

民主德国在雪橇赛中仍占有较大优势，获全部五项中的四项冠军。苏联在现代冬季两项中重现上届的辉煌，获20千米个人和接力团体冠军。新设的10千米个人赛金牌被民主德国的乌尔里希获得。

滑雪赛中另一引人注目的人物是民主德国27岁的韦林，他在北欧两项比赛中取胜，是第一个在这些比赛中连续三次夺冠的选手。奥地利两名滑雪手也大爆冷门，20岁的替补队员施托克，在快速降下中意外取胜，他的同龄队友因瑙尔带伤上阵，在70米跳台滑雪中也独占鳌头。男女山地滑雪成绩出众的是瑞典和奥地利。瑞典名手斯滕马克和列支敦士登女将文策尔分别在男女大小回转障碍滑中夺标，各获两枚金牌。23岁的文策尔在上届冬奥会获得一枚铜牌，这次她与弟弟一起参赛，姐弟俩还分别在快速降下和大回转障碍赛中各得银牌一枚，为这个只有两万多人的袖珍国立下了汗马功劳。

冰球是本届比赛时间最长、最紧张激烈的项目。战幕于大会开幕前一天拉开，到闭幕那天才宣告结束。其中苏联、美国之争使赛场气氛达到高潮。苏联自1956年参加奥运会冰球赛以来，曾五次夺魁，美国队于1960年也曾获一次冠军。这次一个想蝉联冠军，另一个则力图东山再起。这支美国历史上最年轻的冰球队在比分三度落后的不利形势下顽强奋战，结果以4 ∶ 3反败为胜。消息传开，轰动了整个美国，美国总统亲自打电话向运动员表示祝贺，并邀请他们去白宫做客。2月24日美国对芬兰再以4 ∶ 2取胜，实现了他们东山再起的愿望，打破了苏联自1964年来垄断冰球冠军的局面。

本届冬奥会苏联成绩仍继续领先，获金牌10枚，银牌、铜牌各6枚；居第二位的民主德国队获9枚金牌、7枚银牌、8枚铜牌；东道主美国位列第三，金牌、银牌、铜牌分别为6枚、4枚、2枚。首次参赛的中国男女选手，与世界先进水平有较大差距，无一人进入前十名。

八、奖牌榜（表2–14）

表2–14 第十三届冬季奥林匹克运动会奖牌榜

排名	国家或地区	金牌（枚）	银牌（枚）	铜牌（枚）	总数（枚）
1	苏联	10	6	6	22
2	民主德国	9	7	7	23
3	美国	6	4	2	12
4	奥地利	3	2	2	7
5	瑞典	3	0	1	4
6	列支敦士登	2	2	0	4
7	芬兰	1	5	3	9
8	挪威	1	3	6	10
9	荷兰	1	2	1	4
10	瑞士	1	1	3	5
11	英国	1	0	0	1

续表

排名	国家或地区	金牌（枚）	银牌（枚）	铜牌（枚）	总数（枚）
12	联邦德国	0	2	2	4
13	意大利	0	2	3	5
14	加拿大	0	2	0	2
15	匈牙利	0	1	1	2
16	日本	0	1	0	1
17	捷克斯洛伐克	0	0	1	1
18	法国	0	0	1	1
19	保加利亚	0	0	1	1
总计		38	40	40	118

数据来源：国际奥委会官方网站。

第十四节　1984年第十四届南斯拉夫萨拉热窝冬季奥林匹克运动会

开幕时间：1984年2月8日
闭幕时间：1984年2月19日
主办国家：南斯拉夫
主办城市：萨拉热窝
项目数量：6个大项、10个分项、39个小项
参赛国家和地区：49个
参赛运动员：1 272名（女运动员274人，男运动员998人）

一、举办背景

这是冬季奥林匹克运动会第一来到社会主义国家，南斯拉夫的萨拉热窝击败日本的札幌、瑞典的法伦和哥特堡获得第十四届冬奥会的举办权。南斯拉夫国民对这次冬奥会来到萨拉热窝非常重视，以极大的热诚欢迎各国运动员。

二、举办地简介

萨拉热窝建于1263年，现为波斯尼亚和黑塞哥维那的首都和经济、文化中心。第二次世界大战后萨拉热窝是南斯拉夫社会主义联邦共和国的波斯尼亚和黑塞哥维那社会主义共和国的首都，在中部萨瓦河支流博斯纳河上游附近，群山环抱，是一座风景秀丽的古城。

该城周围山峦起伏，积雪长达半年，有时虽是五月时令，山上仍有雪花飞飘。近年来，它又以多次举办世界性比赛（如第三十二届世界乒乓球锦标赛、1983年世界杯滑雪赛等）闻名于世界体坛。

三、申办与筹备

申请主办本届冬奥会的除萨拉热窝外，还有瑞典的耶特堡（哥德堡）和日本的札幌。最后，萨拉

热窝获得了国际奥委会大多数赞成票，成为这次盛会的主办地。

1978 年，在萨拉热窝被选为第十四届冬奥会会址后，南斯拉夫着手开展各方面的准备工作，新建了奥林匹克村，整修和扩建了科舍沃体育场及相邻的泽特拉体育馆，以及其他比赛场地。筹委会的出色工作受到各国好评。

四、开幕式

第十四届冬季奥林匹克运动会于 2 月 8 日 14：30 在科舍沃体育场正式开幕。现场 55 000 名观众冒雪参加了开幕式，萨马兰奇参加了大会。南斯拉夫联邦主席团主席米・什度利亚克出席并宣布大会开幕。

本届冬奥会圣火于 1 月 29 日从希腊运到南斯拉夫海滨城市杜布罗伏尼克，采取了与以往不同的传递方式，分南北两路进行火炬接力，最后于波斯尼亚和黑塞哥维那会合。开幕式上，由南斯拉夫女子花样滑冰冠军、21 岁的桑・杜布拉夫奇克点燃了主体育场火焰。

五、参赛国家和地区

本届冬奥会参加比赛的有来自 49 个国家和地区的 1 272 名运动员。首次参加的有波多黎各、维尔京群岛、塞内加尔、摩纳哥和墨西哥。其中维尔京群岛派出的唯一选手是一名黑人，这也是冬奥会第一次有黑人运动员参加。

六、比赛项目

本届冬奥会的比赛项目增加了一项女子 20 千米越野滑雪，使原先的 38 个单项增至 39 个。

七、赛事情况

由于风雪交加，本届冬奥会的速滑比赛受到一定影响，无一人突破冬奥会纪录。在男子 500 米赛中，苏联 21 岁的谢尔盖・福基切夫战胜了日本名将黑岩彰满，获冠军。苏联 19 岁的伊戈尔・马尔科夫在 5 000 米比赛中，因经验不足，败给瑞典名将斯・托马斯・古斯塔夫松，但在 10 000 米比赛中，马尔科夫战胜了古斯塔夫松，终于取得了金牌。加拿大的盖伊丹・鲍彻在 1 000 米、1 500 米项目中战胜了世界纪录保持者苏联的谢尔盖・赫列布尼科，获两项金牌。

民主德国在本届女子速滑中取得了空前的成绩，包下了全部四项冠军。其中，上届 500 米金牌获得者，23 岁的卡琳・恩克在 1 000 米、1 500 米赛中两次夺冠，并以 2 分 03 秒 42 的成绩创造了 1 500 米世界纪录，这是本届速滑比赛中唯一的新纪录，恩克还在另两项比赛中获两枚银牌。她的队友克里斯塔・罗滕布格尔获 500 米金牌，安德烈亚・舍内获 3 000 米金牌。

在泽特拉体育中心举行的花样滑冰比赛中，美国身高仅 1.59 米、25 岁的斯科特・汉密尔顿，以精彩的表演获得男子单人滑冠军。民主德国 18 岁的新星卡塔丽娜・维特获女子单人滑冠军。英国驰名世界的选手杰恩・托尔维尔和克里斯托弗・迪安以优美的舞姿获冰上舞蹈冠军，国际奥委会主席萨马兰奇亲自为他们颁奖。

在越野滑雪赛中，瑞典夺得三项冠军。上届冬奥会 15 千米冠军、28 岁的老将托马斯・瓦斯伯格，这次夺得 50 千米的桂冠；22 岁的年轻滑雪选手贡德・斯万在 15 千米中取胜，首次获冬奥会冠军。瑞典还获接力赛冠军。上届冬奥会三枚金牌获得者，苏联的尼古拉・齐米亚托夫这次只获 30 千米赛的金牌。

在女子滑雪比赛中，芬兰 28 岁的玛尔娅・利萨・海曼莱宁成了大会的新闻人物，这名赛前名气不大的选手，首先在其主项 10 千米赛中获金牌，接着在 5 千米赛中夺冠，随后又在首次列入比赛的 20 千米赛中成为该项的第一个奥运会女冠军，她还在接力赛中获第三名，共获三枚金牌和一枚铜牌，成为冬奥会滑雪史上第一个取得如此成绩的女运动员。

美国在男女高山滑雪赛中，囊括全部金牌。威・约翰逊获男子快速降下金牌，菲・马尔获男子回转障碍赛冠军，戴・阿姆斯特朗夺得女子大回转障碍赛桂冠。

南斯拉夫运动员弗兰柯在大回转比赛赢得一枚银牌，成为南斯拉夫历史第一位获得冬奥会奖牌的运动员。

加拿大冰球队以 4 ：2 战胜上届冬奥会冠军美国队，获得本届冬奥会冰球冠军。冬奥会 39 枚金牌落入十一个国家运动员之手，其中获金牌第一的是民主德国，9 枚金牌、9 枚银牌、6 枚铜牌；第二的是苏联，6 枚金牌、10 枚银牌、9 枚铜牌；美国第三，4 枚金牌、4 枚银牌、2 枚铜牌；中国仅得团体总分五分，排在第二十三位。

中国运动员是第二次参加冬奥会，37 名选手参加了速度滑冰、花样滑冰、越野滑雪、高山滑雪、现代冬季两项五个项目的比赛。由 14 人组成的中国台北队也参加了本届冬奥会。

本届冬奥会的特点是新手不断涌现。除冰球外，获得三十八枚金牌的全部选手平均年龄仅为 23 岁。

本届冬奥会期间，国际奥委会于萨拉热窝举行了第八十七次全会，决定从下届冬奥会起，会期由十二天延长至十六天；还决定将冰壶、技巧滑雪和短道速滑列为下届冬奥会表演项目。

八、闭幕式

2 月 19 日 20：00 时本届冬奥会落下了帷幕，国际奥委会主席萨马兰奇对南斯拉夫为本届冬奥会所做的工作给予了高度评价，认为“这届冬季奥林匹克运动会是六十年来开得最好、最精彩的一届”，并代表国际奥委会授予本届组委会主席希兰科・米库利奇一枚奥林匹克金质勋章。

九、奖牌榜（表 2–15）

表2–15　第十四届冬季奥林匹克运动会奖牌榜

排名	国家或地区	金牌（枚）	银牌（枚）	铜牌（枚）	总数（枚）
1	民主德国	9	9	6	24
2	苏联	6	10	9	25
3	美国	4	4	0	8
4	芬兰	4	3	6	13
5	瑞典	4	2	2	8
6	挪威	3	2	4	9
7	瑞士	2	2	1	5
8	联邦德国	2	1	1	4
9	加拿大	2	1	1	4
10	意大利	2	0	0	2

续表

排名	国家或地区	金牌（枚）	银牌（枚）	铜牌（枚）	总数（枚）
11	英国	1	0	0	1
12	捷克斯洛伐克	0	2	4	6
13	法国	0	1	2	3
14	日本	0	1	0	1
15	南斯拉夫	0	1	0	1
16	列支敦士登	0	0	2	2
17	奥地利	0	0	1	1
总计		39	39	39	117

数据来源：国际奥委会官方网站。

第十五节　1988 年第十五届加拿大卡尔加里冬季奥林匹克运动会

开幕时间：1988 年 2 月 13 日
闭幕时间：1988 年 2 月 28 日
主办国家：加拿大
主办城市：卡尔加里
项目数量：6 个大项、10 个分项、46 个小项
参赛国家和地区：57 个
参赛运动员：1 423 名（女运动员 301 人，男运动员 1 122 人）

一、举办背景

本届冬奥会于 1988 年 2 月 13—28 日在加拿大的卡尔加里举行。本届冬奥会首次将比赛时间延长到十六天，横跨三个周末。此前申请主办本届冬奥会的还有瑞典的法伦和意大利的科蒂纳丹佩佐。最后，确定由加拿大艾伯塔省的南部城市卡尔加里主办。在这届冬奥会上，一些新的项目加入冬季奥林匹克运动会的争夺中来。高山滑雪的超级大回转和高山结合项目首次成为冬奥会的比赛项目。北欧两项和跳台滑雪的团体项目也成为冬奥会的正式比赛项目。速度滑冰比赛首次从室外场地移到室内体育场地以绕圈的方式进行。

二、举办地简介

卡尔加里又称卡城、卡加利、牛仔城，意思是“清澈流动的水”。它位于加拿大艾伯塔省南部的落基山脉，是加拿大第四大城市。1875 年，加拿大骑警在卡尔加里建立西北皇家骑警驿站，之后加拿大太平洋铁路修建至此，卡尔加里逐渐发展成市。1941 年这里发现了丰富的石油和天然气，从此卡尔加里得到了迅速发展。卡尔加里海拔 1 000 多米，是加拿大高城之一，也是冬季运动中心。

三、申办与筹备

卡尔加里在为期六年的筹备工作中，兴建了许多运动场馆与设施，最令人称道的是为本届冬奥会特地建成的奥林匹克椭圆馆，它是世界上第一个有400米速滑道的全封闭场馆。速度滑冰比赛第一次由室外转入馆内，这是冬季奥林匹克运动会发展的标志之一。

马克·马霍恩体育场可容50 000名观众，冬奥会开幕式在这里举行。“马鞍”型奥林匹克体育馆承办花样滑冰和冰球比赛。奥林匹克公园内有跳台和人工制冷冰道，雪橇和跳台赛在此举行。高山滑雪比赛在纳斯基卡滑雪中心进行。

卡尔加里奥运村可安排2 600人食宿。

本届冬奥会的比赛设施堪称一流，每个比赛项目都是在最好的情况下举行的，组织工作极为出色。为此，国际奥委会主席萨马兰奇向本届冬奥会组委会授予了奥林匹克金质奖章。

四、开幕式

1988年2月13日下午，本届冬奥会于狂欢中在卡尔加里大学的麦克马洪体育场开幕。国际奥委会主席萨马兰奇在欢呼声中致辞后，加拿大总督索维夫人宣布冬奥会开幕，顿时彩旗飞舞。看台上观众组成的彩色五环和“88”字样及枫叶等图案，更增添了喜庆的气氛。

奥运圣火由卡尔加里12岁的业余滑冰运动员佩里点燃，加拿大滑雪运动员哈维代表运动员宣誓，开幕式上还进行了富有艾尔伯塔省西部风格的表演。

在开幕式上，57个代表队在雄壮的乐曲声中步入体育场，其中最引人注目的是非律宾代表队，只有一人，此人名叫奥卡姆波，他既是旗手又是运动员。

五、参赛国家和地区

参加本届冬奥会的有57个国家和地区的1 423名运动员。首次参加的国家和地区有斐济、牙买加、关岛、危地马拉和荷属安的列斯。

由于中国未取得冰球参赛资格，高山滑雪、跳台滑雪和现代冬季两项的水平较低，而雪车、雪橇两项又未开展，因此，中国仅派出20人的代表队，参加速度滑冰、花样滑冰、越野滑雪3项比赛。中国台北代表队有13人，参加了滑雪、花样滑冰、雪车和雪橇等项目的比赛。

六、比赛项目

本届冬奥会有高山滑雪、越野滑雪、现代冬季两项、跳台滑雪、冰球、花样滑冰、速度滑冰、雪车和雪橇等十个正式比赛项目。其中新增一些小项，有男女超大回转、男女阿尔卑斯式混合、男子90米跳台滑雪团体、男子北欧式团体、女子5 000米速度滑冰等，共设46枚金牌。表演项目有冰壶、自由式滑雪和短道速滑。

七、赛事情况

由于速度滑冰的比赛进入室内，避免了许多外界的干扰，因而出现了许多新纪录。荷兰女选手亨尼普在速度滑冰中击败民主德国劲旅卡尼亚，获得了1 500米、3 000米和5 000米三枚金牌，并打破1 500米的奥运会纪录和3 000米的世界纪录，成为本届冬奥会的风云人物。美国的布莱尔以39秒10的成绩打破女子500米速度滑冰世界纪录。在男子比赛中，民主德国运动员梅伊在500米中以36秒45的成绩创造了世界新纪录。瑞典的古斯塔夫松以13分48秒20的成绩打破了男子10 000米速度滑冰世界纪录，他还与荷兰的菲瑟、肯克斯分别以 6 分 44 秒 63、6 分 44 秒 98 和 6 分 45 秒 92 的成绩打破了男子 5 000 米速度滑冰 6 分 47 秒 01 的世界纪录。

滑雪项目最突出的运动员是芬兰的尼凯宁，他是男子跳台滑雪 3 枚金牌得主。

女子单人花样滑冰金牌之争是在民主德国的维特和美国黑人选手托马斯之间进行的，她们都选用了歌剧《卡门》中的乐曲，托马斯动作失误，痛失金牌。中国队和中国台北代表队成绩平平，各项最好成绩是第十四和十五名。

在越野滑雪赛中，苏联占有很大优势，囊括了男子 50 千米越野滑雪、女子 10 千米的前两名和女子 20 千米的前三名；女子 5 千米越野滑雪的金牌被芬兰的迈提卡宁夺得。男子山地大回转障碍赛的金牌被意大利的托姆巴摘得；女子山地大回转障碍赛中瑞士的斯克尼德获胜。在男子高山速降比赛中瑞士的楚布里根获金牌；而男子高山全能的金牌被奥地利的斯特里茨夺得。

民主德国在现代冬季两项、男子单人雪橇和双人有舵雪橇比赛中获胜；联邦德国则取得了北欧两项的团体冠军。苏联则蝉联冰球冠军，这是它第二十一次获世界冠军的称号。

本届冬奥会民主德国在它的强项速滑中，由于主力临场受伤，加之不适应室内赛场而大失水准，但仍夺得 9 枚金牌，比位居首位的苏联仅少两枚；银牌 10 枚，比苏联还多 1 枚；铜牌 6 枚，比苏联少 3 枚。苏联成绩最好，冰球队还蝉联了冠军。获奖牌第三位的是瑞士，金牌、银牌、铜牌各 5 枚。

八、闭幕式

1988 年 2 月 28 日 20：45，奥运会会旗在人们的注视下降下，火炬也慢慢地熄灭了。历时十六天的第十五届冬季奥林匹克运动会闭幕了。冬奥会组委会主席韦兰克 · 金在致辞中代表组委会感谢世界给予卡尔加里举办第十五届冬季奥林匹克运动会的机会，并感谢所有来参加冬奥会的人们。国际奥委会主席萨马兰奇把冬奥会会旗转交给下届的举办地法国阿尔贝维尔城的市长。

九、奖牌榜（表 2–16）

表2–16 第十五届冬季奥林匹克运动会奖牌榜

排名	国家或地区	金牌（枚）	银牌（枚）	铜牌（枚）	总数（枚）
1	苏联	11	9	9	29
2	民主德国	9	10	6	25
3	瑞士	5	5	5	15
4	芬兰	4	1	2	7
5	瑞典	4	0	2	6
6	奥地利	3	5	2	10
7	荷兰	3	2	2	7
8	联邦德国	2	4	2	8
9	美国	2	1	3	6
10	意大利	2	1	2	5
11	法国	1	0	1	2

续表

排名	国家或地区	金牌（枚）	银牌（枚）	铜牌（枚）	总数（枚）
12	挪威	0	3	2	5
13	加拿大	0	2	3	5
14	南斯拉夫	0	2	1	3
15	捷克斯洛伐克	0	1	2	3
16	日本	0	0	1	1
17	列支敦士登	0	0	1	1
总计		46	46	46	138

数据来源：国际奥委会官方网站。

第十六节　1992 年第十六届法国阿尔贝维尔冬季奥林匹克运动会

开幕时间：1992 年 2 月 8 日
闭幕时间：1992 年 2 月 23 日
主办国家：法国
主办城市：阿尔贝维尔
项目数量：7 个大项、12 个分项、57 个小项
参赛国家和地区：64 个
参赛运动员：1 801 名（女运动员 488 人，男运动员 1 313 人）

一、举办背景

1992 年法国阿尔贝维尔第十六届冬奥会是最后一次与夏奥会在同年举行的冬奥会。在全部 57 个比赛项目中只有 18 个在阿尔贝维尔本地举行，其余的比赛都在分布于阿尔贝维尔及其东南 1 000 平方千米的奥林匹克公园内的 13 个比赛场馆进行，这届冬奥会也成为有史以来场地最分散的一届冬奥会。

二、举办地简介

阿尔贝维尔位于阿尔利河畔，是法国萨瓦省的城市，靠近与发源于意大利边境的阿尔卑斯山脉伊泽尔河的汇合处。它有着悠久的历史、充满魅力的自然风光和浓郁的艺术氛围，于 2003 年春季被评为“艺术和历史之镇”。

阿尔贝维尔的瓦努瓦斯国家公园是著名的高山旅游区，当地为举办冬季运动会在山区多处新建现代化冰雪运动设施，可容纳万人的体育场、400 米椭圆形冰场、可供比赛的高山滑雪场以及便于观众观看的滑雪道都值得一览。

三、申办与筹备

1986 年 10 月 17 日国际奥委会于洛桑举行第九十一届全会，经过投票表决，阿尔贝维尔赢得了主

办权。申办本届冬季奥林匹克运动会的城市有保加利亚的索菲亚、瑞典的法伦、挪威的利勒哈默尔、美国的安克雷奇、意大利的科蒂纳丹佩佐、德国的贝希特斯加登和法国的阿尔贝维尔。

萨瓦省和阿尔贝维尔为举办第十六届冬奥会在山区多处新建了现代化的冰雪运动设施，在阿尔贝维尔新建可容 30 000 人的体育场和 400 米椭圆形冰场分别用于开、闭幕式和冰上项目比赛，莱萨尔克和莱赛西两处滑雪场供越野滑雪和现代冬季两项比赛之用。莱赛西滑雪场采取新式设计，将滑雪道修成奥林匹克五环形式便于观众观看。新建的莱梅男尔和瓦勒迪泽尔高山滑雪场供男子比赛之用，梅里贝勒雪场供女子高山滑雪比赛，且还修建了能容纳 6 000 名观众的冰球场。

四、开幕式

1992 年 2 月 8 日下午，第十六届冬季奥林匹克运动会开幕，本届冬奥会的开幕式由两位冬奥会主席：当年的世界滑雪冠军让・克洛洗・基利和为争办本届冬奥会作出贡献的米歇尔・巴尔尼埃主持。国际奥委会主席萨马兰奇致简短祝词，法国总统密特朗宣布第十六届冬季奥林匹克运动会开幕。被视为法国英雄的世界著名球星普拉蒂尼，郑重地将火把交给一名爱好各种体育运动的九岁小学生，并由其引燃本届冬奥会的圣火。闻名世界的雷鸟飞行队的八架银鹰，在会场上空做了特技飞行表演。

五、参赛国家和地区

本届冬奥会共有 64 个国家和地区的 1 801 名运动员参加比赛。

六、比赛项目

本届冬奥会比赛项目由上届的 6 大项 46 小项，增加到 7 大项 57 小项。设有越野滑雪、跳台滑雪、高山滑雪、雪橇、花样滑冰、现代速度滑冰、冬季两项、冰球等正式比赛项目，此外，还增加了 8 项表演赛，如花样滑雪、速度滑雪、溜冰石、高空芭蕾、速度滑雪等，在项目设置上出现了划时代的变化。

七、赛事情况

在男子速滑比赛中德国选手成绩突出，乌韦・迈获男子速度滑冰 500 米金牌，在男子 1 000 米速度滑冰中青克・奥拉夫获胜，男子 5 000 米速度滑冰的金牌被挪威选手卡尔斯塔德夺得，有“冰上马拉松”之称的男子万米速度滑冰冠军被荷兰的费尔德坎普・巴特夺得。

在女子速度滑冰 500 米比赛中，美国名将布莱尔以 40 秒 33 获得冠军，中国的叶乔波以 40 秒 51 的微弱差距获亚军，这是中国第一次在冬季奥林匹克运动会上取得奖牌，实现了冬奥会奖牌“零的突破”。

布莱尔在 1 000 米速度滑冰比赛中又以 1 分 21 秒 90 的成绩再获一枚金牌，而叶乔波仅以 0.02 秒的差距屈居亚军夺得一枚银牌。

女子速度滑冰的其他金牌均被德国选手夺得，她们是 1 500 米冠军波尔内、3 000 米冠军和 5 000 米冠军均被尼曼、贡达夺得。

女子短跑道速滑 3 000 米接力的冠军被加拿大选手夺得，我国很有希望夺奖牌的选手张艳梅在 500 米犯规被罚下后又在本项比赛中摔倒而失掉了比赛的资格。

男子 1 000 米短跑道速滑的金牌被韩国的金琪勋夺得，加拿大的布莱克本・弗雷德里克获得银牌，韩国的李俊浩获铜牌，三个人都打破了 1 分 31 秒 80 的世界纪录。

女子短道速滑 500 米的冠军被美国的图尔纳・卡迪夺得，中国选手李琰获得了这个项目的银牌，朝鲜的黄玉石获铜牌，这是朝鲜选手在冬奥会上获得的唯一一枚奖牌。

男子短跑道速滑 5 000 米接力的冠军被韩国选手夺得，还以 7 分 14 秒 02 的成绩打破了 7 分 22 秒 12 的世界纪录，获得银牌、铜牌的加拿大和日本队选手也都打破了这个项目的世界纪录。

花样滑冰比赛的男子单人滑金牌被独联体的彼得连科在得，女子单人滑金牌被美国的克利斯蒂·山口夺得，中国的陈露获第六名，这是中国在冬奥会花样滑冰比赛中的最好成绩，双人滑金牌被独联体的米库唐尼奥克和德米特里夫夺得。

冰舞自由舞的金牌也被独联体的选手夺得，克利莫娃和波马克连科夫妇以精彩的表演赢得了 9 名裁判 5.9 分的高分。

男子 10 千米越野滑雪和 30 千米越野滑雪的冠、亚军均为挪威选手夺走，有趣的是戴利获 10 千米赛冠军，于尔旺获亚军。

于尔旺获 30 千米赛冠军、戴利获亚军，戴利还获有“雪上马拉松”之称的男子 50 千米越野滑雪冠军，挪威队还获得 4 × 10 千米越野滑雪赛的冠军。

女子 10 千米、15 千米越野滑雪的冠军都被独联体的叶戈罗娃夺得，女子 5 公里越野滑雪的金牌被芬兰的玛尼特夺得，意大利获女子 30 千米越野赛冠军。

高山滑雪男子回转障碍赛冠军被挪威的加格夺得，男子大回转障碍赛的金牌被意大利的汤巴·阿尔贝夺得。

女子高山滑雪回转障碍赛中奥地利的克伯伯格·贝拉特获胜，德国的维贝格·佩妮拉获女子大回转障碍赛冠军，在女子超回转障碍赛中意大利的孙帕尼奥尼·德博拉获金牌。

在女子速降滑雪比赛中加拿大的李·加特纳获金牌，男子高山滑雪的桂冠被意大利的波利夺得，奥地利的奥尔特伯获男子高山滑雪的速降赛冠军，890 米跳台滑雪的冠军被奥地利的韦托里夺得，自由式滑雪女子全能的冠军也被奥地利的选手夺得她就是佩查。

花样滑雪的男女冠军分别被法国的贝克尔和瑞士的基斯林夺得；作为表演项目的速度滑雪，法国的普里·米凯尔和芬兰的穆拉莉·达尔贾分获男女冠军。

男子现代冬季两项 10 千米、20 千米的冠军分别被德国的柯钦诺尔和独联体的列季金·叶夫古尼夺得，女子现代冬季两项 15 千米、7.5 千米的金牌分别被德国的米塞斯基·安切和独联体的列什卓娃夺得，北欧两项冠军被法国的基伊夺走桂冠，日本队则获得北欧两项男子团体冠军，这是亚洲第一次获得冬奥会金牌。

男子单人雪橇比赛由德国的哈克尔获金牌，女子单人雪橇冠军被奥地利选手夺得。

男子双人雪橇的金牌、银牌都被德国夺走，男子 4 人座雪车的金牌、银牌、铜牌得主分别是奥地利、德国和瑞士，独联体获冰球赛冠军。

八、闭幕式

2 月 24 日，在阿尔贝维尔举行了盛大而热闹的冬奥会闭幕式，法国总统埃迪特·克勒松夫人和国际奥委会主席萨马兰奇等出席闭幕式。萨马兰奇从本届冬季奥林匹克运动会的主办城市阿尔贝维尔市市长亨利·杜若手中接过国际奥委会的五环旗，然后转交给下届冬奥会举办城市挪威的利勒哈默尔市市长奥登·特勒恩，并祝贺利勒哈默尔有幸举办第十七届冬奥会。燃烧了十六天的第十六届冬奥会圣火被从天而降的“小天使”吹熄，本届冬奥会正式闭幕。

九、奖牌榜（表 2-17）

表2-17　第十六届冬季奥林匹克运动会奖牌榜

排名	国家或地区	金牌（枚）	银牌（枚）	铜牌（枚）	总数（枚）
1	德国	10	10	6	26
2	独联体	9	6	8	23
3	挪威	9	6	5	20
4	奥地利	6	7	8	21
5	美国	5	4	2	11
6	意大利	4	6	4	14
7	法国	3	5	1	9
8	芬兰	3	1	3	7
9	加拿大	2	3	2	7
10	韩国	2	1	1	4
11	日本	1	2	4	7
12	荷兰	1	1	2	4
13	瑞典	1	0	3	4
14	瑞士	1	0	2	3
15	中国	0	3	0	3
16	列支敦士登	0	2	0	2
17	新西兰	0	1	0	1
18	捷克斯洛伐克	0	0	3	3
19	朝鲜	0	0	1	1
20	西班牙	0	0	1	1
总计		57	58	56	171

数据来源：国际奥委会官方网站。

第十七节　1994 年第十七届挪威利勒哈默尔冬季奥林匹克运动会

开幕时间：1994 年 2 月 12 日
闭幕时间：1994 年 2 月 27 日
主办国家：挪威
主办城市：利勒哈默尔

项目数量：6 个大项、12 个分项、61 个小项
参赛国家和地区：67 个
参赛运动员：1 739 名（女运动员 523 人，男运动员 1 216 人）

一、举办背景

为了使国际奥委会、各国际单项体育联合会，特别是各个国家和地区奥委会在选拔、训练、参赛工作中避免繁忙不堪，国际奥委会于 1988 年卡格利的第九十三次全会上决定自本届起冬奥会与夏奥会不在同一个奥运年举行，相互间隔两年。于 1994 年 2 月 12—27 日在挪威的利勒哈默尔举行第十七届冬季奥林匹克运动会，这是一项具有划时代意义的改革。

二、举办地简介

利勒哈默尔是挪威中部偏南的城镇，在米约萨湖北端，近洛根河入湖口，南距首都奥斯陆 140 千米。人口 22 000，是古德布兰斯达尔谷地的商业和旅游中心。2016 年 2 月 12—21 日利勒哈默尔举办了第二届冬季青年奥林匹克运动会。

三、申办与筹备

申办本届冬奥会的城市除挪威的利勒哈默尔外，还有瑞典的厄斯特松德、美国的安克拉治、保加利亚的索非亚三座城市。

对于在 1992 年奥运申办中以微弱差距失利的利勒哈默尔，能够赢得 1994 年冬奥会的举办权可谓是众望所归，而且从时间和地点上来说都是正好合适。本次冬奥会的电视转播权由 CBS 电视台斥资 2 亿 9 千 5 百万美元购得，超过一百万的游客来到利勒哈默尔，创造了自 1988 年卡尔加里冬奥会以来的最高数字。

挪威在冬奥会的历史上有过辉煌的成绩，利勒哈默尔继 1952 年奥斯陆之后再次承办冬奥会，深得各国的信任。利勒哈默尔新建了各种场馆与设施，并将冬奥会之后的用途设计在内。大会的比赛场馆以其独特的建筑风格受到了各界人士一致的好评。

例如，哈孔体育馆可容纳 10 500 人，馆内附设保龄球馆、射击场、体能训练中心以及会议厅、餐厅等。位于哈马的速滑馆外形像一艘倒扣过来的海盗船，为木质结构，可以容纳 10 600 名观众。坐落于格约威克的冰球馆一半在地上一半在地下，并且一直延伸到山脚下。市区建有一座 6 500 平方米的花样滑冰馆。在市区附近的山林中建造了一座冰宫，主体是奥林匹克滑冰馆，可容纳 8 000 人，是世界一流的速滑冰场，还附有可容 5 000 人的大厅，以及贵宾室、游泳池、大餐厅和停车场等。坐落于格约威克的冰球馆一半在地上一半在地下，并且一直延伸到山脚下。

四、开幕式

1994 年 2 月 12 日哈罗得五世国王在雄伟的高山滑雪场地山脚下宣布大会开始，开幕式由挪威著名的人类学家、探险家托尔·海亚达尔和著名的女演员利夫·乌尔曼主持。在跳台跳雪运动员斯登·哥鲁本手持奥运圣火飞跃了一百多米降落在主体育场内后，由滑雪运动员凯瑟林·诺丁尼斯交给哈肯·马各努斯王子点燃火炬。随后，来自东道国的越野滑雪运动员维加德·乌尔万格和花样滑冰裁判卡里·卡林分别代表运动员和比赛官员进行宣誓。

本届冬奥会火炬从希腊运至挪威以后，有 6 000 人参加长跑传递活动，途经 19 个县 70 个城镇，历时 75 天。传递途中，与各地的嘉年华活动相结合，并有 3 000 名艺术工作者参与，4 000 名职业或

半职业演艺人员做各种表演，还有艺术、绘画、舞蹈和音乐等与之配合，形成了较具规模的奥林匹克艺术节，整个活动至大会闭幕才结束。

五、参赛国家和地区

本届冬奥会共有 67 个国家和地区的 1 739 名运动员参加比赛。首次参加冬奥会的国家和地区有亚美尼亚、白俄罗斯、波斯尼亚和黑塞哥维那、格鲁吉亚、以色列、哈萨克斯坦、特立尼达和多巴哥、乌克兰、乌兹别克斯坦、斯洛伐克、摩尔多瓦以及俄罗斯。

六、比赛项目

本届冬奥会的竞赛项目为 6 大项 61 小项。新增加的小项是自由式滑雪中的高空式（原来只有蒙古式），短道速滑中增加了男子 500 米和 1 000 米两项。

七、赛事情况

本届冬奥会的明星人物是挪威速度滑冰名将科斯，他一人独得了 1 500 米、5 000 米、10 000 米 3 枚金牌，名噪一时，事后还将国家发给他的奖金全部捐赠给奥林匹克运动。

新增加的男子短道速滑的金牌被韩国选手获得。

引人注目的是，俄罗斯男子冰球队首次与奖牌无缘，仅获第四，瑞典男子冰球队在被称为冬奥史上最激烈的冰球决赛中，以点球险胜加拿大队获得该队历史上第一个冬奥会冰球冠军。

中国健儿于第十六届冬季奥运会中首次获得 3 枚银牌后，本届冬季奥运会又选派了 27 名选手（男 8，女 19），教练、职员 30 人，组成 57 人的代表团。参加了速度滑冰、短滑道、花样滑冰、现代冬季两项等项目的竞赛，比赛中基本上发挥出了应有的水平，3 名女选手获得奖牌。其中张艳梅获女子 500 米短滑道银牌（39 秒 61），老将叶乔波获女子 1 000 米速度滑冰铜牌（1 分 20 秒 22），陈露获女子花样滑冰单人赛铜牌。在本届冬季奥运会上，中国运动员共有 8 人次分别在 5 个项目中获得前八名。

越野滑雪是挪威的传统强项，他们包揽了男子项目除 50 千米和 4×10 千米接力之外三个项目的金牌。俄罗斯女子越野滑雪名将叶格罗娃获得三项冠军，使她的奥运金牌数达到了 6 枚。俄罗斯花样滑冰运动员获得男子单人滑、双人滑和并无三项冠军。其中双人滑伴侣戈尔杰耶娃 / 格林科夫以无可争议的优势蝉联双人滑冠军。

本届冬奥会获得金牌前三名的是：第一名俄罗斯，获得金牌 11 枚、银牌 8 枚、铜牌 4 枚；第二名挪威，获得金牌 10 枚、银牌 11 枚、铜牌 6 枚；第三名德国，获得金牌 9 枚、银牌 7、铜牌 8 枚。中国第十八。

这届冬奥会共有两人四次打破四项世界纪录。

八、奖牌榜（表 2-18）

表2-18　第十七届冬季奥林匹克运动会奖牌榜

排名	国家或地区	金牌（枚）	银牌（枚）	铜牌（枚）	总数（枚）
1	俄罗斯	11	8	4	23
2	挪威	10	11	5	26

续表

排名	国家或地区	金牌（枚）	银牌（枚）	铜牌（枚）	总数（枚）
3	德国	9	7	8	24
4	意大利	7	5	8	20
5	美国	6	5	2	13
6	韩国	4	1	1	6
7	加拿大	3	6	4	13
8	瑞士	3	4	0	7
9	奥地利	2	3	2	7
10	瑞典	2	1	0	3
11	日本	1	2	1	4
12	哈萨克斯坦	1	2	0	3
13	乌兹别克斯坦	1	0	5	6
14	乌克兰	1	0	0	1
15	白俄罗斯	0	2	4	6
16	芬兰	0	1	3	4
16	荷兰	0	1	3	4
18	法国	0	1	2	3
18	中国	0	1	2	3
20	斯洛伐克	0	0	3	3
21	英国	0	0	2	2
22	澳大利亚	0	0	1	1
总计		61	61	60	182

数据来源：国际奥委会官方网站。

第十八节　1998 年第十八届日本长野冬季奥林匹克运动会

开幕时间：1998 年 2 月 7 日
闭幕时间：1998 年 2 月 22 日
主办国家：日本
主办城市：长野
项目数量：7 个大项、14 个分项、68 个小项
参赛国家和地区：72 个

参赛运动员：2 176 名（女运动员 787 人，男运动员 1 389 人）

一、举办背景

1998 年日本长野第十八届冬季奥运会是冬季奥运会在时隔 26 年后再一次来到日本。对长野市的人民来说，冬奥会是他们期待了几十年的梦想。长野原在 1940 年获得主办权，但因为第二次世界大战的关系，无缘举办这项盛会（冬奥会 1940 年、1944 年因战争停办两届，1948 年恢复举办）。此次，他们击败了西班牙的哈卡、美国的盐湖城、瑞典的俄斯特松德和意大利的瓦尔达奥斯塔后，终于重新获得了冬奥会的主办权。

二、举办地简介

长野位于日本本州岛中部，地处东京西北 200 千米，属于日本地域中的中部地方。它处于关西、关东之间，在素有“日本屋脊”之称的中央高地上，东邻群马县，西接岐阜县，南接山梨县和静冈县，北连新潟县和富山县，是日本八大内陆县之一，也是日本面积第四大的县。

三、申办与筹备

日本早在长野冬奥会的前一年，甚至前两年便开始热腾起来。长野冬奥会的旗帜、海报，赞助商的广告、商品、标签，打着五色环的标志随处可见，电视、电台上的广告更是目不暇接、不绝于耳。电视频频出现“幸运之风会不会吹来”之类的标题，因为类似滑雪等项目的比赛，运动员必须借助风势才能跳跃得更高、更远，要破纪录就得依靠风力的协助。

四、开幕式

这届冬奥会的主题是“人类与自然共存”。开幕式上，在日本世界级指挥大师小泽征尔的指挥下，全球五个城市的歌唱家们通过卫星演唱了《欢乐颂》，给 21 世纪最后一届冬奥会染上了一层迷人的色彩。

宣布本届冬奥会开幕的是日本明仁天皇，而前冬奥会女子花样滑冰冠军日裔美籍选手伊藤绿点燃了大会圣火。东道主的北欧两项运动员荻原健司和花样滑冰裁判员平松纯子则分别代表运动员和比赛官员进行了宣誓。

五、参赛国家和地区

本届冬奥会共有来自 72 个国家的 2 176 名运动员参赛，其中乌拉圭、阿塞拜疆和北马其顿三个国家首次参赛。

六、比赛项目

长野冬奥会共有 14 个分项 68 个小项的比赛，并增加的比赛项目有女子冰球、滑板滑雪、冰壶。

七、赛事情况

冰球比赛第一次向职业运动员开放，女子冰球也成为冬奥会的正式比赛项目，捷克队获得了第一枚女子冰球金牌。挪威运动员戴里在本届冬奥会上赢得 3 枚滑雪金牌，成为第一位在冬奥会中赢得 8 枚金牌的运动员，而他的冬奥会奖牌累积到 12 枚；美国 15 岁小将塔拉 · 利平斯基赢得女子个人花样滑冰金牌，成为最年轻的冬奥会个人项目金牌得主。

在高山滑雪比赛中，奥地利运动员迈耶在高山速降比赛中途不慎滑倒，不过他没有放弃。三天后，他在超大回转及大回转比赛中赢得金牌。

值得一提的是，本次冬奥会中国代表团共参加了滑冰、冰球、滑雪、冬季两项四大项，短道速滑、速滑、女子冰球、花样滑冰、自由式滑雪、冬季两项、越野滑雪等 40 个单项比赛。尤其是短道速滑项目，在男女六个项目中，项项都获得奖牌。女选手杨扬在与队友联手夺得接力项目银牌后，又夺得女子 500 米和 1 000 米两枚银牌，成为历届冬奥会夺得奖牌最多的中国选手，在女子 1 000 米比赛中，她更是打破世界纪录；男选手李佳军在身体欠佳的状况下，为中国队夺得 1 000 米银牌，成为中国冬奥史上获得男子奖牌的第一人。17 岁小将安玉龙在男子 500 米比赛中也勇夺银牌。此外，他还和队友在 5 000 米接力赛中，勇敢挑战加拿大和意大利等老牌劲旅，获得铜牌；中国花样滑冰女运动员陈露，也获得一枚来之不易的铜牌。同时，小将徐囡囡以 186.97 分夺得女子自由式滑雪空中技巧银牌，实现了中国冬奥会雪上项目奖牌“零”的突破。

本届冬奥会总共创造 7 项世界纪录，20 项奥运纪录。德国成为本届冬奥会的最大赢家，总共夺得 12 枚金牌、9 枚银牌和 8 枚铜牌；挪威第二名，总共夺得 10 枚金牌、10 枚银牌、5 枚铜牌；俄罗斯第三名，9 枚金牌、6 枚银牌、3 枚铜牌。荷兰作为本届冬奥会进步最快的国家，共夺得 5 枚金牌、4 枚银牌、2 枚铜牌，跃居到第六名，被誉为“飞翔的荷兰人”。中国代表团则以 6 银 2 铜排在奖牌榜第十六位。

八、闭幕式

为期两个星期的长野冬季奥运会在 2 月 22 日圆满结束。国际奥林匹克委员会主席萨马兰奇高度赞扬了本届冬奥会，并形容这是“历来办得最好的一届冬奥会”。无论是参赛国数目还是参加运动员人数，都是历来最多的一届冬奥运。

在闭幕式上，长野市市长冢田佐把冬奥会会旗交给美国盐湖市市长科拉迪尼。美国的盐湖市将在 2002 年主办第十九届冬季奥林匹克运动会。

九、奖牌榜（表 2–19）

表2–19　第十八届冬季奥林匹克运动会奖牌榜

排名	国家或地区	金牌（枚）	银牌（枚）	铜牌（枚）	总数（枚）
1	德国	12	9	8	29
2	挪威	10	10	5	25
3	俄罗斯	9	6	3	18
4	加拿大	6	5	4	15
5	美国	6	3	4	13
6	荷兰	5	4	2	11
7	日本	5	1	4	10
8	奥地利	3	5	9	17

续表

排名	国家或地区	金牌（枚）	银牌（枚）	铜牌（枚）	总数（枚）
9	韩国	3	1	2	6
10	意大利	2	6	2	10
11	芬兰	2	4	6	12
12	瑞士	2	2	3	7
13	法国	2	1	5	8
14	捷克	1	1	1	3
15	保加利亚	1	0	0	1
16	中国	0	6	2	8
17	瑞典	0	2	1	3
18	乌克兰	0	1	0	1
18	丹麦	0	1	0	1
20	白俄罗斯	0	0	2	2
20	哈萨克斯坦	0	0	2	2
22	英国	0	0	1	1
22	澳大利亚	0	0	1	1
22	比利时	0	0	1	1
总计		69	68	68	205

数据来源：国际奥委会官方网站。

第十九节　2002年第十九届美国盐湖城冬季奥林匹克运动会

开幕时间：2002 年 2 月 8 日

闭幕时间：2002 年 2 月 24 日

主办国家：美国

主办城市：盐湖城

项目数量：7 个大项、15 个分项、78 个小项

参赛国家和地区：77 个

参赛运动员：2 399 名（女运动员 886 人，男运动员 1 513 人）

一、举办背景

盐湖城冬奥会是在 2001 年“9·11”恐怖袭击以及经济衰退等一系列挑战下举办的。对美国人民来说，正如盐湖城冬奥会的主题口号“点燃心中之火”所指，冬奥会成为坚韧和毅力的象征，治愈了

一个因恐怖袭击而摇摇欲坠的国家。冬奥会提供了急需的基础设施，推动了原本可能被搁置的发展项目，为许多可能失业的人提供了工作，同时旅游业也得到了促进，缓解了经济衰退对犹他州的影响。

本届冬奥会是美国遭受恐怖袭击后首次举办的全球性体育盛会，因此安全问题成为主办者考虑的重中之重。为确保本届冬奥会是“最安全的”，美国共投入了十九亿美元，其中在安全防范上就花掉了超过三亿美元，出动的军人、警察和联邦调查局特工约 16 000 人。

二、举办地简介

盐湖城是美国犹他州的首府和最大城市，城市位于一个山谷的北端，以紧靠大盐湖而得名，海拔 1 320 米，周围的高山海拔达到 3 582 米。它名列美国西部内陆城市的第三位，仅次于丹佛和凤凰城。

三、申办与筹备

在第十九届冬奥会申办过程中共有 8 个欧美城市对举办本届冬奥会表示了兴趣，最后进入申办投票的有美国的盐湖城、瑞典的俄斯特松德、加拿大的魁北克和瑞士的锡永。结果盐湖城击败了另外三个对手，取得了主办权，但此后不久，便爆出了盐湖城奥申委贿赂国际奥委会官员的丑闻，一时引起轩然大波。这一事件导致多名国际奥委会官员宣布辞职或被解职，最后才得以平息。

四、开幕式

2002 年 2 月 8 日 19：00（北京时间 9 日 10：00）第十九届冬季奥林匹克运动会在犹他州首府盐湖城拉开帷幕。在开幕式正式开始前，纽约警察代表演唱了《天佑美国》。开幕式刚一开始，8 位美国运动员和 8 位纽约警察和消防队员，将一面从废墟里抢救出来的美国国旗护送进会场。

整个体育场被荷枪实弹的军人和警察围得“水泄不通”，观众在开幕式前两三个小时就开始在凛冽的寒风中排起了长队，一个接一个地接受探测仪和搜身检查，水果刀、大头钉等金属物品禁止带入场内，就连饮用水也必须当着检查人员的面喝一口，以证明没有问题；开幕式过程中和前后两个小时的主会场上空被辟为“禁飞区”，由美军 F-16 战斗机和黑鹰直升机负责巡逻。为防止恐怖分子从远处打黑枪，会场周围建筑物的制高点上都有狙击手坐镇。

五、参赛国家和地区

本届冬奥会共有来自 77 个国家和地区的 2 399 名选手参加 78 个项目，创历届冬奥会人数和比赛项目最多的纪录。此次中国也派出了阵容强大的代表团，力争实现我国在冬奥会历史上金牌零的突破。

六、比赛项目

本届冬奥会的设项增加到 7 个大项 15 个分项 78 个小项，新增加的两个项目是骨架雪橇和女子雪车。其中骨架雪橇项目曾于 1928 年瑞士圣莫里茨奥运会上进行过比赛，分为男女各一项比赛，而女子雪车则是首次进入奥运会，此次列入的是双人项目。

七、赛事情况

中国此次共派出了 72 名运动员参赛。在短道速滑女子 500 米决赛中，中国队的杨扬击败了保加利亚的叶夫根尼亚·拉达诺娃和队友王春露，夺得了冠军，为中国赢得了第一枚冬奥会金牌。此后，她又与队友一起获得了女子 3 000 米接力的银牌，并在女子 1 000 米比赛中再夺金牌；而申雪、赵宏博也在欧美选手传统垄断的领域花样滑冰双人滑项目中奋力拼下了一枚铜牌。

加拿大男子冰球队在决赛中以 5 ∶ 2 击败美国队后，获得了 50 年来的第一个奥运会男子冰球冠军。加拿大队上一次获男子冰球冠军是在 1952 年第六届冬季奥运会上。

有舵雪橇运动员吉姆·谢亚以 0.05 秒的优势击败奥地利的雷特尔后，夺取了冠军。谢亚一家堪称奥运世家，在 70 年前同样于美国进行的普莱西德湖冬奥会上，吉姆的祖父杰克·谢亚也曾作为东道主的代表，宣读了运动员誓言，并在随后的速度滑冰比赛中两夺金牌。在 1964 年的因斯布鲁克冬奥会上，吉姆的父亲詹姆斯·谢亚则参加过三项越野滑雪的比赛，但不幸的是，在本届盐湖城冬奥会前 17 天，已经 91 岁高龄的杰克·谢亚却不幸在一次交通事故中罹难，他未能等到自己的孙子也戴上奥运金牌的光荣时刻。

挪威的高山滑雪运动员克雷蒂尔·安德雷·阿莫特在本届冬奥会上连夺两块金牌后，成为奥运会历史上获得高山滑雪奖牌最多的运动员，他在夺得全能金牌 3 天后，又在超级大回转项目中称雄，使其在参加过的历届冬奥会中获得的奖牌总数达到了创纪录的 7 枚。

澳大利亚短道速滑运动员斯蒂文·布拉德伯里堪称是本届奥运会最幸运的人之一。已是连续三次参加冬奥会的他以往在奥运会个人项目比赛中的最好名次是第八名，已经度过了运动生涯巅峰期的他在本届参赛原本也只是“重在参与”，但在男子 1 000 米的比赛中，他首先在四分之一决赛和半决赛中接连抓住对手跌倒或者被取消资格的机会意外获胜，闯入了决赛。决赛时，他的好运气仍然在继续。比赛刚一开始，他就处在落后位置上。到比赛进入最后一圈时，他已比其他对手落后了将近半圈。就在这时，处在前边的四名运动员发生了集体碰撞，均退出了比赛，而落在后面的布拉德伯里却因祸得福，成为唯一能完成比赛的选手，出人意料地获得了金牌。尽管布拉德伯里本人也为这块金牌感到极为庆幸，但他称这是自己从事这一项目艰苦训练 10 年应得的回报。

挪威的奥勒·埃纳尔·比约达伦在冬季两项的所有四个单项中均取得了金牌。首先，在 20 千米比赛中，他摆脱了射击两次脱靶后的不利局面，夺得一金。然后，他在 10 千米计时赛和 12.5 千米追逐赛中又连夺两金。最后，他又随挪威队夺得 4 × 7.5 千米接力项目的冠军。

芬兰的桑帕·拉尤南也是本届冬奥会的明星人物，他夺取了北欧两项的全部三项冠军，成为第一位在一届奥运会中夺得 3 枚北欧两项金牌的运动员。在男子个人赛中，尽管他在 15 千米越野赛前只名列第三，但很快就收复失地，夺取了首枚金牌。此后，他又带领芬兰队夺取了这个项目的团体冠军，而在计时赛中，他又得到了第三枚金牌。

首次参加冬奥会的荷兰小将约申·维特哈格初出茅庐便有出色表现，在 5 000 米比赛中，他首先以破世界纪录的成绩夺得一枚金牌。在 1 500 米比赛中，他再次打破了世界纪录，但这一纪录很快又被其他队员打破，他只获得了银牌。最后在 10 000 米比赛中，他又一次打破世界纪录，获得了第二枚金牌。

八、闭幕式

2002 年 2 月 24 日 18 ∶ 00（北京时间 25 日 9 ∶ 00），犹他州和美国用一个盛大的闭幕式依依不舍地与盐湖城冬奥会道别，这是一个群星闪耀、载歌载舞的盛大庆典，充满了人类对过去光荣的无限怀念与对未来的美好憧憬。最后是奥林匹克会旗的转交仪式，盐湖城的市长把象征主办权的旗帜交到了 2006 年冬奥会的主办地意大利都灵市的市长手中。

九、奖牌榜（表 2-20）

表2-20　第十九届冬季奥林匹克运动会奖牌榜

排名	国家或地区	金牌（枚）	银牌（枚）	铜牌（枚）	总数（枚）
1	挪威	13	5	7	25
2	德国	12	16	8	36
3	美国	10	13	11	34
4	加拿大	7	3	7	17
5	俄罗斯	5	4	4	13
6	法国	4	5	2	11
7	意大利	4	4	5	13
8	芬兰	4	2	1	7
9	荷兰	3	5	0	8
10	奥地利	3	4	10	17
11	瑞士	3	2	6	11
12	克罗地亚	3	1	0	4
13	中国	2	2	4	8
14	韩国	2	2	0	4
15	澳大利亚	2	0	0	2
16	捷克	1	2	0	3
17	爱沙尼亚	1	1	1	3
18	英国	1	0	1	2
19	瑞典	0	2	5	7
20	保加利亚	0	1	2	3
21	日本	0	1	1	2
21	波兰	0	1	1	2
23	白俄罗斯	0	0	1	1
23	斯洛文尼亚	0	0	1	1
总计		80	76	78	234

数据来源：国际奥委会官方网站。

注：西班牙和俄罗斯因有运动员药检呈阳各被剥夺一金，花样滑冰双人滑两金无银，男子越野滑雪追逐赛两银无铜。

第二十节　2006年第二十届意大利都灵冬季奥林匹克运动会

开幕时间：2006 年 2 月 10 日
闭幕时间：2006 年 2 月 26 日
主办国家：意大利
主办城市：都灵
项目数量：7 个大项、15 个分项、84 个小项
参赛国家和地区：80 个
参赛运动员：2 508 名（女运动员 960 人，男运动员 1 548 人）

一、举办背景

本届冬季奥运会是继 1956 年科尔蒂纳丹佩佐冬季奥林匹克运动会后意大利第二次举办冬奥会。若包括 1960 年罗马奥林匹克运动会，则是意大利第三次成为奥运会主办国。

二、举办地简介

都灵为意大利第三大城市、皮埃蒙特大区首府，是欧洲最大的汽车产地，还是历史悠久的古城，因现存大量的古典式巴洛克、洛可可和新古典主义法式建筑而举世闻名。它曾经是欧洲重要的政治中心。1563 年，它成为皮埃蒙特 - 萨伏依公国的首都，随后是萨伏依王朝统治下的萨丁尼亚王国的首都，最后是意大利统一之后的第一个首都（1861—1865 年）。第二次世界大战之后，它成为欧洲最重要的工业、商业和贸易的集散地。

三、申办与筹备

1999 年 6 月 19 日在韩国首尔举行的国际奥林匹克委员会第一百零九次会议上，都灵以 53 ∶ 36 的票数击败瑞士的锡永取得第二十届冬季奥林匹克运动会的主办权。会议前媒体原本纷纷看好锡永胜出，因为国际奥委会就位于瑞士，但最终都灵凭以 17 票的优势胜出。

四、开幕式

本届冬奥会开幕式于 2006 年 2 月 10 日在都灵奥林匹克体育场举办。为了迎接冬奥会的举行，这座体育场重新增加了顶棚，并由两层座席向上扩建了一层，使得体育场的座席数由原来的 25 000 个增加到 35 000 个。

本届冬奥会的比赛将同时在都灵、巴多内基亚、塞斯特里埃莱、切萨纳、皮内罗洛等七座城镇的场馆进行。

五、参赛国家和地区

本届冬奥会共有 80 个国家和地区的 2 508 名运动员参加。

六、比赛项目

本届冬奥会包括 15 个分项 84 个小项。15 个分项分别是：冰球、冰壶、速度滑冰、短道速滑、花样滑冰、有舵雪橇、无舵雪橇、俯式冰橇、冬季两项、北欧两项、高山滑雪、越野滑雪、自由式滑雪、跳台滑雪和单板滑雪。

七、赛事情况

在本届冬奥会中，奥地利选手称雄高山滑雪赛场，他们共夺走了此项 30 枚奖牌中的 14 枚。

在本届冬奥会短道速滑项目的竞争中，最激动也最令人“恐怖”的代表团绝对是韩国，他们创造了两个神话：一个神话是韩国短道速滑队成为一支梦幻队伍，他们在都灵冬奥会获得的 6 枚金牌全部来自短道速滑，而这个项目总共只有 8 枚金牌；另一个神话是都灵冬奥会总共只有三位“三冠王”，而韩国的陈善有就有 2 名运动员成为本届冬奥会的“三冠王”，而且都是在 25 日这一天产生的。另一位“三冠王”是来自德国的冬季两项选手米夏埃尔·格雷斯。

韩国运动员显示出在短道速滑项目中的强劲实力，在总共 24 枚短道速滑奖牌中，他们夺走了 10 枚。

女子 1 000 米比赛中，韩国队的陈善有战胜中国队的王濛第一个冲过终点夺走金牌；而女子 1 500 米比赛中，同样是陈善有毫无悬念地以 2 分 23 秒 494 获得金牌。此外，在短道速滑女子 3 000 米接力赛中，韩国也赢得一枚金牌，女子速滑运动员陈善有独得 3 枚金牌。

在本届冬奥会越野滑雪女子 1.1 千米团体竞速赛中，来自加拿大的运动员萨拉·伦纳不慎折断了她的滑雪杆，正在她万分焦急之时，在场边观战的挪威队主教练将自己的滑雪杆借给萨拉使用，最终萨拉代表加拿大队获得这个项目的银牌，而挪威队则遗憾地与奖牌无缘。虽然挪威队最终无缘奖牌，但他们身上体现出的运动精神值得所有人敬佩和赞扬，他们也真正诠释了什么是“友谊第一、比赛第二”，诠释了奥林匹克精神的真谛。

本届冬奥会上，来自德国的滑雪运动员米切尔·格雷斯也在冬季两项的比赛中获得 3 枚金牌，来自加拿大的女子速滑运动员辛迪·克拉森在参加的六个比赛项目中夺得 6 枚奖牌，而来自德国的运动员克劳迪娅·佩希施泰因的 1 金 1 银也使得她成为速度滑冰项目上第一位获得 9 枚奥运金牌的运动员。来自挪威的滑雪运动员克雷蒂尔·安德雷奥莫特成为在同一个项目中夺取 4 枚奥运奖牌的高山滑雪运动员，也成为第一位在同一个项目中获得 4 枚金牌的高山滑雪运动员。来自加拿大的达夫·吉布森在自己 39 岁的时候夺得男子冰橇的金牌，成为冬奥会历史上夺得个人项目金牌年龄最大的运动员。

中国代表团在男子 1 500 米短道速滑比赛中，31 岁的老将李佳军挺身而出，获得了 1 枚来之不易的铜牌。21 岁的中国女选手王濛在短道速滑女子 500 米决赛中，凭借舍我其谁的过人气势，凭借队友无私的合作，率先冲过决赛终点线赢得了金牌。在随后进行的女子 1 000 米比赛中，王濛获得亚军，杨扬拿到了铜牌。一枚铜牌结束了中国女子短道速滑的杨扬时代，王濛的 1 金 1 银 1 铜则寄托着未来的希望，这一幕也标志着中国女子短道速滑两代人之间的交替。杨扬将要离开，她说：“1 枚铜牌我已满意，没有遗憾。”王濛仍将继续，她说：“我们会努力，希望在下届战胜韩国队。”而在女子 1 500 米的比赛中，王濛一人对抗韩国军团，最终摘得了 1 枚宝贵的铜牌。

花样滑冰双人滑中，中国运动员张丹和张昊带伤参赛获得了花样滑冰双人滑银牌。上届冬奥会铜牌得主申雪 / 赵宏博，再次夺得铜牌。虽然未能实现冲击冠军的夙愿，但他俩对“重要的是参与”奥林匹克精神做出了最好的诠释。

在自由式滑雪女子空中技巧项目中，中国运动员李妮娜获得了自由式滑雪女子空中技巧银牌；在自由式滑雪男子项目比赛中，中国运动员韩晓鹏凭借超一流的心理素质，凭借两个教科书般的动作，以微弱优势战胜白俄罗斯选手勇获空中技巧比赛金牌。

最终，中国代表团在参加的9个大项和47个小项的角逐中，以2金4银5铜的成绩排名第十四位，奖牌总数超过历届冬奥会，实现了运动成绩稳中有升的目标，但在冬奥会上历史长、影响大的一些项目，如高山滑雪、越野滑雪、速度滑冰中长距离和冰球等基础性项目上中国仍然落后较远。

八、奖牌榜（表2-21）

表2-21 第二十届冬季奥林匹克运动会奖牌榜

排名	国家或地区	金牌（枚）	银牌（枚）	铜牌（枚）	总数（枚）
1	德国	11	12	6	29
2	美国	9	9	7	25
3	奥地利	9	7	7	23
4	俄罗斯	8	6	8	22
5	加拿大	7	10	7	24
6	瑞典	7	2	5	14
7	韩国	6	3	2	11
8	瑞士	5	4	5	14
9	意大利	5	0	6	11
10	法国	3	2	4	9
10	荷兰	3	2	4	9
12	爱沙尼亚	3	0	0	3
13	挪威	2	8	9	19
14	中国	2	4	5	11
15	捷克	1	2	1	4
16	克罗地亚	1	2	0	3
17	澳大利亚	1	0	1	2
18	日本	1	0	0	1
19	芬兰	0	6	3	9
20	波兰	0	1	1	2
21	英国	0	1	0	1
21	斯洛伐克	0	1	0	1
21	保加利亚	0	1	0	1
21	白俄罗斯	0	1	0	1

续表

排名	国家或地区	金牌（枚）	银牌（枚）	铜牌（枚）	总数（枚）
25	乌克兰	0	0	2	2
26	拉脱维亚	0	0	1	1
总计		84	84	84	252

数据来源：国际奥委会官方网站。

第二十一节　2010年第二十一届加拿大温哥华冬季奥林匹克运动会

开幕时间：2010年2月12日
闭幕时间：2010年2月28日
主办国家：加拿大
主办城市：温哥华
项目数量：7个大项、15个分项、86个小项
参赛国家和地区：85个
参赛运动员：2 632名（女运动员1 084人，男运动员1 548人）

一、举办背景

本届温哥华冬奥会由85个国家和地区的约5 500名运动员和官员以及25 000名志愿者、10 000名新闻媒体人共同参加。本届冬奥会的口号是："从海洋到天空的比赛"，本届冬奥会和冬残奥会吉祥物是根据温哥华所在的不列颠哥伦比亚省的神话传说所创作的三个卡通形象。

二、举办地简介

温哥华位于加拿大不列颠哥伦比亚省西南部太平洋沿岸，坐拥加拿大不列颠哥伦比亚省的核心地带，是该省面积最大的城市，也是加拿大的主要港口城市，重要的经济、政治、文化、旅游和交通中心，是加拿大第三大城市。

三、申办与筹备

2003年6月2日在捷克共和国首都布拉格，温哥华险胜韩国的平昌（第一轮平昌高过温哥华11票，第二轮投萨尔茨堡的委员都转投温哥华，所以获胜）与奥地利的萨尔茨堡，取得了2010年第二十一届冬季奥林匹克运动会的主办权。

加拿大共有三个城市有意申办本届冬奥会，其中，卡尔加里曾主办过1988年冬奥会，而魁北克市则曾申办过2002年冬奥会。经过两轮国内的投票筛选，温哥华最终获得了代表加拿大申办本届赛会的资格。此外，共有包括中国的哈尔滨在内的七个其他国家的城市曾有意申办本届冬奥会。除中国的哈尔滨外，还有安道尔的安道尔城、瑞士的伯尔尼、西班牙的哈卡、奥地利的萨尔茨堡、韩国的平昌和波黑的萨拉热窝，但最终只有温哥华、平昌和萨尔茨堡获准进行正式申办。

四、开幕式

2月12日，2010年第二十一届冬季奥林匹克运动会开幕式在不列颠哥伦比亚体育馆举行，这座场馆可容纳近60 000名观众。开幕式中，全场默哀一分钟悼念上午在训练中意外受伤死亡的格鲁吉亚无舵雪橇运动员诺达尔。值得一提的是，本届冬奥会开幕式在室内举办，这在冬奥会历史上首开先例。整个开幕式让全世界观众领略了东道主人民的热情奔放。各种精心打造和设计的节目，让大家掌声、惊呼声接连不断。雪花漫漫、电闪雷鸣、枫叶纷飞等场景，让人印象深刻。多元化的节目表演与加拿大的发展历史和本土风情遥相呼应，让人流连忘返、沉醉其中。

五、参赛国家和地区

本届冬奥会共有创纪录的85个国家和地区的2 632名运动员参赛。其中，开曼群岛、哥伦比亚、加纳、黑山、巴基斯坦、秘鲁和塞尔维亚为首次参加冬奥会。

六、比赛项目

本届冬奥会共设立7大类项目15个分项86个单项，也是历届冬奥会设项最多的一次，比四年前的都灵冬奥会增加了两个单项。新增的项目是自由式滑雪的男、女越野项目。

比赛共在温哥华以及小城里士满、距温哥华120千米以外的惠斯勒雪山以及距温哥华30多千米以外的塞普里斯雪山（又叫松柏山）的三个地方联合举办第二十一届冬季奥运会和冬季残奥会。

在速度滑冰项目总共12个单项中，韩国队夺得3金、2银共5枚奖牌，成为本届比赛速度滑冰项目上的最大赢家；中国队仅仅在女子500米比赛中由王北星夺得1枚铜牌，未能追平上届冬奥会1银1铜的成绩，整体表现低于预期在温哥华冬奥会。

速度滑冰传统强国荷兰队在本届冬奥会上取得3金、1银、3铜共7枚奖牌的成绩，延续了他们在这个项目上的优势。不过遗憾的是，荷兰速度滑冰名将斯文·克拉默尽管在本届冬奥会上夺得男子5 000米项目的冠军，但是却因为换道失误被取消了随后在10 000米比赛中的成绩，错失了自己在本届冬奥会上的第二枚金牌。东道主加拿大队凭借最后在男子团体追逐赛项目上的夺冠，最终以2金、1银、2铜共5枚奖牌的成绩位列金牌榜的第三。欧洲劲旅捷克队在本届冬奥会上夺得速滑项目的2金、1铜，而且这3枚奖牌全部由萨布里科娃一人包办，她也因而成为本届冬奥会上速度滑冰赛场上的“夺金王”。德国队同样是在最后的女子团体追逐赛上摘得一金，最终以1金、3银共四枚奖牌的成绩位列金牌榜的第五位，此外，美国队夺得1金、2银、1铜3枚奖牌，黑人名将戴维斯包办了其中的1金、1银两枚奖牌，日本、俄罗斯、挪威和波兰等队也有奖牌入账，本届冬奥会上共有三项速度滑冰奥运会纪录被打破，其中在男子5 000米比赛中荷兰选手斯文·克拉默以6分14秒60的成绩刷新了该项目新的冬奥会纪录；而在男子10 000米的比赛中，韩国选手李承勋以12分58秒55的成绩创造了该项目新的奥运会纪录。

北京时间2月27日，当中国选手王濛以1分29秒213的成绩率先通过短道速滑女子1 000米决赛终点线的一刻，中国女子短道队完美谢幕。在之前的两周里，王濛和她的队友们狂揽本届女子短道速滑项目的全部金牌，成为冬奥会历史上第一支完成这一壮举的团队。回顾历届冬奥会的参赛过程，韩国无疑是在短道速滑项目上最为突出的一个国家。虽然他们在2006年都灵冬奥会上豪取6金，但包揽女子全部金牌的成绩，之前却是没有一支队伍完成过的。2010年的温哥华，这一历史终于被打破，而它的创造者便是中国女子短道速滑队。一共有4名选手参加女子1 000米决赛争夺，中国选手周洋和王濛并肩作战，周洋在四分之一决赛打破冬奥会纪录，半决赛更以1分29秒049刷新原由王濛保持的世界纪录，可谓状态正佳；而世锦赛冠军王濛虽然受到感冒干扰，但也志在必得。王濛在本届冬奥会上独揽 500 米、1 000 位一届冬奥会赢得 3 米、3 000 米接力 3 金。这也是王濛职业生涯的第四块奥运金牌，她成为历史上夺得冬奥短道金牌最多的中国运动员。至此，冬奥会短道速滑比赛尘埃落定，中国队囊括了女子短道所有四个项目的金牌，实现了史无前例的大满贯。在男子 500 米决赛中，加拿大名将查尔斯·哈梅林终于为东道主摘得金牌，哈梅林成为短道赛场上的“双金王”。他以 40 秒 981 的成绩在男子 500 米比赛中加冕之后，又和队友一起以 6 分 44 秒 224 的成绩夺得男子 5 000 米接力赛冠军。韩国队在这两个项目中都与金牌擦肩而过。500 米盛锡贝撞线前自己失误摔倒痛失金牌，只获得银牌。随后韩国男子接力队以 6 分 44 秒 498 的成绩获得银牌。在冬奥会男子短道速滑比赛中，韩国队和加拿大队平分了 4 枚金牌。美国老将阿波罗再次改写了由自己保持的短道速滑冬奥会夺牌总数的纪录。他随美国队获得男子接力赛季军，将自己的冬奥会奖牌数增加到 8 枚。

花样滑冰比赛双人、女单、男单、冰舞共四块金牌分别由中国、韩国、美国和加拿大获得，以俄罗斯为首的欧洲传统势力土崩瓦解，而中、日、韩亚洲板块集体崛起取得 2 金、2 银、1 铜的空前佳绩，世界花样滑冰运动迎来了新的历史格局。温哥华冬奥会花滑赛场最震撼的一幕，莫过于申雪 / 赵宏博这对冬奥会举办九十年来年龄最大的双人滑冠军组合，他们用爱情和梦想的力量本色演出两曲堪称神品的《渴望永生》和《柔板》，终结了俄罗斯双人滑自 1964 年冬奥会开始的不败神话。

自由式滑雪空中技巧赛场，雪上公主李妮娜携手三名队友跻身其中。四年前的都灵，已经是世锦赛冠军的李妮娜摘得银牌。四年来，李妮娜带着腰伤坚持苦练，就是为了能够在温哥华圆奥运金牌之梦。尤其是她在 2007 年、2008 年和 2009 年实现了世锦赛该项目的三连冠，冬奥会金牌看似离她那么的近。在当天的决赛中，李妮娜两跳均表现出色，特别是她的第二跳，这个她并没有百分百把握的动作，被她演绎得异常完美。这一跳过后，李妮娜流下了解脱的眼泪。然而遗憾的是，在李妮娜之后出场的澳大利亚人拉西拉发挥得更为出色，金牌最终被这匹大黑马摘得，李妮娜再次收获了一枚银牌，她的队友郭心心则获得季军。

冰壶赛场，中国女队在本届比赛中发挥总体比较正常，在循环赛的比赛中取得了 6 胜 3 负的成绩排在第三位进入四强，其中以 6 ∶ 5 力克世界顶级水平的加拿大队显示了很强的实力。在半决赛中中国队因压力过大出现了过多的失误，以 4 ∶ 9 完败于瑞典队无缘决赛，在三、四名的比赛中以 12 ∶ 6 大胜瑞士队夺得铜牌，第一次参加冬奥会就夺得了奖牌，实现了历史性的突破，最终瑞典收获金牌，加拿大获得银牌。中国男子冰壶队在本届奥运会上取得了 2 胜 7 负的战绩，列在第八位。

越野滑雪女子 10 千米自由式和男子 15 千米自由式比赛中，瑞典选手卡拉和瑞士选手科罗纳分别登上冠军领奖台。在女子项目中，中国的李宏雪和李馨分别名列第 35 和第 65。在滑雪男子平行大回转中，赛前夺冠呼声最高的安德森如愿为加拿大摘得 1 枚金牌，同样实力不俗的奥地利选手卡尔获得亚军。在女子 30 千米古典式集体出发赛，波兰选手科瓦兹克最终以 0.3 秒的微弱优势夺得冠军，这是波兰自 1972 年以来夺得的第二枚冬奥会金牌，科瓦兹克也因此成为波兰首位冬奥会女冠军，挪威名将比约根获得银牌，她在本届冬奥会上共夺下 3 金、1 银、1 铜；芬兰人萨里宁也收获个人第二枚温哥华冬奥会铜牌，中国的李宏雪排名第 32 位。冬季两项女子 4 × 6 千米接力决赛卫冕冠军俄罗斯队以 1 小时 09 分 36 秒 3 率先冲过终点，都灵冬奥会铜牌得主法国队再进一步，以 1 小时 10 分 09 秒 1 获得亚军。德国队以 4 秒 3 之差排在法国之后摘得铜牌。由王春丽、刘显英、孔颖超、宋朝卿组成的中国队最终以 1 小时 12 分 16 秒 9 排名第九在高山滑雪男子回转比赛中，意大利选手拉佐利险胜夺冠，为意大利摘得了在本届冬奥会上第一枚金牌。

奥地利兄弟安·林格尔和沃·林格尔在男子双人雪橇比赛中夺得金牌，成功卫冕。来自拉脱维亚的兄弟组合安·希克斯和朱·希克斯落后 0.088 秒，名列第二。来自德国的帕·雷特纳和阿·雷斯奇获得铜牌，总成绩比冠军慢了 0.335 秒。无舵雪车男子单人座比赛中，加拿大本土选手蒙哥马利凭借着最后一轮的绝地反击，最终经过四轮激战以 3 分 29 秒 73 的总成绩摘得金牌，前三轮一直领先的 2009—2010 赛季世界杯总积分第一的拉脱维亚名将马汀·杜库瑞斯功亏一篑，以 3 分 29 秒 80 的成绩获得银牌，俄罗斯选手特列季亚科夫获得铜牌，成绩为 3 分 30 秒 75。荷兰冬奥会代表团 24 日宣布，由于四人雪车队的舵手埃·范－卡克对继续参加比赛缺乏信心，因此荷兰队将退出温哥华冬奥会的这项赛事。荷兰队退赛是一系列原因造成的，包括卡克在双人雪车赛事中发生的事故，格鲁吉亚雪橇选手命丧赛道的惨案以及来自运动员家人的压力等。由于有两名队员上周在双人雪车赛事中发生翻车事故，澳大利亚队也决定放弃参加四人赛事。

瑞士选手西蒙·阿曼恩创造了跳台滑雪运动的历史，继取得标准台胜利后，再摘大台金牌，包揽了该项目的两项冠军，八年前他在盐湖城冬奥会上也取得了同样的佳绩。温哥华冬奥会跳台滑雪最后一个项目：大台团体决赛在惠斯勒奥林匹克公园经过两轮角逐，卫冕冠军奥地利凭借压倒性的集团优势将金牌轻松收入囊中，总积分 1 107.9 分。德国和挪威分获银铜牌，积分分别为 1 035.8 分和 1 030.3 分。而作为世锦赛冠军的日本队最终以 1 007.7 分位列第五。

七、赛事情况

加拿大代表团在本届冬奥会上表现出色，首次在本土获得了奥运会金牌。在加拿大此前举办的两届奥运会（1976 年蒙特利尔奥运会和 1988 年卡尔加里冬奥会）上，加拿大选手都未能获得金牌。最终，他们不仅以 14 枚金牌的成绩高居金牌榜首位，成为继挪威在 1952 年奥斯陆冬奥会之后，第一个占据金牌榜首位的冬奥会东道主国家，还创造了单届冬奥会上一个国家获金牌数的最高纪录。

中国代表团在本届冬奥会上获得 5 金、2 银、4 铜，11 枚奖牌的成绩平了 2006 年都灵冬奥会时的最高纪录，而金牌数则创造了历史最高。中国所获得的 5 枚金牌来自花样滑冰和短道速滑两个大项。在短道速滑项目上，中国女队包揽了全部四个单项的金牌。其中，王濛不仅成功卫冕 500 米冠军，还夺得了 1 000 米和 3 000 米接力的金牌。她因此成为第一位单届冬奥会获得 3 枚金牌的中国运动员。

本届冬奥会冰球项目首次使用了 NHL 规则的场地，即长 61 米、宽 26 米，取代了国际冰球联合会标准的 61 米长、30 米宽的场地。这一规则变化使以 NHL 球员为主组成的加拿大、美国、瑞典、芬兰、俄罗斯和捷克等豪门球队受益较大。

八、闭幕式

2010 年 2 月 28 日上午，2010 年温哥华冬奥会在不列颠哥伦比亚体育馆举行了盛大的闭幕式，仪式结束后，标志着冬奥会正式进入索契时间。

九、奖牌榜（表 2–22）

表2–22　第二十一届冬季奥林匹克运动会奖牌榜

排名	国家或地区	金牌	银牌	铜牌	总计
1	加拿大	14	7	5	26
2	德国	10	13	7	30
3	美国	9	15	13	37
4	挪威	9	8	6	23

续表

排名	国家或地区	金牌	银牌	铜牌	总计
5	韩国	6	6	2	14
6	瑞士	6	0	3	9
7	中国	5	2	4	11
7	瑞典	5	2	4	11
9	奥地利	4	6	6	16
10	荷兰	4	1	3	8
11	俄罗斯	3	5	7	15
12	法国	2	3	6	11
13	澳大利亚	2	1	0	3
14	捷克	2	0	4	6
15	波兰	1	3	2	6
16	意大利	1	1	3	5
16	白俄罗斯	1	1	1	3
16	斯洛伐克	1	1	1	3
19	英国	1	0	0	1
20	日本	0	3	2	5
21	克罗地亚	0	2	1	3
21	斯洛文尼亚	0	2	1	3
23	拉脱维亚	0	2	0	2
24	芬兰	0	1	4	5
25	爱沙尼亚	0	1	0	1
25	哈萨克斯坦	0	1	0	1
总计		86	87	85	258

数据来源：国际奥委会官方网站。

第二十二节　2014 年第二十二届俄罗斯索契冬季奥林匹克运动会

开幕时间：2014 年 2 月 7 日

闭幕时间：2014 年 2 月 23 日

主办国家：俄罗斯

主办城市：索契

项目数量：7 个大项、15 个分项、98 个小项
参赛国家和地区：88 个
参赛运动员：2 873 名（女运动员 1 159 人，男运动员 1 714 人）

一、举办背景

第二十二届冬季奥林匹克运动会是俄罗斯历史上第一次举办冬季奥运会。俄罗斯曾申办过 1994 年、2002 年冬奥会，但均未成功。2007 年 7 月 4 日，俄罗斯的索契获得了 2014 年冬奥会的举办权。此后索契奥组委和市政府几乎是打造出了一个全新的城市，绝大部分体育场馆和基础设施都是从零开始修建。在城市南部的奥林匹克公园中，冰球馆、速滑馆、花样滑冰馆拔地而起，蓝白相间的建筑色调为城市披上了一层冰雪外衣。

二、举办地简介

索契城建立于 1854 年，位于俄罗斯克拉斯诺达尔边疆区与格鲁吉亚接界处、黑海沿岸，南北宽 40 ～ 60 千米，东西长 145 千米，是俄罗斯最狭长的城市，同时是黑海边俄罗斯最大的城市之一和世界上最狭长的城市之一。索契与中国吉林省吉林市处于同一纬度，但温度却是天壤之别，索契最低温度也不会低于 5℃，依山傍水，北部的山挡住北方西伯利亚的寒风，南部的黑海吹来温暖的海风，如此奇特的地貌带给了索契温暖的气候。索契在 2014 年举办了第二十二届冬季奥林匹克运动会后，也成为 2018 年俄罗斯世界杯的比赛会场之一。

三、申办与筹备

第二十二届冬奥会申办工作之初，国际奥委会共收到了来自 7 座城市的申请。到 2006 年 6 月 22 日，国际奥委会执委会举行会议，确定最终 3 个候选资格的城市：俄罗斯的索契、奥地利的萨尔茨堡和韩国的平昌郡。2007 年 7 月 4 日，在危地马拉首都危地马拉城举行的国际奥委会第一百一十九全会确定 2014 年冬奥会举办地归属。俄罗斯的索契战胜韩国的平昌，获得 2014 年第二十二届冬季奥林匹克运动会的举办权，两个城市的票差为 4 票。国际奥委会公布了两轮投票的票数情况，第一轮投票：索契 34 票、萨尔茨堡 25 票、平昌 36 票，奥地利的萨尔茨堡被淘汰；第二轮投票：索契 51 票，平昌 47 票。索契以四票的优势获得 2014 年冬季奥运会的举办权。

2010 年 3 月 1 日，在 2010 年温哥华冬季奥运会的闭幕式上，国际奥委会主席罗格把奥运五环旗交给索契市长，正式进入索契奥运周期。2011 年 2 月 26 日，经过俄罗斯全国范围的民众短信投票，2014 年索契冬奥会和残奥会吉祥物正式向公布。2012 年 9 月 25 日，索契冬奥会组委会向公众公布冬季奥运会的主题口号，口号为“激情冰火属于你”；10 月 8 日，索契冬奥会组委会公布了索契冬季奥运会的火炬传递路线；11 月 6 日，索契冬季奥运会的比赛项目图标正式公布。2013 年 1 月 14 日，索契冬奥会组委会公布索契冬奥会的火炬样式和火炬手服装样式；9 月 28 日，索契冬季奥运会圣火采集彩排仪式在希腊古奥林匹亚举行；10 月 7 日，索契冬季奥运会的圣火传递正式启动；10 月 20 日，在核动力破冰船的帮助下，圣火第一时间抵达北极；11 月 6 日，国际空间站的宇航员乘坐“联盟 TMA-09M”载人飞船将圣火带往太空；11 月 23 日，索契冬奥会火炬从布里亚特共和国首府乌兰乌德抵达伊尔库茨克州，并且在贝加尔湖湖底成功传递。

四、开幕式

2014 年 1 月 30 日，索契冬奥会的奥运村正式开放迎接来自世界各国的运动员。2 月 7 日 20 点 14

分开始，全场开幕式持续约三个小时。开幕式的时间也象征着该届冬奥会举办的年份，即 2014 年。开幕式在索契奥林匹克公园的菲什特主体育场举行。

五、参赛国家和地区

本届冬奥会共有 88 个国家和地区的 2 873 名运动员参赛。多米尼克、马耳他、巴拉圭、东帝汶、多哥、汤加和津巴布韦和 7 个国家首次参加冬季奥运会；另外，尽管南非、波多黎各和阿尔及利亚均有一名运动员获取参赛资格，但这些国家的奥林匹克委员会表示不会参加本届冬奥会。

六、比赛项目

2014 年索契冬季奥运会共设 15 个分项 98 小项。比上届冬奥会新增加 12 枚金牌，共将产生 98 枚金牌，其中 29 枚金牌将在沿海集群赛场中产生，69 枚金牌在高山集群赛场中产生。12 个新增项目中的 9 个来自进步最快的项目之一——滑雪，增加了 4 个自由式滑雪和 4 个单板滑雪；还增加了 3 个团体项目：花样滑冰、雪橇（接力）和冬季两项（混合接力）。

七、赛事情况

第一个比赛日——4 枚金牌，分别为男子冬季两项的男子 10 千米竞速赛、单板滑雪男子坡面障碍技巧、女子 15 千米古典式 / 自由式混合赛、男子 5 000 米速度滑冰。

美国选手赛基·考森伯格在单板滑雪男子坡面障碍技巧的比赛中以 93.50 分的成绩夺得冠军，这是索契冬奥会首枚金牌。挪威选手埃纳尔·比约达伦以 24 分 33 秒的成绩夺得冬季两项男子 10 千米竞速赛的冠军，这是比约达伦个人的第七枚奥运金牌。荷兰选手斯文·克拉默以 6 分 10 秒 76 的成绩创造男子 5 000 米速度滑冰的新奥运会纪录，并成功卫冕。挪威选手玛·比约尔根夺得越野滑雪女子 7.5 千米双追逐的金牌。加拿大的杜福尔·拉普安特姐妹包揽了女子自由式滑雪雪上技巧的冠亚军。

第二个比赛日——8 枚金牌，分别为花样滑冰团体赛、冬季两项女子 7.5 千米短距离、高山滑雪男子速降、越野滑雪男子 30 千米古典式 / 自由式混合赛、单板滑雪女子坡面障碍技巧、女子 3 000 米速滑、雪橇男子单人赛和跳台滑雪标准台男子个人，被 7 个欧洲国家和 1 个北美国家平均瓜分。

东道主俄罗斯队终于在花样滑冰团体赛中摘金，叶甫根尼·普鲁申科收获了他的奥运第二枚金牌和第四枚奖牌；意大利选手阿尔明·佐格勒则连续六届奥运会都有奖牌入账，改写了冬奥会历史。荷兰选手埃·乌斯特以 4 分 0 秒 34 的成绩夺得女子速度滑冰 3 000 米的金牌，这是乌斯特获得的第三枚冬奥会金牌，已经连续三届冬奥会都有金牌进账。

第三个比赛日——5 枚金牌，其中加拿大队收获 2 金，德国、法国和荷兰则各获 1 金，中国奥运军团也斩获了此次索契之行的首枚奖牌。

中国选手韩天宇在短道速滑男子 1 500 米决赛中夺得银牌，这也是索契冬奥会上中国体育代表团的第一枚奖牌。速度滑冰男子 500 米决赛中荷兰的一对兄弟米·穆尔德和罗·穆尔德分别夺得金牌和铜牌，荷兰选手扬·斯密肯斯获得银牌。自由式滑雪男子雪上技巧的金牌被加拿大选手阿历克斯·比洛德奥夺得。冬季两项男子 12.5 千米追逐赛中，法国选手马丁·富尔卡德以 33 分 48 秒 6 的成绩夺冠。德国选手玛丽娅·赫夫勒 – 里希成功卫冕高山滑雪女子全能冠军，这是她获得的第三枚奥运金牌。

第四个比赛日——8 枚金牌，挪威和德国均获得 2 枚金牌，亚洲的韩国队依靠李相花在女子速度滑冰 500 米上的精彩表现进入金牌榜，这也是亚洲国家的索契冬奥会首金。白俄罗斯选手达荷亚·多姆拉切娃以 29 分 30 秒 7 的成绩获得冬季两项女子 10 千米追逐赛的冠军，为白俄罗斯队赢得本届冬奥会的首金。

第五个比赛日——6 枚金牌。在花样滑冰双人滑的比赛中，俄罗斯组合沃洛索扎、特兰科夫以绝对优势获得冠军，中国组合庞清、佟健名列第四，另一对中国选手彭程、张昊排名第八。在速度滑冰男子 1 000 米的比赛中，荷兰选手斯特凡·格鲁休斯以 1 分 08 秒 39 夺冠。另外 4 枚金牌来自雪上项目：在高山滑雪女子滑降比赛中斯洛文尼亚选手蒂娜·梅兹和瑞士选手多米尼克并列冠军；在无舵雪橇男子双人赛的比赛中，金、银、铜牌分别被三对亲兄弟获得，德国选手托比亚斯·文德尔和托比亚斯·阿特夺金，奥地利的林格尔兄弟摘得银牌，拉脱维亚的塞斯兄弟获得铜牌；北欧两项男子个人标准台 +10 千米越野赛金牌被德国选手弗伦策尔获得；女子 U 型场地技巧中，美国选手法伦托获得冠军。

第六个比赛日——6 枚金牌。凭借李坚柔在短道速滑女子 500 米夺冠，以及张虹在速度滑冰女子 1 000 米夺冠，中国代表团首次在同一个比赛日内获得 2 枚金牌。在自由式滑雪坡面障碍技巧比赛中，美国选手乔斯·克里斯滕森、格斯·肯沃西和尼古拉斯·格珀包揽前三名，这也是继 2002 年盐湖城冬奥会之后，再次有三名美国人同时站上领奖台。冬季两项男子 20 千米个人赛，法国选手马丁·佛卡德以 49 分 31 秒 7 的成绩夺得冠军，这是佛卡德在该届冬奥会中斩获的第二枚金牌。越野滑雪女子 10 公里传统技术中，波兰选手贾斯蒂娜·科沃兹克从出发后就一直保持领先，最终以 28 分 17 秒 08 夺冠。在雪橇团体接力的比赛中，德国队延续了该国在雪橇项目的绝对优势，力压俄罗斯队和拉脱维亚队，摘得该届冬奥会雪橇项目第三枚金牌。

第七个比赛日——6 枚金牌，瑞士和白俄罗斯代表团各取 2 金，剩余 2 金则被日本和英国夺得，中国代表团在自由式滑雪女子空中技巧项目上由徐梦桃夺得了 1 枚银牌；在花样滑冰男子单人滑中，日本冬奥代表团羽生结弦获得金牌。冬季两项女子 15 千米个人赛，白俄罗斯选手多姆拉切娃再次夺金，夺得个人在索契冬奥会的第二枚金牌。在越野滑雪男子 15 千米古典赛，瑞士选手科洛格纳夺得冠军，这是科洛格纳在索契的第二枚金牌，个人奥运金牌数提升到 3 枚，从而和高山滑雪选手韦莱尼·施奈德一起成为瑞士冬奥选手中夺金第二多的选手。在高山滑雪男子超级两项全能，瑞士选手维莱塔以 2 分 45 秒 20 夺得金牌，而在钢架雪车女子钢架雪车的比赛中，英国选手亚诺德获得金牌。

第八个比赛日——7 枚金牌，中国选手周洋在短道速滑女子 1 500 米决赛中成功卫冕，斩获金牌，为中国代表团夺得在本届冬奥会的第三枚金牌。波兰选手兹·布罗德卡在速度滑冰男子 1 500 米决赛中获得冠军，成为波兰历史上第一块冬奥会速滑金牌。雪上项目共决出四块金牌，分别是高山滑雪女子超级大回转、越野滑雪女子 4×5 千米接力、跳台滑雪男子个人大跳台、钢架雪车男子单人项目，奥地利、瑞典、波兰和俄罗斯各有 1 枚金牌进账。

第九个比赛日——5 枚金牌，速度滑冰女子 1 500 米、高山滑雪超级大回转、越野滑雪男子 4×10 千米和单板滑雪女子障碍追逐。在越野滑雪男子 4×10 千米接力的比赛中，瑞典队夺得金牌，成为自 1972 年札幌冬季奥运会以来，首支在一届冬奥会上包揽该项目男女两块金牌的队伍。在高山滑雪超级大回转比赛中，挪威选手杰蒂伊·扬斯鲁德以 1 分 18 秒 14 的成绩摘得金牌。捷克选手埃娃·萨姆科娃在单板滑雪女子障碍追逐中获得冠军。在速度滑冰女子 1 500 米比赛中，荷兰选手约琳·特莫尔斯以 1 分 53 秒 51 的成绩夺冠，打破了安·弗里辛格在 2002 年盐湖城冬奥会上创造的 1 分 54 秒 02 的冬奥会纪录。

第十个比赛日——5 枚金牌，白俄罗斯队拿到 2 金，其中冬季两项女子 12.5 千米集合出发冠军达荷亚·多姆拉切娃成为索契冬奥会第一位 3 金得主。俄罗斯、美国和德国各取 1 金，贾宗洋在自由式滑雪以 95.06 分的成绩夺得男子空中技巧季军。俄罗斯在雪车男子双人组第三轮中以 56 秒 08 打破赛道纪录，最后以 3 分 45 秒 39 获得冠军。德国队在跳台滑雪男子团体赛中，以 1 041.1 分获得冠军。美国组合戴维斯 / 怀特以 195.52 分获得花样滑冰冰舞冠军。

第十一个比赛日——7 枚金牌，在短道速滑女子 3 000 米接力赛韩国队以 4 分 09 秒 498 的成绩夺金。

在速度滑冰男子 10 000 米决赛中，荷兰队再次发威，将这个项目的金、银、铜牌全部收入囊中，博格斯马以 12 分 44 秒 45 的成绩获得冠军，并创造了新的奥运会纪录。在高山滑雪女子大回转的比赛中，斯洛文尼亚选手蒂娜·梅兹夺冠，这是她在该届奥运会上获得的第二块金牌。冬季两项男子 15 千米集体出发的比赛中，挪威选手斯文德森获得金牌。此外，自由式滑雪男子 U 型场地技巧、北欧两项男子个人大跳台 +10 千米越野滑雪和单板滑雪男子障碍追逐也进行了冠军争夺战，美国、挪威、法国各获一枚金牌。

第十二个比赛日——8 枚金牌。除速度滑冰女子 5 000 米外，其他 7 块金牌都来自雪上项目。

单板滑雪共决出 2 枚金牌：在女子平行大回转的比赛中，瑞士选手库默尔摘得金牌；男子平行大回转的冠军由俄罗斯选手维尔德获得。高山滑雪进行了男子大回转项目的比赛，美国选手泰德·利格蒂以 2 分 45 秒 29 夺得金牌。雪上项目赛场还进行了冬季两项混合接力、雪车男子四人、越野滑雪女子团体短距离（传统技术）以及越野滑雪男子团体短距离（传统技术）的比赛，挪威有 2 枚金牌进账，芬兰、加拿大各获 1 枚金牌。速度滑冰女子 5 000 米比赛中，卫冕冠军捷克选手玛蒂娜·萨布里科娃突破荷兰军团的包围，以 6 分 51 秒 54 的成绩为捷克代表团夺得了本届冬奥会的第一枚金牌，这也是她获得的第三块奥运金牌。

第十三个比赛日——6 枚金牌，加拿大队在女子冰壶和女子冰球两个集体项目上夺得两金，其中加拿大女子冰球队完成冬奥会四连冠；美国、俄罗斯、挪威和法国则各有一枚金牌入账。金妍儿在花样滑冰女子单人滑的比赛中，意外败给俄罗斯选手阿德丽娜·索特尼科娃。在自由式滑雪男子追逐赛中，法国人包揽金银铜牌，这也是本届冬奥会第六次出现颁奖台的选手都来自同一国家代表团，从而一举打破了 1964 年因斯布鲁克冬季奥运会上五次出现的纪录。在北欧两项男子团体赛中，挪威队以 47 分 13 秒 05 夺冠。

第十四个比赛日——6 枚金牌，分别是短道速滑男子 5 000 米接力、短道速滑女子 1 000 米、短道速滑男子 500 米、男子冰壶、冬季两项 4×6 千米接力、自由式滑雪女子障碍追逐。

中国男队在短道男子 5 000 米接力比赛中夺得铜牌，追平冬奥会历史上的最好成绩。在短道女子 1 000 米和男子 500 米比赛中，范可新和武大靖分别获得银牌。男子冰壶金牌被加拿大队夺走，连续三届赢得冬奥会冠军，从而也成为首支在冬奥会上包揽男女两枚冰壶金牌的队伍。雪上比赛决出 3 枚金牌：乌克兰冬季两项运动员获得冬季两项 4×6 千米接力金牌，加拿大运动员包揽自由式滑雪女子障碍追逐冠亚军；美国 18 岁选手米凯拉·希弗林摘得女子回转金牌，成为冬奥会年龄最小的金牌得主。

第十五个比赛日——7 枚金牌，这 7 枚金牌被 4 个国家瓜分。

在男、女的团队追逐赛中，荷兰队的男、女各 3 名选手均延续速滑王国的本色，分别以破奥运会纪录的成绩夺冠。在越野滑雪女子 30 千米集体出发项目中，挪威选手玛莉·比约根夺得个人的第六枚冬奥会金牌，追平苏联速度滑冰选手斯科比利科娃和俄罗斯越野滑雪选手叶戈罗娃之前所创造的女选手冬奥会的最多金牌数。在冬季两项男子 4×7.5 千米接力中，俄罗斯队以 1 小时 12 分 15 秒 09 斩获东道主在劳拉雪上中心的第一枚金牌。在单板滑雪平行回转的男子项目中，俄罗斯选手维克·维尔德继平行大回转后，再夺一金。女子项目中，奥地利选手杜吉莫维茨在首轮落后 0.72 秒的形势下逆转夺冠。在高山滑雪男子回转项目中，34 岁的奥地利选手马里奥·马特两次滑行，最终以 1 分 41 秒 84 的成绩夺冠，成为高山滑雪冬奥史上年纪最大的冠军。

第十六个比赛日——3 枚金牌，分别是有舵雪橇男子四人、男子冰球和越野滑雪男子 50 千米集体出发（自由式）。

在男子四人雪车中，俄罗斯队以 3 分 40 秒 60 的总成绩拿到冠军，拉脱维亚队名列第二，美国队排在第三位。在越野滑雪男子 50 千米集体出发的比赛中，俄罗斯队包揽了这个项目的前三名，亚历山大·列赫科夫以 1 小时 46 分 55 秒的成绩夺得金牌。

八、闭幕式

2014 年 2 月 23 日，2014 年索契冬季奥林匹克运动会经过 16 天的激烈争夺在菲什特奥林匹克体育场落下帷幕，欢乐是整个闭幕式的主题。开场，舞蹈演员们用幽默的方式对开幕式时的五环故障一幕作出弥补。国际奥委会主席托马斯·巴赫将奥林匹克五环旗交给了下届冬奥会举办地韩国的平昌郡。

九、奖牌榜（表 2-23）

表2-23 第二十二届冬季奥林匹克运动会奖牌榜

排名	国家或地区	金牌（枚）	银牌（枚）	铜牌（枚）	总数（枚）
1	俄罗斯	13	11	9	33
2	挪威	11	5	10	26
3	加拿大	10	10	5	25
4	美国	9	7	12	28
5	荷兰	8	7	9	24
6	德国	8	6	5	19
7	瑞士	6	3	2	11
8	白俄罗斯	5	0	1	6
9	奥地利	4	8	5	17
10	法国	4	4	7	15
11	波兰	4	1	1	6
12	中国	3	4	2	9
13	韩国	3	3	2	8
14	瑞典	2	7	6	15
15	捷克	2	4	2	8
16	斯洛文尼亚	2	2	4	8
17	日本	1	4	3	8
18	芬兰	1	3	1	5
19	英国	1	1	2	4
20	乌克兰	1	0	1	2
21	斯洛伐克	1	0	0	1
22	意大利	0	2	6	8

续表

排名	国家或地区	金牌（枚）	银牌（枚）	铜牌（枚）	总数（枚）
23	拉脱维亚	0	2	2	4
24	澳大利亚	0	2	1	3
25	克罗地亚	0	1	0	1
26	哈萨克斯坦	0	0	1	1
总计		99	97	99	295

数据来源：国际奥委会官方网站。

第二十三节　2018年第二十三届韩国平昌冬季奥林匹克运动会

开幕时间：2018年2月9日
闭幕时间：2018年2月25日
主办国家：韩国
主办城市：平昌郡
项目数量：7个大项、15个分项、102个小项
参赛国家和地区：92个
参赛运动员：2 922名（女运动员1 242人，男运动员1 680人）

一、举办背景

这是韩国历史上第一次举办冬奥会。该届冬奥会的开、闭幕式以及大部分的雪上运动都在平昌郡进行，而所有冰上运动在江陵市举行，高山滑雪滑降比赛则在旌善郡进行。

平昌冬季奥运会将是继1972年札幌冬季奥运会和1998年长野冬季奥运会以来，亚洲国家第三次主办冬奥会。国际奥委会委员、中国香港奥委会主席霍震霆认为，平昌冬奥会将对提高整个亚洲的冬季体育水平产生积极作用。受气候环境和运动习惯的影响，与欧美国家相比，亚洲国家整体冬季运动水平不高，也许平昌冬奥会就是一个契机，让冬季运动在亚洲变得更普及，同时迎来新的发展机遇。

二、举办地简介

平昌郡位于韩国江原道，位于首尔以东180千米，人口不足50 000，是韩国著名的度假山城。平昌自然环境优美怡人，特别适合冬季运动。其城市口号是“快乐700”，因为平昌郡的平均海拔为700米左右，据说海拔700米左右是最适宜人类居住的高度。当地政府计划将江原道指定为奥运特区，吸引赌场、免税店、外国学校入驻，努力将平昌打造成东北亚富豪的休闲度假地。

三、申办与筹备

2011年7月6日，在南非德班举行的国际奥委会第一百二十三届全会揭晓了2018年冬奥会的举办城市，韩国的平昌在第一轮投票中就以超过一半票数的绝对优势击败了德国的慕尼黑和法国的安纳西两个欧洲城市，成为2018年冬奥会的举办地。

在经过整整十年的等待和 2003 年败给加拿大温哥华、2007 年败给俄罗斯索契后，韩国主办冬奥会的梦想终于成真。

四、开幕式

北京时间 2018 年 2 月 9 日 19 时，2018 年冬季奥运会在韩国平昌正式拉开帷幕。开幕式以“和平”作为主题，韩国与朝鲜代表团联合入场引发全场观众的欢呼，而在最后的点火环节，韩国国宝级运动员金妍儿接过朝韩冰球联队运动员手中的火炬，在一段冰上独舞后点燃了奥运圣火。以往的奥运会开幕式到点火阶段就要结束，但这届冬奥会别出心裁，金妍儿点燃圣火后，现场还继续进行了以火焰为主题的舞蹈。在寒冷的冬夜中，体育场内火焰跳动，场外烟花绽放，为开幕式画上了圆满的句号。

五、参赛国家和地区

本届冬奥会共有 92 个国家和地区的 2 922 名运动员参加。其中，厄瓜多尔、厄立特里亚、科索沃、马来西亚、尼日利亚和新加坡六个国家都是首次在冬奥亮相。另外，尽管开曼群岛、多米尼克和秘鲁均有一名运动员取得参赛资格，但这些国家的奥林匹克委员会表示不会参加本届冬奥会。

六、比赛项目

本届冬奥会设包括短道速滑、花样滑冰、自由式滑雪等在内的共 15 个分项。相比四年前的索契冬奥会，本届冬奥会在 4 个项目中增设了 6 个小项，分别是单板滑雪大跳台（男 / 女）、速度滑冰集体出发（男 / 女）、混合双人冰壶和高山滑雪团体赛，将进行历届冬奥会最多的女子、男女混合项目的比赛。因此，本届冬奥会设立的小项达到 102 个，这也是冬奥历史上金牌数首次过百。

七、赛事情况

与上届冬奥会一样，本届冬奥会中国代表团同样是 9 枚奖牌，遗憾的是，少了 2 枚金牌。但这并不代表我们成绩上的退步，在短道速滑、自由式空中技巧上，中国队的表现都比上届冬奥会更上了一个台阶；在单板滑雪 U 型池、速度滑冰项目上，我们实现了奖牌零突破；李靳宇、张可欣、李香凝等“00 后”小将，首次参加冬奥会的表现也可圈可点。

在短道速滑男子 500 米项目中，武大靖以 39 秒 584 打破世界纪录夺冠，为中国代表团在本届冬奥会上夺得首枚金牌，也是本届冬奥会唯一一枚金牌。同时这也是短道速滑男队历史上的首枚金牌。

除了中国军团，在冬奥会上还有许多焦点人物，来自日本的羽生结弦正是其中之一。从开始抵达韩国，羽生结弦就是万众瞩目的焦点，因为他的到来，韩国出动了最高级别的安保，同时他也吸引了上万名国内外观众前往平昌，引发了巨大的经济效益。在男子花样滑冰比赛中，他以总分 317.85 的成绩夺冠。

在奖牌榜上，挪威、德国、加拿大分别占据了前三的位置，其中挪威和德国均得到了 14 金，不同的是挪威以 14 银、11 铜位居第一，德国则以 10 银、7 铜位列第二，加拿大以 11 金、8 银、10 铜列第三名。日本以 4 金、5 银、4 铜排名第十一位，不难看出中国和亚洲主要对手韩国和日本在冬季项目上还存在着一定的差距。

八、闭幕式

2018 年 2 月 25 日，第二十三届冬季奥林匹克运动会在韩国平昌举行了闭幕式。闭幕式上，朝鲜和韩国代表团再次举半岛旗共同入场。国际奥委会主席巴赫感谢东道主和志愿者为冬奥会顺利完成做出的努力。作为下届冬奥会举办城市，北京市市长陈吉宁接过了奥林匹克五环旗。

九、奖牌榜（表 2-24）

表2-24　第二十三届冬季奥林匹克运动会奖牌榜

排名	国家 / 地区	金牌（枚）	银牌（枚）	铜牌（枚）	总数（枚）
1	挪威	14	14	11	39
2	德国	14	10	7	31
3	加拿大	11	8	10	29
4	美国	9	8	6	23
5	荷兰	8	6	6	20
6	瑞典	7	6	1	14
7	韩国	5	8	4	17
8	瑞士	5	6	4	15
9	法国	5	4	6	15
10	奥地利	5	3	6	14
11	日本	4	5	4	13
12	意大利	3	2	5	10
13	俄罗斯奥林匹克运动队	2	6	9	17
14	捷克	2	2	3	7
15	白俄罗斯	2	1	0	3
16	中国	1	6	2	9
17	斯洛伐克	1	2	0	3
18	芬兰	1	1	4	6
19	英国	1	0	4	5
20	波兰	1	0	1	2
21	匈牙利	1	0	0	1
21	乌克兰	1	0	0	1
23	澳大利亚	0	2	1	3
24	斯洛文尼亚	0	1	1	2
25	比利时	0	1	0	1
26	西班牙	0	0	2	2
26	新西兰	0	0	2	2

续表

排名	国家 / 地区	金牌（枚）	银牌（枚）	铜牌（枚）	总数（枚）
28	哈萨克斯坦	0	0	1	1
28	拉脱维亚	0	0	1	1
28	列支敦士登	0	0	1	1
总计		103	102	102	307

数据来源：国际奥委会官方网站。

注：①加拿大和德国在男子双人雪车比赛中并列冠军，因此本届冬奥会有 103 枚金牌；②俄罗斯的运动员将使用国际奥委会会旗参赛，因为 2014 年索契冬季奥运会期间俄罗斯奥委会因为兴奋剂的问题被暂停会籍。

第二十四节　2022 年第二十四届北京冬季奥林匹克运动会

开幕时间：2022 年 2 月 4 日
闭幕时间：2022 年 2 月 20 日
主办国家：中国
主办城市：北京（张家口协办）
赛区：北京赛区、延庆赛区、张家口赛区
项目数量：7 个大项、15 个分项、109 个小项
参赛国家和地区：91 个
参赛运动员：2 892 名（女运动员 1 314 人，男运动员 1 578 人）

一、举办背景

2013 年 11 月 3 日，中国奥委会正式致函国际奥委会。中国奥委会认为，北京市和河北省张家口市具备成功举办冬奥会的自然条件和基础设施。申办 2022 年冬奥会，将进一步促进中国奥林匹克运动的发展，展示中国发展综合实力、提升中国国际影响力，并推动北京、河北两地的经济协调发展。经研究，中国奥委会正式同意以北京市名义向国际奥委会申办 2022 年冬奥会，由北京市承办冰上项目的比赛，河北省张家口市崇礼县承办雪上项目的比赛。

二、举办地简介

北京市，古称燕京、北平，是中华人民共和国的首都、直辖市、国家中心城市、超大城市，国务院批复确定的中国政治中心、文化中心、国际交往中心、科技创新中心，是世界著名古都和现代化国际城市。北京地势西北高、东南低。西部、北部和东北部三面环山，东南部是一片缓缓向渤海倾斜的平原。北京的气候为暖温带半湿润半干旱季风气候，夏季高温多雨，冬季寒冷干燥，春、秋短促。北京成功举办夏奥会与冬奥会，成为全世界第一个“双奥之城”。

张家口市，河北省辖地级市，又称“张垣”“武城”，地处河北省西北部，是冀西北地区的中心城市，连接京津、沟通晋蒙的交通枢纽。自春秋以来，历经秦、汉、隋、唐、宋、元、明、清，草原文

化、农耕文化、长城文化、商旅文化、红色文化等交相辉映；与丝绸之路相媲美的“张库大道”从这里起始，中国人自行设计建造的第一条铁路——京张铁路在这里诞生。

三、申办与筹备

2013年11月15日国际奥林匹克委员会公布了第二十四届冬奥会的提交申办的城市名单，分别是哈萨克斯坦的阿拉木图、中国的北京（张家口协办）、波兰的克拉科夫、乌克兰的利沃夫、挪威的奥斯陆以及瑞典的斯德哥尔摩。

2014年1月17日，瑞典的斯德哥尔摩退出申办；5月，波兰的克拉科夫退出申办；6月，乌克兰的利沃夫退出申办。7月7日，国际奥委会在洛桑宣布了三个候选城市：挪威的奥斯陆、哈萨克斯坦的阿拉木图以及中国的北京（张家口协办）。根据计划，国际奥委会将选出三个候选城市。由于只剩下三个申办城市，所以没有城市淘汰。 10月1日，奥斯陆宣布放弃2022年冬奥会的申办。

2015年7月31日，在马来西亚首都吉隆坡举行第一百二十八届国际奥委会全体会议上北京（张家口协办）以44票获得举办权。北京也就此成为全球唯一一座既举办过夏季奥运会又举办冬奥会的城市。

四、开幕式

2022年2月4日晚，北京第二十四届冬季奥林匹克运动会开幕式在国家体育场隆重举行。国家主席习近平出席开幕式并宣布本届冬奥会开幕。

五、参赛国家和地区

本届冬奥会共有91个国家和地区（89个国家、2个地区）的2 892年运动员参加。

中国队人数最多387人，其次加拿大队217人，美国队224人，俄罗斯奥运队215人，日本队124人，芬兰队96人等。

六、比赛项目

本届冬奥会共设7个大项、15个分项、109个小项。本届冬奥会新增7个比赛小项，分别是：女子单人雪车、短道速滑混合团体接力、跳台滑雪混合团体、自由式滑雪大跳台（男子、女子）、自由式滑雪空中技巧混合团体和单板滑雪障碍追逐混合团体。

七、赛事场地

冬奥场馆位于北京城区（北京赛区）、北京延庆大庄科村（延庆赛区）以及张家口崇礼太子城地区（张家口赛区）。

北京赛区：国家体育馆、国家速滑馆、首钢滑雪大跳台、国家游泳中心、五棵松体育中心、国家体育馆、首都体育馆、北京冬奥村。

延庆赛区：国家雪车雪橇中心、国家高山滑雪中心、延庆冬奥村。

张家口赛区：国家跳台滑雪中心、国家冬季两项中心、国家越野滑雪中心、云顶滑雪公园、张家口冬奥村。

八、赛事情况

2022年2月5日，在越野滑雪女子双追逐赛（7.5千米传统技术+7.5千米自由技术）中，挪威选手特蕾丝·约海于格夺得本届冬奥会首枚金牌；由曲春雨、范可新、武大靖、任子威组成的中国短道速滑接力队，以 2 分 37 秒 348 的成绩夺得短道速滑混合团体 2 000 米接力冠军，这是中国体育代表团在本届冬奥会的首枚金牌。

2022 年 2 月 7 日，在单板滑雪男子坡面障碍技巧决赛中，中国选手苏翊鸣夺得银牌，书写了中国冬奥历史；中国选手任子威、李文龙包揽短道速滑男子 1 000 米决赛金、银牌，武大靖获得第四名。

2022 年 2 月 8 日，在自由式滑雪大跳台比赛中，第一次参加冬奥会的谷爱凌发挥出色，最后一跳奠定胜局，以 188.25 分的总成绩为中国体育代表团再添 1 枚金牌。

2022 年 2 月 10 日，中国选手金博洋在冬奥会花样滑冰男子单人滑自由滑比赛中以总分 270.43 分获得第九名；中国选手张洋铭和徐铭甫在冬奥会高山滑雪男子全能比赛中分别获得第十六名和第十七名；中国队在冬奥会自由式滑雪空中技巧混合团体决赛中获得银牌。

2022 年 2 月 11 日，中国选手倪悦名、孔凡影在冬奥会女子超级大回转比赛中分别获得第四十名和第四十一名；荷兰选手苏珊娜·舒尔廷在冬奥会短道速滑项目女子 1 000 米决赛中，以 1 分 28 秒 391 的成绩获得冠军，并打破了奥运会纪录和世界纪录。闫文港在男子钢架雪车比赛中获得铜牌，实现了历史性突破。

2022 年 2 月 12 日，在速度滑冰男子 500 米比赛上，高亭宇以 34 秒 32 的成绩打破奥运纪录，并夺得冠军；中国选手赵丹和黎禹汐在冬奥会女子钢架雪比赛中分别获得第九名和第十四名。

2022 年 2 月 13 日，在高山滑雪男子大回转比赛中，瑞士代表队的马尔科·奥德马特获得第一名；短道速滑女子 3 000 米接力决赛，由曲春雨、张楚桐、范可新、张雨婷组成的中国队获得铜牌，时隔十二年再上冬奥领奖台。

2022 年 2 月 14 日，在冰上舞蹈自由舞比赛中，法国的布丽埃拉·帕帕达基斯和纪尧姆·西泽龙以总分 226.98 的成绩获得第一名；奥地利获得跳台滑雪男子团体冠军；在自由式滑雪女子空中技巧决赛中，徐梦桃以 108.61 的高分为中国队再夺得 1 枚金牌。

2022 年 2 月 15 日，在高山滑雪女子滑降比赛中，瑞士选手科琳娜·祖特尔以 1 分 31 秒 87 的成绩获得冠军；中国选手孙楷智和吴青泽在北京冬奥会男子双人雪车比赛中获得第十四名，德国选手包揽该项目的前三名；在单板滑雪男子大跳台决赛中，苏翊鸣获得冠军；在自由式滑雪女子坡面障碍技巧决赛中，谷爱凌顶住压力成功完成第三跳动作，收获银牌。

2022 年 2 月 16 日，在上午举行的女子冰壶循环赛第 10 轮比赛中，中国女子冰壶 8 ∶ 4 胜英国队；在自由式滑男子空中技巧决赛，齐广璞在最后一轮高质量地完成了当今世界最高难度动作，一举夺冠。

2022 年 2 月 17 日，加拿大获得女子冰球冠军，俄罗斯奥运队运动员安娜·谢尔巴科娃获得花样滑冰女子单人滑冠军。

2022 年 2 月 18 日，在自由式滑雪女子 U 型场地技巧决赛中，中国选手谷爱凌摘得 1 枚金牌；在冬季两项女子 12.5 千米集体出发比赛中，法国选手朱斯蒂娜·布雷萨·布歇获得冠军；在冬季两项男子 15 千米集体出发，挪威选手约翰内斯·廷内斯·伯厄获得金牌；在自由式滑雪男子障碍追逐比赛中，瑞士选手里安·雷格兹获得金牌；在速度滑冰男子 1 000 米比赛荷兰选手托马斯·克罗尔获得金牌。

2022 年 2 月 19 日，在北京 2022 年冬奥会自由式滑雪男子 U 型场地技巧比赛中，新西兰选手尼科·波蒂奥斯以 93.00 分的成绩获得金牌；在速度滑冰女子集体出发决赛，荷兰选手伊雷妮·斯豪滕获得金牌；在男子冰壶金牌赛，瑞典队以 5 ∶ 4 战胜英国队获得金牌；在花样滑冰双人滑比赛中，中国选手隋文静 / 韩聪以 239.88 分的总成绩获得金牌；在女子双人雪车比赛中，德国选手劳拉·诺尔特获得金牌，中国选手怀明明和应清分别获得比赛的第十一名和第十四名。

2022 年 2 月 20 日，在女子冰壶金牌赛中，英国队以 10 ∶ 3 战胜日本队，获得金牌；在高山滑雪混合团体决赛，奥地利队获金牌、德国队获银牌、挪威队获铜牌；在四人雪车比赛中，德国的弗朗西斯科·弗里德里希团体和约翰内斯·洛赫纳团体分获金银牌，加拿大贾斯廷·克里普斯团体获得铜牌。女子 30 千米集体出发，挪威选手特蕾丝·约海于格获得金牌，美国选手杰茜·迪金斯获得银牌，芬兰选手凯尔图·尼斯卡宁获得铜牌。在男子冰球比赛中，芬兰队获得金牌，俄罗斯奥委会队获得银牌，斯洛伐克队获得铜牌。

九、闭幕式

2022 年 2 月 20 日晚，第二十四届冬季奥林匹克运动会闭幕式在国家体育场举行。

北京时间 20 时 49 分，会旗交接到下一届冬奥会主办城市意大利米兰·科尔蒂纳丹佩佐，并开启长约八分钟的下届主办城市文艺汇演。

北京时间 21 时 02 分，北京冬奥组委主席将致辞，国际奥委会主席随后致辞并宣布本届冬奥会闭幕。在 3 分钟时长的短片《再见！一起向未来！》结束后，现场将熄灭奥林匹克主火炬。北京冬奥会闭幕式圆满结束。

十、奖牌榜（表 2-25）

表2-25　第二十四届冬季奥林匹克运动会奖牌榜

排名	代表团	金牌（枚）	银牌（枚）	铜牌（枚）	总数（枚）
1	挪威	16	8	13	37
2	德国	12	10	5	27
3	中国	9	4	2	15
4	美国	8	10	7	25
5	瑞典	8	5	5	18
6	荷兰	8	5	4	17
7	奥地利	7	7	4	18
8	瑞士	7	2	5	14
9	俄罗斯奥运队	6	12	14	32
10	法国	5	7	2	14
11	加拿大	4	8	14	26
12	日本	3	6	9	18
13	意大利	2	7	8	17
14	韩国	2	5	2	9
15	斯洛文尼亚	2	3	2	7
16	芬兰	2	2	4	8
17	新西兰	2	1	0	3

续表

排名	代表团	金牌（枚）	银牌（枚）	铜牌（枚）	总数（枚）
18	澳大利亚	1	2	1	4
19	英国	1	1	0	2
20	匈牙利	1	0	2	3
21	比利时	1	0	1	2
21	捷克	1	0	1	2
21	斯洛伐克	1	0	1	2
24	白俄罗斯	0	2	0	2
25	西班牙	0	1	0	1
25	乌克兰	0	1	0	1
27	爱沙尼亚	0	0	1	1
27	拉脱维亚	0	0	1	1
27	波兰	0	0	1	1
总计		109	109	109	327

数据来源：国际奥委会官方网站。

第三章　冰上运动

第一节　速度滑冰

一、速度滑冰运动的概念

速度滑冰（speed skating）是指在规定距离内（400 米长的冰制赛道上）以竞速为目的较量滑行速度的冰上体育运动，或者说是以冰刀为用具在冰上进行的一种竞速运动。运动员在进行滑冰运动时，借助长而窄的冰刀，通过两腿轮流完成蹬冰、收腿、下刀、滑行、摆臂的合理周身配合动作，形成有规律的滑行曲线。

二、速度滑冰的产生与发展

速度滑冰在滑冰运动中是历史最为悠久，开展最为广泛的项目。人类最早的冰上运动可以追溯到远古新石器时代。

13 世纪中叶，在荷兰出现了一种新的冰上活动，采用一种将铁制的冰刀安装在木板上，并用绳子或带子将其绑缚在双脚下进行冰上行走或滑跑的行为，这便是最早的滑冰运动。

17 世纪初，滑冰运动逐渐由最初的冰上运输形式发展为一种冰上运动项目。但是随着产业革命的兴起，欧洲经济的发展很快，极大推动了民间运动的开展。最早的速度滑冰比赛出现于 1676 年的荷兰，比赛的举行地是在一条运河上。比赛的形式也是单一的从一个城镇滑到另一城镇，随着比赛的长途滑行后来逐渐发展成为环城赛。由于当时在城市中举行直线滑行比赛，而比赛的起点、终点并不在一起，这不便于群众观看，随后冰场也逐渐演变成为“U”型跑道，由“U”型的一端开始滑行到“U”型的另一端结束，这种比赛场地最初的距离仅为 160 ～ 200 米，最终形成了现在速度滑冰比赛使用的封闭式椭圆形 400 米标准赛道。

1742 年，英格兰成立了世界上第一个滑冰俱乐部——“爱丁堡滑冰俱乐部”，这使速度滑冰有了竞赛组织，开始有序地进行竞赛活动。1763 年 2 月 4 日在英格兰首次举行了 15 千米速度滑冰赛，而以竞速为内容的滑冰比赛由此很快传到了欧洲的其他各国，如挪威、俄国、捷克、法国和奥地利等地。

随着世界经济的发展，由资本主义到垄断资本主义的过渡，世界各地出现了各种国际垄断组织。在这种经济背景的影响下，使得举行国际性的速度滑冰比赛有了跨国界交往的客观因素。起初是国家与国家之间的小型赛事，而后逐渐演变为洲际间国际化的大型赛事。

1878 年，加拿大的鲁宾斯坦（louis rubinstein）成立加拿大业余滑冰协会，1879 年英国滑冰协会成立。1880 年，在美国纽约布鲁克林区举行的 25 英里速度滑冰比赛为速度滑冰运动的发展提供了极大的促进作用。其后于 1885 年在挪威的奥斯陆举行的对抗赛中，三位挪威人（鲍尔森、沃尔纳和黑格尔）对世界速度滑冰做出了卓越的贡献，他们通过赶赴各国表演和比赛，使速度滑冰运动的影响力在这一时期得到强有力地扩大。同年，第一次国际速度滑冰比赛也在这种推力下于德国汉堡举行，此后也有类似的比赛在挪威的奥斯陆和德国的汉堡多次举行，而当时比赛跑道分为 800 米和 3 800 米两种不同长度的场地，其计算距离的单位也由英里来表示。由于当时多数参赛者和观众对于比赛场地的规格、比赛的项目以及竞赛的通则表示不甚明晰，导致出现了许多分歧和问题。因此，荷兰人针对出现的上述问题提出了相关建议。他们提出将比赛跑道设置成双跑道形式，并且两人一组同时出发，设立短、中、长三种不同距离的比赛项目，这一提议在 1888 年被各国滑冰协会采纳。根据该建议，荷兰和英格兰共同起草并制定了竞赛通则，并规定在三项比赛中都获得第一名的运动员才能获得世界冠军的称号。自 1889 年在荷兰的阿姆斯特丹首次举办世界速度滑冰冠军赛以来，其后三年连续在阿姆斯特丹举行了三次世界冠军赛，而 1889 年的世界冠军赛的比赛项目与现在冬季奥运会的速度滑冰比赛项目略有不同，设立了 0.5 英里、1 英里、1.5 英里三个项目，并在 1890 年和 1891 年增加了 5 英里项目，并规定只有获得全部项目第一名的运动员才会授予世界冠军称号，但很遗憾，在 1889 年和 1890 年这两年所举行的比赛中没有一位运动员赢得全部项目的第一名，直到 1891 年美国运动员杰·多诺格夺得了四个项目的第一名，荣获了第一个速度滑冰世界冠军。

在 1892 年，国际滑冰联盟（international skating union，简称 ISU）在荷兰正式成立，简称国际滑联。起初其负责组织的比赛项目分为速度滑冰和花样滑冰两项赛事，并规定每年举行一次世界性质的男子速度滑冰锦标赛。1893 年，在荷兰的阿姆斯特丹举办第一届男子世界速度滑冰锦标赛，并在这一年开始承认速度滑冰世界纪录，比赛项目是全能比赛（500 米、1 500 米、5 000 米和 10 000 米）。国际滑联现有会员协会 81 个，总部设在瑞士的达沃斯。滑冰是冬季奥运会的主要项目，因此，国际滑联是国际单项体育联合会总会成员。其任务是开展和普及速度滑冰和花样滑冰运动，增强运动员之间的友谊和相互了解。中国于 1956 年加入国际滑联。

1924 年，在法国的夏蒙尼举行“1924 国际冬季体育运动周”活动，在这项活动结束两年后，国际奥委会正式确认这届比赛为第一届冬季奥林匹克运动会，仅设男子速度滑冰比赛项目。在这次冬奥会上决出的第一个项目是男子 500 米速度滑冰，来自美国的运动员查尔斯·朱特劳获得了这个项目的金牌，这也是冬季奥运会历史上的第一枚金牌。在这届冬季奥运会上，来自芬兰的速度滑冰运动员克拉斯桑伯格夺取了 3 金 1 银 1 铜，成为获得奖牌最多的运动员。国际滑冰联盟于 1936 年增设了女子世界速度滑冰锦标赛，比赛项目同为全能比赛（500 米、1 500 米、3 000 米和 5 000 米）。在 1936 年举行的第一届世界女子速度滑冰锦标赛中，美国选手克雷恩获得了 500 米和 3 000 米两项冠军。从 1956 年起，女子全能比赛项目改为 500 米、1 000 米、1 500 米和 3 000 米。到了 1960 年，冬季奥运会正式增加了女子速度滑冰比赛项目。1970 年，在美国西艾利斯举行首届世界短距离速度滑冰锦标赛，确定了以周长 400 米的场地进行比赛；而 1983 年又将女子全能比赛的项目改为 500 米、1500 米、3000 米和 5000 米，并规定在这四项比赛中获得三项第一名者获得全能冠军称号，如无人获三项第一名，则以四项成绩积分最多者为全能冠军。从 1970 年开始，每年举行一次世界短距离速度滑冰锦标赛，比赛进行两天，男女比赛项目均为两个 500 米、两个 1 000 米。为了提高青少年速度滑冰运动的水平，从 1975 年开始，国际滑冰联盟增设世界青少年速度滑冰锦标赛，凡年龄在 20 周岁以下的运动员均可参加比赛。男子项目为 500 米、1 500 米、3 000 米和 5 000 米，女子项目为 500 米、1 000 米、1 500 米和 3 000 米。

三、我国速度滑冰运动的发展概况

中国是一个具有悠久历史的文明古国，滑冰活动历史悠久。古代时在我国北方寒冷地区的人们由于受到地域影响和生活需要，每到冬季江河封冻之时，自发地采用以滑冰和滑雪的形式代替车马进行日常生活和生产运输。滑冰就是在这一时期作为交通工具出现在人们的视野中，从而形成了后来冬季进行的一种户外冰上游戏——冰嬉。

公元 10 世纪，早在我国唐代就有关于滑冰运动的记载。1060 年《新唐书·回鹘下》中记载："冬至，突厥三部落……皮桦覆室，多善马，俗乘木马驰冰上，以板籍足，屈木之腋，蹴者百步，势迅激。"说明在这一时期，雪上滑行的运动逐渐转为冰上滑行，而当时滑冰的形式和装备也相对简陋，人们只是将木板绑在脚上，用木杖撑冰面并同时用脚蹬冰在冰面上向前滑行。

至宋代，这一时期的滑冰不仅是人民进行生产生活的交通工具，而是渐渐形成具有狩猎和游戏性质的冰上运动。开始于宫廷中，而后流传到民间得到普及。

到了明清时期，我国冰嬉的规模达到了顶峰。明代有了关于"冰床、冰擦（也称滑擦）"的记载，"冰床"和"冰擦"是指专门用来拉冰车、冰爬犁和滑冰趟子等冰上游戏。清太祖努尔哈赤时期，冰嬉已成为当时北方民族传统的冬季运动项目，尤其是骁勇、善动的满族，将冬季的冰上运动作为了其传统的运动项目，更是根据滑冰运动的特点成立了一支擅长滑冰的部队，从事部落征战。到了乾隆年间，更是设立了"技勇冰鞋营"，并有一套管理制度和训练方法，管理机构称为"冰处"。据《清文献通考》记载："每年十月，各族选善走冰者二百名，内务府预备冰鞋、行头等项，每到冬至后，皇帝到瀛台等处看表演冰嬉！"冰上滑者穿着的冰鞋都配有铁齿，滑行在冰面上犹如星驰电掣、争行夺标，名曰"溜冰"。

19 世纪末，欧洲的滑冰运动传入中国，速度滑冰运动逐渐成为北方人民所爱好的冬季运动项目。

1943 年 2 月，在延安举行冰上运动会，比赛项目有男、女 200 米速度滑冰和花样滑冰，并伴有化妆滑冰的各种表演形式。

中华人民共和国成立后，参加速度滑冰运动的人逐年增多，在"发展体育运动，增强人民体质"的号召下，特别是哈尔滨、长春、齐齐哈尔、吉林等城市的群众性冰上运动开展得很活跃。

1953 年 2 月，在哈尔滨市举行了第一届全国冰上运动会，有 6 个单位参加了速滑比赛，创造了中国第一批速滑纪录。1955 年，在哈尔滨市举行了第二届全国冰上运动会，有 72 人次打破了全国最高纪录。中国于 1956 年正式加入国际滑冰联合会。

1959 年 2 月举行了我国第一届全国冬季运动会，其中滑雪项目在吉林市，冰上项目在哈尔滨，分两地举行。竞赛项目由速度滑冰（含 20 小项）、花样滑冰（含 2 小项）、冰球（1 项）、高山滑雪（含 8 小项）、越野滑雪（含 9 小项）共 5 个大项 40 个小项构成。每项均设团体分，并合计为各项团体总分。速度滑冰和滑雪项目设成年组和少年组。参加的有北京、河北、内蒙古、辽宁、吉林、黑龙江、山西、陕西、青海、宁夏、新疆、解放军 12 个单位。其中参加滑雪项目的有内蒙古、吉林、黑龙江、新疆、解放军 5 个单位 122 名运动员（其中少年运动员 42 人）。

东北的黑龙江、吉林和辽宁作为我国开展冰雪运动项目的重点省份，不仅配备有先进的场地设施，还具有培养冰雪专门人才的体育类院校、专向运动队伍和各级业余体校。同时，在科学研究方面还设立了专门从事冰雪运动的研究机构和专业刊物。这都为我国开展全民健身活动和提高我国冰雪竞技运动水平奠定了雄厚的物质基础和科技保障。

小资料

中国滑冰协会于1980年成立，是全国性群众体育组织，中华全国体育总会的团体会员，它的职能是开展群众性滑冰活动，提高运动技术水平；制定发展规划、管理法规、训练竞赛制度和全国竞赛计划；组织举办国际性比赛，促进国际交流；选拔和推荐国家集训队运动员、教练员，组织集训和参加国际比赛；组织运动员、教练员和裁判员的培训；组织科学研究工作等。

四、速度滑冰运动的赛事及项目

（一）国际赛事

速度滑冰的重大国际比赛多数由国际滑冰联盟或国际奥林匹克委员会举办。

1. 冬季奥林匹克运动会

冬季奥运会是由国际奥林匹克委员会主办的世界性冬季项目运动会，每隔四年举行一次。从第一届冬季奥运会于1924年1月26日—2月4日在法国夏蒙尼举行，到2022年2月4日—20日我国冬季奥运会的召开，至今已举办24届冬季奥运会。现在冬奥会的正式比赛项目有男子500米（1924年列入）、1 000米（1976年列入）、1 500米、5 000米、10 000米（均为1924年列入）；女子为500米、1 000米、1 500米、3 000米（均为1960年列入）、5 000米（1988年列入）。

2. 亚洲冬季运动会

亚洲冬季运动会简称亚冬会，是亚洲冬季规模最大的综合性运动会，由亚洲奥林匹克理事会的成员国轮流主办。自1986年开始第一届，每四年举办一届，截至2022年共举办了八届（2021年第九届亚洲冬季运动会未举行）。国际奥林匹克委员会承认亚洲冬季运动会为正式的亚洲地区冬季运动会。

3. 世界速度滑冰锦标赛

世界速度滑冰锦标赛由国际滑冰联盟主办。世界男子速滑锦标赛从1893年在荷兰的阿姆斯特丹举行的第一届，到1980年共进行了74届。比赛项目由500米、1 500米、5 000米和10 000米四个项目构成。1936年在瑞典斯德哥尔摩举行了第一届女子速度滑冰锦标赛，比赛项目由500米、1 500米、3 000米、5 000米四个项目构成。最终在1956年将女子速度滑冰锦标赛项目更改为500米、1 000米、1 500米和3 000米四个项目。

4. 世界青少年速度滑冰锦标赛

世界青少年速度滑冰锦标赛由国际滑冰联盟主办，于1974年在意大利科尔蒂纳丹佩佐举行了第一届世界青少年速度滑冰锦标赛，比赛项目有男子500米、1 500米、3 000米、5 000米4个项目；女子500米、1 000米、1 500米、3 000米4个项目，共计8个项目构成。从1981年法国的麦顿世界青少年速度滑冰锦标赛起，把参赛者的规定年龄从不满20周岁改为不满18周岁。

5. 其他国际速度滑冰锦标赛

欧洲男子速滑锦标赛是从1891年开始的举办的，规则与世界男子速滑锦标赛相同。

欧洲女子速滑锦标赛于1970年在荷兰海伦芬举行了第一届欧洲女子速滑锦标赛，规则与世界女子速滑锦标赛相同。

除上述重大国际比赛外，还有一些传统性国际比赛，如一年一度的“金色冰刀”比赛、“北欧各国速滑赛”等。

（二）速度滑冰运动国内赛事及项目

1. 中华人民共和国冬季运动会

中华人民共和国冬季运动会，简称“全国冬运会”或“冬运会”，是中国规模最大、级别最高的冬季综合性体育赛事，每四年举办一次，第一届于 1959 年 2 月在哈尔滨和吉林市举行。此后基本上是每四年举办一次，至 2022 年已举办十三届（第二届停办但届次照算，第十四届延期）。第一至第四届作为全国运动会的冬季项目，与全运会的夏季项目一并作为一项赛事举办。1983 年以后，冬季运动会从全国运动会中分离，另行举办。

2. 全国冰上项目比赛

我国于 1960 年举办的一类采用多种项目的综合性比赛，包括速度滑冰、花样滑冰和冰球。速度滑冰比赛分为成年男子组和成年女子组两类。男子组项目由 500 米、1 500 米、5 000 米、10 000 米组成；女子组项目由 500 米、1 000 米、1 500 米、3 000 米组成。与全国优秀运动员的测验赛、国家一级和健将级的速度滑冰比赛项目相同。以上比赛项目和规则均按国际滑冰联盟的规定进行。

3. 全国速滑赛

这是我国一年一度的全国大型速度滑冰比赛，规则与世界比赛相同。

4. 速滑冠军赛

我国在 1966 年以前称为全国速滑锦标赛，1979 年改称速滑冠军赛，比赛项目分为成年男女全能组、青年男女全能组和短距离男女组。

5. 全国少年速滑赛

全国少年速滑赛是指我国由 18 周岁以下的运动员参加的比赛，分两个年龄组。甲组 18 周岁以下，比赛项目由男子 500 米、1 500 米、3 000 米、5 000 米四项组成，少女与成年女子项目同；乙组 15 周岁以下，男女项目均为 500 米、1 000 米、1 500 米。从 1981 年起，增加青年组（年龄为 20 周岁以下），比赛名称改为“全国青少年速滑赛”。

6. 全国运动会速滑比赛

全国运动会速滑比赛又称“全国运动会速滑比赛”，于 1963 年首次举办，是全国运动会的一个大的比赛项目，每 4 年举行 1 次，分为男女全能项目和男女短距离项目，以计团体总分为则，是我国最重要的速滑比赛。

五、速度滑冰运动员的运动技术等级标准

（一）国际级运动健将

凡符合下列条件之一者，可申请授予国际级运动健将称号：在冬季奥运会、世界单项锦标赛、世界短距离全能锦标赛、世界全能锦标赛、世界青年锦标赛、世界杯赛、青年世界杯赛、亚洲单项锦标赛中达到成绩。

（二）运动健将

凡符合下列条件之一者，可申请授予运动健将称号：

（1）在可授予国际级运动健将称号的比赛中达到成绩标准。

（2）在全国冬季运动会、全国单项锦标赛、全国冠军赛、全国青年锦标赛、全国联赛（含分站赛）中达到成绩标准。

（三）一级运动员

凡符合下列条件之一者，可申请授予一级运动员称号：
（1）在可授予运动健将及以上称号的比赛中获得前 80 名并达到成绩标准。
（2）在省自治区、直辖市体育局主办的综合性运动会或锦标赛中获得前 12 名并达到成绩标准。

（四）二级运动员

凡符合下列条件之一者，可申请授予二级运动员称号：
（1）可授予运动健将及以上称号的比赛中获得前 120 名并达到成绩标准。
（2）在省自治区、直辖市体育局主办的综合性运动会或锦标赛中获得前 24 名并达到成绩标准。

（五）三级运动员

凡符合下列条件之一者，可申请授予三级运动员称号：
（1）可授予二级运动员及以上称号的比赛中达到成绩标准。
（2）在市（地、州、盟）体育行政部门主办的综合性运动会或锦标赛中达到成绩标准。

（六）成绩标准（表 3–1、表 3–2）

表3–1 男子速度滑冰运动技术等级成绩标准

项目	国际级健将	运动健将	一级运动员	二级运动员	三级运动员
500 米	36.00	37.50	40.00	45.50	50.00
1 000 米	1:11.00	1:15.50	1:18.00	1:32.00	1:45.00
1 500 米	1:50.00	1:57.50	2:03.50	2:21.00	2:40.00
3 000 米	4:00.00	4:20.00	4:35.00	5:06.00	5:36.00
5 000 米	6:40.00	7:20.00	7:40.00	8:25.00	9:20.00
10 000 米	13:50.00	15:10.00	16:00.00	18:00.00	20:00.00
短距离全能	145 分	152 分	160 分	195 分	210 分
全能	155 分	170 分	182 分	217 分	240 分

表3–2 女子速度滑冰运动技术等级成绩标准

项目	国际级健将	运动健将	一级运动员	二级运动员	三级运动员
500 米	39.10	41.00	42.50	51.00	55.00
1 000 米	1:18.00	1:24.00	1:27.00	1:40.00	1:55.00
1 500 米	2:00.00	2:10.00	2:17.00	2:30.00	2:50.00
3 000 米	4:14.00	4:40.00	4:55.00	5:30.00	6:18.00
5 000 米	7:20.00	8:15.00	8:30.00	9:10.00	9:50.00
短距离全能	160 分	170 分	179 分	218 分	240 分
全能	168 分	182 分	198 分	232 分	252 分

注：上述国际和全国比赛各小项须至少有 8 人（队）、省级和地市级比赛各小项须至少有 6 人（队）上场比赛，方可授予等级称号。

六、速度滑冰运动的规则

速度滑冰运动一般来说，每组由 2 名运动员进行比赛。

两条赛道中，内道起跑的运动员，滑行到换道区时须换到外道滑跑，外道运动员则须换到内道。

换道时，为了避免运动员冲撞，外道运动员拥有换道优先权，如运动员在换道时发生冲撞，则判内道运动员失去比赛资格。

（一）男子比赛

（1）男子比赛分为 500 米、1 000 米、1 500 米、5 000 米、10 000 米、男子团体追逐赛及集体出发等小项。

（2）男子团体追逐赛：2 个团队进行比赛，每个团队由 3 名选手组成，双方从相反的滑道上同时出发，滑行 8 圈后，由第三名运动员通过终点的时间决出胜负。

（3）集体出发：取消个人赛赛道中的内道、外道之间的区分，将热身赛道也加入赛道范围，在比赛赛道上 12 ～ 18 名的选手同时出发竞争名次的比赛。

（二）女子比赛

（1）女子比赛分为 500 米、1 000 米、1 500 米、3 000 米、5 000 米、女子团体追逐赛及集体出发等小项。

（2）女子团体追逐赛：2 个团队进行比赛，每个团队由 3 名选手组成，双方从相反的滑道上同时出发，滑行 6 圈后，根据第三名运动员通过终点的记录决出胜负。

（3）集体出发：取消个人赛赛道中的内道、外道之间的区分，将热身赛道也加入赛道范围，在比赛赛道上 12 ～ 18 名的选手同时出发竞争名次的比赛。

总之，在比赛过程中，运动员可随时越过对手，但使用不正当手段将会被取消比赛资格，如换道区阻挡对手、弯道缩短距离、滑出跑道、换道错误等。

七、速度滑冰运动的场地

随着滑冰器材的不断改良，滑冰技术也不断成熟，冰场也由室外改到了室内，各种比赛项目的规则也不断完善，现代滑冰运动得以普及，越来越受到大家的欢迎。1876 年，英国人帕克（W.A.Parker）发明人造冰，并在伦敦建造世界上第一个人造滑冰场。

标准速滑竞赛跑道是由两条直道连接两条半圆弯道组成的封闭式跑道构成，跑道的最大周长为 400 米，最小为 333.33 米，内弯道半径不能小于 25 米或大于 26 米，每条跑道宽 5 米，最窄 4 米。短跑道速滑跑道周长 111.12 米，内弯道半径 8.25 米，直道宽不小于 7 米，直道长 128.07 米。

八、速度滑冰运动的装备器材

（一）冰刀的起源

当冰雪覆盖大地，居住在北欧的人们就开始琢磨如何能快捷地在冰天雪地中穿行，最初他们以木头制成的爬犁作为冰面上的运输工具，这确实省力不少，没过多久木头的弊端就显现出来了，不好控制、不够光滑，很容易摔倒，于是人们开始寻找木头的替代品，很快兽骨进入了人们的视线，后经过实践将更容易滑行的兽骨作为替代品。据考证，荷兰人最早利用马骨制造了人类最原始的冰上滑行工具——骨质冰刀，并借助马骨或粗木制作的手杖撑地滑行。

荷兰人将马骨磨成光滑的底面，并在马骨上钻出小孔，将皮带穿过小孔像鞋带一样彼此缠绕，利用皮带将马骨固定在脚上，那时候人们穿着骨制冰刀并不像现今滑得这么游刃有余，他们都是协同“作战”，好几个人同时站在由皮绳子捆绑在一起的骨头上，每个人手里都拿着一根长长的棍子，一起努力将这个巨大的骨头“冰鞋”滑动。不仅在荷兰，瑞士、英国等一些国家早期文献中，也有关于将兽骨绑在脚上滑行于冰面的记载。这看上去无比简陋的骨制冰刀就是如今运动员们脚上穿的冰刀的雏形，作为当时一种简单的代步方式和一种娱乐游戏活动，为后来冰刀的发展奠定了基础。

大约在公元1250年，不满足于骨制冰刀的荷兰人开始探索有关冰刀更多的领域，他们发明了铁制冰刀，这种冰刀可比绑在鞋上的兽骨滑行速度快了很多，而且易于操控，至于用于支撑的长木棍，统统丢掉，只需要脚轻轻一蹬，就可以在冰面上滑行。于是铁质冰刀迅速盛行于整个欧洲。1572年苏格兰人发明了第一双“全铁制冰刀”，这是现代冰刀的起始标志。随着产业革命的兴起，欧洲的经济、文化发展很快，尤其是金属冶炼工业有着划时代的进展，开始出现了铁制冰刀厂房，使滑冰用具的生产形成社会化和专业化，生产的冰刀也开始分类，长的为速滑刀，短的为花样刀，以适应不同滑冰运动的需要。

1850年世界第一副钢制冰刀在美国费城诞生，从而取代了铁制冰刀，使得速度滑冰如虎添翼，极大地促进了滑冰运动的发展。1902年挪威的保尔森（Axel Paulsen）发明管式速度滑冰冰刀。从19世纪开始，滑冰运动迅速在西欧、北欧、北美等地区的国家兴起。

小资料：“冰刀国度”

说到冰刀就必须提到一个国家——荷兰。荷兰人到底有多爱滑冰？问问荷兰人答案自然就揭晓了。在中国人发明蹴鞠的时代，荷兰人发明了冰刀。在顾拜旦打算办奥运会的时候，荷兰人已经开始办世界速度滑冰锦标赛了。这个人口仅1 700多万的国家，拥有17座现代化的标准速滑馆，冰上运动早已融入了荷兰人的生活，大大小小的冰场随处可见，只要你想要滑冰，就一定能找到一块适合你的冰场。

为什么荷兰人会对冰上运动如此热衷，因为每年的冬天，荷兰各大运河都会结冰，船都无法通行，其他交通工具自然也无用武之地，相比之下冰刀简直是出行“神器”！不会滑冰的荷兰人压根不敢承认自己来自荷兰。

荷兰还有一个秘密武器，那就是冰刀鞋。20世纪80年代初，生物力学研究正产生了借助冰刀提高速滑成绩的构想，于1985年在荷兰大学教授格瑞特的带领下发明了一款新型冰刀。他们制造了第一双一头带铰链另一头脱开的冰刀模型，后称“克莱普”冰刀。在1998年日本长野举行的冬奥会上，克莱普冰刀得到了广泛使用，使得速度滑冰冬奥会纪录都被打破。其根源在于冰鞋和冰刀之间接近脚拇指的地方装了一个链接装置，使运动员在蹬冰时中心前移后刀托与冰鞋自动分离，使踝关节能充分跖屈，加大小腿和足踝肌群的蹬冰力量，延长蹬冰时间，且不增加对冰面的摩擦。使用这种冰刀鞋，需要适应。因此，训练方法也跟使用传统冰刀鞋有所区别。

（二）冰刀和冰鞋

速度滑冰的冰刀刀长刃窄，用滑度好、耐磨、硬度适宜的轻合金材料制成，冰鞋用优质厚牛皮缝成，冰刀刀刃厚薄要均匀，两刀刃高度要相同，刀刃要笔直，没有凹凸不平等毛病。冰刀与鞋号相同或比鞋大一号。鞋穿在脚上要感到舒适、贴脚，又不太紧。刀尖比鞋尖要长8～9厘米，刀跟比鞋跟长5～6厘米，左脚刀刃与鞋的纵向中线吻合，右脚刀尖稍偏左。

（三）比赛服装

速滑运动员穿尼龙紧身全连服（衣、裤、帽、袜、手套连在一起）。由于尼龙服保温不好，在温度较低的气候条件下，运动员需穿贴身的棉毛内衣。男运动员还要穿三角裤衩或护身。天气奇寒时则应在膝、胸等部位垫上防风纸或其他物品。

（四）比赛眼镜

眼镜用于保护选手的眼睛，避免滑行过程中风、碎冰和冰面折射反光对运动员的眼睛造成伤害。镜片有着减少炫光、提高轨道能见度的作用。

九、速度滑冰运动的比赛方式

一般来说，每组选手由 2 名运动员进行比赛。道次安排和处罚顺序抽签决定。同组选手在发令枪向后，绕赛道逆时针滑行，率先到达终点为优胜者。

（一）起跑技术

在发令裁判员“各就各位”口令下达后，运动员要在起跑线与预备线之间静止站好；“预备”口令下达后，立即做好起跑姿势，鸣枪前不准活动，保持静止，枪响后立即起跑。在弯道滑跑中，冰刀不准切入雪线。起跑时，运动员采用蹲立式起跑姿势，以便有较大的爆发力。长距离比赛可将一只手或双臂背在身后，以便减小空气阻力，节省体力。

（二）赛中技术

两条赛道中，内道起跑的运动员，滑行到换道区时须换到外道滑跑，外道运动员则须换到内道。在换道区争道时，出内弯道运动员要主动让道。换道时，为了避免运动员冲撞，外道选手拥有换道优先权，如果运动员在换道时发生冲撞，则判内道运动员失去比赛资格。

（三）其他技术

2 名以上运动员在同一条跑道滑跑时，后面运动员必须与前面运动员相距 5 米之外，在不影响前面运动员正常滑跑情况下，可以超越。运动员的冰刀触及终点线，才算到达终点。运动员在比赛中由于不属于自身的原因而影响了正常滑跑或摔倒时，经裁判长允许，可以休息30分钟后重新参加该项比赛，但因冰场不洁或冰刀损坏，则不能重新比赛。

十、速度滑冰运动的相关名称

速度滑冰：speed skating
男子 500 米：Men’s 500m
男子 1 000 米：Men’s 1 000m
男子 1 500 米：Men’s 1 500m
男子 5 000 米：Men’s 5 000m
男子 10 000 米：Men’s 10 000m
男子集体出发：Men’s Mass Start
男子团体追逐：Men’s Team Pursuit
女子 500 米：Ladies’ 500m

女子 1 000 米：Ladies' 1 000m
女子 1 500 米：Ladies' 1 500m
女子 3 000 米：Ladies' 3 000m
女子 5 000 米：Ladies' 5 000m
女子集体出发：Ladies' Mass Start
女子团体追逐：Ladies' Team Pursuit

十一、速度滑冰运动观赏指南

（1）由于速度滑冰的比赛距离较长，其刺激性不如短道速滑，观赏性不及花样滑冰，可能观看速度滑冰运动的观众会情绪急躁，因此，观众需要在观看比赛的整个过程中保持安静。因为噪声会影响运动员的比赛节奏，尤其在运动员进入弯道滑行过程中格外突出，细微的动作变化都会对选手的判断产生影响，从而威胁选手的安全。

（2）在速度滑冰比赛中，在运动员起跑时，特别是运动员在弯道滑行过程中，观众不要使用闪光灯拍照，因为会造成运动员的双眼暂时失明从而产生严重的后果，导致运动员本身或对手在弯道摔倒，锋利的冰刀有可能使运动员血染赛场。

（3）观众鼓掌、喝彩和拍照要选择合适的时机。

（4）颁奖升旗奏国歌时，肃静起立，双目注视国旗，以示尊重。

十二、近五届冬奥会奖牌榜分布

1. 2022 中国北京冬奥会速度滑冰项目奖牌榜（表 3-3 ～表 3-17）

表3-3　500米（男子）奖牌榜

排名	国家 / 地区	奖牌获得者	成绩	金牌（枚）	银牌（枚）	铜牌（枚）	总数（枚）
1	中国	高亭宇	34.32	1	0	0	1
2	韩国	车旼奎	34.39	0	1	0	1
3	日本	森重航	34.49	0	0	1	1
总计				1	1	1	3

表3-4　500米（女子）奖牌榜

排名	国家 / 地区	奖牌获得者	成绩	金牌（枚）	银牌（枚）	铜牌（枚）	总数（枚）
1	美国	埃琳・杰克逊	37.04	1	0	0	1
2	日本	高木美帆	37.12	0	1	0	1
3	俄罗斯奥运队	安格林娜・戈利科娃	37.21	0	0	1	1
总计				1	1	1	3

表3-5 1 000米（男子）奖牌榜

排名	国家 / 地区	奖牌获得者	成绩	金牌（枚）	银牌（枚）	铜牌（枚）	总数（枚）
1	荷兰	托马斯·克罗尔	1:07.92	1	0	0	1
2	加拿大	洛朗·迪布勒伊	1:08.32	0	1	0	1
3	挪威	哈瓦尔·霍尔默菲尤尔·洛伦森	1:08.48	0	0	1	1
总计				1	1	1	3

表3-6 1 000米（女子）奖牌榜

排名	国家 / 地区	奖牌获得者	成绩	金牌（枚）	银牌（枚）	铜牌（枚）	总数（枚）
1	日本	高木美帆	1:13.19	1	0	0	1
2	荷兰	尤塔·莱尔丹	1:13.83	0	1	0	1
3	美国	布里塔妮·鲍	1:14.61	0	0	1	1
总计				1	1	1	3

表3-7 1 500米（男子）奖牌榜

排名	国家 / 地区	奖牌获得者	成绩	金牌（枚）	银牌（枚）	铜牌（枚）	总数（枚）
1	荷兰	凯尔·内斯	1:43.21	1	0	0	1
2	荷兰	托马斯·克罗尔	1:43.55	0	1	0	1
3	韩国	金敏锡	1:44.24	0	0	1	1
总计				1	1	1	3

表3-8 1 500米（女子）奖牌榜

排名	国家 / 地区	奖牌获得者	成绩	金牌（枚）	银牌（枚）	铜牌（枚）	总数（枚）
1	荷兰	伊琳·维斯特	1:53.28	1	0	0	1
2	日本	高木美帆	1:53.72	0	1	0	1
3	荷兰	安托瓦妮特·德容赫	1:54.82	0	0	1	1
总计				1	1	1	3

表3-9　5 000米（男子）奖牌榜

排名	国家 / 地区	奖牌获得者	成绩	金牌（枚）	银牌（枚）	铜牌（枚）	总数（枚）
1	瑞典	尼尔斯·范德普尔	6:08.84	1	0	0	1
2	荷兰	帕特里克·罗斯特	6:09.31	0	1	0	1
3	挪威	哈尔盖·恩格布拉顿	6:09.88	0	0	1	1
总计				1	1	1	3

表3-10　3 000米（女子）奖牌榜

排名	国家 / 地区	奖牌获得者	成绩	金牌（枚）	银牌（枚）	铜牌（枚）	总数（枚）
1	荷兰	艾琳·舒顿	3:56.93	1	0	0	1
2	意大利	弗朗西斯卡·洛洛布里吉达	3:58.06	0	1	0	1
3	加拿大	伊莎贝尔·威德曼	3:58.64	0	0	1	1
总计				1	1	1	3

表3-11　10 000米（男子）奖牌榜

排名	国家 / 地区	奖牌获得者	成绩	金牌（枚）	银牌（枚）	铜牌（枚）	总数（枚）
1	瑞典	尼尔斯·范德普尔	12:30.74	1	0	0	1
2	荷兰	帕特里克·鲁斯特	12:44.59	0	1	0	1
3	意大利	达维德·吉奥托	12:45.98	0	0	1	1
总计				1	1	1	3

表3-12　5 000米（女子）奖牌榜

排名	国家 / 地区	奖牌获得者	成绩	金牌（枚）	银牌（枚）	铜牌（枚）	总数（枚）
1	荷兰	伊雷妮·斯豪滕	6:43.51	1	0	0	1
2	加拿大	伊莎贝尔·韦德曼	6:48.18	0	1	0	1
3	捷克	马丁娜·萨布利科娃	6:50.09	0	0	1	1
总计				1	1	1	3

表3-13　集体出发（男子）奖牌榜

排名	国家 / 地区	奖牌获得者	成绩	金牌（枚）	银牌（枚）	铜牌（枚）	总数（枚）
1	比利时	巴尔特・斯温斯	63 分	1	0	0	1
2	韩国	郑在原	40 分	0	1	0	1
3	韩国	李承勋	20 分	0	0	1	1
总计				1	1	1	3

表3-14　集体出发（女子）奖牌榜

排名	国家 / 地区	奖牌获得者	成绩	金牌（枚）	银牌（枚）	铜牌（枚）	总数（枚）
1	荷兰	伊雷妮・斯豪滕	60 分	1	0	0	1
2	加拿大	伊万妮・布隆丁	40 分	0	1	0	1
3	意大利	弗兰切丝卡・洛洛布里吉达	20 分	0	0	1	1
总计				1	1	1	3

表3-15　团体追逐（男子）奖牌榜

排名	国家 / 地区	奖牌获得者	成绩	金牌（枚）	银牌（枚）	铜牌（枚）	总数（枚）
1	挪威	哈尔盖・恩格布罗滕 / 阿兰・达尔・约翰松 佩德・孔斯海于格 / 斯韦勒・伦德・彼得森	3:38.08	1	0	0	1
2	俄罗斯 奥运队	丹尼尔・阿尔多什金 / 亚历山大・鲁缅采夫 谢尔盖・特罗菲莫夫 / 鲁斯兰・扎哈罗夫	3:40.46	0	1	0	1
3	美国	伊桑・塞普伦 / 凯西・道森 埃默里・莱曼 / 乔伊・曼蒂亚	3:38.31	0	0	1	1
总计				1	1	1	3

表3-16　团体追逐（女子）奖牌榜

排名	国家 / 地区	奖牌获得者	成绩	金牌（枚）	银牌（枚）	铜牌（枚）	总数（枚）
1	加拿大	伊万妮・布隆丁 / 瓦莱丽・马尔泰 亚历克莎・斯科特 / 伊莎贝尔・韦德曼	2:53.44	1	0	0	1
2	日本	押切美沙纪 / 佐藤绫乃 高木美帆 / 高木菜那	3:04.47	0	1	0	1
3	荷兰	安托瓦妮特・德容赫 / 玛丽克・格勒内沃德 伊雷妮・斯豪滕 / 伊琳・维斯特	2:56.86	0	0	1	1
总计				1	1	1	3

表3-17 奖牌总榜

排名	国家 / 地区	金牌（枚）	银牌（枚）	铜牌（枚）	总数（枚）
1	荷兰	6	4	2	12
2	瑞典	2	0	0	2
3	加拿大	1	3	1	5
3	日本	1	3	1	5
5	挪威	1	0	2	3
5	美国	1	0	2	3
7	中国	1	0	0	1
7	比利时	1	0	0	1
9	韩国	0	2	2	4
10	意大利	0	1	2	3
11	俄罗斯奥运队	0	1	1	2
12	捷克	0	0	1	1
总计		14	14	14	42

2. 2018 韩国平昌冬奥会速度滑冰项目奖牌榜（表 3-18 ～表 3-32）

表3-18 500米（男子）奖牌榜

排名	国家 / 地区	奖牌获得者	成绩	金牌（枚）	银牌（枚）	铜牌（枚）	总数（枚）
1	挪威	海沃德 · 洛伦森	34.41	1	0	0	1
2	韩国	车旼奎	34.42	0	1	0	1
3	中国	高亭宇	34.65	0	0	1	1
总计				1	1	1	3

表3-19 500米（女子）奖牌榜

排名	国家 / 地区	奖牌获得者	成绩	金牌（枚）	银牌（枚）	铜牌（枚）	总数（枚）
1	日本	小平奈绪	36.94	1	0	0	1
2	韩国	李相花	37.33	0	1	0	1
3	捷克	科罗莉娜 · 埃尔巴诺娃	37.34	0	0	1	1
总计				1	1	1	3

表3-20　1 000米（男子）奖牌榜

排名	国家 / 地区	奖牌获得者	成绩	金牌（枚）	银牌（枚）	铜牌（枚）	总数（枚）
1	荷兰	凯尔・努斯	1:07.95	1	0	0	1
2	挪威	海沃德・洛伦森	1:07.99	0	1	0	1
3	韩国	金泰云	1:08.22	0	0	1	1
总计				1	1	1	3

表3-21　1 000米（女子）奖牌榜

排名	国家 / 地区	奖牌获得者	成绩	金牌（枚）	银牌（枚）	铜牌（枚）	总数（枚）
1	荷兰	特・莫尔斯	1:13.56	1	0	0	1
2	日本	小平奈绪	1:13.82	0	1	0	1
3	日本	高木美帆	1:13.98	0	0	1	1
总计				1	1	1	3

表3-22　1 500米（男子）奖牌榜

排名	国家 / 地区	奖牌获得者	成绩	金牌（枚）	银牌（枚）	铜牌（枚）	总数（枚）
1	荷兰	凯尔・努斯	1:44.01	1	0	0	1
2	荷兰	皮特克・鲁斯特	1:44.86	0	1	0	1
3	韩国	金敏锡	1:44.93	0	0	1	1
总计				1	1	1	3

表3-23　1 500米（女子）奖牌榜

排名	国家 / 地区	奖牌获得者	成绩	金牌（枚）	银牌（枚）	铜牌（枚）	总数（枚）
1	荷兰	伊岚・伍斯特	1:54.35	1	0	0	1
2	日本	高木美帆	1:54.55	0	1	0	1
3	荷兰	马利特・琳斯塔拉	1:55.26	0	0	1	1
总计				1	1	1	3

表3-24　5 000米（男子）奖牌榜

排名	国家/地区	奖牌获得者	成绩	金牌（枚）	银牌（枚）	铜牌（枚）	总数（枚）
1	荷兰	斯文·克莱默	6:09.76	1	0	0	1
2	加拿大	泰德·简·布洛伊门	6:11.62	0	1	0	1
3	挪威	斯沃尔·伦德·佩德森	6:11.62	0	0	1	1
总计				1	1	1	3

表3-25　3 000米（女子）奖牌榜

排名	国家/地区	奖牌获得者	成绩	金牌（枚）	银牌（枚）	铜牌（枚）	总数（枚）
1	荷兰	卡琳杰·阿切特里克特	3:59.21	1	0	0	1
2	荷兰	伊岚·伍斯特	3:59.29	0	1	0	1
3	荷兰	安东尼特·德容	4:00.02	0	0	1	1
总计				1	1	1	3

表3-26　10 000米（男子）奖牌榜

排名	国家/地区	奖牌获得者	成绩	金牌（枚）	银牌（枚）	铜牌（枚）	总数（枚）
1	加拿大	泰德·简·布洛伊门	12:39.77	1	0	0	1
2	荷兰	乔里特·伯格斯马	12:41.98	0	1	0	1
3	意大利	尼考拉·图梅列罗	12:54.32	0	0	1	1
总计				1	1	1	3

表3-27　5 000米（女子）奖牌榜

排名	国家/地区	奖牌获得者	成绩	金牌（枚）	银牌（枚）	铜牌（枚）	总数（枚）
1	荷兰	伊施密·费舍尔	6:50.23	1	0	0	1
2	捷克	马汀娜·萨布利科娃	6:51.85	0	1	0	1
3	俄罗斯奥运队	娜塔莉亚·沃罗宁娜	6:53.98	0	0	1	1
总计				1	1	1	3

表3-28 集体出发（男子）奖牌榜

排名	国家 / 地区	奖牌获得者	成绩	金牌（枚）	银牌（枚）	铜牌（枚）	总数（枚）
1	韩国	李承勋	60 分	1	0	0	1
2	比利时	拜尔特・斯温斯	40 分	0	1	0	1
3	荷兰	寇恩・佛维基	20 分	0	0	1	1
总计				1	1	1	3

表3-29 集体出发（女子）奖牌榜

排名	国家 / 地区	奖牌获得者	成绩	金牌（枚）	银牌（枚）	铜牌（枚）	总数（枚）
1	日本	高木菜那	60 分	1	0	0	1
2	韩国	金宝凛	40 分	0	1	0	1
3	荷兰	艾琳・斯考滕	20 分	0	0	1	1
总计				1	1	1	3

表3-30 团体追逐（男子）奖牌榜

排名	国家 / 地区	奖牌获得者	成绩	金牌（枚）	银牌（枚）	铜牌（枚）	总数（枚）
1	挪威	海沃德・博埃科 / 辛勒・亨里克森 西蒙・斯皮埃尔・尼尔森 / 斯沃尔・伦德・佩德森	3:37.32	1	0	0	1
2	韩国	李承勋 / 郑在元 / 金敏锡 / 金炯柱	3:38.52	0	1	0	1
3	荷兰	寇恩・佛维基 / 帕特里克・鲁斯特 斯文・克莱默 / 简・布洛克慧嘉森	3:38.40	0	0	1	1
总计				1	1	1	3

表3-31 团体追逐（女子）奖牌榜

排名	国家 / 地区	奖牌获得者	成绩	金牌（枚）	银牌（枚）	铜牌（枚）	总数（枚）
1	日本	高木美帆 / 菊地凌香 佐藤绫乃 / 高木菜那	2:53.89	1	0	0	1
2	荷兰	马利特・琳斯塔拉 / 洛特・范・贝克 伊岚・伍斯特 / 安东尼特・德容	2:55.48	0	1	0	1
3	美国	海瑟・贝格斯马 / 布列塔尼・鲍 玛雅・曼加内洛 / 卡莱恩・斯考腾	2:59.27	0	0	1	1
总计				1	1	1	3

表3-32　奖牌总榜

排名	国家 / 地区	金牌（枚）	银牌（枚）	铜牌（枚）	总数（枚）
1	荷兰	7	4	5	16
2	日本	3	2	1	6
3	挪威	2	1	1	4
4	韩国	1	4	2	7
5	加拿大	1	1	0	2
6	捷克	0	1	1	2
7	比利时	0	1	0	1
8	美国	0	0	1	1
8	俄罗斯奥运队	0	0	1	1
8	中国	0	0	1	1
8	意大利	0	0	1	1
总计		14	14	14	42

3. 2014 俄罗斯索契冬奥会速度滑冰项目奖牌榜（表 3-33 ～表 3-45）

表3-33　500米（男子）奖牌榜

排名	国家 / 地区	奖牌获得者	成绩	金牌（枚）	银牌（枚）	铜牌（枚）	总数（枚）
1	荷兰	米歇尔・穆尔德	69.31	1	0	0	1
2	荷兰	简・斯密肯斯	69.32	0	1	0	1
3	荷兰	罗纳德・穆尔德	69.46	0	0	1	1
总计				1	1	1	3

表3-34　500米（女子）奖牌榜

排名	国家 / 地区	奖牌获得者	成绩	金牌（枚）	银牌（枚）	铜牌（枚）	总数（枚）
1	韩国	李相花	74.70	1	0	0	1
2	俄罗斯	奥尔佳・法特库里娜	75.06	0	1	0	1
3	荷兰	玛戈特・波尔	75.48	0	0	1	1
总计				1	1	1	3

表3-35　1 000米（男子）奖牌榜

排名	国家/地区	奖牌获得者	成绩	金牌（枚）	银牌（枚）	铜牌（枚）	总数（枚）
1	荷兰	斯特凡·格鲁休斯	1:08.39	1	0	0	1
2	加拿大	丹尼·莫里森	1:08.43	0	1	0	1
3	荷兰	米歇尔·穆尔德	1:08.74	0	0	1	1
总计				1	1	1	3

表3-36　1 000米（女子）奖牌榜

排名	国家/地区	奖牌获得者	成绩	金牌（枚）	银牌（枚）	铜牌（枚）	总数（枚）
1	中国	张虹	1:14.02	1	0	0	1
2	荷兰	伊岚·伍斯特	1:14.69	0	1	0	1
3	荷兰	玛戈特·波尔	1:14.90	0	0	1	1
总计				1	1	1	3

表3-37　1 500米（男子）奖牌榜

排名	国家/地区	奖牌获得者	成绩	金牌（枚）	银牌（枚）	铜牌（枚）	总数（枚）
1	波兰	兹比格涅夫·布罗德卡	1:45.006	1	0	0	1
2	荷兰	寇恩·沃尔维伊	1:45.009	0	1	0	1
3	加拿大	丹尼·莫里森	1:45.22	0	0	1	1
总计				1	1	1	3

表3-38　1 500米（女子）奖牌榜

排名	国家/地区	奖牌获得者	成绩	金牌（枚）	银牌（枚）	铜牌（枚）	总数（枚）
1	荷兰	约琳·特尔莫斯	1:53.51	1	0	0	1
2	荷兰	伊岚·伍斯特	1:54.09	0	1	0	1
3	荷兰	洛特·范·比克	1:54.54	0	0	1	1
总计				1	1	1	3

表3-39　5 000米（男子）奖牌榜

排名	国家 / 地区	奖牌获得者	成绩	金牌（枚）	银牌（枚）	铜牌（枚）	总数（枚）
1	荷兰	斯文·克拉默	6:10.76	1	0	0	1
2	荷兰	简·布洛克胡伊森	6:15.71	0	1	0	1
3	荷兰	乔里特·博格斯马	6:16.66	0	0	1	1
总计				1	1	1	3

表3-40　3 000米（女子）奖牌榜

排名	国家 / 地区	奖牌获得者	成绩	金牌（枚）	银牌（枚）	铜牌（枚）	总数（枚）
1	荷兰	伊岚·伍斯特	4:00.34	1	0	0	1
2	捷克	马缇娜·萨布里科娃	4:01.95	0	1	0	1
3	俄罗斯	奥尔佳·格拉夫	4:03.47	0	0	1	1
总计				1	1	1	3

表3-41　10 000米（男子）奖牌榜

排名	国家 / 地区	奖牌获得者	成绩	金牌（枚）	银牌（枚）	铜牌（枚）	总数（枚）
1	荷兰	乔里特·博格斯马	12:44.45	1	0	0	1
2	荷兰	斯文·克拉默	12:49.02	0	1	0	1
3	荷兰	鲍勃·乔纳斯·卡洛斯·德容	13:07.19	0	0	1	1
总计				1	1	1	3

表3-42　5 000米（女子）奖牌榜

排名	国家 / 地区	奖牌获得者	成绩	金牌（枚）	银牌（枚）	铜牌（枚）	总数（枚）
1	捷克	玛蒂娜·萨布里科娃	6:51.54	1	0	0	1
2	荷兰	伊岚·伍斯特	6:54.28	0	1	0	1
3	荷兰	卡琳·科雷布克	6:55.66	0	0	1	1
总计				1	1	1	3

表3-43　团体追逐（男子）奖牌榜

排名	国家 / 地区	奖牌获得者	成绩	金牌（枚）	银牌（枚）	铜牌（枚）	总数（枚）
1	荷兰	简・布洛克胡伊森 / 斯文・克拉默 寇恩・沃维伊 / 乔里特・博格斯马	3:37.71	1	0	0	1
2	韩国	朱亨俊 / 金哲民 李承勋 / 牟太钒	3:40.85	0	1	0	1
3	波兰	兹比格涅夫・布罗德卡 / 孔拉德・尼德兹维兹基 简・兹曼斯基 / 塞巴斯蒂安・德鲁斯基维奇	3:41.94	0	0	1	1
总计				1	1	1	3

表3-44　团体追逐（女子）奖牌榜

排名	国家 / 地区	奖牌获得者	成绩	金牌（枚）	银牌（枚）	铜牌（枚）	总数（枚）
1	荷兰	马尔特・林斯特拉 / 约琳・特尔・莫斯 伊岚・伍斯特 / 洛特・范・比克	2:58.05	1	0	0	1
2	波兰	巴赫莱达・库鲁斯 / 坎塔兹娜・沃兹尼亚克 鲁萨・兹洛特科斯卡 / 纳塔利娅・切尔翁卡	3:05.55	0	1	0	1
3	俄罗斯	奥尔佳・格拉夫 / 叶卡蒂娜・洛比谢娃 尤利娅・斯科科娃 / 叶卡捷琳娜・希霍娃	2:59.73	0	0	1	1
总计				1	1	1	3

表3-45　奖牌总榜

排名	国家 / 地区	金牌（枚）	银牌（枚）	铜牌（枚）	总数（枚）
1	荷兰	8	7	8	23
2	波兰	1	1	1	3
3	韩国	1	1	0	2
4	捷克	1	1	0	2
5	中国	1	0	0	1
6	俄罗斯	0	1	2	3
7	加拿大	0	1	1	2
总计		12	12	12	36

4. 2010 加拿大温哥华冬奥会速度滑冰项目奖牌榜（表 3-46 ～表 3-58）

表3-46　2×500米（男子）奖牌榜

排名	国家 / 地区	奖牌获得者	成绩	金牌（枚）	银牌（枚）	铜牌（枚）	总数（枚）
1	韩国	牟太钒	1:09.83	1	0	0	1
2	日本	长岛圭一郎	1:09.98	0	1	0	1
3	日本	加藤条治	1:10.01	0	0	1	1
总计				1	1	1	3

表3-47　2×500米（女子）奖牌榜

排名	国家 / 地区	奖牌获得者	成绩	金牌（枚）	银牌（枚）	铜牌（枚）	总数（枚）
1	韩国	李相花	1:16.10	1	0	0	1
2	德国	沃尔夫	1:16.14	0	1	0	1
3	中国	王北星	1:16.63	0	0	1	1
总计				1	1	1	3

表3-48　1 000米（男子）奖牌榜

排名	国家 / 地区	奖牌获得者	成绩	金牌（枚）	银牌（枚）	铜牌（枚）	总数（枚）
1	美国	沙尼・戴维斯	1:08.94	1	0	0	1
2	韩国	牟太钒	1:09.12	0	1	0	1
3	美国	查得・海德里克	1:09.32	0	0	1	1
总计				1	1	1	3

表3-49　1 000米（女子）奖牌榜

排名	国家 / 地区	奖牌获得者	成绩	金牌（枚）	银牌（枚）	铜牌（枚）	总数（枚）
1	加拿大	克里斯蒂娜・内斯比特	1:16.56	1	0	0	1
2	荷兰	安妮特・格里特森	1:16.58	0	1	0	1
3	荷兰	劳琳・范・列森	1:16.72	0	0	1	1
总计				1	1	1	3

表3-50 1 500米（男子）奖牌榜

排名	国家 / 地区	奖牌获得者	成绩	金牌（枚）	银牌（枚）	铜牌（枚）	总数（枚）
1	荷兰	马克·图伊尔特	1:45.57	1	0	0	1
2	美国	沙尼·戴维斯	1:46.10	0	1	0	1
3	挪威	海沃德·博科	1:46.13	0	0	1	1
总计				1	1	1	3

表3-51 1 500米（女子）奖牌榜

排名	国家 / 地区	奖牌获得者	成绩	金牌（枚）	银牌（枚）	铜牌（枚）	总数（枚）
1	荷兰	伊岚·伍斯特	1:56.89	1	0	0	1
2	加拿大	克里斯蒂娜·格洛夫斯	1:57.14	0	1	0	1
3	捷克	玛蒂娜·萨布里科娃	1:57.96	0	0	1	1
总计				1	1	1	3

表3-52 5 000米（男子）奖牌榜

排名	国家 / 地区	奖牌获得者	成绩	金牌（枚）	银牌（枚）	铜牌（枚）	总数（枚）
1	荷兰	斯文·克拉默	6:14.60	1	0	0	1
2	韩国	李承勋	6:16.95	0	1	0	1
3	俄罗斯	伊凡·斯克布雷夫	6:18.05	0	0	1	1
总计				1	1	1	3

表3-53 3 000米（女子）奖牌榜

排名	国家 / 地区	奖牌获得者	成绩	金牌（枚）	银牌（枚）	铜牌（枚）	总数（枚）
1	捷克	玛蒂娜·萨布里科娃	4:02.53	1	0	0	1
2	德国	斯蒂芬妮·贝克特	4:04.62	0	1	0	1
3	加拿大	克里斯蒂娜·格罗夫斯	4:04.84	0	0	1	1
总计				1	1	1	3

表3-54 10 000米（男子）奖牌榜

排名	国家 / 地区	奖牌获得者	成绩	金牌（枚）	银牌（枚）	铜牌（枚）	总数（枚）
1	韩国	李承勋	12:58.55	1	0	0	1

续表

排名	国家/地区	奖牌获得者	成绩	金牌（枚）	银牌（枚）	铜牌（枚）	总数（枚）
2	俄罗斯	伊凡·斯科布列夫	13:02.07	0	1	0	1
3	荷兰	鲍勃·乔纳斯·卡洛斯·德容	13:06.73	0	0	1	1
总计				1	1	1	3

表3-55　5 000米（女子）奖牌榜

排名	国家/地区	奖牌获得者	成绩	金牌（枚）	银牌（枚）	铜牌（枚）	总数（枚）
1	捷克	玛蒂娜·萨布里科娃	6:50.91	1	0	0	1
2	德国	斯蒂芬妮·贝克特	6:51.39	0	1	0	1
3	加拿大	克莱尔·休斯	6:55.73	0	0	1	1
总计				1	1	1	3

表3-56　团体追逐（男子）奖牌榜

排名	国家/地区	奖牌获得者	成绩	金牌（枚）	银牌（枚）	铜牌（枚）	总数（枚）
1	荷兰	简·布罗克胡伊森/斯文·克拉默 西蒙·奎珀斯/马克·图伊尔特	3:39.95	1	0	0	1
2	加拿大	马修·吉罗克斯/卢卡斯·马科斯基 丹尼·莫里森/弗朗西斯·奥利弗·罗伯格	3:41.37	0	1	0	1
3	美国	布莱恩·汉森/查得·海德里克 乔纳森·库克/特雷沃·马斯卡诺	3:41.58	0	0	1	1
总计				1	1	1	3

表3-57　团体追逐（女子）奖牌榜

排名	国家/地区	奖牌获得者	成绩	金牌（枚）	银牌（枚）	铜牌（枚）	总数（枚）
1	德国	安舒茨·托马斯/斯蒂芬妮·贝克特 安妮·弗雷辛格/卡特琳·马特谢罗德	3:02.82	1	0	0	1
2	日本	穗积雅子/小平奈绪 田畑真纪/高木美帆	3:02.84	0	1	0	1
3	波兰	巴克莱达·克鲁斯/娜塔莉亚·克泽万卡 坎塔兹娜·沃兹尼亚克/鲁萨·兹罗特科斯卡	3:03.73	0	0	1	1
总计				1	1	1	3

表3-58　奖牌总榜

排名	国家 / 地区	金牌（枚）	银牌（枚）	铜牌（枚）	总数（枚）
1	韩国	3	2	0	5
2	荷兰	3	1	3	7
3	加拿大	2	1	2	5
4	捷克	2	0	1	3
5	德国	1	3	0	4
6	美国	1	2	1	4
7	日本	0	2	1	3
8	俄罗斯	0	1	1	2
9	挪威	0	0	1	1
9	波兰	0	0	1	1
9	中国	0	0	1	1
总计		12	12	12	36

5. 2006 年法国都灵冬奥会速度滑冰项目奖牌榜（表 3-59 ～表 3-71）

表3-59　2×500米（男子）奖牌榜

排名	国家 / 地区	奖牌获得者	成绩	金牌（枚）	银牌（枚）	铜牌（枚）	总数（枚）
1	美国	乔伊・奇克	1:09.76	1	0	0	1
2	俄罗斯	迪米特里・德罗费耶夫	1:10.41	0	1	0	1
3	韩国	李康石	1:10.43	0	0	1	1
总计				1	1	1	3

表3-60　2×500米（女子）奖牌榜

排名	国家 / 地区	奖牌获得者	成绩	金牌（枚）	银牌（枚）	铜牌（枚）	总数（枚）
1	俄罗斯	斯维特拉娜・祖洛娃	1:16.57	1	0	0	1
2	中国	王曼丽	1:16.78	0	1	0	1
3	中国	任慧	1:16.87	0	0	1	1
总计				1	1	1	3

表3-61　1 000米（男子）奖牌榜

排名	国家 / 地区	奖牌获得者	成绩	金牌（枚）	银牌（枚）	铜牌（枚）	总数（枚）
1	美国	山尼·戴维斯	1:08.89	1	0	0	1
2	美国	乔伊·奇克	1:09.16	0	1	0	1
3	荷兰	厄本·文内马斯	1:09.32	0	0	1	1
总计				1	1	1	3

表3-62　1 000米（女子）奖牌榜

排名	国家 / 地区	奖牌获得者	成绩	金牌（枚）	银牌（枚）	铜牌（枚）	总数（枚）
1	荷兰	玛丽安娜·蒂默尔	1:16.05	1	0	0	1
2	加拿大	辛迪·克拉森	1:16.09	0	1	0	1
3	德国	安妮·弗雷辛格	1:16.11	0	0	1	1
总计				1	1	1	3

表3-63　1 500米（男子）奖牌榜

排名	国家 / 地区	奖牌获得者	成绩	金牌（枚）	银牌（枚）	铜牌（枚）	总数（枚）
1	意大利	艾力克·法布里斯	1:45.97	1	0	0	1
2	美国	山尼·戴维斯	1:46.13	0	1	0	1
3	美国	查得·海德里克	1:46.22	0	0	1	1
总计				1	1	1	3

表3-64　1 500米（女子）奖牌榜

排名	国家 / 地区	奖牌获得者	成绩	金牌（枚）	银牌（枚）	铜牌（枚）	总数（枚）
1	加拿大	辛迪·克拉森	1:55.27	1	0	0	1
2	加拿大	克里斯蒂娜·格罗维斯	1:56.74	0	1	0	1
3	荷兰	伊岚·伍斯特	1:56.90	0	0	1	1
总计				1	1	1	3

表3-65　5 000米（男子）奖牌榜

排名	国家 / 地区	奖牌获得者	成绩	金牌（枚）	银牌（枚）	铜牌（枚）	总数（枚）
1	美国	查得·海德里克	6:14.68	1	0	0	1
2	荷兰	斯文·克莱默	6:16.40	0	1	0	1
3	意大利	艾力克·法布里斯	6:18.25	0	0	1	1
总计				1	1	1	3

表3-66　3 000米（女子）奖牌榜

排名	国家 / 地区	奖牌获得者	成绩	金牌（枚）	银牌（枚）	铜牌（枚）	总数（枚）
1	荷兰	伊岚·伍斯特	4:02.43	1	0	0	1
2	荷兰	雷娜特·格罗恩伍德	4:03.48	0	1	0	1
3	加拿大	辛迪·克拉森	4:04.37	0	0	1	1
总计				1	1	1	3

表3-67　10 000米（男子）奖牌榜

排名	国家 / 地区	奖牌获得者	成绩	金牌（枚）	银牌（枚）	铜牌（枚）	总数（枚）
1	荷兰	鲍勃·乔纳斯·卡洛斯·德容	13:01.57	1	0	0	1
2	美国	查得·海德里克	13:05.40	0	1	0	1
3	荷兰	卡尔·沃海扬	13:08.80	0	0	1	1
总计				1	1	1	3

表3-68　5 000米（女子）奖牌榜

排名	国家 / 地区	奖牌获得者	成绩	金牌（枚）	银牌（枚）	铜牌（枚）	总数（枚）
1	加拿大	克莱尔·休斯	6:59.07	1	0	0	1
2	德国	克鲁蒂娅·佩奇斯坦	7:00.08	0	1	0	1
3	加拿大	辛迪·克拉森	7:00.57	0	0	1	1
总计				1	1	1	3

表3-69 团体追逐（男子）奖牌榜

排名	国家 / 地区	奖牌获得者	成绩	金牌（枚）	银牌（枚）	铜牌（枚）	总数（枚）
1	意大利	马特里奥·阿内西 / 斯蒂法诺·德拉维尼亚 艾力克·法布里斯 / 伊波利托·圣弗拉泰洛 埃曼诺·伊洛曼齐	3:44.46	1	0	0	1
2	加拿大	阿尼·丹科尔斯 / 斯蒂文·埃姆 丹尼·莫里森 / 贾森·帕克 贾斯丁·沃里克	3:47.28	0	1	0	1
3	荷兰	斯文·克莱默 / 林切·里兹马 马克·图伊特 / 卡尔·沃海扬 厄本·文内马斯	3:44.53	0	0	1	1
总计				1	1	1	3

表3-70 团体追逐（女子）奖牌榜

排名	国家 / 地区	奖牌获得者	成绩	金牌（枚）	银牌（枚）	铜牌（枚）	总数（枚）
1	德国	丹尼斯·阿萨巴吉克 / 安妮·弗雷辛格 露西尔·奥皮茨 / 克劳迪娅·佩希施泰因 萨尔布吕·伏尔克	3:01.25	1	0	0	1
2	加拿大	克里斯蒂娜·格罗维斯 / 克莱尔·休斯 辛迪·克拉森 / 克里斯廷·内斯比特 珊农·伦佩尔	3:02.91	0	1	0	1
3	俄罗斯	叶卡捷琳娜·阿布拉莫娃 瓦尔瓦拉·巴耶舍娃 加林娜·利克哈楚娃 叶卡捷琳娜·拉布耶舍娃 斯维特兰娜·维伊什克娃	日本队DNF判罚获得第三名	0	0	1	1
总计				1	1	1	3

表3-71 奖牌总榜

排名	国家 / 地区	金牌（枚）	银牌（枚）	铜牌（枚）	总数（枚）
1	美国	3	3	1	7
2	荷兰	3	2	4	9
3	加拿大	2	4	2	8
4	意大利	2	0	1	3
5	俄罗斯	1	1	1	3
5	德国	1	1	1	3

续表

排名	国家 / 地区	金牌（枚）	银牌（枚）	铜牌（枚）	总数（枚）
7	中国	0	1	1	2
8	韩国	0	0	1	1
总计		12	12	12	36

第二节　短道速滑

一、短道速滑运动的概念

短道速滑（short trak speed skating），全称短跑道速度滑冰，是从速度滑冰分出来的运动项目。相对于速度滑冰（单圈 400 米）而言，是在较短（单圈 111.12 米）的跑道上进行的一种冰上竞速运动，因此称短跑道速度滑冰。其是集身体素质、周身机能、运动技术、比赛战术和心理训练，并在比赛中按照特定的滑跑姿势按照两腿依次交替蹬冰、收腿、下刀、支撑滑行，配合摆臂动作控制身体平衡和维持重心移动等综合起来的一种竞技冰上运动项目。

二、短道速滑运动的产生与发展

短道速滑并不像速度滑冰那样历史悠久，在速度滑冰成为一项国际化的运动项目后不久，短道速滑开始在欧洲出现。

众所周知，短道速滑是冬奥会一项非常刺激的运动，这项运动于 1976 年、1977 年举办了最初形式的短道速滑世锦赛，1988 年在加拿大的卡尔加里举办的第十五届冬奥会被列为演项目，于 1992 年在法国的阿尔贝维尔举行的第十六届冬奥会正式成为正赛项目。但是，人们享受这项刺激的运动却已经有一个世纪的时间了。

19 世纪 80 年代，加拿大修建了室内冰球场，一些速度滑冰爱好者经常到室内冰球场练习。在 1889 年举行了第一届长道（速度滑冰）世界锦标赛的三年之后，于 1892 年国际滑冰联盟（ISU）成立之后短道速滑在欧美国家广泛开展，特别是加拿大和美国将其视为一项运动。由于比赛是在室内冰球场地进行，赛道长度较短，因此命名为室内短道速度滑冰。

世界上最早举办短道速滑比赛是 1905 年在加拿大首次举办的全国短道速滑（short track speed skating）锦标赛，同时也是世界上第一次举办短道速滑比赛。1906 年，美国和加拿大联合举办了短道速滑的国际比赛。随着 1905 年加拿大首次举行全国短道速滑锦标赛的圆满结束，更多的滑冰爱好者将进入室内训练看作是一种偶发的自我调整，促进了短道速滑这项运动的开展。从 1921 年开始举行每年一度的国际短道速滑锦标赛，并在 1921 年加拿大和美国的短道速度滑冰竞赛规程中开始增设了女子项目。在 1932 年普莱西德湖第三届冬奥会就出现了类似短道速滑形式的滑冰比赛，曾引起当时一部分短道速滑运动员对短道竞赛形式的不满，因而拒绝参加这种形式的比赛，著名的 5 枚冬奥金牌得主芬兰运动员克劳斯・桑博格就曾不予合作。到 1939 年在英国、澳大利亚、比利时、法国和日本等国家和地区的速度滑冰爱好者也开始进入室内冰场进行游戏，但并未将其作为一项冰上运动来开展。

1920—1940 年短短二十年间，短道速滑在北美地区迅速普及。1932 年第三届冬奥会的组织者甚至把速度滑冰改成类似于短道速滑的形式，其刺激程度也大大增加。在加拿大和美国火热之后，短道速滑在其他地区也开始流行，并通过日本传播到中国和韩国，后来传播到欧洲。1946 年英国人弗朗克·斯塔克（Frank Stack）和戈登·奥德莱（Gordon Audley）将短道速滑传回英国，并在 1948 年由英国国家滑冰协会在伦敦组织了一次不列颠、爱尔兰和苏格兰三地的短道速度滑冰对抗赛。这次对抗赛也带动了速度滑冰运动在欧洲的传播和开展。

1965 年，在意大利维也纳的国际滑联大会上英国人欧内斯特·马太（Ernest Matthews）和法国人让·赫克利（Jean Heckly）共同递交了一份关于推动短道速滑发展和制定短道速滑规则的提案，并于 1967 年由国际滑联代表大会制定了第一份短道速滑规则手册，这对短道速滑运动推向世界起到了历史性作用。

1969 年，在英国梅登黑德举行的第三十三届国际滑联代表大会旨在推进速度滑冰运动的发展，并向与会代表散发了《短跑道速度滑冰规则》。通过努力，在 1975 年，国际滑冰联盟成立短跑道速度滑冰技术委员会，并选举英国的欧内斯特·马太（Ernest Matthews）为委员会主席，组成人员由加拿大的让·格雷尼尔（Jean Grenier）、美国的乔治·霍维（George Howie）、挪威的凯尔·特吕斯塔德（Kiell Trystad）和瑞典的拉尔斯－乌罗夫·埃克伦德（Lars-Olof Eklund），并决定从 1976 年开始定期举行国际短道速滑比赛。

1976 年首次在美国伊利诺伊州的尚佩恩举行国际短道速滑赛。奥地利、比利时、加拿大、法国、联邦德国、英国、意大利、挪威、瑞典和美国 10 支代表队参赛。比赛项目分为男子组和女子组进行。包括男子、女子全能以及男子 5 000 米接力和女子 3 000 米接力四项内容。美国选手艾伦·拉特利（Alan Rattray）和塞莱斯特·克拉帕蒂（Celeste Chlapaty）分别获得男子全能和女子全能冠军，而男、女接力冠军则分别被美国队和英国队获得。

1977 年第二届国际短道速滑比赛在法国的格勒诺布尔举行，但本届比赛只有加拿大、美国、英国、法国和挪威 5 国参加。男、女接力冠军分别被英国队和美国队获得，男子全能冠军由加拿大的盖坦·布谢（Gaetan Boucher）获得，而女子全能冠军则由同为加拿大的布伦达·韦伯斯特（Brenda Webster）获得。

1981 年起举办世界短道速滑锦标赛，首届速度滑冰锦标赛在法国的默东（Meudon）举行。女子全能冠军由日本选手加藤美善摘得，这也是她自 1980 年后第二次获得国际赛事全能冠军。而加拿大队也成为首届速度滑冰锦标赛的最大赢家，博诺依特·巴里尔（Benoit Baril）获得男子全能冠军，而男、女接力比赛冠军也均被加拿大队获得。

1988 年，在加拿大卡尔加里的第 15 届冬奥会上短道速滑被列为冬奥会表演项目。其有来自中国、韩国、日本、蒙古国、朝鲜、英国、法国、德国、荷兰、波兰、瑞典、苏联、保加利亚、澳大利亚、加拿大以及美国等十七个国家和地区的 83 名运动员参加。这次为期 4 天（1988 年 2 月 22—25 日）的比赛包含了男子和女子 500 米、1 000 米、1 500 米三个个人项目和男子 5 000 米、女子 3 000 米接力两个团体项目的 8 个表演项目的比赛。

1991 年，国际滑联增设了世界短道速滑团体锦标赛。1992 年法国阿尔贝维尔的第十六届冬季奥运会短道速滑被列为正式比赛项目。1998 年国际滑联又增设了世界杯。短道速滑比赛、观看赛事的人数已经较为可观，对于冰迷和运动员来说，刺激弯道、短直道、紧凑超越都是他们所热爱的，这也为促进了世界短道速滑的发展和进步。

三、我国短道速滑运动的发展概况

短道速滑在我国的历史并不像速度滑冰那样悠久，短道速滑项目在 1981 年才被引进中国。1982 年 2 月在北京首都体育馆举行了第一次全国短道速滑集训比赛。1983 年起被国家体委列为年度全国比赛和全国冬季运动会正式比赛项目。

在1987年第六届全国冬运会上，李金艳打破了女子3 000米的世界纪录，给长期在艰苦条件下努力奋斗的冰雪界带来了信心和希望。1988年，在加拿大的卡尔加里举行的第十五届冬奥会上，短道速滑被列为表演项目，李琰勇夺1 000米金牌，并打破1 000米、1 500米世界纪录。在1989年世界锦标赛上，郭洪茹获得3 000米第一名，成为冰雪项目时隔26年之后的第一位世界冠军。

在1992年法国的阿尔贝维尔第十六届冬奥会上，李琰获得女子500米短道速滑银牌，这是中国短道速滑第一枚奥运奖牌。1995年世界锦标赛，中国队获得第一枚集体项目女子3 000米接力的金牌。1996年世界锦标赛上，李佳军在1 000米项目上获得金牌，使中国在短道速滑项目上获得了第一个男子世界冠军。1997年，杨扬在日本长野举行的世界锦标赛上获得中国的第一个全能世界冠军。至2002年世界锦标赛她连续夺取六届的全能冠军。2002年，在美国盐湖城举行的第19届冬奥会上，杨扬勇夺500米、1 000米两枚金牌，为中国实现了冬奥会上金牌“零”的突破。2006年，在意大利都灵的第二十届冬奥会上，王濛夺得500米金牌。2010年，在加拿大温哥华的第二十一届冬奥会上，王濛勇夺女子500米金牌，并打破十分钟前刚被打破的奥运会纪录。周洋在女子1 500米的赛场上，在决赛中八名选手出场的情况下，再次夺得一枚金牌并打破世界纪录。并且在该届冬奥会上，中国女子短道速滑3 000米接力由王濛、周洋、张会、孙琳琳组成，力压韩国队，夺得宝贵的1枚金牌。王濛还获得了女子1 000米和500米的金牌，中国女队包揽2010年第二十一届冬奥会短道速滑女子的全部金牌，这是短道速滑史上唯一一次一个国家包揽全部奥运金牌的壮举。

至今，经过二十余年的努力，中国短道速滑队这一集体在冬季奥运会、世界锦标赛、世界杯总排名上，先后有23位优秀运动员，20次打破世界纪录，获得103个世界冠军，在历届冬奥会上取得7枚金牌、10枚银牌、7枚铜牌的成绩，为中国的体育事业做出了突出贡献。

除北京和东北的诸多城市，如长春、哈尔滨、沈阳、齐齐哈尔等地，在西南的昆明，西北的兰州，华东地区的南京、杭州等地，也已陆续建成标准的冰场。其中北京、长春、哈尔滨、杭州自1998年开始，先后承办了国际滑联世界锦标赛、世界杯等国际顶级赛事。我们相信，短道速滑项目在中国必将拥有更为美好的未来。

在2014年举行的俄罗斯索契的第二十二届冬奥会上，在王濛因伤缺阵的情况下中国选手继续锋芒毕露，周洋蝉联1 500米冠军，成功卫冕；李坚柔勇夺500米金牌，刘秋宏、范可新分别列为第四、第五。韩天宇力压俄罗斯传奇人物维克多·安获得男子1 500米亚军（继李佳军之后），武大靖获得男子500米获得银牌，1 000米获得第四。中国男队组成的3 000米接力阵容（武大靖、韩天宇、石竟男、陈德全）起跑出现摔倒的失误，站起来时已经远远落下一大截了，经过这些奥运健儿的努力追赶最终获得1枚铜牌。

2017年3月12日，短道速滑世锦赛在荷兰鹿特丹收官，中国队在女子3 000米接力决赛中（范可新、郭奕含、臧一泽和林悦）获得冠军。2018年平昌冬奥会短道速滑男子500米，预赛武大靖打破冬奥纪录，1/4决赛武大靖滑出39秒800的成绩打破世界纪录。2018年2月22日，平昌冬奥短道速滑男子500米决赛，武大靖以39秒584的成绩打破世界纪录强势夺冠，拿到本届冬奥会中国代表团的首金以及中国男子短道速滑历史上的首金。2022年2月5—16日的比赛日，中国短道速滑队以2金1银1铜拿到冬奥会以来中国代表团的最好成绩。

四、短道速滑运动的赛事及项目

和速度滑冰一样，短道速滑的重大国际比赛多数也是由国际滑冰联盟或国际奥林匹克委员会举办。

（一）国际赛事

1. 国际冬季奥林匹克运动会

短道速滑1988年首次被冬奥会列为表演项目，1992年被列为冬奥会正式比赛项目，大类上分男女分项。男子由 500 米（1994 年列入）、1 000 米（1992 年列入）、5 000 米接力（1992 年列入）和 1 500 米（2002 年列入）构成；女子由 500 米（1992 年列入）、1 000 米（1994 年列入）、3 000 米接力（1992 年列入）以及 1 500 米（2002 年列入）。

2. 亚洲冬季运动会

亚洲冬季运动会简称亚冬会，是亚洲冬季规模最大的综合性运动会，由亚洲奥林匹克理事会的成员国轮流主办。自 1986 年开始第一届，每四年举办一届，截至 2022 年共举办了八届（2021 年第九届亚洲冬季运动会未举行）。国际奥林匹克委员会承认亚洲冬季运动会为正式的亚洲地区冬季运动会。

3. 世界短道速滑锦标赛

世界短道速滑锦标赛是由国际滑冰联盟主办的，每年举办一届。比赛分个人赛和团体赛（开始于 1991 年）。首届比赛开始于 1976 年（官方的正式比赛开始于 1981 年）。短道速滑起源于 19 世纪下游的加拿大，当时，有一些速度滑冰的爱好者经常在室内冰球场进行练习。在 1889 年，世界上首届的世界短道速滑锦标举办，后来，加拿大的著名城市如蒙特利尔和魁北克开始出现了室内的速度滑冰比赛。到了 1900 年代，短道速滑已成为北美洲一项热门的冬季运动，而加拿大就在 1905 年第一次举行全国短道速滑锦标赛，而美国就从 1921 年开始，与加拿大一起举办短道速滑的比赛，直到 1921 年，短道速滑国际锦标赛每年举办，成为短道速滑中的一项大赛。

4. 世界男女短距离速滑锦标赛

第一届世界男女短距离速滑锦标赛在瑞典的埃斯基尔斯蒂纳举行，比赛项目第 1 天是 500 米、1 000 米，第 2 天同第 1 天项目。

5. 世界少年短道速滑锦标赛

世界少年短道速滑锦标赛是一项少年短道速滑赛事，每年举行一次，选手参加个人 500 米、1 000 米、1 500 米、1 500 米和团体 3 000 米接力比赛。

除上述重大世界性比赛外，还有一些传统性国际比赛，如欧洲短道速滑锦标赛和四大洲短道速滑锦标赛等。

（二）国内赛事

1. 中华人民共和国冬季运动会

指中华人民共和国冬季运动会，简称“全国冬运会”或“冬运会”，是中国规模最大、级别最高的冬季综合性体育赛事，每四年举办一次，第一届于 1959 年 2 月在哈尔滨和吉林市举行。此后基本上是每四年举办一次，至 2022 年已举办十三届（第二届停办但届次照算，第十四届延期）。第一至第四届作为全国运动会的冬季项目，与全运会的夏季项目一并作为一项赛事举办。1983 年以后，冬季运动会从全国运动会中分离，另行举办。

2. 全国短道速滑锦标赛

短道速滑项目在 1981 年被引进中国。1982 年 2 月在北京首都体育馆举行了第一次全国短道速滑集训比赛。1983 年起被国家体委列为年度全国比赛和全国冬季运动会正式比赛项目。比赛项目有男子追逐比赛、全能、500 米、1 000 米、1 500 米、3 000 米、5 000 米接力和女子追逐比赛、全能、500 米、1 000 米、1 500 米、3 000 米、3 000 米接力。

3. 全国青少年 U 系列滑冰赛

全国青少年滑冰 U 系列赛，由国家体育总局青少司与中国滑冰协会主办。比赛自下而上，分为区域赛、全国系列赛、全国总决赛，全国总决赛的优胜者将进入国家青少年队，并有机会参加亚洲、世界青少年比赛。比赛跨越南北，包括北京、黑龙江、吉林、上海、山东、广东等多地都将承办分站比赛。赛事设置了短道速滑 500 米、1 000 米、1 500 米、男女混合 2 000 米接力、3 000 米接力等项目，

10～16岁的青少年将被分成4个年龄组进行比赛。

4. 中国杯短道速滑精英联赛

2018年10月11日至14日，由中国滑冰协会主办的“中国杯短道速滑精英联赛”揭幕战在长春打响。在项目设置上共设9个项目，包括男女500米、1 000米、1 500米、女子3 000米接力、男子5 000米接力以及混合2 000米接力。其中混合2 000米是首次在国内正式比赛中亮相。

5. 中国滑冰协会俱乐部滑冰公开赛

由国家体育总局组织，赛事设有成人组（30岁以上）、青少年A组（17～18岁）、青少年B组（15～16岁）、青少年C组（13～14岁）、青少年D组（11～12岁）、儿童A组（9～10岁）、儿童B组（7～8岁）、儿童C组（5～6岁）及儿童D组（3～4岁）在内的9个组别。共设置了500米、1000米、1500米、男女混合2 000米接力、3 000米接力、777米3人团体追逐、12圈6人团体追逐、3圈、2圈、12圈6人团体追逐、777米6～8人 集体出发、2圈追逐、2圈亲子赛、体能接力赛、1.5圈技术滑等多种形式。

除上述国内比赛外，还有一些赛事，如全国短道速滑联赛、全国短道速滑冠军赛、全国短道速滑青少年锦标赛等。

（三）比赛项目

短道速滑1980年首次出现在冬奥会上，当时为表演项目。1992年阿尔贝维尔冬奥会被列为正式比赛项目，设男子1 000米、女子500米和男女接力四项；1994年利勒哈默尔第十七届冬奥会增加到男女500米、1 000米和男女接力六项；2002年盐湖城冬奥会又增加了男女1 500米，短道速滑已经增加到了八个比赛项目。短道速滑种类较多，大类上分男女分项。

男子：4圈追逐、7圈追逐、9圈追逐、全能、500米、1 000米、1 500米、3 000米、5 000米接力。

女子：4圈追逐、7圈追逐、9圈追逐、全能、500米、1 000米、1 500米、超级3 000米、3 000米接力。

五、短道速滑运动员的运动技术等级标准

（一）国际级运动健将

凡符合下列条件之一者，可申请授予国际级运动健将称号：

（1）冬季奥运会单项前八名，接力前四名。

（2）世界锦标赛单项前六名，接力前三名。

（3）亚洲冬季运动会单项前三名。

（二）运动健将

凡符合下列条件者，可申请授予运动健将称号：

（1）冬季奥运会单项第九至十二名。

（2）世界锦标赛单项第七至十二名。

（3）亚洲冬季运动会单项第四至十二名。

（4）全国冬季运动会单项前八名，接力前四名，全能前十二名。

（5）全国锦标赛、全国冠军赛单项前六名，全能前十二名。

（6）全国联赛分站赛甲组单项前六名。

（三）一级运动员

凡符合下列条件之一者，可申请授予一级运动员称号：

（1）在可授予运动健将称号的比赛中获得单项前十六名且达到成绩标准。

（2）全国青年锦标赛、全国少年锦标赛、省、自治区、直辖市体育局主办的综合性动会或锦标赛全能前十二名且各单项均达到成绩标准。

（四）二级运动员

凡符合下列条件之一者，可申请授予二级运动员称号：

全国青年锦标赛、全国少年锦标赛、省、自治区、直辖市体育局主办的综合性运动会或锦标赛单项前十六名且达到成绩标准。

（五）三级运动员

凡符合下列条件之一者，可申请授予三级运动员称号：

省、自治区、直辖市体育局主办的综合性运动会或锦标赛、市（地、州、盟）体育行政部门主办的综合性运动会或锦标赛达到成绩标准。

（六）少年级运动员

在市级以上少年比赛中达到成绩标准者。

（七）短道速滑运动的成绩标准（表 3–72、表 3–73）

表3–72　男子短道速滑运动成绩标准

项目	一级运动员	二级运动员	三级运动员
500 米	44.00	46.00	50.00
1 000 米	1:35.00	1:40.00	1:45.00
1 500 米	2:30.00	2:40.00	2:50.00
3 000 米	5:05.00	5:15.00	5:30.00

表3–73　女子短道速滑运动成绩标准

项目	一级运动员	二级运动员	三级运动员
500 米	46.00	48.00	52.00
1 000 米	1:40.00	1:45.00	1:55.00
1 500 米	2:40.00	2:50.00	3:00.00
3 000 米	5:20.00	5:30.00	5:40.00

注：1. 可授予等级称号的小项（以下小项外的其他小项不得授予等级称号）：

①男子：500 米、1 000 米、1 500 米、3 000 米、全能、5 000 米接力。②女子：500 米、1 000 米、1 500 米、3 000 米、全能、3 000 米接力。

2. 上述国际和全国比赛各小项须至少有 8 人（队）、省级和地市级比赛各小项须至少有 6 人（队）上场比赛，方可授予等级称号。

六、短道速滑运动的规则

（一）赛制

短道速滑以名次论胜负，赛制采用淘汰制。比赛采用分组预赛、次赛、半决赛、决赛的比赛方式进行。4～8名运动员在一条起跑线上同时起跑出发（最新规则规定预赛站位通过抽签决定），之后的比赛按照上一轮比赛的成绩确定站位，成绩好的站内道。比赛途中在不违反规则的前提下运动员可以随时超越对手。

（二）比赛方式

（1）一般情况下，500米、1 000米、1 500米短距离比赛由4名选手（有时5人或6人），3 000米以上的长距离比赛由6～8名选手同时出发，集体出发沿逆时针绕圈滑行。

（2）只有每场比赛获得前2～3名的选手才可以进入下一轮比赛，即复赛；以此类推，复赛每个小组的前2～3名进入半决赛，半决赛的前2～3名进入决赛。因此比起纪录，排名更加重要。

（3）短道速滑比赛中超越非常困难。超越通常发生在直道的外道，如果领先者留下很大的空隙，也可能在弯道的内道完成。

（4）接力比赛由四名队员按预先确定的顺序依次完成，每一棒要滑一圈半或者两圈，接力交接棒由一名队员推动另一名队员完成。在队友滑行过程中，其余三名队员在赛道的内部等待。

（5）由于赛道较短，且由多位选手同时滑行，比赛中经常会出现摔跤现象，因此允许一定程度上的身体接触，但是推挤其他选手或阻碍前进路线的结果可能导致相当数量的申诉和取消资格。

（6）脱离跑道、降低速度、冲撞、踢出局将被视为犯规，而违规被取消资格的选手将无法进入下一轮比赛。

七、短道速滑运动的场地

短道速滑比赛场的场地面积为30米 ×60米，跑道每圈长111.12米。场地两端弧形弯道处摆放黑色橡胶块，作为标志线，运动员不得滑入标志线内。直道区则没有标志线，可以任意滑行。

八、短道速滑运动的装备器材

（一）冰刀

短道速滑冰刀的特点是刀身短、刀刃底部有弧度，与冰面接触面积很小，便于在弯道时滑弧线前进，冰刀的刀身较高，在冰刀倾斜度很大时冰鞋也不会接触冰面。除此之外，冰刀刀管最少有两点固定在鞋上，没有可动的部分，且冰刀管必须是封闭的，刀根必须是圆弧形，最小半径为10毫米。

（二）头盔

符合现行的ASTM标准，由PC材质结合IAS 3D技术的外壳构成，且不能有凸起。有一体成型复合式的护甲，耐冲击、减震和绝缘，确保完美的舒适性和安全性。带优质插扣，可插拔自如，如遇冲击不会断裂，含柔软舒适的下巴垫，有效防止意外拉伤。

（三）眼镜

PMCT 工程树脂镜框配以 PC 镜片。专用运动材质抗冲击力强，在运动中能有效保护眼部安全；防风防尘，抵御紫外线对选手眼睛的伤害。

（四）手套

短道速滑运动员的手套主要以防切割为主，其次兼顾防水性能。由微弹力面料、耐切割、耐磨的纤维、全碳制、皮革或不含羊毛的合成材料手套。所以大多数手套都会使用防切割材质并在手掌内侧挂一层胶，这样可以帮助运动员在弯道扶冰过程中避免弄湿手套。短道速滑手套还有一个特点，就是运动员的左手五个手指都会粘有树脂或胶质的手指扣，目的是减少运动员在弯道扶冰过程中的摩擦力。

（五）护具

护颈和护踝的主要作用是保护运动员的颈部和踝关节部分，材质都为防切割、防刺穿的防切割材料制作而成。护腿板主要是放在防切割服膝关节下带有软垫的部位，用来保护胫骨。

（六）服装

速滑运动员穿尼龙紧身连体的、符合 97.1402 号 MU 型的安全比赛服，全面防切割，保护运动员身体，可以减少运动阻力，有利于运动员更好地发挥实力。

冰刀的危险性

短道速滑作为一项追求速度的比赛，运动员在冰上的滑行速度能达到每小时六七十千米，为了获得更快的速度，运动员往往会将自己的冰刀打磨得非常锋利。脚下的冰刀越锋利，运动员在摔倒时也就越危险。这时，他们脚下锋利的冰刀，也就成为一个非常重大的“安全隐患”。

2010 年 12 月 12 日，2010—2011 赛季短道速滑世界杯上海站继续展开鏖战，在男子 500 米半决赛角逐里，中国选手韩佳良因韩国选手金炳俊恶意犯规干扰摔出赛道，并被韩国选手的冰刀严重割伤，他的腹部、手臂和手腕多处被割伤，被担架抬出赛场。

为了保护运动员的安全，国际滑联要求运动员在比赛过程中必须佩戴防护器具，而且冰刀不能抬起过高，避免伤害到其他参赛选手。

韩佳良事件之后，所有运动员在参加比赛的时候，必须要身穿防切割服，这种连体的短道速滑运动服是由防弹背心的材料制成，不锈钢刀无法割破，能够很好地保护运动员。

九、短道速度滑冰运动基本战术

在激烈的短道速滑比赛中，单凭个人实力取胜的可能逐渐减小，战术应用与团队配合越来越成为比赛的关键。抢位、“二夹一”等惊险场面时有发生，使竞争更趋白热化。因此，短道速滑一般从外道超越，若不接触对手的身体则从内侧超越也是允许的。除了类似于田径比赛的领滑、拖后、盯人滑、变速滑、交替领滑等战术外，短道速滑比赛中还会经常见到为了创造更多机会而牺牲同伴的“自杀”式犯规行为，如降速、阻挡、碰撞等。

十、短道速滑运动的相关名称

短道速滑：Short Track Speed Skating

男子 500 米：Men's 500m
男子 1 000 米：Men's 1 000m
男子 1 500 米：Men's 1 500m
男子 5 000 米接力：Men's 5 000m Relay
女子 500 米：Ladies' 500m
女子 1 000 米：Ladies' 1 000m
女子 1 500 米：Ladies' 1 500m
女子 3 000 米接力：Ladies' 3 000m Relay

十一、短道速滑运动的观赏指南

（1）提前入座，既尊重运动员，也不会影响自己和他人观看比赛。

（2）运动员出场时，鼓掌以示欢迎和鼓励，对运动员要友好和尊重。

（3）当运动员在起跑线上，宣告员开始介绍每位运动员时，观众可以在宣告员宣读运动员姓名后鼓掌欢呼。

（4）当裁判员准备发令，并且运动员要起跑时，观众尽量保持安静，且不要在看台上走动，为运动员准确判断发令提供环境保障。

（5）当运动员起跑后，观众可以竭尽全力地加油呐喊。

（6）比赛结束时，运动员会绕场向观众示意表示感谢，观众可以对运动员的精彩表现报以热烈的掌声。

（7）观众要保持观赛文明，不能在观赛区域等一些公共场合吸烟，手机要保持在震动状态。

（8）颁奖、升旗、奏国歌时，肃静起立，双目注视国旗，以示尊重。

十二、近五届冬奥会奖牌榜分布

1. 2022 中国北京冬奥会短道速滑项目奖牌榜（表 3-74 ～表 3-83）

表3-74　500米（男子）奖牌榜

排名	国家 / 地区	奖牌获得者	成绩	金牌（枚）	银牌（枚）	铜牌（枚）	总数（枚）
1	匈牙利	刘少昂	40.338	1	0	0	1
2	俄罗斯奥运队	康斯坦丁・伊夫利耶夫	40.431	0	1	0	1
3	加拿大	史蒂文・杜博伊斯	40.669	0	0	1	1
总计				1	1	1	3

表3-75　500米（女子）奖牌榜

排名	国家 / 地区	奖牌获得者	成绩	金牌（枚）	银牌（枚）	铜牌（枚）	总数（枚）
1	意大利	阿里安娜・方塔纳	42.488	1	0	0	1

续表

排名	国家 / 地区	奖牌获得者	成绩	金牌（枚）	银牌（枚）	铜牌（枚）	总数（枚）
2	荷兰	苏珊娜·舒尔廷	42.559	0	1	0	1
3	加拿大	金·布廷	42.724	0	0	1	1
总计				1	1	1	3

表3-76　1 000米（男子）奖牌榜

排名	国家 / 地区	奖牌获得者	成绩	金牌（枚）	银牌（枚）	铜牌（枚）	总数（枚）
1	中国	任子威	1:26.768	1	0	0	1
2	中国	李文龙	1:29.917	0	1	0	1
3	匈牙利	刘少昂	1:35.693	0	0	1	1
总计				1	1	1	3

表3-77　1 000米（女子）奖牌榜

排名	国家 / 地区	奖牌获得者	成绩	金牌（枚）	银牌（枚）	铜牌（枚）	总数（枚）
1	荷兰	苏珊娜·舒尔廷	1:28.391	1	0	0	1
2	韩国	崔敏静	1:28.443	0	1	0	1
3	比利时	汉娜·德梅	1:28.928	0	0	1	1
总计				1	1	1	3

表3-78　1 500米（男子）奖牌榜

排名	国家 / 地区	奖牌获得者	成绩	金牌（枚）	银牌（枚）	铜牌（枚）	总数（枚）
1	韩国	黄大宪	2:09.219	1	0	0	1
2	加拿大	史蒂文·杜博伊斯	2:09.254	0	1	0	1
3	俄罗斯奥运队	西蒙·叶利斯特拉托夫	2:09.267	0	0	1	1
总计				1	1	1	3

表3-79　1 500米（女子）奖牌榜

排名	国家 / 地区	奖牌获得者	成绩	金牌（枚）	银牌（枚）	铜牌（枚）	总数（枚）
1	韩国	崔敏静	2:17.789	1	0	0	1

续表

排名	国家 / 地区	奖牌获得者	成绩	金牌（枚）	银牌（枚）	铜牌（枚）	总数（枚）
2	意大利	阿里安娜・方塔纳	2:17.862	0	1	0	1
3	荷兰	苏珊娜・舒尔廷	2:17.865	0	0	1	1
总计				1	1	1	3

表3-80　5 000米接力（男子）奖牌榜

排名	国家 / 地区	奖牌获得者	成绩	金牌（枚）	银牌（枚）	铜牌（枚）	总数（枚）
1	加拿大	查尔斯・哈梅林 / 史蒂文・杜博伊斯 若尔当・皮埃尔・吉勒 / 帕斯卡尔・戴恩	6:41.257	1	0	0	1
2	韩国	李俊瑞 / 黄大宪 郭润起 / 朴章爀	6:41.679	0	1	0	1
3	意大利	彼得罗・西盖尔 / 尤里・孔福尔托拉 托马索・多蒂 / 安德烈亚・卡西内利	6:43.431	0	0	1	1
总计				1	1	1	3

表3-81　3 000米接力（女子）奖牌榜

排名	国家 / 地区	奖牌获得者	成绩	金牌（枚）	银牌（枚）	铜牌（枚）	总数（枚）
1	荷兰	苏珊娜・舒尔廷 / 塞尔玛・保茨马 桑德拉・贝尔塞伯 / 娅拉・范凯尔霍夫	4:03.409	1	0	0	1
2	韩国	徐辉旻 / 崔敏静 / 金雅朗 / 李有彬	4:03.627	0	1	0	1
3	中国	曲春雨 / 张楚桐、范可新 / 张雨婷	4:03.863	0	0	1	1
总计				1	1	1	3

表3-82　混合团体接力奖牌榜

排名	国家 / 地区	奖牌获得者	成绩	金牌（枚）	银牌（枚）	铜牌（枚）	总数（枚）
1	中国	曲春雨 / 范可新 武大靖 / 任子威	2:37.348	1	0	0	1
2	意大利	阿里安娜・方塔纳 / 马尔蒂纳・瓦尔切皮纳 皮特洛・西格尔 / 安德烈・卡西内利	2:37.364	0	1	0	1
3	匈牙利	帕特拉・雅萨帕蒂 / 佐索夫娅・科尼亚 刘少昂 / 刘少林	2:40.900	0	0	1	1
总计				1	1	1	3

表3-83　奖牌总榜

排名	国家 / 地区	金牌（枚）	银牌（枚）	铜牌（枚）	总数（枚）
1	韩国	2	3	0	5
2	中国	2	1	1	4
2	荷兰	2	1	1	4
4	意大利	1	2	1	4
5	加拿大	1	1	2	4
6	匈牙利	1	0	2	3
7	俄罗斯奥运队	0	1	1	2
8	比利时	0	0	1	1
总计		9	9	9	27

2. 2018 韩国平昌冬奥会短道速滑项目奖牌榜（表 3-84 ～表 3-92）

表3-84　500米（男子）奖牌榜

排名	国家 / 地区	奖牌获得者	成绩	金牌（枚）	银牌（枚）	铜牌（枚）	总数（枚）
1	中国	武大靖	39.584	1	0	0	1
2	韩国	黄大宪	39.854	0	1	0	1
3	韩国	林孝俊	39.919	0	0	1	1
总计				1	1	1	3

表3-85　500米（女子）奖牌榜

排名	国家 / 地区	奖牌获得者	成绩	金牌（枚）	银牌（枚）	铜牌（枚）	总数（枚）
1	意大利	阿里安娜・方塔纳	42.569	1	0	0	1
2	荷兰	亚拉・范・科尔霍夫	43.256	0	1	0	1
3	加拿大	金・布丹	43.881	0	0	1	1
总计				1	1	1	3

表3-86　1 000米（男子）奖牌榜

排名	国家 / 地区	奖牌获得者	成绩	金牌（枚）	银牌（枚）	铜牌（枚）	总数（枚）
1	加拿大	萨姆勒・吉拉尔	1:24.650	1	0	0	1
2	美国	约翰・亨尼・克鲁格	1:24.864	0	1	0	1

续表

排名	国家 / 地区	奖牌获得者	成绩	金牌（枚）	银牌（枚）	铜牌（枚）	总数（枚）
3	韩国	徐一拉	1:31.619	0	0	1	1
总计				1	1	1	3

表3-87　1 000米（女子）奖牌榜

排名	国家 / 地区	奖牌获得者	成绩	金牌（枚）	银牌（枚）	铜牌（枚）	总数（枚）
1	荷兰	苏赞尼・舒尔廷	1:29.778	1	0	0	1
2	加拿大	金・布丹	1:29.956	0	1	0	1
3	意大利	阿里安娜・方塔纳	1:30.656	0	0	1	1
总计				1	1	1	3

表3-88　1 500米（男子）奖牌榜

排名	国家 / 地区	奖牌获得者	成绩	金牌（枚）	银牌（枚）	铜牌（枚）	总数（枚）
1	韩国	林孝俊	2:10.485	1	0	0	1
2	荷兰	斯金科・卡奈特	2:10.555	0	1	0	1
3	俄奥运选手	谢苗・耶里斯特拉托夫	2:10.687	0	0	1	1
总计				1	1	1	3

表3-89　1 500米（女子）奖牌榜

排名	国家 / 地区	奖牌获得者	成绩	金牌（枚）	银牌（枚）	铜牌（枚）	总数（枚）
1	韩国	崔敏静	2:24.948	1	0	0	1
2	中国	李靳宇	2:25.703	0	1	0	1
3	加拿大	金・布丹	2:25.834	0	0	1	1
总计				1	1	1	3

表3-90　5 000米接力（男子）奖牌榜

排名	国家 / 地区	奖牌获得者	成绩	金牌（枚）	银牌（枚）	铜牌（枚）	总数（枚）
1	匈牙利	刘少昂 / 刘少林 克诺奇 / 布尔杨	6:31.971	1	0	0	1

续表

排名	国家/地区	奖牌获得者	成绩	金牌（枚）	银牌（枚）	铜牌（枚）	总数（枚）
2	中国	武大靖/韩天宇 许宏志/陈德全	6:32.035	0	1	0	1
3	加拿大	萨姆勒·吉拉尔/查尔斯·哈梅林 卡莱尔·库尔努瓦耶/帕斯科·迪翁	6:32.282	0	0	1	1
总计				1	1	1	3

表3-91　3 000米接力（女子）奖牌榜

排名	国家/地区	奖牌获得者	成绩	金牌（枚）	银牌（枚）	铜牌（枚）	总数（枚）
1	韩国	沈锡希/崔敏静 金艺珍/金雅朗	4:07.361	1	0	0	1
2	意大利	阿里安娜·方塔纳/露西亚·佩瑞提 瑟西利亚·马菲伊/玛蒂娜·瓦切皮纳	4:15.901	0	1	0	1
3	荷兰	苏赞尼·舒尔廷/亚拉·范·科尔霍夫 范·拉文/特·莫尔斯	4:03.471	0	0	1	1
总计				1	1	1	3

表3-92　奖牌总榜

排名	国家/地区	金牌（枚）	银牌（枚）	铜牌（枚）	总数
1	韩国	3	1	2	6
2	荷兰	1	2	1	4
3	中国	1	2	0	3
4	加拿大	1	1	3	5
5	意大利	1	1	1	3
6	匈牙利	1	0	0	1
7	美国	0	1	0	1
8	俄罗斯奥运队	0	0	1	1
总计		8	8	8	24

3. 2014 俄罗斯索契冬奥会短道速滑项目奖牌榜（表 3-93 ～表 3-101）

表3-93　500米（男子）奖牌榜

排名	国家 / 地区	奖牌获得者	成绩	金牌（枚）	银牌（枚）	铜牌（枚）	总数（枚）
1	俄罗斯	维克多·安（安贤洙）	41.312	1	0	0	1
2	中国	武大靖	41.516	0	1	0	1
3	加拿大	克莱尔·科诺耶	41.617	0	0	1	1
总计				1	1	1	3

表3-94　500米（女子）奖牌榜

排名	国家 / 地区	奖牌获得者	成绩	金牌（枚）	银牌（枚）	铜牌（枚）	总数（枚）
1	中国	李坚柔	45.263	1	0	0	1
2	意大利	阿里安娜·方塔纳	51.250	0	1	0	1
3	韩国	朴胜义	54.207	0	0	1	1
总计				1	1	1	3

表3-95　1 000米（男子）奖牌榜

排名	国家 / 地区	奖牌获得者	成绩	金牌（枚）	银牌（枚）	铜牌（枚）	总数（枚）
1	俄罗斯	维克多·安（安贤洙）	1:25.325	1	0	0	1
2	俄罗斯	维拉迪米尔·格里戈列夫	1:25.399	0	1	0	1
3	荷兰	斯金科·卡奈特	1:25.611	0	0	1	1
总计				1	1	1	3

表3-96　1 000米（女子）奖牌榜

排名	国家 / 地区	奖牌获得者	成绩	金牌（枚）	银牌（枚）	铜牌（枚）	总数（枚）
1	韩国	朴胜义	1:30.761	1	0	0	1
2	中国	范可新	1:30.811	0	1	0	1
3	韩国	沈石溪	1:31.027	0	0	1	1
总计				1	1	1	3

表3-97　1 500米（男子）奖牌榜

排名	国家 / 地区	奖牌获得者	成绩	金牌（枚）	银牌（枚）	铜牌（枚）	总数（枚）
1	加拿大	查尔斯・哈梅林	2:14.985	1	0	0	1
2	中国	韩天宇	2:15.055	0	1	0	1
3	俄罗斯	维克多・安（安贤洙）	2:15.062	0	0	1	1
总计				1	1	1	3

表3-98　1 500米（女子）奖牌榜

排名	国家 / 地区	奖牌获得者	成绩	金牌（枚）	银牌（枚）	铜牌（枚）	总数（枚）
1	中国	周洋	2:19.140	1	0	0	1
2	韩国	沈石溪	2:19.239	0	1	0	1
3	意大利	阿里安娜・方塔纳	2:19.416	0	0	1	1
总计				1	1	1	3

表3-99　5 000米接力（男子）奖牌榜

排名	国家 / 地区	奖牌获得者	成绩	金牌（枚）	银牌（枚）	铜牌（枚）	总数（枚）
1	俄罗斯	维克多・安（安贤洙）/ 谢苗・埃利斯特拉托夫 维拉迪米尔・格里戈列夫 鲁斯兰・扎卡罗夫	6:42.100	1	0	0	1
2	美国	埃迪・阿尔瓦雷兹 /J.R. 塞尔斯基 查尔斯・克雷维林 / 乔丹・马龙	6:42.371	0	1	0	1
3	中国	陈德全 / 韩天宇 / 石竟男 / 武大靖	6:48.341	0	0	1	1
总计				1	1	1	3

表3-100　3 000米接力（女子）奖牌榜

排名	国家 / 地区	奖牌获得者	成绩	金牌（枚）	银牌（枚）	铜牌（枚）	总数（枚）
1	韩国	赵海利 / 金雅朗 朴胜义 / 沈石溪	4:09.498	1	0	0	1
2	加拿大	马雷・伊娃・德罗莱特 / 杰西卡・休伊特 维拉雷・马尔泰斯 / 玛丽安妮・圣格莱斯	4:10.641	0	1	0	1
3	意大利	阿里安娜・方塔纳 / 露西亚・佩雷蒂 玛蒂娜・瓦尔塞皮纳 / 伊莲娜・维维安尼	4:14.014	0	0	1	1
总计				1	1	1	3

表3-101　奖牌总榜

排名	国家 / 地区	金牌（枚）	银牌（枚）	铜牌（枚）	总数（枚）
1	俄罗斯	3	1	1	5
2	中国	2	3	1	6
3	韩国	2	1	2	5
4	加拿大	1	1	1	3
5	意大利	0	1	2	3
6	美国	0	1	0	1
7	荷兰	0	0	1	1
总计		8	8	8	24

4. 2010 加拿大温哥华冬奥会短道速滑项目奖牌榜（表 3-102 ～表 3-110）

表3-102　500米（男子）奖牌榜

排名	国家 / 地区	奖牌获得者	成绩	金牌（枚）	银牌（枚）	铜牌（枚）	总数（枚）
1	加拿大	查尔斯・哈梅林	40.981	1	0	0	1
2	韩国	成始柏	41.340	0	1	0	1
3	加拿大	弗朗西斯科・刘易斯・特姆布雷	46.366	0	0	1	1
总计				1	1	1	3

表3-103　500米（女子）奖牌榜

排名	国家 / 地区	奖牌获得者	成绩	金牌（枚）	银牌（枚）	铜牌（枚）	总数（枚）
1	中国	王濛	43.048	1	0	0	1
2	加拿大	玛丽安妮・圣・格莱斯	43.707	0	1	0	1
3	意大利	阿里安娜・方塔纳	43.804	0	0	1	1
总计				1	1	1	3

表3-104　1 000米（男子）奖牌榜

排名	国家 / 地区	奖牌获得者	成绩	金牌（枚）	银牌（枚）	铜牌（枚）	总数（枚）
1	韩国	李正洙	1:23.747	1	0	0	1
2	韩国	李昊锡	1:23.801	0	1	0	1

续表

排名	国家 / 地区	奖牌获得者	成绩	金牌（枚）	银牌（枚）	铜牌（枚）	总数（枚）
3	美国	阿波罗・安东・奥诺	1:24.128	0	0	1	1
总计				1	1	1	3

表3-105　1 000米（女子）奖牌榜

排名	国家 / 地区	奖牌获得者	成绩	金牌（枚）	银牌（枚）	铜牌（枚）	总数（枚）
1	中国	王濛	1:29.213	1	0	0	1
2	美国	凯瑟琳・鲁特尔	1:29.324	0	1	0	1
3	韩国	朴胜义	1:29.379	0	0	1	1
总计				1	1	1	3

表3-106　1 500米（男子）奖牌榜

排名	国家 / 地区	奖牌获得者	成绩	金牌（枚）	银牌（枚）	铜牌（枚）	总数（枚）
1	韩国	李正洙	2:17.611	1	0	0	1
2	美国	阿波罗・安东・奥诺	2:17.976	0	1	0	1
3	美国	J.R. 塞尔斯基	2:18.053	0	0	1	1
总计				1	1	1	3

表3-107　1 500米（女子）奖牌榜

排名	国家 / 地区	奖牌获得者	成绩	金牌（枚）	银牌（枚）	铜牌（枚）	总数（枚）
1	中国	周洋	2:16.993	1	0	0	1
2	韩国	李恩星	2:17.849	0	1	0	1
3	韩国	朴胜义	2:17.927	0	0	1	1
总计				1	1	1	3

表3-108　5 000米接力（男子）奖牌榜

排名	国家 / 地区	奖牌获得者	成绩	金牌（枚）	银牌（枚）	铜牌（枚）	总数（枚）
1	加拿大	查尔斯・哈梅林 / 弗朗索瓦・哈梅林 奥利维尔・让 / ・特姆布雷	6:44.224	1	0	0	1
2	韩国	郭润起 / 李昊锡 / 李正洙 / 成始柏	6:44.446	0	1	0	1

续表

排名	国家 / 地区	奖牌获得者	成绩	金牌（枚）	银牌（枚）	铜牌（枚）	总数（枚）
3	美国	J.R. 塞尔斯基 / 特尔维斯·杰内尔 乔丹·马龙 / 阿波罗·安东·奥诺	6:44.498	0	0	1	1
总计				1	1	1	3

表3-109　3 000米接力（女子）奖牌榜

排名	国家 / 地区	奖牌获得者	成绩	金牌（枚）	银牌（枚）	铜牌（枚）	总数（枚）
1	中国	王濛 / 周洋 孙琳琳 / 张会	4:06.610	1	0	0	1
2	加拿大	杰西卡·格雷格 / 卡琳娜·罗贝格 玛丽安妮·圣格莱斯 / 塔尼亚·文森特	4:09.137	0	1	0	1
3	美国	阿丽森·贝沃尔 / 金佰利·杜德克 拉娜·格林格 / 凯瑟琳·鲁特尔	4:14.081	0	0	1	1
总计				1	1	1	3

表3-110　奖牌总榜

排名	国家 / 地区	金牌（枚）	银牌（枚）	铜牌（枚）	总数（枚）
1	中国	4	0	0	4
2	韩国	2	4	2	8
3	加拿大	2	2	1	5
4	美国	0	2	4	6
5	意大利	0	0	1	1
总计		8	8	8	24

5. 2006 年法国都灵冬奥会短道速滑项目奖牌榜（表 3-111 ～表 3-119）

表3-111　500米（男子）奖牌榜

排名	国家 / 地区	奖牌获得者	成绩	金牌（枚）	银牌（枚）	铜牌（枚）	总数（枚）
1	美国	阿波罗·安东·奥诺	41.935	1	0	0	1
2	加拿大	弗朗西斯科·刘易斯·特姆布雷	42.002	0	1	0	1
3	韩国	安贤洙	42.089	0	0	1	1
总计				1	1	1	3

表3-112　500米（女子）奖牌榜

排名	国家 / 地区	奖牌获得者	成绩	金牌（枚）	银牌（枚）	铜牌（枚）	总数（枚）
1	中国	王濛	44.345	1	0	0	1
2	保加利亚	叶夫根尼娅・拉达诺娃	44.374	0	1	0	1
3	加拿大	艾纽克・勒布朗克・布拉切	44.759	0	0	1	1
总计				1	1	1	3

表3-113　1 000米（男子）奖牌榜

排名	国家 / 地区	奖牌获得者	成绩	金牌（枚）	银牌（枚）	铜牌（枚）	总数（枚）
1	韩国	安贤洙	1:26.739	1	0	0	1
2	韩国	李浩石	1:26.764	0	1	0	1
3	美国	阿波罗・安东・奥诺	1:26.927	0	0	1	1
总计				1	1	1	3

表3-114　1 000米（女子）奖牌榜

排名	国家 / 地区	奖牌获得者	成绩	金牌（枚）	银牌（枚）	铜牌（枚）	总数（枚）
1	韩国	陈善有	1:32.859	1	0	0	1
2	中国	王濛	1:33.079	0	1	0	1
3	中国	杨杨	1:33.937	0	0	1	1
总计				1	1	1	3

表3-115　1 500米（男子）奖牌榜

排名	国家 / 地区	奖牌获得者	成绩	金牌（枚）	银牌（枚）	铜牌（枚）	总数（枚）
1	韩国	安贤洙	2:25.341	1	0	0	1
2	韩国	李浩石	2:25.600	0	1	0	1
3	中国	李佳军	2:26.005	0	0	1	1
总计				1	1	1	3

表3-116　1 500米（女子）奖牌榜

排名	国家 / 地区	奖牌获得者	成绩	金牌（枚）	银牌（枚）	铜牌（枚）	总数（枚）
1	韩国	陈善有	2:23.494	1	0	0	1
2	韩国	崔恩景	2:29.540	0	1	0	1
3	中国	王濛	2:24.469	0	0	1	1
总计				1	1	1	3

表3-117　5 000米接力（男子）奖牌榜

排名	国家 / 地区	奖牌获得者	成绩	金牌（枚）	银牌（枚）	铜牌（枚）	总数（枚）
1	韩国	安贤洙 / 李浩锡 朱世钟 / 徐昊辰	6:43.376	1	0	0	1
2	加拿大	艾力克・贝达德 / 乔纳森・吉尔梅特 查尔斯・哈梅林 / 弗朗西斯科・刘易斯・特姆布雷	6:43.707	0	1	0	1
3	美国	阿莱克斯・伊泽克斯基 /J.K. 凯普塔 阿波罗・安东・奥诺 / 拉斯蒂・史密斯	6:47.990	0	0	1	1
总计				1	1	1	3

表3-118　3 000米接力（女子）奖牌榜

排名	国家 / 地区	奖牌获得者	成绩	金牌（枚）	银牌（枚）	铜牌（枚）	总数（枚）
1	韩国	金慈玉 / 裴珠泫 崔恩静 / 全多慧	4:17.040	1	0	0	1
2	加拿大	阿曼达・欧韦兰德阿兰娜・克劳斯 艾纽克・勒布朗克・布拉切 / 卡琳娜・罗贝格	4:17.336	0	1	0	1
3	意大利	玛塔・卡鲁斯卡 / 阿里安娜・方塔纳 卡提亚・兹妮 / 玛拉・兹妮	4:20.030	0	0	1	1
总计				1	1	1	3

表3-119　奖牌总榜

排名	国家 / 地区	金牌（枚）	银牌（枚）	铜牌（枚）	总数（枚）
1	韩国	6	3	1	10
2	中国	1	1	3	5
3	美国	1	0	2	3

续表

排名	国家 / 地区	金牌（枚）	银牌（枚）	铜牌（枚）	总数（枚）
4	加拿大	0	3	1	4
5	保加利亚	0	1	0	1
6	意大利	0	0	1	1
总计		8	8	8	24

第三节　花样滑冰

一、花样滑冰运动的概念

花样滑冰（figure skating）是运动员穿着脚底装有冰刀的冰鞋，依靠身体动作在冰上滑行，在音乐舞蹈艺术的结合下表演预先以技术动作为基础，由裁判组进行评估打分，并按照最终成绩排出名次的冰上竞演性比赛项目。花样滑冰是冬季奥运会的正式比赛项目。

二、花样滑冰运动的起源与发展

（一）花样滑冰的起源

早在新石器时期人类便有了滑冰，但花样滑冰的起源却远远晚于滑冰，它是由古代原始形态的滑冰分化演进形成的一种娱乐方式。最早可以追溯到 16 世纪，在文艺复兴运动的影响下，滑冰在荷兰不单单是一种冬季进行生产、生活的技能，更成为一些滑冰爱好者的户外活动和娱乐项目，从开始的追求速度，过渡到追求美的姿势；从举起一侧腿、摆动手臂，演变到后来的内、外刃滑行和简单的跳跃。1683 年在泰晤士河上，荷兰船夫为英国国王查理二世表演马戏的过程中进行了滑冰表演，这便是最早的花样滑冰形式。同时，花样滑冰也由此在英国上层社会流行。并由英国爱丁堡滑冰俱乐部的爱好者于 18 世纪初传入美洲地区，后相继在德国、美国、加拿大等欧美国家迅速开展。

1772 年英国皇家炮兵中尉罗伯特·琼斯（Robert Johnson）撰写的《论滑冰》在伦敦出版，这是世界上出版的第一部涉及花样滑冰的书籍。《论滑冰》描写了关于花样滑冰的基本滑法，并第一次提出关于何时停止及停止是要先向左或右进行转体等基本技术。

如果说花样滑冰在荷兰是一种冬季的户外娱乐项目，那么英国则是将花样滑冰发展成了一项时尚的冰上表演运动。

（二）花样滑冰运动的形成

19 世纪作为世界花样滑冰的重要和繁盛时期，涌现出了众多的花样滑冰运动的创始者。其中最著名的是美国人杰克逊·海因斯（Jackson Haines），他既是一位芭蕾舞者，也是一位滑冰爱好者，正因为拥有了此等条件，所以海因斯才能对滑冰运动进行“改刀”。在他破天荒地想到可以在滑冰时加入一些舞蹈动作（如跳跃、旋转等）之前，人们对冰刀的利用其实仍处在一种很原始的状态，直来直往的竞速或者躲避障碍看起来才像是大势所趋。1863 年，他将滑冰运动与舞蹈艺术融为一体，这个灵感也改变了冰上运动的格局，并使花样滑冰逐步成为最华丽的展演，而花样滑冰一系列规矩的雏形大多始于海因斯。除了引入舞蹈动作外，身为芭蕾舞者的他又将音乐加入花样滑冰之中，使其成为花样滑冰的重要环节，丰富了花样滑冰的内容和形式。同时，海因斯对冰刀的改良也做出了巨大贡献，改良前冰刀都是被人用带子绑到鞋上的，贴合度与跟脚性不好，而海因斯则是首创将合成钢冰刀用螺钉牢固地拧在鞋底上的做法——这也为滑冰运动技术的进一步发展打下坚实的基础。1868 年，时年 28 岁的海因斯到维也纳做欧洲巡回表演，在那片冰场上，随着精心挑选的音乐，他将盛行于当时的华尔兹舞、玛祖舞和卡德里舞先后以花样滑冰的形式展现出来。表演过程中，海因斯还出人意料地在冰面上完成了“蹲转”，这仿佛特技般的表演当即引来了奥地利国王约瑟夫一世的喝彩。跨出美国国门的海因斯也在欧洲一战成名。还有两位对花样滑冰运动做出卓越贡献的是美国的丹尼尔·梅伊（Daniel Mey）和乔治·梅伊（George Mey），1868 年两人首次进行了双人滑表演，这是世界上有记载的最早的花样滑冰表演。

从 1742 年世界第一个滑冰俱乐部在英国爱丁堡诞生，到 1871 年匈牙利的布达佩斯花样滑冰赛，再到 1872 年奥地利首次举办花样滑冰比赛，短短的一百多年间世界各地涌现了许多滑冰俱乐部，也将花样滑冰运动带到了一个新的起点。

随着大众的喜爱程度和其优美的表现形式，花样滑冰运动在 19 世纪六七十年代开始得到了迅猛发展。

1882 年，在奥地利滑冰协会的发起下召开了一次国际花样滑冰协会，会上制定了相关规则，并在维也纳举行了首次国际花样滑冰比赛。挪威选手阿克谢尔·鲍尔森（Axel Paulsen）首创使用了前外刃跳，而这种新式的表现形式后被命名为阿克谢尔跳，是花样滑冰中唯一向前滑行起跳的跳跃类型，极大地促进了花样滑冰运动的发展，直至今日仍被国际滑联定为单人滑规定跳跃的类型。

1892 年在荷兰代表的提议下，由荷兰滑冰协会主持，于 7 月 23—25 日在斯海弗宁恩召开了第一次国际滑冰代表大会，成立了国际滑冰联盟（International Skating Union），由此，花样滑冰进入新的发展时期。

（三）花样滑冰运动的发展

1896 年 2 月 9 日在俄国圣彼得堡举行首次世界男子单人花样滑冰锦标赛，只设有男子单人滑一个项目，而出席这次比赛的只有俄国、奥地利和德国的 4 名选手。德国运动员吉尔伯特·富克斯（Gibert Fuchs）获得第 1 名，成为第一个世界花样滑冰锦标赛冠军。

1902 年，在英国伦敦举行的第七届世界花样滑冰锦标赛上，英国女子选手玛奇·赛耶斯 - 凯芙（Madge Syers-Cave）参加了比赛，并且获得了第二名。然而从 1903 年开始世界花样滑冰锦标赛竞赛规程增加了对参赛选手性别的限制。这一决定引起了人们的质疑，特别是女性运动员，于是国际滑联决定从 1906 年开始增设女子项目。1906 年 1 月 22—29 日在瑞士达沃斯举行首届世界女子单人花样滑冰锦标赛，来自奥地利、匈牙利、德国和英国 4 个国家的 5 名女运动员参加了本次比赛，英国选手玛奇·赛耶斯 - 凯芙成为第一位女子单人花样滑冰世界冠军。

1908 年 2 月 16 日，在俄国圣彼得堡举行的世界花样滑冰锦标赛又加入了双人滑比赛项目，而参加比赛的三队选手中，德国的安娜·希布勒（Anna Hubler）和海因里希·布尔格（Heinrich Burger）以绝对的优势获得第一名。同年，花样滑冰又被列为第四届英国伦敦夏季奥林匹克运动会的正式比赛项目，设有男子单人滑、女子单人滑和双人滑 3 个小项。

20 世纪初，世界最有影响力的男子单人滑选手是瑞典的乌尔里希·萨霍夫（Ulrich Salchow），他从 1901—1911 年先后获得 10 次世界冠军，并于 1909 年首创后内刃起跳，后来我国花样滑冰界将该动作被命名为萨霍夫跳，并沿用至今。

1920 年，花样滑冰再次被纳入第七届比利时安特卫普奥运会，这次比赛最大的成功就是进一步展示了花样滑冰运动的魅力，推进了冬季运动的发展。

在 1924 年法国夏蒙尼举行的第一届冬季奥运会上，花样滑冰取得参加冬季奥运会资格的第一个冬季运动项目。瑞典选手吉利斯·格拉夫斯特隆（Gillis Grafstrom）和奥地利选手荷马·索博（Herma Szabo）分别获得男、女单人冠军，双人滑金牌被奥地利运动员海伦·恩格尔曼（Helene Engelmann）/阿尔弗雷德·贝尔格（Alfred Berger）夺得。

从 1927 到 1936 年，挪威女子单人滑运动员索尼娅·海妮（Sonja Henie）连续十届蝉联世界锦标赛和三届冬奥会冠军（1928 年、1932 年、1936 年），并拍摄了十余部花样滑冰影片，片中精彩的表演和服装款式设计，也对花样滑冰的发展和女子服装改革起到了极大的推动作用。

（四）冰上舞蹈的出现

冰上舞蹈起源于花样滑冰，1930 年花样滑冰的一个新项目冰上舞蹈在英国兴起。冰上舞蹈有别于男女双人花样滑冰，它偏重舞步，强调用动作表达音乐，对技巧性动作有严格的限制：不允许有典型的双人滑动作及单人滑的跳跃与旋转动作，如太多、太高或超过一周半转体的托举，两人太多、太长的分离，两人同时的跳跃，以及过多的造型等，更忌讳单手相拉的姿势和滑行中一人在另一人身上坐、靠、躺的造型动作。上述动作在冰上舞蹈比赛中出现，都要被扣分。1937 年英国举了首届冰上舞蹈锦标赛。1949 年起被列为单独比赛项目，由一男一女配对参赛。比赛按规定舞、创编舞和自由舞的顺序进行，第一天规定舞，第二天创编舞，第三天自由舞。1952 年被纳入法国巴黎世界锦标赛的正式比赛项目，当时仅有四个国家的九对选手参加，英国运动员吉恩·韦斯特伍德、劳伦斯·德米夺得冠军。此后，冰上舞蹈便登上奥运会的舞台。

1976 年在奥地利因斯布鲁克举行的第十二届冬奥会上冰上舞蹈被列为正式比赛项目，苏联选手柳德米拉·帕克霍莫娃、亚历山大·戈尔什科夫获冬奥会的第一对冰上舞蹈冠军。为促进世界花样滑的发展，1971 年和 1976 年在法国的默热沃和瑞典的哥德堡分别举行了两次青少年花样滑冰锦标赛。比赛的成功为举办世界青少年花样滑冰锦标赛奠定了基础。1978 年，第一届世界青少年花样滑冰锦标赛在法国默热沃举行，加拿大和美国运动员分别获得男、女单人滑冠军，双人滑和冰舞蹈冠军则被加拿大和苏联选手分别获得。

为进一步提高花样滑冰运动的观赏性，1988 年在瑞士的达沃斯举行的第四十二届国际联代表大会通过决议，决定从 1989—1990 年赛季开始取消单人滑的规定图形，使这一传统的基础性节目由最初占总分的 60% 降至 40% 和 20%，直至退出花样滑冰比赛的历史舞台，从而结束了经历十余年关于保留和取消该节目的激烈辩论，这是花样滑冰史上的一次重大变革。同时，表演节目和同步队列滑的出现，使花样滑冰的比赛内容得到了丰富，进一步提高了比赛的观赏性。1990 年，国际滑联的单人滑比赛由原来的三个节目改为短节目和自由滑两个时，为进一步推动花样滑冰的发展和给运动员提供更多的比赛机会，国际滑联决定 1995 年和 1996 年开始相继举办世界成年和世界青少年花样滑冰大奖赛系列赛和总赛。1999 年，为促进花样滑冰运动的普及和发展的均衡性，国际滑联又决定增设四洲花样滑冰锦标赛，首届比赛在加拿大哈利法克斯举行。一年后，首届世界同步队列滑锦标赛在美国的明尼阿波利斯举行，瑞典队成为第一个同步队列滑世界冠军。至此，花样滑冰已由初期的一个竞赛项目增加到四个项目。2002 年，国际滑联针对盐湖城第十九届冬奥会双人滑裁判丑闻，加快了新裁判系统的执行。2003 年，新裁判系统首次在世界花样滑冰大奖赛中试行。翌年 6 月，在荷兰斯海弗宁恩举行的第五十届国际滑联代表大会通过决议，从 2004—2005 年赛季开始，全面启用“国际滑联裁判系统”这是花样滑冰发展史上裁判规则的一次重大改革，与 60 评分制相比，该系统将更客观地对选手的技术和表演进行量化和细化的评价。

2010 年 6 月，在西班牙巴塞罗那召开的国际滑联代表大会上，代表们作出改革冰舞的决定，原有的规定舞和创编舞被取消，由一个新的“短舞”所取代，自由舞不变，这个改革将一直延续下去，直到 2022 年北京・张家口冬奥会。

三、我国花样滑冰运动的起源与发展

滑冰在中国有悠久的历史，《宋史》已有关于“冰嬉”的记载。元朝以后，冰嬉更为盛行。明代《帝京岁时纪胜》中有“冰床、冰擦”的记载，都是指在冰冻的江河湖泊上做滑冰游戏。清乾隆年间，画家沈源的一幅《冰嬉图》中有大蝎子、金鸡独立、哪吒探海等姿势。清末，专为慈禧观赏的北京北海花样滑冰表演中，已有双飞燕、蝶恋花等双人动作和朝天镫、童子拜佛等单人动作。那时民间的冰上表演有猿猴抱桃、卧鱼、鹞子盘云、凤凰展翅、摇身晃等动作。

1930 年前后，西方花样滑冰传到中国，北京、天津、哈尔滨、长春、沈阳等城市的学校，有些学生参加了花样滑冰运动。1935 年，在北京举行的滑冰比赛会上，进行了花样滑冰表演赛。1942 年冬，在延安的延河上举行了冰上运动会，运动员们表演了花样滑冰的图形和自由滑。

中华人民共和国成立后，中国北方一些城市的大、中、小学校开展了花样滑冰运动。在群众性花样滑冰广泛开展的基础上，1953 年 2 月在哈尔滨举行了第一次全国冰上运动大会，花样滑冰被列为比赛项目。1953—1980 年，共举行过二十五次全国性花样滑冰比赛。1979 年 10 月，中国花样滑冰运动员参加了在日本举行的 NHK 杯国际邀请赛，1980 年 2 月参加了第十三届冬季奥林匹克运动会的花样滑冰比赛，1980 年 3 月参加了第七十届世界花样滑冰锦标赛。1980 年 28 名中国冰雪健儿出征在美国普莱西德湖举行的第十三届冬奥会，其中包括两届花滑选手，分别参加男女单人滑比赛。与其他项目一样，中国花样滑冰选手在赛场同样没有竞争力，男子单人滑许兆晓在 17 名选手中仅列第十六，女单选手包振华则在 22 名选手中垫底，这就是当时中国花样滑冰的家底。1984 年，中国参加了在萨拉热窝举行的第十四届冬奥会，许兆晓和包振华的名次均有小幅提升，前者在 23 名男单选手中列第十八名，后者摆脱了“副班长”头衔，但实力在参赛选手仍然属于末流。本届冬奥会，中国选手首次参加了双人滑和冰舞比赛，栾波、姚滨、奚鸿雁、赵晓雷分别在这两个项目垫底。1984—1985 年，中国花滑男单选手先后两次奏出强音，先是许兆晓在 1984 年匈牙利国际花样滑冰邀请赛力挫群雄，后是张述滨在 1985 年冬季大运会摘取金牌。这两个国际比赛冠军，当时在国内引起不小震动，但严格意义上讲，这两项赛事含金量均不高，中国选手仍然没有改变在花滑世界的落后位置，三年后的 1988 年卡尔加里第十五届冬奥会，中国队在男单、双人、冰舞均未获得奖牌。

中国花样滑冰首次让世界冰坛感到震惊的，是一位名叫陈露的中国女孩。陈露是一名早在 11 岁就完成过三个三周跳的天才选手，当时有些国内行家就预言，陈露很有可能在欧美人苦心经营的花样滑冰长城打开一个缺口。在教练李明珠的精心调教下，短短三年过后陈露就在 1990 年世青赛勇夺女单亚军。1992 年，陈露先后夺得冬奥会第六名、世锦赛第三名，在世界舞台全面展示了中国花样滑冰运动的新形象。此后几年，陈露在世锦赛上摘金夺银，1994 年、1998 年两届冬奥运连续夺得第三名，为中国花样滑冰运动在世界赛场争得一席之地。从此，中国选手成为世界花滑界的一支主要力量。就在陈露退出冰坛的 1998 年长野第十八届冬奥会，一对中国双人滑选手引起世人的关注，他们就是申雪 / 赵宏博。在那届比赛上 25 岁的赵宏博和 20 岁的申雪勇夺第五名，改变了中国双人滑选手冬奥会逢赛必垫底的尴尬史，成为继陈露之后中国又涌现出的两位世界级高手。1999—2002 年，申雪 / 赵宏博先后取得世锦赛亚军、日本 NHK 大奖赛冠军、大奖赛总决赛冠军和盐湖城冬奥会第三名等佳绩，成为国际冰坛公认的超级明星。国际滑联一位权威人士说：“中国的双人滑就像撑竿跳一样，一下就蹿了上来。”

与陈露不同的是，申雪 / 赵宏博并不是独自在作战，他俩的恩师姚滨，在盐湖城第十九届冬奥会前先后打造了庞清 / 佟健、张丹 / 张昊两对优秀组合，两对组合在那届奥运会分别夺得第九、第十一名。

经过又一个四年的努力，中国双人滑选手很自然把目标瞄准在冬奥会金牌上。然而天有不测风云，2005 年 8 月初的一堂训练课，赵宏博在练习旋转时突然跌倒，让他跌倒的原因是左脚跟腱断裂。当时距离都灵冬奥会仅半年时间，这对一心创造辉煌的赵宏博来说，无异于一个晴天霹雳。凭借战胜伤病、进军冬奥的勇气和决心，赵宏博在离开冰场后的第八十八天，神奇地重新站在冰场上，重新与申雪拉上了手。2006 年都灵冬奥会，三对中国双人滑组合刮起了一股强烈的旋风，虽然因伤病等原因使申雪/赵宏博他们无法一圆冬奥会金牌梦想，虽然张丹/张昊因动作失误未能成功冲顶，但张丹/张昊、申雪/赵宏博和庞清/佟健三对中国选手无一例外地跻身四强，形成了对“花滑王国”俄罗斯的合围之势，这一业绩足以震撼国际体坛。一个月后，佟健/庞清和张丹/张昊在世锦赛上夺得金、银牌，创造了中国双人滑的又一个新纪录。2009 年 10 月底在北京举行的中国大奖赛，淡出两年有余的申雪/赵宏博重新回到赛场，以 200.97 的高分摘取金牌。两位老将的强势复出，改变了前两年中国花滑选手一直被德国选手萨维琴科/索尔科维压制的状况。半个月后的美国大奖赛，申雪/赵宏博再次笑到最后。年底的大奖赛总决赛，申雪/赵宏博携手佟健/庞清，双双击败近两届世锦赛冠军萨维琴科/索尔科维，申雪/赵宏博 214.25 的总分甚至刷新了国际滑联最高分纪录。这是中国花样滑冰选手第一次在冬奥会前夕占据有利位置，种种迹象显示：冬奥会金牌与中国花样滑冰选手近在咫尺。果然，2010 年温哥华第二十一届冬奥会成为中国花滑选手夺金的见证地。短节目比赛，申雪/赵宏博以微弱优势领先萨维琴科/索尔科维，庞清/佟健则紧随川口优子/斯米尔诺夫之后。谁能问鼎这届冬奥会金牌，一时似乎难见分晓。两强相遇勇者胜，在巨大的压力下，萨维琴科/索尔科维、川口优子/斯米尔诺夫等主要对手纷纷出现失误，当庞清/佟健以几乎无瑕疵的表演完成全套动作时，已经提前宣告了中国选手捅破了冬奥会最后一层窗户纸。随后，申雪、赵宏博在自由滑的出色发挥，使双人滑冠亚军悉数写在中国选手名下。申雪/赵宏博、庞清/佟健这两对征战多届冬奥会的老将，在温哥华赛场用一个完美的句号，共同创造了中国冰雪运动的新辉煌。

随着 2015 年 7 月 31 日中国申办冬奥会的成功，我国花样滑冰运动热度也在持续升高。到 2022 年北京·张家口冬奥会花样滑冰最后一个比赛日，隋文静/韩聪在三对俄罗斯奥运代表队组合拿出极佳表现的情况下顶着压力最后登场，一曲《忧愁河上的金桥》感动了观众，也感动了评委，总分 239.88，“葱桶”组合战胜了对手也战胜了自己，四年前的遗憾烟消云散，这一次，他们圆梦北京。另外一对中国组合彭程/金杨同样突破自我，最终获得了第五名。

四、花样滑冰运动的赛事及项目

（一）国际赛事

花样滑冰国际比赛由国际滑联（ISU）负责组织管理。单项国际赛事分别由世界花样滑冰锦标赛、欧洲花样滑冰锦标赛、世界花样滑冰大奖赛、世界花样滑冰团体锦标赛和四大洲花样滑冰锦标赛组成。赛事又具体分为 Junior 和 Senior 级别（即青年组和成年组）。Senior 组别的比赛对选手的年龄最低要求是要满 15 岁，不满 15 岁就不能参加 Senior 组别的比赛。

A 级赛事

1. 国际冬季奥林匹克运动会

冬季奥林匹克运动会简称为冬季奥运会、冬奥会。主要由全世界地区举行，是世界规模最大的冬季综合性运动会，每四年举办一届，1994 年起与夏季奥林匹克运动会相间举行。参与国主要分布在世界各地，包括欧洲、非洲、美洲、亚洲、大洋洲。由国际奥林匹克委员会（International Olympic Committee）主办。1986 年，国际奥委会全会决定将冬季奥运会和夏季奥运会从 1994 年起分开，每两年间隔举行，1992 年冬季奥运会是最后一届与夏季奥运会同年举行的冬奥会。自 1924 年开始第一届，截至 2022 年共举办了 24 届，每四年一届。

2. 亚洲冬季运动会

亚洲冬季运动会简称亚冬会，是亚洲冬季规模最大的综合性运动会，由亚洲奥林匹克理事会的成员国轮流主办。自 1986 年开始第一届，每四年举办一届，截至 2022 年共举办了八届（2021 年第九届亚洲冬季运动会未举行）。国际奥林匹克委员会承认亚洲冬季运动会为正式的亚洲地区冬季运动会。

3. 世界花样滑冰锦标赛

世界花样滑冰锦标赛由国际滑联（ISU）主办，各成员国（或地区）的业余运动员参加的花样滑冰比赛，每年举办一次（常在三月）。世界花样滑冰锦标赛包含四个单项：男子单人滑、女子单人滑、双人滑、冰舞。各单项的第一名享有该年度“世界冠军”的头衔。

4. 欧洲花样滑冰锦标赛

欧洲花样滑冰锦标赛简称“花滑欧锦赛”，是国际滑联（ISU）主办的四大世界级花样滑冰赛事之一，每年一月份举行。1891 年第一届欧洲花样滑冰锦标赛在德国汉堡举行，截至 2011 年年底，花样滑冰欧锦赛已经举办了 103 届。

5. 世界花样滑冰大奖赛

世界花样滑冰大奖赛是由国际滑联（ISU）主办的国际顶级赛事，1995 年首次举办。由六站大奖赛分站赛（grand prix series）和一站总决赛组成（grand prix final，简称 GPF），每年从 10 月中下旬开赛至 12 月中旬结束。

小资料

世界花样滑冰大奖赛分站六个分站分别是俄罗斯站（Rostelecom cup，简称 RC）、加拿大站（skate Canada international，简称 SC）、中国站（cup of China，简称 COC）、日本站（NHK Trophy，简称 NHK）、法国站（internationaux de France，简称 IDE）和美国站（Skate America，简称 SA）。该系列的主办国固定为上述六个国家，日期每年不完全一样，但集中在 10 月下旬至 11 月底的六个周末进行，各国的举办城市也不固定。

每个分站的四个项目各有 12 个参赛名额，选手最多可以参加三个分站赛的比赛，但由于赛程紧凑，绝大多数选手只会报名其中的两站比赛。每站中每个项目的冠军积 15 分，亚军积 13 分，季军积 11 分，第四名积 9 分，第五名积 7 分，第六名积 5 分，第七名积 4 分，第八名积 3 分，再后面的名次就没有积分，等六个分站都比完之后计算总积分排位，各个项目积分排位前六名的选手晋级 12 月的大奖赛总决赛（每位选手根据积分和上赛季最佳成绩排名，拿到一站或者两站 Grand Prix 大奖赛，每站主办方可以给三张外卡）。

6. 世界花样滑冰团体锦标赛

世界花样滑冰团体锦标赛简称“花滑团体世锦赛”，是由国际滑联（ISU）举办的世界顶级花样滑冰团体赛事。第一届世界花样滑冰团体锦标赛于 2009 年 4 月 16 日至 4 月 19 日在日本东京举行。

7. 四大洲花样滑冰锦标赛

四大洲花样滑冰锦标赛简称 4CC 或 FCC，为国际滑联（ISU）的世界顶级花样滑冰赛事之一，它与冬季奥林匹克运动会、世界锦标赛、花样滑冰欧洲锦标赛平级，每年举办一次，轮流在各个国家举办。

B 级赛事

B 级赛事则由各种挑战赛、团体赛和公开赛组成，如奇数年由日本举办的世团赛，简称 WTT。还有类似的洲际团体赛简称 TCC，每个洲投票选出参赛选手。此外还有一些公开赛、挑战杯，这些比赛并不算积分赛。

（二）国内赛事

1. 中华人民共和国冬季运动会

中华人民共和国冬季运动会，简称“全国冬运会”或“冬运会”，是中国规模最大、级别最高的冬季综合性体育赛事，每四年举办一次，第一届于 1959 年 2 月在哈尔滨和吉林市举行。此后基本上是每四年举办一次，至 2022 年已举办十三届（第二届停办但届次照算，第十四届延期）。第一至第四届作为全国运动会的冬季项目，与全运会的夏季项目一并作为一项赛事举办。1983 年以后，冬季运动会从全国运动会中分离，另行举办。

2. 全国花样滑冰锦标赛

全国花样滑冰锦标赛是我国举办的花样滑冰比赛，分为男子单人滑、女子单人滑、双人滑和冰上舞蹈四个比赛项目，每年举办一届。1979 年 2 月在齐齐哈尔市举办的全国花样滑冰锦标赛上，双人滑首次成为正式比赛项目。

3. 全国花样滑冰冠军赛

全国花样滑冰冠军赛，是我国最高级别的花样滑冰赛事之一，赛事由国家体育总局冬季运动管理中心主办。仅赛季积分排名前 12 名的运动员可参加比赛。赛事规定，冰上舞蹈由短舞蹈和自由舞两项比赛成绩相加确定名次，女子单人滑、男子单人滑和双人滑则由短节目和自由滑两项比赛成绩相加。

4. 全国花样滑冰少年系列赛 U 系列少年比赛

全国花样滑冰少年系列赛为花样滑冰青少年领域最高级别专业赛事，由国家体育总局冬季运动管理中心、中国滑冰协会主办。设置项目有少年男子甲组、少年女子甲组、少年男子乙组、少年女子乙组、队列滑青年组和队列滑少年组项目。参赛选手为 8 ～ 16 岁的青少年选手，均具备花样滑冰国家 5 级以上水准。比赛旨在发掘花样滑冰后备人才为冬奥会蓄力。

（三）比赛项目

花样滑冰运动按照参赛人员和技术动作的要求，可以分为众多单项。花样滑冰的奥运会正式比赛项目共有四个，归属三个大类：单人滑（分男子和女子两项）、双人滑与冰上舞蹈。此外，花样滑冰还包含同步滑冰（synchronized skating）、规定图形（compulsory figures）、冰场滑行（moves in the field，或 field moves）、四人滑（fours）、冰上戏剧 / 冰上芭蕾（theatre on ice/ballet on ice）、柔板双人滑（adagio skating）、特殊图形（special figures）、冰上杂技（acrobatic skating）等，但它们的流行与受欢迎程度不及四个奥运会正式项目。

1. 单人滑

单人滑包括男子单人滑与女子单人滑两项，技术动作要素包括跳跃、旋转、接续步、燕式步等。三大类项目中，单人滑对跳跃的要求最高，因此单人滑通常代表了选手能达到的最高跳跃难度。

单人滑分为男子组与女子组，比赛分短节目和自由滑。在短节目中，技术动作要素必须包括跳跃、旋转、接续步。

比赛时间：短节目为 2 分 40 秒（±10 秒）；男子自由滑为 4 分 30 秒（±10 秒）、女子自由滑为 4 分（±10 秒）。

2. 双人滑

双人滑要求一位男选手和一位女选手配合，在冰上表演同步的单人滑动作，以及双人滑特有的动作：抛跳（男选手“抛掷”女选手跳跃）、托举（男选手将摆成某种造型的女选手高举过头）、双人旋转（两位选手同时绕一个共同轴心旋转）、螺旋线、捻转等。

双人滑由一男一女组成一组，比赛形式同样分短节目和自由滑。该项目中，男女可表演同样的单人滑动作，或双人滑特有的动作，如抛跳（男选手抛掷女选手助其跳跃的动作）、托举（男选手将女选手托起后在空中做一系列技术的动作）、双人旋转（两位选手同时绕一个共同轴心旋转的动作）、螺旋线（男选手成为轴心，女选手围绕男选手旋转的动作）等。

在花样滑冰的单人滑与双人滑比赛中，选手必须完成两套节目。在短节目（short program）中，选手必须完成一系列必选动作，包括跳跃、旋转和步法；在自由滑（free skate）/ 长节目（long program）中，选手选择动作有更大的自由度。

3. 冰上舞蹈

与双人滑相同，冰上舞蹈也要求一位男选手和一位女选手配合。冰舞与双人滑的主要区别在于：冰舞的技术动作不包括跳跃和旋转，托举也不能过肩。两名选手在近距离保持国际标准舞造型的同时，要紧扣音乐节拍表演复杂多样的步法。

冰上舞蹈同样由一男一女组成一组，分短节目和自由舞两种赛制。两名选手在近距离下，要紧扣音乐节拍表演复杂多样的步法。表演间，双方不得分开超过 5 秒；托举时，男选手不得将女选手高举过头超过 3 秒以上。

（1）规定舞。根据规定的音乐、图案、步法和重复次数完成动作。规定舞共有 22 套，国际滑冰联盟用抽签方法确定两套作为下年度的比赛项目。裁判员根据运动员完成动作的质量和姿势评定技术分和表演分。

（2）创编舞，又称定型舞。运动员按规定的韵律自选音乐，在规定的时间内完成一套自编的舞蹈步法和图案。裁判员根据运动员完成的动作情况评定编排分和表演分。

（3）自由舞运动员自选音乐，在规定的 4 分钟内完成由各种步法、托举、小跳、姿势、握法等动作组成的自编舞蹈，裁判员根据运动员完成动作的质量、风格和创新等评定技术分和艺术印象分。冰上舞蹈的评分和确定名次的方法同单人滑。

小资料

冰上舞蹈的比赛通常包括三个阶段：至少一套规定舞（compulsory dances），一套每年指定采用一种国际标准舞节奏（如华尔兹、狐步舞、探戈等）的创编舞（original dance）和一套选手自己选择的自由舞（free dance）。在 2010 年 6 月，国际滑联大会通过决议，在今后的冰上舞蹈比赛中取消规定舞，只保留创编舞和自由舞，且每个节目的得分在 0 ~ 6 分，6 分为满分。每个裁判用自己打出的分数来排定选手的名次 / 座次，全体裁判的排名综合起来决定每位选手一个节目的最终名次。选手两个节目的排名再加权综合（自由滑比重大于短节目比重），排名最高的选手即是胜者。

4. 团体比赛

将男女单人滑、双人滑、冰上舞蹈 4 个小项的分数进行合计，决出排名的比赛。

五、花样滑冰运动员的运动技术等级标准

（一）国际级运动健将

凡符合下列条件之一者，可申请授予国际级运动健将称号：

（1）冬奥会各项目总成绩前 12 名，团体总成绩前 6 名。

（2）世界锦标赛各项目总成绩前 10 名。

（3）世界花样滑冰团体杯赛前 3 名。

（二）运动健将

凡符合下列条件之一者，可申请授予运动健将称号：

（1）冬季青年奥运会、世界大学生冬季运动会各项目总成绩前 3 名。

（2）亚洲冬季运动会各项目总成绩前 6 名。

（3）全国冬季运动会各项目总成绩前 8 名，团体总成绩前 3，青年组各项目总成绩前 3 名。

（4）全国锦标赛、全国冠军赛各项目 (团体除外) 总成绩前 6 名。

（5）全国队列滑大奖赛精英成年组总成绩前 3 名。

（6）在中国花样滑冰协会组织的国家花样滑冰等级测试中通过步法表演节目和自由滑十级测试标准。

（三）一级运动员

凡符合下列条件之一者，可申请授予一级运动员称号：

（1）全国冬季运动会成年组男单、女单单项或总分 6 ～ 12 名，双人、冰舞单项或总分第 7 ～ 12 名；青年组各项目单项或总分前 3 名。

（2）全国锦标赛、全国冠军赛各项目单项或总分 7 ～ 12 名。

（3）全国大奖赛成年组男单、女单单项或总分前 8 名，双人、冰舞单项或总分前 6 名。

（4）中国花样滑冰俱乐部联赛总决赛成年组、青年组各项目单项或总分前 3 名。

（5）在中国花样滑冰协会组织的国家花样滑冰等级测试中通过步法表演节目和自由滑九级测试标准。

（6）全国队列滑大赛精英成年组总成绩第 4 ～ 6 名，精英青年组总成绩前 3 名。

（四）二级运动员

凡符合下列条件之一者，可申请授予二级运动员称号：

（1）全国冬季运动会青年组各项目单项或总分 4 ～ 6 名。

（2）全国锦标赛、全国冠军赛各项目单项或总分 13 ～ 20 名。

（3）全国大奖赛成年组男单、女单单项或总分 9 ～ 16 名，双人、冰舞单项或总分 7 ～ 12 名；青年组各项目单项或总分前 6 名。

（4）全国大奖赛、全国锦标赛青年组男单、女单、双人、冰舞单项或总分前 6 名。

（5）全国少年系列赛甲组各项目单项或总分前 6 名。

（6）省、自治区、直辖市体育局主办的综合性运动会或锦标赛成年组各项目单项或总分前 3 名。

（7）中国花样滑冰俱乐部联赛分站赛精英组成年、青年各项目单项或总分前 3 名。

（8）在中国花样滑冰协会组织的国家花样滑冰等级测试中通过步法表演节目和自由滑八级测试标准。

（五）三级运动员

凡符合下列条件之一者，可申请授予三级运动员称号：

（1）全国大奖赛、全国锦标赛青年组各项目单项或总分第 7 ～ 12 名。

（2）全国少年系列赛乙组、丙组各项目单项或总分前 6 名。

（3）省、自治区、直辖市体育局主办的综合性运动会或锦标赛成年组各项目单项或总分 4 ～ 8 名；青年组各项目单项或总分前 3 名。

（4）在中国花样滑冰协会组织的国家花样滑冰等级测试中通过步法表演节目和自由滑七级测试标准。

（六）少年级

全国青少年比赛少年组比赛前十五名；省级少年组比赛获得单人滑总分前十名，双人、冰舞总分前十名。

六、花样滑冰运动的规则

（一）比赛规则

1. 单人滑（男子单人滑、女子单人滑）

（1）男、女短节目时间长度需在 2 分 30 秒（ ± 10 秒）内，运动员必须完成一套由跳跃、旋转、联合跳跃、联合旋转共 8 个动作和连接步编排而成的节目。

（2）男子自由滑时间长度需在 4 分 30 秒（ ± 10 秒）内，女子自由滑时间需在 4 分（ ± 10 秒）内，运动员必须完成一套编排均衡，由跳跃、旋转、步法以及各种姿势组成的滑行动作。

（3）成年男子短节目必须包括一个三周或三周以上的单跳，一个联合跳跃和一个 2 周或 3 周阿克塞尔跳。

（4）成年女子短节目必须包括一个三周单跳，一个联合跳跃和一个 2 周阿克塞尔跳。

（5）成年男子自由滑最多可以包括 8 个跳跃，其中可以含有三组联合跳或连续跳。在这三组联合跳或连续跳中可以包含一个由三个跳跃动作组成的联合跳或连续跳。所有三周或四周跳只能选择两种在联合跳或连续跳中重复。

（6）成年女子最多包括 7 个跳跃，其中之一必须是阿克塞尔类型跳，单个跳可以是任何周数的跳。7 个跳跃可以含有三组联合跳或连续跳。在这三组联合跳或连续跳中可以包含一个由三个跳跃动作组成的联合跳或连续跳。所有三周或四周跳只能选择两种在联合跳或连续跳中重复。

2. 双人滑

（1）由一男一女组成，双人滑强调相互间动作配合协调。除具备所有的单人滑动作外，还包括一些典型的双人动作，如托举、捻转托举、双人旋转、螺旋线、抛跳等。联合转所有基本姿势都少于 2 周，则不定级，无分值。

（2）短节目时间长度需在 2 分 30 秒（ ± 10 秒）内，每个动作只允许做一次，附加动作要扣分，且短节目至少转 8 周，两人都至少包括两种基本姿势或它们的变化姿势。

（3）自由滑时间长度需在 4 分 30 秒（ ± 10 秒）内，包括单人动作和双人动作（典型的双人动作）。双人滑与单人滑的评分方法相同，但要顾及两人动作的一致性。自由滑双人联合转至少总周数 8 周和双人旋转至少 6 周，旋转少于 3 周认为是滑行动作而不是旋转，且规定旋转的最低周数必须从旋转进入直至结束。双人联合旋转两人必须至少换一次足，但不需要两人同时换足。双人联合旋转必须两人至少换一次姿势。

3. 冰上舞蹈（由短舞蹈和自由舞组成）

（1）短舞蹈：是原先规定舞和创编舞的整合。时间是 2 分 50 秒（±10 秒）。

（2）自由舞：运动员可自选音乐，在规定的 4 分钟内（±10 秒）完成由各种步法、托举、小跳、姿势、握法等动作组成的自编舞蹈，裁判员根据运动员完成动作的质量、风格和创新等评定技术分和艺术印象分。

①舞蹈托举。在创编舞中：可以做一个短托举——但不超过 2 个（最多 6 秒 / 个）。在自由舞中：可以做三个不同种类的托举，其中一个可以自选不超过 12 秒的长托举。

②舞蹈旋转。在短舞蹈中：规定动作中不包括舞蹈旋转，但允许两人共同相握围绕一个共同轴心用单足（或双足）做任何周数的旋转动作。同伴可以选择使用这样的动作作为节目编排的一部分。在自由舞中：一个舞蹈旋转（从旋转和联合转中选择），允许做一个附加的舞蹈旋转（旋转或联合转），但只有第一个做的旋转被确认并考虑其难度等级。

（二）评分规则

1. 计算的基本原则

（1）每个动作都有一个基础分值（BASE VALUE），该分值（SOV）在分值表中标注。

（2）每个裁判员给每个动作按 7 个等级定值执行分（GOE），每个等级有相应的加或减分值，这也在分值表中标注。

（3）裁判组的执行分（GOE）是通过计算 9 个计分裁判的执行分的修正平均值来确定。

（4）修正平均值的计算方法：去掉最高分和最低分并计算出剩余 7 个裁判的平均分数。

（5）这个平均分数即一个单个动作的最后执行分。裁判组的执行分精确到小数点后两位数。

（6）把这个动作的平均执行分与其基础分相加即这个动作的总得分（技术分）。

（7）联合跳跃应作为一个动作单位来评分。两个跳跃基础分加上其中最难的跳跃的执行分为该动作单位的最后得分。

（8）连续跳跃应作为一个动作单位来评分。两个最难跳跃的基础分相加，乘以 0.8 的系数，之后加上最难的跳跃的执行分。

（9）把裁判组给所有动作的分数加在一起。

（10）规定数量之外的任何额外动作将不计入到运动员成绩中。一个动作只有在进行第一次试做时（或在规定数量之内的试做）才可被计入到成绩之内。

（11）创新性动作或衔接可给予特别的 2 分奖励。一套节目中只可有一次这样的奖励。

（12）奖励分数（如有）将与所有动作的裁判组评分之和相加而得出总的技术分。

（13）单人滑自由滑中节目后半段时间内完成的所有跳跃的基础分将乘以 1.1 的系数以便反映出节目中难度动作的均衡分配。

（14）每位裁判还对节目内容进行评分，分值在 0.25 ～ 10 分，每次增加值为 0.25 分。

（15）裁判组给每项节目内容的分数通过计算 9 个计分裁判的修正平均分得出。修正平均分按以上第 4 条中规定的方法计算。

（16）之后每一项节目内容的裁判组分数乘以以下系数（青少年和成年相同）。男单：短节目，1.0；自由滑，2.0。女单：短节目，0.8；自由滑，1.6。双人：短节目，0.8；自由滑，1.6。乘以系数后的成绩精确到小数点后两位数，相加之和为节目内容分。

（17）每一次对下列规定的违反都要按以下方式扣分。①时间违规——每短于或超过 5 秒要扣 1.0 分；②音乐违规——使用声乐要扣 1.0 分；③禁止动作违规——每一违规动作扣 2.0 分；④服装和道具违规——扣 1.0 分；⑤跌倒——每一跌倒扣 1.0 分。如果跌倒导致节目中断超过 10 秒，应额外再扣分：11 ～ 20 秒扣 1.0 分，21 ～ 30 秒扣 2.0 分，依此类推。

跌倒的定义：运动员失去控制导致两脚冰刀离开冰面，运动员身体着冰（即使是短暂的）。

（18）如果裁判组内裁判人数少于 9 人，那么应随机选出 5 名作为计分裁判。

2. 比赛每一部分的结果决定

（1）每一部分比赛（短节目和自由滑）的每一名参赛者的节目总分是通过把总技术分和节目内容分相加并减去任何节目扣分计算出来的。

（2）节目总分最高的运动员排在第一名，分数仅次于他的运动员排在第二名，依次类推。

（3）如果两名或更多的选手成绩相同，那么在短节目中总技术分高的排名在前；在自由滑中节目内容分高的排名在前；如果总技术分、节目内容分也相同，那么参赛选手成绩并列。

3. 综合成绩和总成绩的确定

（1）短节目总分和自由滑总分相加即一名运动员比赛中的最后得分，最后得分最高的运动员获得第一名。

（2）在有资格赛自由滑的国际滑冰联盟锦赛中，该自由滑的节目总分将乘上一个相应的系数 0.25，再计入总成绩之内（在短节目和决赛自由滑比完之后）。

（3）如果在任何阶段出现并列，那么在最后结束的节目中分数最高的排在第一位。

（4）如果在这段（最后结束的节目）仍出现并列，上一个滑完的节目中的名次将用来确定最后名次。如果没有上一个节目，那么相关运动员成绩并列。

七、花样滑冰运动的场地

花样滑冰的冰场长 56 ～ 61 米，宽 26 ～ 30 米（长不得少于 52 米，宽不少于 26 米），近似长方形场地（四个角是弧形的而不是直角），室内冰场室温应保持在 15℃以下，冰面温度应调节在 - 5 ～ - 6℃，冰面厚度为 3 ～ 5 厘米。

八、花样滑冰运动的装备器材

（一）冰刀

花样滑冰的冰刀与其他冰刀最显著的不同在于前端有着“刀齿”。刀齿主要用在跳中，不应用在滑行和旋转中。花样冰刀根据冰上动作和刀齿及刀体形状又可分自由花样冰刀、规定图形花样冰刀、冰上舞蹈花样冰刀。刀身下面有半弧形的浅槽，两边有锋锐的刀刃，冰刀刀身弧度较大，前端的刀齿离冰较高，以防止冰刀转动时刀齿刮冰，影响冰上图形线痕的清晰和准确度。自由滑冰刀刀身弧度稍小，前端的刀齿离冰稍低，以便利用刀齿来完成一些跳跃和旋转动作。

冰刀要经常用电动砂轮或手工油石研磨，保持刀刃锋锐和有一定深度，沟槽要浅而匀。

（二）冰鞋

花样滑冰的冰刀以螺丝固定在冰鞋的鞋底，高水平的花样滑冰选手通常都会定制冰鞋和冰刀，要求高腰、高跟、硬帮和硬底，同时鞋腰高到踝关节以上为好，过高则妨碍小腿肌肉活动。鞋跟高与鞋大小成比例，一般 26 厘米的鞋，鞋跟高 5 ～ 6 厘米为宜。冰上舞蹈的冰刀后部比其他项目的要短 2.5 厘米，这是为了满足舞蹈对双人近距合作和精细步法的要求。比赛时，男子一般穿黑色冰鞋，女子穿白色冰鞋。

冰刀鞋使用后，应将刀上的冰屑和水珠擦干。

（三）冰刀套

选手穿着冰鞋在冰场外行走时，要在冰刀外套上硬塑料的保护套，这是为了避免冰刀被地面磨钝或沾上灰尘杂质。选手不穿冰鞋时，则用软套保护冰刀，它可以吸收残留的融水，防止冰刀生锈。

（四）服装

花样滑冰服装也有一个逐步改进的历史。20 世纪初，花样滑冰还是一个冬季室外冰上项目，为了抵御寒冷的天气，服装比较笨重，女选手穿紧身带扣的上衣，长裙直达脚面；男选手头戴高筒式礼帽，身穿长燕尾服和长西装裤。到了 20 年代，10 次世界冠军和 3 次冬奥会冠军获得者索尼娅·海妮对女子服装进行了一次大胆的改革，将裙子提高到膝部。这一惊人的创举，为女子单人滑技术的进步创造了有利的条件。

花样滑冰选手的比赛服装应选简洁、合身的花样滑冰服，裙子、裤子，或者高领毛衣、汗衫。外表应整洁良好，比赛时男子应穿连衣裤，女子着紧身连衣短裙，且不宜将透薄的内裤或者紧身衣服以及内衣露在外边。更不宜戴宽松的珠宝（如宽松的项链、手链等）。单人滑和双人滑不可以用道具（如帽子、拐杖等），冰舞创编舞中可以使用道具。

九、花样滑冰运动的基本技术

（一）单人滑

1. 接续步

接续步的形状（种类）：直线接续步、圆形接续步和蛇形接续步。

短节目：成年男子短节目必须包括两个不同（种类）的接续步。成年女子短节目必须包括一个接续步。

自由滑：成年男子自由滑必须包括两个不同的接续步。选手有完全的自由去选择他们想要完成的接续步的种类。跳跃动作也可以包括在接续步之中。但接续步必须充分地利用冰面。

2. 燕式接续步

燕式接续步的定义：由燕式组成，燕式接续步的图案应是任何弧线的联合。每个燕式姿势至少保持 3 秒。

短节目：成年女子短节目必须包括燕式接续步，至少包括三个燕式姿势和至少一次换足，换足和无助力燕式必须包括在前三个燕式中。

自由滑：成年女子自由滑必须包括一个燕式接续步，且至少包括两个燕式姿势。

3. 旋转

每种姿势规定至少转 2 周，如果该项规定没有达到，则不计入该种姿势。旋转不足 3 周则认为是滑行动作，而不是旋转。

成年短节目包括下列三个旋转：

（1）跳接转（男子），后弓身 / 侧弓身转（女子）。

（2）只允许一次换足的燕式 / 蹲转旋转。

（3）联合旋转。

成年自由滑包括最多三个旋转：

（1）联合旋转。

（2）跳接转和。

（3）一种姿势转。

4. 跳跃

（1）单个跳：由单一跳跃动作构成。

（2）联合跳：第一个跳的落冰足是第二个跳的起跳足，这同样适用于第三个跳。

（3）连续跳：成年男子、女子自由滑的连续跳可由任何数量的小跳所组成，要保持跳跃的韵律（膝部）在连续跳中不允许有转体 / 步法（进入跳跃）也不允许有交叉步或蹬冰。

（二）双人滑

1. 接续步

接续步的形状：

（1）直线接续步：开始于短板墙的任何地方，滑行至对侧短板墙的任何地方，大致保持直线的形状。

（2）圆形接续步：充分地利用冰面宽度滑行一个整圆形或椭圆形。

（3）蛇形接续步：开始于冰面的一端，滑出至少两个大弧线，结束在冰面的另一端。

2. 燕式接续步

燕式接续步的图案由弧线的联合（在不同用刃上）燕式考虑来定级，每人至少完成 2 个燕式姿势，每个燕式姿势至少要保持 3 秒。

3. 单人旋转

（1）成年短节目必须包括一个单人联合旋转，只允许一次换足和至少改变一次姿势。

（2）成年自由滑节目包括一个单人联合旋转，每一种姿势至少旋转 2 周，如没有达到，不计入该种姿势。

4. 双人联合旋转和双人旋转

（1）成年短节目必须包括一个双人联合转，只允许换一次足和至少换一次姿势。

（2）成年自由滑必须包括一个双人联合旋转，在一种姿势下至少转 2 周，如不符合此规定，则不计该姿势。

5. 跳跃

在跳跃中两人跳跃周数不同，无论是单人跳还是联合跳或连续跳、跳跃将按转体周数低者计分。

（1）成年短节目：必须有一个单人跳（任何两周或三周跳）。

（2）成年自由滑：必须最多一个单人跳和最多一个联合跳或连续跳。

（3）联合跳：联合跳只允许包括 2 个跳，联合跳中第一跳的落冰足必须是第二个跳的起跳足。

（4）连续跳：连续跳可以由任何数量的跳和任何周数的跳组成。保持跳跃的韵律（膝部），在连续跳中不允许有转体步法，交叉步或蹬冰动作。

6. 抛跳

（1）抛跳是同伴协助的跳跃，女伴在起跳时被男伴抛入空中，用后外刃，在没有同伴协助下落冰，女伴被抛入空中前男伴不能有转体动作。

（2）成年短节目必须包括一个抛跳（2 周或 3 周）。

（3）成年自由滑最多包括 2 个不同抛跳，也有极少数选手为获得高分值在自由滑中使用 4 周抛跳。

7. 托举

双人滑托举按下列分组：第一组——握腋下的姿势、第二组——握腰部的姿势、第三组——扶髋部的姿势、第四组——手拉手姿势（施压托举类）、第五组——手拉手姿势（拉索托举类），成年短节目必须包括手拉手托举起跳。成年自由滑最多允许 3 个托举，其中一个必须来自第三或第四组（如果做两个捻转托举，则托举最多为2个）。

8. 捻转

捻转女伴在落冰前必须由男伴在空中握住女伴腰部、并平稳地放到冰面上，用单足后外刃落冰，男伴也要用单足滑出。

短节目必须包括一个捻转，捻转的起跳是限制女伴必须用鲁兹（勾手）或菲利普方式起跳，成年女伴必须在空中转体2周或3周。

自由滑节目中可以包括一个捻转或两个捻转。自由滑中女伴的起跳方式可以与拉兹或菲力甫起跳方式不同，在捻转中空中转体周数也不限制。

9. 螺旋线

当女伴做螺旋线的最后姿势时，男女伴都要至少完成一整周滑行，男伴要做充分的规尺姿势，清晰的屈膝动作。螺旋线分为后外刃螺旋线、前内刃螺旋线、后内刃螺旋线、前外刃螺旋线。成年短节目必须包括后外刃螺旋线。成年自由滑必须包括一个任何种类的螺旋线。

（三）冰上舞蹈

1. 舞蹈托举

舞蹈托举是一名舞伴被托起，并支撑在某一高度上，然后放到冰面上的动作。任何转体、姿势和姿势变化在托举中都是允许的。托举可以提高音乐和表达其特点，用优美的方式进行表演，而无明显杂技动作、笨拙的动作和不高雅的动作和姿势。

舞蹈托举按下列规定分类。

（1）短托举——托举时间不超过6秒，分原地托举、直线托举、弧线托举、转体托举四种。

（2）长托举——托举时间不超过12秒，分双向托举、蛇形托举、联合托举三种。

2. 舞蹈旋转

（1）旋转：舞伴用任何握法共同完成的旋转，要求每个人用单足围绕一个共同旋转轴在一点上完成。

（2）联合旋转：上述旋转后有一次换足由两人同时完成，并继续旋转。

3. 舞蹈托举与旋转相结合

舞蹈旋转与托举相联合是允许的，但要分别报告为两个动作，即一个舞蹈托举和一个舞蹈旋转。

（1）旋转：两人必须用单足完成至少连续3周旋转。

（2）联合旋转：两人必须用单足至少完成3周旋转，然后两人同时完成换足。继而完成3周旋转在另一只脚上，在换足时双足不得超过半周。

舞蹈旋转的基本姿势：直立姿势、蹲踞姿势和燕式姿势。

4. 接续步

所有接续步都分为下列两组。

A组：直线接续步

（1）中线接续步：沿冰场长轴中线充分长度滑行。

（2）对角线接续步：沿充分的一角到相对一角滑行。

B组：弧线接续步（可以在顺时钟或逆时钟方向）

（1）圆形接续步：在冰场短轴线上充分利用其宽度。

（2）蛇形接续步：在冰场长轴中线的一端，滑行中三个大 弧线或两个大弧线（S形），结束在冰面长轴相对一端（图案使 用冰面充分宽度）。

5. 同步捻转步

捻转步是单足转体一周或多周的滑行动作，是转体快而连续的动作，选手必须在转体过程中在冰上滑行（如果在完成过程中动作停止，则捻转步就变为旋转）。

四种不同的捻转步进入刃：前内刃、前外刃、后内刃、后外刃。

十、花样滑冰运动的相关术语

（一）奥运会花样滑冰项目

男子单人滑：Men Single Skating

女子单人滑：Ladies Single Skating

双人滑：Pairs Skating

冰舞：Ice Dancing（包括规定舞 Compulsory Dance、创编舞 Original Dance 和自由舞 Free Dance）

团体比赛：Team Event

（二）男子单人滑和女子单人滑项目

自由滑：Free Skating（FS）

长节目：Long Program（LP）（自由滑的一种口语表述）

短节目：Short Program（SP）

（三）部分常见的技术动作

后外点冰跳（点冰鲁普跳）：Toeloop（T）

后内结环跳（萨霍夫跳）：Salchow（S）

后外结环跳（鲁普跳）：Loop（Lo）

后内点冰跳（菲利普跳）：Flip（F）

勾手跳（鲁兹跳）：Lutz（Lz）

阿克塞尔跳：Axel（A）

后外点冰三周跳：Triple Toeloop（3T）

后内结环四周跳：Quadruple Salchow（4S）

阿克塞尔两周跳：Double Axel（2A）

（跳跃简写为：圈数 + 跳跃种类）

直立旋转：upright spin（USp）

躬身旋转：layback spin（LSp）

燕式旋转：camel spin（CSp）

起跳：take off（TF）

蹲转：sit spin（SSp）

联合旋转：combination spin（CoSp）

直线接续步：straight line step sequence（SlSt）

圆形接续步：circular step sequence（CiSt）

（四）其他

花样滑冰鞋：figure skate

起滑脚：starting foot
花样：pattern
裁判系统：code of points（COP）
技术动作分：total element score（TES）
基础分：base value（BV）
执行分：grade of execution（GOE）
节目内容分：program component score（PCS）
赛季最好成绩：season's best（SB）
个人历史最好成绩：personal best（PB）

十一、花样滑冰观赛礼仪及注意事项

（一）比赛前

1. 准备

（1）一天的比赛持续时间长，场内有食物贩售，也可自备少许食物。饮料不易过安检不建议带。注意自备垃圾袋收集垃圾。

（2）冰场温度较低，可准备外套或毯子御寒以防感冒。

（3）学习必要的花样滑冰竞赛知识，既要看运动员优美的动作，也要看其动作技术和风格。欣赏技艺的同时，也要感受他们的顽强作风和内在品质。

2. 着装

观众的衣着应整洁、大方，不能太过随意。

3. 安检

请勿携带宠物，易拉罐、玻璃瓶饮料，刀具，烟花等易爆品，以及其他危险物品。

4. 入场

观众应在开赛前入场，并尽快坐到观众席上等待比赛开始，尽量对号入座。进出场地要有序，请勿挡住观众通道或在场内大声喧哗。场内请勿吸烟、喝酒。另外请勿带婴儿入场观看，以免哭闹起来无法控制。入场后注意爱护场内设备。

（二）比赛中

1. 比赛即将开始时

（1）此时应关闭手机铃声，比赛中请勿大声接打电话，有特殊情况时改以短信等无声方式联系。

（2）一天会进行多个项目的比赛，中间有休息时间，应在开赛前解决生理需求，比赛进行过程中尽量不要走动，紧急时可在两位运动员比赛间隙离场。

（3）重新入场时如有运动员正在比赛中，应在后排不影响其他观众的位置观看，等场上运动员结束比赛再回到自己的座位，以免影响其他观众观看。

2. 介绍裁判时

每场比赛开赛前会先介绍裁判组构成，此时应给予每位裁判员热烈的掌声。

3. 六分钟热身时

每场比赛运动员分组热身，单人滑运动员每组不超过六人，双人滑及冰舞运动员每组不超过四对。先进行第一组为时六分钟的热身，会按出场顺序介绍每位运动员。当现场播报运动员姓名时，应给予每位运动员热烈的掌声。

4. 运动员登场

当现场播报到下一位比赛运动员姓名时，运动员仅有 30 秒时间做准备活动，超过 30 秒而不满 60 秒总分将被减去一分，超过 60 秒才开始节目运动员将失去比赛资格。所以应给予运动员热烈而集中的掌声和欢呼，然后尽快安静下来让运动员能够专注于比赛。

（三）节目中

（1）单人滑主要技术动作为跳跃、旋转和步伐。其中跳跃因为有连跳和单跳，应在确定运动员整个跳跃动作完成后给予掌声，以免影响运动员，旋转步伐则无要求。

（2）双人滑主要技术动作为捻转、托举、同步跳跃、抛跳、螺旋线、同步旋转、双人联合旋转和步伐。其中捻转、抛跳和同步跳跃应在运动员整个动作完成后给予掌声，其余则无要求。

（3）冰舞主要技术动作为舞蹈托举、舞蹈旋转、捻转步伐和定级步伐，比较不容易出现失误，掌声无要求。

（4）运动员动作失误时，不可有喝倒彩或其他不尊重运动员的行为，应鼓励运动员忘却失误继续投入比赛。

（5）完成技术动作以外的时间尽量不要发出杂音，保持会场安静使运动员集中注意力，在合适的时机鼓掌加油，请勿大喊大叫或有吹口哨等其他不文明行为。节奏性强的音乐可随节奏鼓掌为运动员打节拍，但请勿随意节奏、加油声干扰运动员比赛节奏。

（6）在中国举行的花滑比赛不限制照相及摄影，但请勿开启闪光灯，以免影响运动员。

（7）请勿携带灯牌或荧光棒等发光物体，请勿携带能发出鸣叫声音的物品或使其静音，以免干扰运动员。比赛进行时请勿向场内投掷物体，请勿举起横幅、标语分散运动员的注意力。

（8）请勿吃东西或聊天、喧哗。尽量在扫冰时间吃完东西，以示对运动员的尊重，尽量选择果腹为主要目的的声音小且味道小的食物。

（四）节目间隙中

（1）此时为上一位（或一对）运动员完成节目，向观众致意然后来到等分区等分时间。运动员最后一个动作定格时、向观众致意时以及节目出分时应给予热烈的掌声。

（2）节目音乐停止后，如果对运动员的节目非常喜爱或满意，可起身站立鼓掌，这是对运动员的最高评价。同时可向场内投掷花束或玩具娃娃等。

（3）因为上一位运动员退场来到等分区同时下一位运动员将进场做热身活动，所以在运动员等分时加油或鼓掌声应有所克制，以免影响下一位运动员，如果是最后一位运动员则没有限制。

（4）花样滑冰是由裁判打分的项目，当你认为裁判不公时，不要起哄、不要冲动，要克制自己的情绪，鼓励运动员、理解裁判员，继续欣赏下面的比赛才是最好的选择。

（五）颁奖

（1）场内依次播报金、银、铜牌运动员姓名，同时运动员入场时，应给予热烈的掌声和欢呼。

（2）升国旗、奏获得金牌运动员国家的国歌时，应全体肃立，行注目礼，请勿喧哗，左顾右盼，低头弯腰，在场内走动等。

（3）升别国国旗时，请勿起哄或发出“嘘”声。当获得金牌的运动员来自中国时，可跟唱国歌，也可不唱。

（4）国歌结束，获奖运动员在奖台上合影，然后绕行冰场向观众致意，应给予热烈的掌声和欢呼。

十二、近五届冬奥会奖牌榜分布

1. 2022 中国北京冬奥会花样滑冰项目奖牌榜（表 3-120 ～表 3-125）

表3-120　单人滑（男子）奖牌榜

排名	国家 / 地区	奖牌获得者	成绩(分)	金牌（枚）	银牌（枚）	铜牌（枚）	总数（枚）
1	美国	陈巍	332.60	1	0	0	1
2	日本	键山优真	310.05	0	1	0	1
3	日本	宇野昌磨	293.00	0	0	1	1
总计				1	1	1	3

表3-121　单人滑（女子）奖牌榜

排名	国家 / 地区	奖牌获得者	成绩(分)	金牌（枚）	银牌（枚）	铜牌（枚）	总数（枚）
1	俄罗斯奥运队	安娜・谢尔巴科娃	255.95	1	0	0	1
2	俄罗斯奥运队	亚历山德拉・特鲁索娃	251.73	0	1	0	1
3	日本	坂本花织	233.13	0	0	1	1
总计				1	1	1	3

表3-122　双人滑奖牌榜

排名	国家 / 地区	奖牌获得者	成绩（分）	金牌（枚）	银牌（枚）	铜牌（枚）	总数（枚）
1	中国	隋文静 / 韩聪	239.88	1	0	0	1
2	俄罗斯奥运队	叶夫根尼娅・塔拉索娃 / 弗拉基米尔・莫罗佐夫	239.25	0	1	0	1
3	俄罗斯奥运队	阿纳斯塔西娅・米希娜 / 亚历山大・加利亚莫夫	237.71	0	0	1	1
总计				1	1	1	3

表3-123　冰上舞蹈奖牌榜

排名	国家 / 地区	奖牌获得者	成绩（分）	金牌（枚）	银牌（枚）	铜牌（枚）	总数（枚）
1	法国	加布丽埃拉・帕帕达基斯 / 纪尧姆・西泽龙	226.98	1	0	0	1
2	俄罗斯奥运队	维多利亚・西尼齐娜 / 尼基塔・卡察拉波夫	220.51	0	1	0	1
3	美国	麦迪逊・哈贝尔 / 扎卡里・多诺霍	218.02	0	0	1	1
总计				1	1	1	3

表3-124　团体赛奖牌榜

排名	国家 / 地区	奖牌获得者	成绩（分）	金牌（枚）	银牌（枚）	铜牌（枚）	总数（枚）
1	俄罗斯	马克・孔德拉秋克 / 亚历山德拉・特鲁索娃 卡米拉・瓦利耶娃 / 安德烈・莫扎列夫 叶夫根尼・谢梅年科 / 安娜・谢尔巴科娃	74	1	0	0	1
2	美国	刘美贤 / 陈巍 贾森・布朗 / 周知方 玛丽亚・贝尔 / 陈玲华	65	0	1	0	1
3	日本	键山优真 / 羽生结弦 宇野昌磨 / 樋口新叶 坂本花织 / 河边爱菜	63	0	0	1	1
总计				1	1	1	3

表3-125　奖牌总榜

排名	国家 / 地区	金牌（枚）	银牌（枚）	铜牌（枚）	总数（枚）
1	俄罗斯奥运队	2	3	1	6
2	美国	1	1	1	3
3	中国	1	0	0	1
3	法国	1	0	0	1
5	日本	0	1	3	4
总计		5	5	5	15

2. 2018 韩国平昌冬奥会花样滑冰项目奖牌榜（表 3-126 ～表 3-131）

表3-126　单人滑（男子）奖牌榜

排名	国家 / 地区	奖牌获得者	成绩(分）	金牌（枚）	银牌（枚）	铜牌（枚）	总数（枚）
1	日本	羽生结弦	206.17	1	0	0	1

续表

排名	国家 / 地区	奖牌获得者	成绩(分)	金牌（枚）	银牌（枚）	铜牌（枚）	总数（枚）
2	日本	宇野昌磨	202.73	0	1	0	1
3	西班牙	哈维尔・费尔南德兹	197.66	0	0	1	1
总计				1	1	1	3

表3-127　单人滑（女子）奖牌榜

排名	国家 / 地区	奖牌获得者	成绩(分)	金牌（枚）	银牌（枚）	铜牌（枚）	总数（枚）
1	俄罗斯奥运队	埃琳娜・扎吉托娃	156.65	1	0	0	1
2	俄罗斯奥运队	叶夫根尼亚・梅德韦杰娃	156.65	0	1	0	1
3	加拿大	凯特琳・奥斯蒙德	152.15	0	0	1	1
总计				1	1	1	3

表3-128　双人滑奖牌榜

排名	国家 / 地区	奖牌获得者	成绩(分)	金牌（枚）	银牌（枚）	铜牌（枚）	总数（枚）
1	德国	阿莉安娜・萨维琴科 / 布鲁诺・马索特	159.31	1	0	0	1
2	中国	隋文静 / 韩聪	153.08	0	1	0	1
3	加拿大	梅根・杜哈梅尔 / 艾力克・拉德福德	153.33	0	0	1	1
总计				1	1	1	3

表3-129　冰上舞蹈奖牌榜

排名	国家 / 地区	奖牌获得者	成绩(分)	金牌（枚）	银牌（枚）	铜牌（枚）	总数（枚）
1	加拿大	特萨・韦尔图 / 斯科特・莫伊尔	122.40	1	0	0	1
2	法国	加布丽埃拉・帕帕达基斯 / 纪尧姆・西泽龙	123.35	0	1	0	1
3	美国	玛雅・涉谷 / 艾利克斯・涉谷	114.86	0	0	1	1
总计				1	1	1	3

表3-130　团体赛奖牌榜

排名	国家 / 地区	奖牌获得者	成绩(分)	金牌(枚)	银牌(枚)	铜牌(枚)	总数(枚)
1	加拿大	陈伟群 / 凯特琳・奥斯蒙德 梅根・杜哈梅尔 / 埃里克・拉德福德 特萨・韦尔图 / 斯科特・莫伊尔 基根・梅辛 / 拉尔金・奥斯特曼 柯尔丝滕・穆尔 - 托尔斯 / 迈克尔・马罗尼奥 朱利安・赛古因 / 查理・比洛多 皮佩・吉勒斯 / 保罗・波里尔 凯特琳・泛微 / 安德鲁・波吉	10	1	0	0	1
2	俄罗斯 奥运队	米哈伊尔・科尔亚达 / 叶甫根尼娅・梅德韦杰娃 阿丽娜・扎吉托娃 / 叶夫根尼娅・塔拉索娃 弗拉基米尔・莫罗佐夫 / 娜塔丽娅・扎比亚科 亚历山大・恩贝特 / 叶卡捷琳娜・波布洛娃 德米特里・索洛维耶夫 / 玛利亚・索茨科娃 克里斯蒂娜・阿斯塔霍夫 / 阿列克谢・罗戈诺夫 提夫尼・戈尔斯基 / 丹尼尔・古铁雷斯 德米特里・阿利耶夫	8	0	1	0	1
3	美国	陈巍 / 亚当・雷朋 长洲未来 / 布雷迪・特内尔 亚历克莎・尼里姆 / 克里斯・尼里姆 M. 涉谷 / 艾利克斯・涉谷 周知方 / 陈玲华 麦迪逊・乔克 / 埃文・贝茨 麦迪逊・哈贝尔 / 扎卡里・多诺霍	9	0	0	1	1
总计				1	1	1	3

表3-131　奖牌总榜

排名	国家 / 地区	金牌(枚)	银牌(枚)	铜牌(枚)	总数(枚)
1	加拿大	2	0	2	4
2	俄奥运选手	1	2	0	3
3	日本	1	1	0	2
4	德国	1	0	0	1
5	中国	0	1	0	1
5	法国	0	1	0	1
7	美国	0	0	2	2
8	西班牙	0	0	1	1
总计		5	5	5	15

3. 2014 俄罗斯索契冬奥会花样滑冰项目奖牌榜（表 3-132 ～表 3-137）

表3-132 单人滑（男子）奖牌榜

排名	国家 / 地区	奖牌获得者	成绩(分)	金牌（枚）	银牌（枚）	铜牌（枚）	总数（枚）
1	日本	羽生结弦	178.64	1	0	0	1
2	加拿大	陈伟群	178.10	0	1	0	1
3	哈萨克斯坦	丹尼斯・邓	171.04	0	0	1	1
总计				1	1	1	3

表3-133 单人滑（女子）奖牌榜

排名	国家 / 地区	奖牌获得者	成绩(分)	金牌（枚）	银牌（枚）	铜牌（枚）	总数（枚）
1	俄罗斯	安德利娜・斯托尼科娃	149.95	1	0	0	1
2	韩国	金妍儿	144.19	0	1	0	1
3	意大利	科罗莉娜・科斯特纳	142.61	0	0	1	1
总计				1	1	1	3

表3-134 双人滑奖牌榜

排名	国家 / 地区	奖牌获得者	成绩(分)	金牌（枚）	银牌（枚）	铜牌（枚）	总数（枚）
1	俄罗斯	塔缇娜・沃洛索扎 / 马克西姆・特兰科夫	152.69	1	0	0	1
2	俄罗斯	卡森尼亚・斯托尔波娃 / 弗多・克里莫夫	143.47	0	1	0	1
3	德国	埃尔金纳・萨维琴科 / 罗宾・索尔科维	136.14	0	0	1	1
总计				1	1	1	3

表3-135 冰上舞蹈奖牌榜

排名	国家 / 地区	奖牌获得者	成绩(分)	金牌（枚）	银牌（枚）	铜牌（枚）	总数（枚）
1	美国	玛丽・戴维斯 / 查理・怀特	116.63	1	0	0	1
2	加拿大	特萨・韦尔图 / 斯科特・莫伊尔	114.66	0	1	0	1
3	俄罗斯	叶莲娜・伊尔伊尼克 / 尼基塔・卡特萨拉波夫	110.44	0	0	1	1
总计				1	1	1	3

表3-136　团体赛奖牌榜

排名	国家 / 地区	奖牌获得者	成绩(分)	金牌（枚）	银牌（枚）	铜牌（枚）	总数（枚）
1	俄罗斯	叶卡捷琳娜·波布洛娃 / 叶莲娜·叶林科夫 尤利娅·利普尼茨卡娅 / 卡森尼亚·斯托尔波娃 塔蒂亚娜·沃洛索扎 / 尼基塔·卡察拉波夫 叶甫根尼·普鲁申科 / 德米特里·索洛维耶夫 马克西姆·特兰科夫 / 弗多·克里莫夫	75	1	0	0	1
2	加拿大	梅根·杜哈梅尔 / 柯尔丝滕·穆尔·托尔斯 凯特琳·奥斯蒙德 / 特萨·韦尔图 陈伟群 / 斯科特·莫伊尔 达廉·莫索维奇 / 埃里克·拉德福德 凯文·雷诺兹	65	0	1	0	1
3	美国	吉米·亚伯特 / 贾森·布朗 阿舍利·瓦格纳 / 格雷西·古尔德 西蒙·施纳皮尔 / 玛丽萨·卡斯特里 玛丽·戴维斯 / 查理·怀特	60	0	0	1	1
总计				1	1	1	3

表3-137　奖牌总榜

排名	国家 / 地区	金牌（枚）	银牌（枚）	铜牌（枚）	总数（枚）
1	俄罗斯	3	1	1	5
2	美国	1	0	1	2
3	日本	1	0	0	1
4	加拿大	0	3	0	3
5	韩国	0	1	0	1
6	哈萨克斯坦	0	0	1	1
6	德国	0	0	1	1
6	意大利	0	0	1	1
总计		5	5	5	15

4. 2010 加拿大温哥华冬奥会花样滑冰项目奖牌榜（表 3-138 ～表 3-142）

表3-138　单人滑（男子）奖牌榜

排名	国家 / 地区	奖牌获得者	成绩（分）	金牌（枚）	银牌（枚）	铜牌（枚）	总数（枚）
1	美国	伊凡·莱萨切克	167.37	1	0	0	1

续表

排名	国家 / 地区	奖牌获得者	成绩（分）	金牌（枚）	银牌（枚）	铜牌（枚）	总数（枚）
2	俄罗斯	叶甫根尼·普鲁申科	165.51	0	1	0	1
3	日本	高桥大辅	156.98	0	0	1	1
总计				1	1	1	3

表3-139　单人滑（女子）奖牌榜

排名	国家 / 地区	奖牌获得者	成绩（分）	金牌（枚）	银牌（枚）	铜牌（枚）	总数（枚）
1	韩国	金妍儿	150.06	1	0	0	1
2	日本	浅田真央	131.72	0	1	0	1
3	加拿大	乔安妮·罗切特	131.28	0	0	1	1
总计				1	1	1	3

表3-140　双人滑奖牌榜

排名	国家 / 地区	奖牌获得者	成绩(分）	金牌（枚）	银牌（枚）	铜牌（枚）	总数（枚）
1	中国	申雪 / 赵宏博	139.91	1	0	0	1
2	中国	庞清 / 佟健	141.81	0	1	0	1
3	德国	埃尔金纳·萨维琴科 / 罗宾·索尔科维	134.64	0	0	1	1
总计				1	1	1	3

表3-141　冰上舞蹈奖牌榜

排名	国家 / 地区	奖牌获得者	成绩(分）	金牌（枚）	银牌（枚）	铜牌（枚）	总数（枚）
1	加拿大	特萨·韦尔图 / 斯科特·莫伊尔	110.42	1	0	0	1
2	美国	玛丽·戴维斯 / 查理·怀特	107.19	0	1	0	1
3	俄罗斯	奥克萨纳·多米尼娜 / 马克西姆·沙巴林	101.04	0	0	1	1
总计				1	1	1	3

表3-142　奖牌总榜

排名	国家 / 地区	金牌（枚）	银牌（枚）	铜牌（枚）	总数（枚）
1	美国	1	1	0	2
1	中国	1	1	0	2

续表

排名	国家 / 地区	金牌（枚）	银牌（枚）	铜牌（枚）	总数（枚）
3	加拿大	1	0	1	2
4	韩国	1	0	0	1
5	俄罗斯	0	1	1	2
5	日本	0	1	1	2
7	德国	0	0	1	1
总计		4	4	4	12

5. 2006 年法国都灵冬奥会花样滑冰项目奖牌榜（表 3-143 ～表 3-147）

表3-143　单人滑（男子）奖牌榜

排名	国家 / 地区	奖牌获得者	成绩(分)	金牌（枚）	银牌（枚）	铜牌（枚）	总数（枚）
1	俄罗斯	叶甫根尼 · 普鲁申科	167.67	1	0	0	1
2	瑞士	史蒂芬 · 兰比尔	152.17	0	1	0	1
3	加拿大	杰弗利 · 布特	154.30	0	0	1	1
总计				1	1	1	3

表3-144　单人滑（女子）奖牌榜

排名	国家 / 地区	奖牌获得者	成绩（分）	金牌（枚）	银牌（枚）	铜牌（枚）	总数（枚）
1	日本	荒川静香	125.32	1	0	0	1
2	美国	萨沙 · 科恩	116.63	0	1	0	1
3	俄罗斯	伊利亚 · 斯鲁茨卡娅	114.74	0	0	1	1
总计				1	1	1	3

表3-145　双人滑奖牌榜

排名	国家 / 地区	奖牌获得者	成绩（分）	金牌（枚）	银牌（枚）	铜牌（枚）	总数（枚）
1	俄罗斯	塔亚娜 · 托特米安尼娜 / 马克西姆 · 马列宁	135.84	1	0	0	1
2	中国	张丹 / 张昊	125.01	0	1	0	1
3	中国	申雪 / 赵宏博	124.59	0	0	1	1
总计				1	1	1	3

表3-146　冰上舞蹈奖牌榜

排名	国家 / 地区	奖牌获得者	成绩（分）	金牌（枚）	银牌（枚）	铜牌（枚）	总数（枚）
1	俄罗斯	塔亚娜·纳芙卡 / 罗蒙·科斯托马罗夫	101.37	1	0	0	1
2	美国	塔尼斯·贝尔宾 / 本杰明·阿格斯托	98.17	0	1	0	1
3	乌克兰	奥纳·格鲁什娜 / 罗斯兰·冈查洛夫	99.17	0	0	1	1
总计				1	1	1	3

表3-147　奖牌总榜奖牌榜

排名	国家 / 地区	金牌（枚）	银牌（枚）	铜牌（枚）	总数（枚）
1	俄罗斯	3	0	1	4
2	日本	1	0	0	1
3	美国	0	2	0	2
4	中国	0	1	1	2
5	瑞士	0	1	0	1
6	加拿大	0	0	1	1
6	乌克兰	0	0	1	1
总计		4	4	4	12

第四节　冰球

一、冰球运动的概念

冰球（ice hockey），也称“冰上曲棍球”。冰球运动是多变的滑冰技艺和敏捷娴熟的曲棍球技艺相结合，是以冰球、冰刀和冰球杆为工具对抗性较强的集体冰上运动项目之一，具有冰上运动和球类运动双重属性，也是冬季奥运会正式比赛项目。比赛时每队上场 6 人，前锋 3 人，后卫 2 人，守门员 1 人。运动员用冰杆将球击入对方球门，以进球多者为胜。

二、冰球运动的起源与发展

（一）冰球的起源

关于冰球起源有以下几种不同的说法：第一种，冰球运动起源于荷兰。根据荷兰画家霍赫（1645—1708）的一幅油画，其画中表现的是一个在冰上用拐杖打球的场面，但更多资料则显示是人们在冰上打高尔夫球和马球。第二种，苏格兰有一种冰上打球游戏但没有守门员和球门，表明冰球的雏形产生于苏格兰。第三种，冰球运动起源于加拿大。在 19 世纪初期加拿大的印第安斯人在进行一种类似的游戏，他们使用的是棍棒和木质的圆饼在冰面上游戏。1855 年开始有记载在加拿大的金斯顿流行一种冰上游戏，参加者脚绑冰刀，绅士们则脚穿绑有骨头磨成的刀刃的冰鞋，手持曲棍，在冰冻的湖面上追逐拍击用木片制成的圆球，用两根竖起的木杆作为球门，把球击进球门，且当时参加人数和场地均无限制。第四种说法是冰球起源于一种古老的美洲运动——长曲棍球（Lacrosse）。然而，最广为流传，也是被广泛接受的说法是，冰球由地面上的曲棍球演变而来，曲棍球发起于北欧，由驻扎在加拿大的英国士兵把这项运动引入北美，这种比赛游戏当时在新英格兰及北美的其他地方很流行。人们在室外结冰的池塘中进行这种自发的、无严格纪律的游戏，既无固定的场地，也没有特定的器材设备，更无规则。以上几种游戏的形式就是现代冰球运动的前身。

（二）冰球运动发展

冰球运动的首次比赛是在 1855 年 12 月 25 日加拿大的一个小城——哈利法克斯举行的，每队上场 15 人。到了 1858 年，冰球运动风靡加拿大全国，并且很快传入欧洲。1860 年，加拿大开始使用橡胶制成的盘形冰球。1875 年 3 月 3 日，在加拿大蒙特利尔的维多利亚冰场举办第一次正式冰球赛，在麦克吉尔大学的两支队伍间进行。当时，每支球队有 30 名队员在场上。1879 年，加拿大麦克吉尔大学的学生罗伯逊（W.F.Robertson）和史密斯（R.F.Smith）教授共同制定了比赛规则（麦克吉尔规则），规定每队比赛人数为 9 人。1888 年，加拿大业余冰球协会成立，标志着第一个业余冰球协会诞生。当时，蒙特利尔有 4 支队伍，渥太华有 1 支，魁北克城有 1 支。爱好冰球的人都可以参与其中，并开始使用更多的护具以保证安全，如守门员就用上了护腿板，并戴上了面具等。同年，北欧国家也开始兴起了冰球运动，这时已改为每方 7 人上场参加比赛。1893 年，加拿大冰球队首次赴美表演。

1902 年，欧洲第一个冰球俱乐部在瑞士的莱萨旺成立。1908 年，国际冰球联盟（Ligue Internationale de Hockey sur Glace）在巴黎成立。

小资料：国际冰球联合会

国际冰球联合会（international ice hockey federation，IIHF）简称国际冰联。经比利时、英国、法国、瑞士和波希米亚等国倡议，于 1908 年 3 月 15 日在巴黎成立，总部设在瑞士苏黎世。

国际冰球联合会代表大会是国际冰联的最高权力机构，有权通过联合会的各种文件，听取工作报告，讨论和修改章程和规则，接受新会员，确定世界锦标赛和欧洲锦标赛的地点，选举理事会等。理事会由主席、3 名副主席、秘书长、司库和 6 名理事组成。国际冰联现任主席是瑞士人法岵塞尔。

国际冰联的任务是在世界上领导并开展冰球运动，发展协会会员间和运动员间的友好关系，监督运动员在协会间或国家间的交流，处理协会会员间的冲突等。

国际冰联设有以下专门委员会，处理有关专业性质的问题：亚太地区委员会、教练员委员会、发展委员会、纪律委员会、青少年委员会、法律委员会（章程委员会）、营销委员会、传媒委员会、裁判委员会、规则委员会、项目委员会、技术委员会、老运动员委员会、妇女委员会、锦标赛结构委员会、锦标赛申办委员会、国际冰联荣誉室委员会等。

1910 年举行第一届欧洲冰球锦标赛，英国获得冠军。欧洲冰球锦标赛从 1910 年至 1932 年举办，是世界冰球锦标赛（ice hockey world championships）的前身，一年一届，由国际冰球联合会主办。到 1920 年比利时安特卫普夏季奥运会上举办首届世界冰球锦标赛，随后冰球进入冬季奥林匹克运动会，而在奥运年世界锦标赛和奥运会合二为一，直到 1968 年冬季奥林匹克运动会后不再合办。

1917 年，经过加拿大国家冰球协会（national hockey association，NHA）内部多伦多蓝衫的老板和其他球团老板们一系列的争执后，所有的经营者来到蒙特利尔的温莎饭店讨论 NHA 未来走向后，最终国家冰球联盟（national hockey league，NHL）在加拿大魁北克蒙特利尔成立，成立之初有：蒙特利尔加拿大人队、蒙特利尔流浪者、渥太华参议员、魁北克牛头犬及全新命名的多伦多竞技场五支队伍。在一系列的扩展之后，现在共有 31 支球队，24 支位于美国，7 支位于加拿大。同年，美国冰球联盟（American hockey league，AHL）成立，直到 1967 年也只有 6 支球队参赛。近些年，NHL 已经成为世界上职业化和商业化十分成功的联赛。1912 年加拿大国家冰球协会首创六人制打法，并被国际冰联沿用至今，而 NHL 的影响也越来越大，和 NBA 之于世界篮球相似，美国冰球联盟的奖杯斯坦利杯也成为具有传奇色彩的荣誉。

小资料：斯坦利杯

斯坦利杯（stanley cup）成立于 1893 年，当时的加拿大总督斯坦利爵士花了 50 美元买了一个银杯给联盟的冠军，这个被叫作 dominion hockey challenge cup，更多人叫他斯坦利杯。斯坦利杯为国家冰球联盟的最高奖项，在每个赛季季后赛后颁给联盟的冠军队伍。斯坦利杯以弗雷德里克·斯坦利之名命名，是为纪念其为冰球运动的贡献而设。斯坦利杯是职业运动中历史最悠久之冠军奖杯。

女子冰球运动同样始于加拿大，后流行于捷克斯洛伐克、日本等国。比赛规则类似男冰球，其不同处为每场只分上、中、下三局，每局时间为 20 分钟。两局之间休息 15 分钟。此外，冲撞对方胸部为犯规，相较男子冰球对抗性弱许多。

三、中国冰球运动的发展

我国冰球运动的历史从 1927 年出版的《跑冰术》一书描述跑冰球戏算起，至今不足一百年的历史。中华人民共和国成立之后，从 1953 年全国首届冰上运动会的召开到 2022 年，我国冰球运动走过了 69 年发展道路。

（一）1949—1956 年初步发展阶段

中华人民共和国成立后，冰球运动得到迅速发展。在东北、华北等一些省、市相继建立各种形式的冰球队。随着冰球运动的普及与发展，打冰球的人越来越多，掀起了群众冰球活动的热潮。

在哈尔滨、长春、齐齐哈尔、吉林、沈阳等地，甚至有许多教师、工人、职员、学生等冰球爱好者自己动手制作运动员护具、球拍、冰球，并组建了许多知名的业余冰球队。哈尔滨冰雪队、哈尔滨工业大学冰球队、哈尔滨秋林队、长春白熊队、陆守成和陆守中兄弟组成的天津队等都是当时赫赫有名的业余球队，他们对中国冰球运动的开展起到了重要的推动作用。自 1953—1956 年连续举办了三届冰上运动会，参加冰球比赛的队伍由 5 个队增至到 13 个队，有力地促进了冰球运动在全国范围内的普及与开展。

此外，1956 年春，中国大学生冰球队参加了在波兰举行的第十一届世界大学生冬季运动会。这是我国冰球队首次参加国际比赛，共打了四场，射中对方球门只有 7 球；四场比赛共失 34 分，最终获得大会体育道德荣誉奖。赛会结束后，中国代表了团访问了波兰、捷克、民主德国，这次参赛和出访对于年轻的中国冰球队来说，开阔了眼界，丰富了经验，提高了技术水平，收获很大。在此期间，还邀请冰球专家约瑟夫 - 库兹到中国讲学。这是首个外国教练到中国讲学，举办了为期三个月的全国冰球教练员训练班，参加人数四十多人，为我国冰球运动培养了首批专业人才，对我国早期的冰球发展起到了推动作用。

（二）1956—1970 年曲折发展阶段

1956—1966 年，中国冰球得到了迅速发展和提高，取得了一定的成绩。全国比赛繁多，球队不断增加。从 1957 年开始分甲级队、乙级队、少年队分组比赛。最多时甲级队有 11 个队，乙级队有 24 个队。庞大的冰球队伍和频繁的比赛，为冰球运动培养了一批优秀人才，涌现出一批优秀的运动员。这一时期，中国冰球在频繁的对外交流中得到迅速提高。

1960 年，世界强队民主德国访问中国，与哈尔滨队交锋，前两局竟打成零比零，第三局在 8 分 40 秒时才被对方攻破球门。这样的局面给当时中国冰球界产生了较好影响。自此之后交流活动不断增多。这期间出访、到访的国家有苏联、波兰、民主德国、日本、朝鲜等国家。

1966 年，波兰队到中国访问，中国的长春队、吉林省队、哈尔滨队、齐齐哈尔队、黑龙江队、国家队等和波兰队进行了七场比赛，结果中国队大胜波兰队。频繁的国际比赛，使中国的冰球运动越发自信和成熟。

1967 年以后，中国冰球运动发展受到了严重的干扰和破坏，冰球队解散，场地、器材被毁坏，训练比赛停止了。冰球运动陷入了停顿。

（三）1970—1980 年恢复与提高阶段

到 20 世纪 70 年代以后，形势朝着有利于冰球的方向转变。各地方又相继复建了冰球队，恢复了训练和比赛。1972—1974 年，刚刚复建不久的中国冰球队连续三年参加了世界冰球 C 组锦标赛，虽然成绩不好，但锻炼了队伍，增长了经验。这十年间，中国冰球运动的技术水平得到了迅速地提高，在国际比赛中取得了较好的成绩，受到了国际冰坛人士的关注。先后出访、到访的国家有朝鲜、罗马尼亚、加拿大、日本、联邦德国、瑞典、瑞士、挪威、法国、丹麦、奥地利、芬兰、意大利、荷兰、西班牙、南斯拉夫等国。期间，哈尔滨冰球队以 5 ：1 的成绩战胜了日本队，这是，自 1957 年中日两国冰球队开始交往以来中国冰球队第一次获胜。

1978 年，邀请加拿大教练伊乌斯 - 亨特来我国讲学和训练，使中国冰球运动员在滑行技术、球拍技术、传球技术、射门技术、守门员技术等方面都有了很大进步。1979 年，中国冰球国家队在同联邦德国甲级队两场比赛中，取得了全胜的好成绩。这一阶段冰球运动所取得的成绩为我国冰球黄金时期的到来起到了重要的铺垫作用。

（四）1980—1995 年黄金阶段

从 1980 年开始，国家开始重视冰球运动的发展，并加大了投入力度。一方面，加大了教练员队伍的培训工作，采用“请进来”和“送出去”的方式提升教练员业务水平。另一方面，陆续成立了国家冰球队、全国冰球运动协会、全国冰球教练员委员会、全国冰球裁判员协会等机构，使中国冰球运动在组织领导上得到了加强，对于中国冰球运动的发展和技术水平的提高，起到了重要的作用。

这一时期的冰球比赛成绩实现飞跃。国内方面，中国冰球联赛异常火爆，前几名球队的水平非常接近，致使赛况更加激烈。1980 年全国冰球（甲级）联赛中，齐齐哈尔冰球队夺得全国冠军；1982 年多次获得全国冠军的哈尔滨一队又夺回了冠军；1981 年八一冰球队夺得全国冠军；1983 年全国第 5 届冰上运动会冰球比赛中佳木斯冰球队夺得全国冠军。每场比赛观众爆满，一时间，在全国掀起了学习打冰球的热潮，而在国际比赛中的不断胜利更是刺激了冰球运动的发展。中国冰球队在 1980 年出访了日本，打了 6 场比赛，以 6 ：4 的成绩战胜了日本全国冠军队西武铁道队，震动了日本冰坛。

1981 年 3 月，中国冰球国家队参加了在北京举行的世界冰球 C 组锦标赛，分别战胜丹麦、保加利亚，负于奥地利，接着连续战胜法国、匈牙利、英国、朝鲜；以 7 战 6 胜 1 负，进球 46 个、负球 14 个的成绩获得亚军晋级 B 组。这是中国冰球国家队自 1972 年参加世界冰球锦标赛以来所取得的最好成绩，在全国范围内掀起一股冰球热浪，极大地鼓舞了人们对冰球的热情。

据保守估计，20 世纪 80 年代到 20 世纪 90 年代初这段时期，中国冰上体育人口突破一百万人，冰球人口近十万人，是中国冰球运动发展的黄金时期。

小资料：中国冰球协会

中国冰球协会 1981 年成立于北京，是全国性群众体育组织，中华全国体育总会的团体会员。最高权力机构是全国委员会，常务委员会是执行机构，秘书处是办事机构。

中国冰球协会的职能是组织广大群众积极参加冰球运动，提高运动技术水平；组织举办国际性比赛，促进国际交流；组织全国性各类、各级竞赛和训练工作；拟定管理制度、竞赛制度和运动员、教练员、裁判员技术等级制度；选拔和推荐国家队教练员、运动员，组织国家队集训和比赛；组织科学研究工作等。

（五）20 世纪 90 年代的低潮阶段及冰球的崛起

从 20 世纪 90 年代初开始，中国的冰球运动开始走下坡路。受市场经济的冲击，政府投入减少，冰球市场经营得不好，电视转播权、门票、广告等体育产业无人问津；各个冰球队经费不足、队员工资低待遇差，造成了冰球人才的流失，后备梯队建设日益艰难。全国冰球专业队纷纷解散，由 20 世纪七八十年代近二十支减少到目前仅黑龙江省的哈尔滨、齐齐哈尔、佳木斯 3 个城市保留专业队，全国比赛变成了全省比赛。

此外，由于企业、厂矿大面积关、停、并、转，致使大众冰球运动发展失去了主要平台，而体教分离又进一步导致学校冰雪运动停滞，冰场数量锐减使人们失去了冰球活动的物质条件。我国冰球运动迅速衰落去，从事冰球运动的人寥寥无几，竞赛成绩一落千丈，甚至达不到冬奥会的参赛资格，使冰球运动在 21 世纪初的头十年几近消亡。

1998 年是中国女冰的巅峰期，在长野冬奥会上中国女冰曾斩第四名。伴随着对手实力的逐渐提升，中国队却是节节后退。2009 年虽拿到温哥华冬奥会参赛资格，却首次在世锦赛上降组；2011 年德国女子冰球世锦赛上，中国队 1 胜 3 负，再次降组。

2012 年 4 月 26 日，北京市冰球运动协会正式成立。成立之初会员注册人数 500 人左右，经过近两年的发展北京正在学习冰球的青少年就有 3 000 多人，正式注册已达到 2 000 多人，且每年呈井喷增长之势。北京参与冰球运动的青少年人数不断增加，赛事规模越来越大。中小学生校际联赛，技能挑战赛，冰球进校园，每年一度的联赛已经发展成全亚洲最大的非职业赛事。

2015 年女子冰球世锦赛甲级 B 组的比赛在北京举行，这是北京多年来首次举办冰球世锦赛。时隔十一年，中国女冰再次得到了主场征战的机会。此前已经退役的孙锐、齐雪婷、马蕊、姜娜和石瑶 5 员老将再度复出。同年中国少年冰球队在参加美国举办的比赛中第一次夺冠，向世界展示中国冰球这个团队项目所取得的新成就。

四、冰球运动的赛事及项目

（一）国际赛事

冰球国际比赛由国际冰球联合会（international ice hockey federation，IIHF）简称国际冰联负责组织管理。国际冰球联合会经比利时、英国、法国、瑞士和波希米亚等国倡议于1908年3月15日在巴黎成立，现有协会会员68个。国际冰联正式工作用语为英语和德语，有争议时以英语文本为准。国际冰联总部设在瑞士的苏黎世。现任国际冰球联合会主席为法赛尔。

1. 国际冬季奥林匹克运动会

男子冰球在1920年首次出现在夏季奥运赛场（1920 安萨维），后将该届奥运会冰球赛追认为首届世界冰球锦标赛。到了1924年的夏蒙尼冬奥会，冰球被划入冬季奥运项目，而女子冰球项目直到1998年长野冬奥会才进入冬奥会。

2. 亚洲冬季运动会

亚洲冬季运动会简称亚冬会，是亚洲冬季规模最大的综合性运动会，由亚洲奥林匹克理事会的成员国轮流主办。自1986年开始第一届，每四年举办一届，截至2022年共举办了八届（2021年第九届亚洲冬季运动会未举行）。国际奥林匹克委员会承认亚洲冬季运动会为正式的亚洲地区冬季运动会。

3. 世界冰球锦标赛

世界冰球锦标赛一年一届，由国际冰球联合会主办。它的前身是从1910—1932年举办的欧洲冰球锦标赛，1920年夏季奥林匹克运动会上举办首届世界冰球锦标赛。随后冰球进入冬季奥林匹克运动会，在奥运年世界锦标赛和奥运会合二为一，直到1968年冬季奥林匹克运动会。

4. 世界女子冰球锦标赛

世界女子冰球锦标赛是国际女子顶级冰球比赛，由国际冰球联合会主办。第一届世界女子冰球锦标赛于1990年在加拿大渥太华举行。世界女子冰球锦标赛开始每两年举办一届，1999年以后每一年举行一次（冬季奥运会年不举行）。

目前，世界女子冰球锦标赛比赛分为A、B两个组别进行，并按照国际冰球联合会的晋级规定进行升降级。

除上述赛事外国际冰联的主要赛事还有：世界少年锦标赛、欧洲杯、欧洲锦标赛、欧洲女子锦标赛、欧洲少年锦标赛、联合会杯、大洲杯和亚太地区少年锦标赛等。

（二）国内赛事

1. 中华人民共和国冬季运动会

中华人民共和国冬季运动会，简称“全国冬运会”或“冬运会”，是中国规模最大、级别最高的冬季综合性体育赛事，每四年举办一次，第一届于1959年2月在哈尔滨和吉林市举行。此后基本上是每四年举办一次，至2022年已举办十三届（第二届停办但届次照算，第十四届延期）。第一至第四届作为全国运动会的冬季项目，与全运会的夏季项目一并作为一项赛事举办。1983年以后，冬季运动会从全国运动会中分离，另行举办。

2. 全国冰球锦标赛

全国冰球锦标赛，由中国冰球协会主办、北京市体育局承办，每年一届。2018年在北京首次举办。比赛设有女子组、男子A组、男子B组三个组别。

女子组：齐齐哈尔兰迪女子冰球队、浙江莱茵达女子冰球队、河北女子冰球队、广东女子冰球队、安徽新华东奥女子冰球队、呼伦贝尔市体校女子冰球队、上海女子冰球队、北京女子冰球队、哈尔滨女子冰球队。

男子A组：齐齐哈尔冰球队、河北承德避暑山庄浩泰冰球队、北京首钢冰球队、佳木斯冰球队、哈尔滨冰球队、重庆市冰球队。

男子B组：石家庄冰球队、湖南欧悦冰球队、深圳冰球队、安徽新华东奥冰球队、佳木斯冰球二队、秦皇岛老君顶男子冰球队、辽宁启迪冰球队、沈阳冰球队、北京冰球二队、佛山森海冰球队、天津SPARTANS冰球队、天津冰球二队、上海冰球队。

3. 中国冰球联赛

中国冰球联赛是中国首个职业冰球联赛，2019在奥众冰上运动中心拉开帷幕。联赛由中国冰球协会主办，国家体育总局冬季运动管理中心支持，北京奥众体育发展有限公司承办，北京市冰球运动协会协办。

五、冰球运动员的运动技术等级标准

（一）国际级运动健将

凡符合下列条件之一者，可申请授予国际级运动健将称号。

1. 冬季奥运会

（1）第1名，授予参加比赛的20名运动员。

（2）第2名，授予参加比赛的18名运动员。

（3）第3名，授予参加比赛的16名运动员。

（4）第4～5名，授予参加比赛的14名运动员。

（5）第6～7名，授予参加比赛的12名运动员。

（6）第8名，授予参加比赛的10名运动员。

2. 世界锦标赛

（1）第1～8名，授予参加比赛的14名运动员。

（2）第9～16名，授予参加比赛的12名运动员。

3. 亚洲冬季运动会

（1）第1名，授予参加比赛的10名运动员。

（2）第2名，授予参加比赛的9名运动员。

（3）第3名，授予参加比赛的8名运动员。

（二）运动健将

凡符合下列条件之一者，可申请授予运动健将称号。

1. 世界锦标赛

（1）第1～8名，授予参加比赛的14名运动员。

（2）第9～16名，授予参加比赛的12名运动员。

2. 世界大学生冬季运动会

（1）第1名，授予参加比赛的10名运动员。

（2）第2名，授予参加比赛的9名运动员。

（3）第3名，授予参加比赛的8名运动员。

（4）第4名，授予参加比赛的7名运动员。

3. 亚洲冬季运动会
（1）第 1 名，授予参加比赛的 10 名运动员。
（2）第 2 名，授予参加比赛的 9 名运动员。
（3）第 3 名，授予参加比赛的 8 名运动员。
（4）第 4 名，授予参加比赛的 7 名运动员。
（5）第 5 名，授予参加比赛的 6 名运动员。
（6）第 6 名，授予参加比赛的 5 名运动员。
4. 全国冬季运动会（决赛阶段）
（1）第 1 名，授予参加比赛的 15 名运动员。
（2）第 2 名，授予参加比赛的 14 名运动员。
（3）第 3 名，授予参加比赛的 13 名运动员。
（4）第 4 名，授予参加比赛的 12 名运动员。
（5）第 5 名，授予参加比赛的 11 名运动员。
（6）第 6 名，授予参加比赛的 10 名运动员。
（7）第 7 名，授予参加比赛的 9 名运动员。
（8）第 8 名，授予参加比赛的 8 名运动员。
5. 全国锦标赛
（1）第 1 名，授予参加比赛的 10 名运动员。
（2）第 2 名，授予参加比赛的 8 名运动员。
（3）第 3 名，授予参加比赛的 6 名运动员。
（4）第 4 名，授予参加比赛的 4 名运动员。
（5）第 5 名，授予参加比赛的 2 名运动员。

（三）一级运动员

1. 世界中学生冬季运动会
（1）第 1 名，授予参加比赛的 15 名运动员。
（2）第 2 名，授予参加比赛的 14 名运动员。
（3）第 3 名，授予参加比赛的 13 名运动员。
2. 全国锦标赛
（1）第 1 名，授予参加比赛的 10 名运动员。
（2）第 2 名，授予参加比赛的 9 名运动员。
（3）第 3 名，授予参加比赛的 8 名运动员。
（4）第 4 名，授予参加比赛的 7 名运动员。
（5）第 5 名，授予参加比赛的 6 名运动员。
3. 全国青年锦标赛（U18）A 组
（1）第 1 名，授予参加比赛的 6 名运动员。
（2）第 2 名，授予参加比赛的 5 名运动员。
（3）第 3 名，授予参加比赛的 4 名运动员。
4. 全国青年运动会体校组
（1）第 1 名，授予参加比赛的 9 名运动员。
（2）第 2 名，授予参加比赛的 8 名运动员。

（3）第 3 名，授予参加比赛的 7 名运动员。
（4）第 4 名，授予参加比赛的 6 名运动员。
（5）第 5 名，授予参加比赛的 5 名运动员。
（6）第 6 名，授予参加比赛的 4 名运动员。

（四）二级运动员

凡符合下列条件之一者，可申请授予二级运动员称号：
1. 世界中学生冬季运动会
（1）第 1 名，授予参加比赛的 10 名运动员。
（2）第 2 名，授予参加比赛的 9 名运动员。
（3）第 3 名，授予参加比赛的 8 名运动员。
2. 全国锦标赛
（1）第 1 名，授予参加比赛的 5 名运动员。
（2）第 2 名，授予参加比赛的 4 名运动员。
（3）第 3 名，授予参加比赛的 3 名运动员。
（4）第 4 名，授予参加比赛的 2 名运动员。
（5）第 5 名，授予参加比赛的 1 名运动员。
3. 全国青年锦标赛（U18）
A 组
（1）第 1 名，授予参加比赛的 6 名运动员。
（2）第 2 名，授予参加比赛的 5 名运动员。
（3）第 3 名，授予参加比赛的 4 名运动员。
B 组
第 1 名，授予参加比赛的 4 名运动员
4. 省 (区、市) 体育行政部门主办的综合性运动会、锦标赛
（1）第 1 名，授予参加比赛的 5 名运动员。
（2）第 2 名，授予参加比赛的 4 名运动员。
（3）第 3 名，授予参加比赛的 3 名运动员。
5. 全国青年运动会体校组
（1）第 1 名，授予参加比赛的 7 名运动员。
（2）第 2 名，授予参加比赛的 6 名运动员。
（3）第 3 名，授予参加比赛的 5 名运动员。
（4）第 4 名，授予参加比赛的 4 名运动员。
（5）第 5 名，授予参加比赛的 3 名运动员。
（6）第 6 名，授予参加比赛的 2 名运动员。
6. 全国大学生冰球锦标赛、全国大学生冰球联赛（总决赛）阳光组
（1）第 1 名，授予参加比赛的 6 名运动员。
（2）第 2 名，授予参加比赛的 5 名运动员。
（3）第 3 名，授予参加比赛的 4 名运动员。
7. 全国青年运动会俱乐部组
（1）第 1 名，授予参加比赛的 6 名运动员。

（2）第 2 名，授予参加比赛的 5 名运动员。
（3）第 3 名，授予参加比赛的 4 名运动员。
8. 全国中学生冰球锦标赛
（1）第 1 名，授予参加比赛的 8 名运动员。
（2）第 2 名，授予参加比赛的 7 名运动员。
（3）第 3 名，授予参加比赛的 6 名运动员。
9. 全国青少年 U 系列冰球锦标赛 U16 组
（1）第 1 名，授予参加比赛的 8 名运动员。
（2）第 2 名，授予参加比赛的 7 名运动员。
（3）第 3 名，授予参加比赛的 6 名运动员。

（五）三级运动员

1. 全国大学生冰球锦标赛、全国大学生冰球联赛（总决赛）阳光组
（1）第 1 名，授予参加比赛的 9 名运动员。
（2）第 2 名，授予参加比赛的 8 名运动员。
（3）第 3 名，授予参加比赛的 7 名运动员。
（4）第 4 名，授予参加比赛的 6 名运动员。
（5）第 5 名，授予参加比赛的 5 名运动员。
（6）第 6 名，授予参加比赛的 4 名运动员。
2. 全国中学生冰球锦标赛
（1）第 1 名，授予参加比赛的 8 名运动员。
（2）第 2 名，授予参加比赛的 7 名运动员。
（3）第 3 名，授予参加比赛的 6 名运动员。
（4）第 4 名，授予参加比赛的 5 名运动员。
（5）第 5 名，授予参加比赛的 4 名运动员。
（6）第 6 名，授予参加比赛的 3 名运动员。
3. 全国青少年 U 系列冰球锦标赛 U14 组
（1）第 1 名，授予参加比赛的 8 名运动员。
（2）第 2 名，授予参加比赛的 7 名运动员。
（3）第 3 名，授予参加比赛的 6 名运动员。

注：①可授予等级称号的小项（以下小项外的其他小项不得授予等级称号）：男子、女子；②上述国际和全国比赛各小项须至少有 5 队、省级比赛各小项须至少有 4 队上场比赛，方可授予等级称号；③上述比赛未明确组别的，则仅最高水平组别可授予等级称号。

（六）少年级运动员

凡符合下列条件之一者，可申请授予少年级运动员称号：
（1）凡代表地市参加省级以上少年锦标赛的各队运动员。
（2）在不少于三个队参加的竞赛中，获得冠军队的运动员。
（3）在一个年度中进行五次比赛，并战胜两个不同的队者。

注：在达到各等级称号成绩标准的队中，其不符合该等级标准条件的运动员，可以申请授予较低一级的等级称号。在达到各等级称号成绩标准的队中，如有个别运动员符合较高一级的标准条件者，

可以申请较高一级的等级称号。关于三级和少年级运动员的比赛次数的计算：比赛一场算一场，每场比赛必须有一级裁判员主持，并签字证明才算有效。

（七）冰球 A、B、C 组升降级制

冰球比赛的分组方式。根据国际冰联规定，参加世界冰球锦标赛的各队按技术水平分为 A、B、C 三组。每组八队。比赛实行每组后两名降级和 B、C 组前两名升级的制度。

六、冰球运动的规则

在一场冰球比赛中共有两支球队参加，每支球队场上队员为 6 名。当有队员因犯规受罚下场时，人数将少于 6 人。每名队员都配备一支带杆刃的冰球杆来控制场上的冰球。冰球比赛的意图是尽量比对方更多地把球射入对方球门，同时积极有力地防卫本方球门。比赛结束时，得分多的一方获胜，每队都有一名守门员，两名后卫以及分为中锋、右边锋和左边锋的 3 名前锋。除两队队员外，场上还有 3 名裁判：1 名主裁和 2 名边裁。

每场比赛分 3 局进行，每局为 20 分钟，两局之间有 15 分钟休息或接受电视采访的时间。除非是平分决胜（或出现平局），否则没有加时赛。比赛中断十分频繁，计时器也会随之停下来，确保每局实际比赛的时间为 20 分钟。

守门员是防守的最后防线，他可以用球杆控制球，可以抓球、握球、抛球、扑球、踢球、用身体或球杆断球。所以守门员的装备很沉重，并且有一支比任何人都大的球杆。他还必须戴面罩作进一步保护。在球门前的小半圆形被称作球门区，它是防守区域，除非冰球在球门区内，否则对方队员不允许站在球门区内或干扰守门员。当冰球完全穿过与球门杆平齐的红线时即获得一分。

两名后卫通常是并肩作战，他们的位置是在球门和攻区之间，后卫的任务是要试图阻止冰球穿过他守卫的蓝线，如果球一旦过了蓝线，他就要争取阻截冰球并把它传给前锋。后卫的主要职责是防守，所以后卫绝对不能站错位。

中锋主要是在左右边锋之间的中场上下来回活动。通常是由中锋来争开球开始比赛，然后他把球传给企图进攻射门的一个边锋。中锋要试图自己进攻射门，或者传球给边锋去射门。中锋同样肩负着防守的任务，要防卫本方区域并从对方队员杆下阻截球。左右边锋，顾名思义，场上位置是在左右两边，他们运球并试图与中锋配合，以射门得分来奠定比赛胜局。当球被断走时，他们还必须去阻截对方队员进攻。

处罚是由裁判员判罚那些多次一般性和明显犯规的队员，如杆打人、绊人、打架、向界墙猛烈撞人、肘顶人、杆刃刺人，横杆推阻或者延误比赛。处罚时间分为 2 分钟、5 分钟、10 分钟和罚下场。比赛中要求宣告员在队员犯规受罚后，立即宣告其犯规判罚的名称及判罚时间。被判罚的队员坐在场地远离队员的座席上。

七、冰球运动的场地

标准冰球场地最大规格为长 61 米，宽 30 米；最小规格为长 56 米，宽 26 米；四角圆孤的半径为 7 ～ 8.5 米。国际比赛均采用长 61 米、宽 30 米、角圆弧半径为 8.5 米的场地。

冰球场地四周围以高 1.15 ～ 1.22 米木质或可塑材料制成的牢固围栏，又称“界墙”。在界墙上装有防震玻璃用来保护观看比赛的观众。除场地正式标记外，全部冰面和界墙内壁应为白色。

在冰场两端，各距端墙 4 米，横贯冰场并延伸到边线界墙，画出宽 5 厘米的两条平行红线为球门线。两个球门固定在球门线的中央。两条 30 厘米宽的蓝线横贯整个冰场并垂直延伸到边线界墙，将两条球门线之间的区域作三等分，自己球门一侧为守区，中间为中区，对方球门一侧为攻区。

在冰场中间，有一条30厘米宽的红线平行于蓝线，横贯冰场并垂直延伸到边线界墙，称为中线。中线的中间有一个直径为30厘米的蓝点为开球点。

此外，在中区和两端区还有8个直径为60厘米的争球点和5个半径为4.5米的争球圈。

在每个球门前有一个1.22米×2.44米，由线宽5厘米的红线连成的长方形，称为球门区。

在中线附近靠近一侧边线界墙的冰面上还画有半径为3米的半圆形裁判区。

冰球门宽1.83米，高1.22米，球门内最深处不大于1米或小于60厘米。球门支架后面应覆盖门网，门内悬挂垂网，以便把球挡在门内。球门柱、横梁等向外的表面为红色，向内的表面和其余支架、底座的内表面为白色。

在冰场一侧的界墙外设有分开的、供比赛队使用的队员席，对面边线界墙外设裁判席和受罚席。为使比赛顺利进行，冰球场必须备有信号装置、公开计时装置和光线充分良好的照明设备。

八、冰球运动的装备器材

冰球运动员的用具包括球鞋、球刀、护具、球杆、冰球等。

（一）球鞋

冰球鞋为高腰型，鞋头、鞋帮、两踝、后跟等外层均为硬质。前面的长鞋舌加上硬实的高腰，可将腿踝箍紧，帮助运动员支持和用力。冰球鞋原为优质牛皮缝制，20世纪六十七十年代出现全塑料模压鞋。现国际上多用尼龙纤维鞋帮、塑料底的冰球鞋，这种鞋比皮制鞋轻，坚硬、耐湿，适合室内冰场使用。

（二）球刀

原为铁托钢刃，现多采用全塑刀托，优质合金钢刀刃，具有质量轻、抗击打、不易生锈等优点。冰球刀刀身高而短，弧度大，刀刃较厚、带有浅沟。刀身高，在运动员急转弯冰刀倾斜时也不会使鞋触及冰面；刀身弧度大，和冰面接触面积小，可以灵活地滑跑和改变方向；刀刃厚，可抗打击而不弯；刀刃带有浅沟可使其锋利持久。守门员的冰鞋在鞋的四周包有特殊加厚的硬皮革，以抗球击打，保护运动员的脚部。守门员使用的冰刀与运动员使用的冰刀有较大区别，它全为金属制作，刀身矮而平，刀刃与刀托有多处连接以防漏球。

（三）护具

为防止在紧张激烈的对抗中受伤，运动员全身穿戴护具。护具包括头盔、面罩、护肩、护胸、护腰、护身、护肘、手套、裤衩、护腿、护踝等。现代冰球护具一般多采用轻体硬质塑料外壳，内衬海绵或泡沫塑料软垫。守门员戴有特制的面罩、手套，加厚的护胸及加厚加宽的护腿。

（四）球杆

用木质材料制成，从根部至杆柄端不能长于147厘米。杆刃不得长于32厘米，宽为5～7.5厘米。守门员球杆杆柄的加宽部分从根部向上不得长于71厘米，不宽于9厘米，杆刃长不超过39厘米，宽不超过9厘米。为了减轻重量现已有碳素材料所制的球杆，在长宽不变的情况下重量减轻，更容易让选手发挥。

（五）冰球

球一般用硬橡胶制成，厚2.54厘米，直径7.62厘米，球重156～170克。

九、冰球运动的基本技术

冰球运动的基本技术包括滑跑技术和与足球运动相近的攻防技术。

滑跑是冰球运动员必须熟练掌握的最基本技术，包括起跑、正滑、倒滑、惯性转弯、压步转弯、急停等技术，还有守门员的特殊滑行技术。冰球运动滑跑的特点主要在于骤然起跑频繁变换方向和频繁急停。

进攻技术包括控制球、传接球、过人、争球和射门等，其中最重要的是射门技术，含有挑射、拉射、击射、补射和弹射等射门方法。

防守技术包括：阻截、抢球、合法冲撞和守门员动作等各种防守技术。

十、冰球运动的基本战术

冰球战术有进攻、防守和以多打少或以少打多等战术。根据战术风格又分为欧洲型打法和北美型打法。前者强调配合，战术多变；后者偏重个人技术，强调强行突击。

战术是比赛中为了战胜对方而采取的攻防方法。它包括以下几个方面内容：

（1）进攻战术：有个人、2～3人和全队的进攻战术，全队进攻战术又可分为快攻和阵地进攻。

（2）防守战术：分为个人防守、2～3人防守和全队防守战术。

（3）“多打少”和“少打多”战术：冰球规则有罚出场2分钟和5分钟的规定，场上可能形成6打5或6打4以多打少局面，这是得分的最好时机，多打少战术就是针对这一情况采取的一种特殊形式的进攻战术；反之少打多则是因队员被罚出场而被迫采取的特殊形式的防守战术。

十一、冰球运动的相关术语

（一）一般性术语

冰球运动 ice hockey
男子冰球：men
女子冰球：women

护具
护胸（护肩）：chest（shoulder）
护肘：elbow guard
手套：ice hockey gloves
护裆：athletic supporter
护腿：leg armour
守门员头盔：goalkeeper helmet
冰球杆：ice hockey stick
冰球场：rink
冰球：puck；rubber
冰鞋：ice skates

运动员
冰球运动员：ice hockey player；puckster；iceman

冰球队：sextet
守门员：goalkeeper；goaltender
锋线：line
前锋：forward
中锋：center forward
边锋：wingman；winger
后卫：defender；defenseman；blueliner
场上队长：captain on the ice；playing captain

工作人员
裁判员：referee
监门员：goal judge
边线裁判员：linesman
处罚计时员：penalty timekeeper

（二）专业性术语

1. 比赛的开球点

红色中线最中间有一个蓝色点，这就是开球点。每局比赛开始或者射中球门以后，双方都要在这个点上争球，以此开始下面的比赛。

2. 争球点

场地上有 8 个点，称为争球点。比赛中，如果攻队队员由本队半场将球直接打过对方球门线形成“死球”，裁判员要鸣笛停止比赛，把球拿回到攻队的守区争球点，双方争球，重新开始比赛。

3. 越位

在球没有进入攻区之前，攻队队员不能先于球进入攻区，否则就是越位。此时，裁判员要鸣笛停止比赛，把球拿回到中区争球点重新争球开始比赛。

4. 合理冲撞

比赛中，运动员可以用肩、胸、臀冲撞对方控球队员，但不得滑行三步以上或跳起来进行冲撞，也不得从背后或距离界墙 3 米以内向界墙方向猛烈冲撞，否则就是非法冲撞。凡是非法冲撞者，裁判员将视情节对其进行 2 分钟小罚或者 5 分钟大罚及附加 10 分钟违例，严重者将被判罚为严重违例或者取消比赛资格。

5. 犯规

因为冰球比赛速度极快，运动员手中又有冰球杆，场上竞争局面如果不得到适度控制，就会出现极不文明甚至危险的现象。因此，规定下列动作都不允许出现：用手推人、抱人，用腿绊人，用肘顶人，用杆钩人、绊人，横杆推阻，将杆举过肩部以上，持坏杆参加比赛，向场外投掷球杆，用杆打人，用杆头刺人或杵人等。出现以上现象，裁判员将视情节给与小罚、大罚、违例或严重违例的处罚。

（三）其他术语

局：period
控球权：possession of the puck
失去控球权：lose control
开（争）球：face-off

中区争球：center face-off
重新争球：reface the puck
在比赛停止的地点争球：last play face-off
裁判员掷球：drop the puck
换人：change players
抱人：holding
扑倒绊人：clipping
用膝顶人：kneeing
踢人：kicking
踢射：kick shot
危险动作：dangerous play
干扰无球队员：interference
非法冲撞：charging
背后撞人：charging from behind
头撞：head-butting
举杆过肩：high-sticking；high sticks
投扔球杆：throw a stick
杆柄杵人：butt-ending
杆刃戳人：spearing
用杆打人：slashing
用杆钩人：hooking
受罚：serve penalty（time）
受罚队员：penalized player
受罚时间：penalty time
违反纪律的处罚：misconduct penalty
取消比赛资格的处罚：match penalty
队小罚：bench minor（penalty）
小罚：minor（penalty）
大罚：major（penalty）；time

十二、冰球运动观赛礼仪

冰球是对抗性较强的冰上集体运动项目之一。在观看冰球比赛之前，观众应提前了解冰球文化。冰球比赛拼抢激烈，在规则允许下，运动员之间可以合理冲撞，观众对此应予以理解，理性支持裁判判罚，不可起哄式地偏袒某一方。

当场球员做出精彩表现时，都应该获得球迷们的掌声，除了一般的射门得分和精彩扑救外，还包括几名球员间的精妙配合。

十三、近五届冬奥会奖牌榜分布

1. 2022 中国北京冬奥会冰球项目奖牌榜（表 3–148 ～表 3–150）

表3–148　男子冰球奖牌榜

排名	国家 / 地区	金牌（枚）	银牌（枚）	铜牌（枚）	总数（枚）
1	芬兰	1	0	0	1
2	俄罗斯奥运队	0	1	0	1
3	斯洛伐克	0	0	1	1
总计		1	1	1	3

表3–149　女子冰球奖牌榜

排名	国家 / 地区	金牌（枚）	银牌（枚）	铜牌（枚）	总数（枚）
1	加拿大	1	0	0	1
2	美国	0	1	0	1
3	芬兰	0	0	1	1
总计		1	1	1	3

表3–150　奖牌总榜

排名	国家 / 地区	金牌（枚）	银牌（枚）	铜牌（枚）	总数（枚）
1	芬兰	1	0	1	2
2	加拿大	1	0	0	1
3	美国	0	1	0	1
3	俄罗斯奥运队	0	1	0	1
5	斯洛伐克	0	0	1	1
总计		2	2	2	6

2. 2018 韩国平昌冬奥会冰球项目奖牌榜（表 3–151 ～表 3–153）

表3–151　男子冰球奖牌榜

排名	国家 / 地区	金牌（枚）	银牌（枚）	铜牌（枚）	总数（枚）
1	俄奥运选手	1	0	0	1
2	德国	0	1	0	1
3	加拿大	0	0	1	1
总计		1	1	1	3

表3-152　女子冰球奖牌榜

排名	国家 / 地区	金牌（枚）	银牌（枚）	铜牌（枚）	总数（枚）
1	美国	1	0	0	1
2	加拿大	0	1	0	1
3	芬兰	0	0	1	1
总计		1	1	1	3

表3-153　奖牌总榜

排名	国家 / 地区	金牌（枚）	银牌（枚）	铜牌（枚）	总数（枚）
1	俄奥运选手	1	0	0	1
1	美国	1	0	0	1
3	加拿大	0	1	1	2
4	德国	0	1	0	1
5	芬兰	0	0	1	1
总计		2	2	2	6

3. 2014 俄罗斯索契冬奥会冰球项目奖牌榜（表 3-154 ～表 3-156）

表3-154　男子冰球奖牌榜

排名	国家 / 地区	金牌（枚）	银牌（枚）	铜牌（枚）	总数（枚）
1	加拿大	1	0	0	1
2	瑞典	0	1	0	1
3	芬兰	0	0	1	1
总计		1	1	1	3

表3-155　女子冰球奖牌榜

排名	国家 / 地区	金牌（枚）	银牌（枚）	铜牌（枚）	总数（枚）
1	加拿大	1	0	0	1
2	美国	0	1	0	1
3	瑞士	0	0	1	1
总计		1	1	1	3

表3-156　奖牌总榜

排名	国家 / 地区	金牌（枚）	银牌（枚）	铜牌（枚）	总数（枚）
1	加拿大	2	0	0	2
2	瑞典	0	1	0	1
2	美国	0	1	0	1
4	瑞士	0	0	1	1
4	芬兰	0	0	1	1
总计		2	2	2	6

4. 2010 加拿大温哥华冬奥会冰球项目奖牌榜（表 3-157 ～表 3-159）

表3-157　男子冰球奖牌榜

排名	国家 / 地区	金牌（枚）	银牌（枚）	铜牌（枚）	总数（枚）
1	加拿大	1	0	0	1
2	美国	0	1	0	1
3	芬兰	0	0	1	1
总计		1	1	1	3

表3-158　女子冰球奖牌榜

排名	国家 / 地区	金牌（枚）	银牌（枚）	铜牌（枚）	总数（枚）
1	加拿大	1	0	0	1
2	美国	0	1	0	1
3	芬兰	0	0	1	1
总计		1	1	1	3

表3-159　奖牌总榜

排名	国家 / 地区	金牌（枚）	银牌（枚）	铜牌（枚）	总数（枚）
1	加拿大	2	0	0	2
2	美国	0	2	0	2
3	芬兰	0	0	2	2
总计		2	2	2	6

5. 2006 年法国都灵冬奥会冰球项目奖牌榜（表 3-160 ～表 3-162）

表3-160　男子冰球奖牌榜

排名	国家 / 地区	金牌（枚）	银牌（枚）	铜牌（枚）	总数（枚）
1	瑞典	1	0	0	1
2	芬兰	0	1	0	1
3	捷克	0	0	1	1
总计		1	1	1	3

表3-161　女子冰球奖牌榜

排名	国家 / 地区	金牌（枚）	银牌（枚）	铜牌（枚）	总数（枚）
1	加拿大	1	0	0	1
2	瑞典	0	1	0	1
3	美国	0	0	1	1
总计		1	1	1	3

表3-162　奖牌总榜

排名	国家 / 地区	金牌（枚）	银牌（枚）	铜牌（枚）	总数（枚）
1	瑞典	1	1	0	2
2	加拿大	1	0	0	1
3	芬兰	0	1	0	1
4	捷克	0	0	1	1
4	美国	0	0	1	1
总计		2	2	2	6

第五节　冰壶

一、冰壶运动的概念界定

冰壶（curling），又称掷冰壶、冰上溜石，被描述为“roarin”游戏，来源于花岗岩石滑过冰面时发出的类似“roar”声音。是以队为单位在冰上进行的一种投掷性竞赛项目，冬奥会比赛项目，设有冰壶世锦赛。设男女 2 个小项，每队为 4 人。

二、冰壶运动的起源与发展

（一）冰壶的起源

关于冰壶的起源发展论早在一百年前就已经开始了，在20世纪初有两种观点。一种观点认为冰壶运动起源于苏格兰，另一种观点认为冰壶运动起源于欧洲大陆，且两者都能找到相关的理论依据。

1. 苏格兰起源说

冰壶运动起源于苏格兰，至今已有500多年的历史，14世纪苏格兰流行在冰上进行一种类似地滚球的游戏早，又叫“冰上溜石”。在苏格兰佩斯利修道院发现了，这项运动的记载，一群人在结冰的湖泊和池塘上滑石子。尽管一些文献记载冰壶运动最早开始于欧洲大陆，但苏格兰的冰壶记载可以追溯到16世纪初，这是迄今为止最早的记载。

证据一：苏格兰都布莱恩的一个干涸的池塘中发现一块砥石（溜石），砥石明显经过精心打磨，略呈方形，且砥石的一侧有用来抓握沟槽，相当于现代冰壶的壶柄。砥石重二十六磅，大约是现代冰壶一半的重量。最重要是上面刻有1511年以及所有者的名字的字样，这是迄今世界上发现最早的冰壶。

证据二：1761年，苏格兰中部斯特林夏地区的冰壶爱好者组织了第一个俱乐部为此特意人工修建了一个100米×250米的浅水池塘，专门用于冬天的冰壶练习和比赛。并且作为历史见证，这个池塘迄今存在。

证据三：苏格兰人制定最早的冰壶比赛规则。1838年，苏格兰Grand Caledonian冰壶俱乐部成立，同年还制定了冰壶运动的初步规则，这标志着冰壶运动从此登上了冬季竞技体育的历史舞台。

证据四：现代制作冰壶的优质石料仅在苏格兰福斯阿利斯岛。

2. 欧洲大陆起源说

主张欧洲大陆起源的学者认为：冰壶运动起源于欧洲大陆，并通过欧洲著名的古代艺术作品所描绘的类似冰壶比赛场景得到证实。例如，荷兰画家彼得·布鲁格尔在1565年完成的《雪中狩猎》和《冬景》两幅油画中都有冰壶场景的体现。

这些艺术作品中都记录了人们在冬季结冻的冰上进行游戏的场面。游戏者在冰面上向目标点投掷一圆形物体，并随物体一起滑行，游戏近似于现代的冰壶运动，这种游戏在奥地利民间曾经盛行一时，并且一直流传至今。因此，一些学者推断冰壶运动起源于欧洲大陆。

尽管对于冰壶运动的发源地目前还有争论，但是人们都承认这一事实，那就是苏格兰对于冰壶运动的卓越贡献：最早的冰壶在苏格兰发现，世界上最早的冰壶俱乐部成立于苏格兰，当时从事冰壶运动的人口数量最多，苏格兰制定最早的冰壶比赛规则。因此，当我们谈起冰壶运动历史的时候，我们总是不可避免地提到苏格兰。

（二）冰壶的发展

冰壶运动首次以表演项目的形式出现在奥运会上是在1924年的法国巴黎奥运会上，并在1932年、1936年、1964年、1968年、1988年和1992年先后六次被列为奥运会的表演项目。1966年国际冰壶联合会成立，1991年改为世界冰壶联合会，同时获得了国际奥委会的承认。冰壶曾于1924和1993两次国际奥委会决定，从1998年日本长野第十八届冬季奥运会开始，冰壶列为冬奥会正式比赛项目。在亚洲，冰壶从2003年第五届日本青森亚洲冬季运动会开始列为正式比赛项目。

小资料：世界冰壶联合会

世界冰壶联合会（world curling federation，WCF）成立于 1966 年 4 月 1 日，发起国有苏格兰、加拿大、美国、瑞典、挪威和瑞士，当时名为国际冰壶联合会（ICF），1991 年改用现名。现有 64 个协会会员。工作用语为英语。冰壶被列为 1988 年和 1992 年冬季奥运会的表演项目，1998 年在长野冬奥会上被列为正式比赛项目。

现任主席苏格兰人罗伊（Sinclair Roy），秘书长迈克·汤普森（Mr Thomson Mike），总部设在英国。

1. 冰壶运动在欧洲

苏格兰人民首先开展这项运动。由于苏格兰冬天比较寒冷，人们不得不放弃高尔夫球，转向这项冰壶运动，并且很快流行起来。邻居对邻居、村庄对村庄，苏格兰整个冬天都被火热的冰壶运动所占据。当时每年举行全国性的大型比赛，人们从四面八方赶到比赛场地，几千人在冰冻的湖泊上同时比赛，场面异常壮观。尽管现在冰壶运动在加拿大等其他国家开展得更好，但当年苏格兰人对冰壶运动的狂热是现在任何国家都无法相比的。

冰壶运动在欧洲大陆也有着悠久的历史，19 世纪中后期，瑞典、瑞士和挪威居于前列，20 世纪以后，德国、意大利、丹麦及奥地利等国家发展迅速，并后来居上，跻身世界冰壶强国之列。当今冰壶运动在欧洲发展得异常火爆，几乎所有欧洲国家都开展冰壶项目，并多次在国际大赛上取得好成绩。从世界锦标赛参赛名额的分配看，欧洲国家占全部 12 个席位的 8 个名额，可见欧洲国家在世界冰壶运动上居统治地位。

2. 冰壶运动在北美

随着英国人移居新大陆，冰壶运动来到了北美。冰壶运动在加拿大的历史虽然没有苏格兰长，但是它同样深深地在这里扎根。

到 1807 年，北美第一个冰壶俱乐部皇家曼垂尔冰壶俱乐部在加拿大成立。从开始引进，经过几个时期的发展，现在冰壶运动已成为加拿大人生活的一部分。20 世纪初，通过加拿大冰壶爱好者的努力，使这项运动的比赛规则和方法更加完善，并由室外逐渐移入室内，并于 1927 年举行首次全国冰壶比赛。首届世界冰壶锦标赛始于 1959 年，最初称为苏格兰威士忌杯赛，1968 年改称加拿大银扫帚锦标赛，1986 年正式定名为世界冰壶锦标赛。

加拿大的冰壶运动普及程度非常高，随处可见冰壶俱乐部。有人这样形容：在加拿大随处可见三个建筑物，一个是邮局，一个是银行，还有一个就是冰壶馆，由此可见冰壶运动在加拿大的普及程度。

美国比邻加拿大，与加拿大接壤的五大湖地区冰壶运动非常普及，同样也是世界冰壶强国。早在 19 世纪 30 年代美国就出现了冰壶俱乐部，以后冰壶运动在美国大城市如雨后春笋般发展起来。20 世纪五六十年代，美国冰壶运动发展到顶峰，几乎北方所有的州都开展冰壶运动，并且成立了国家和地方冰壶协会。虽然 1957 年在芝加哥举办了第一届美国男子冰壶锦标赛，但由于美国忽视冰壶后备人才的培养，加上传统项目，如棒球、篮球、冰球对青少年的吸引，直到 20 世纪 90 年代冰壶被确定为奥运会正式比赛项目以后，美国人才重新燃起对冰壶运动的狂热，并取得平常冬奥会该项目的金牌。

3. 冰壶运动在亚洲

冰壶运动对于亚洲来说还是新兴项目，亚洲冰壶运动起源于日本。1937 年，日本奥委会为备战 1940 年札幌冬季奥运会将冰壶运动引入日本长野县，并利用从德国带回的冰壶器材在长野县之取访湖上举行了一场冰壶表演赛，这是冰壶运动第一次在亚洲现身。之后因第二次世界大战原因，使冰壶运动在日本并没有得到很好的发展和普及。直到1968年，冰壶运动经加拿大专家培训传入日本。到1980年，加拿大阿尔伯塔省和日本北海道进行体育交流，冰壶作为交流中的一个项目，加拿大前冰壶世锦赛冠军队成员乌斯利亚克应邀在北海道的21个町市巡回开办冰壶技术讲习班，由此极大地推进了冰壶运动在北海道和日本国内的普及和发展速度，后来又传入韩国及其他国家。

目前，中国、日本、韩国在亚洲处于领先地位。另外，澳大利亚和新西兰也开展冰壶项目，并与亚洲国家一起参加太平洋冰壶锦标赛，争夺参加世界冰壶锦标赛的席位。

4. 其他国家和地区

非洲国家尽管还没有参加世界大型比赛，但南非在20世纪70年代就已经开展冰壶运动。

三、中国冰壶运动的起源与发展

我国开展冰壶项目较晚，1993年我国开始接触冰壶运动，1995年正式引进这项运动。同年3月，第一届冰壶讲习班在黑龙江省哈尔滨市成功举行。

1996—1998年，第二届至第四届冰壶培训班举行，在东北地区掀起了一个学习高潮，并在1997年成功举办了全国首届邀请赛。

随着日本冰壶协会与黑龙江省冰壶运动交流的深入，进一步促进了我国冰壶运动的发展，提高了我国冰壶运动的竞技水平，与此同时，黑龙江省冰壶运动队代表中国第一次走出国门参加世界比赛。

2001年，我国举行了第一次全国冰壶锦标赛，共有男女10支队伍参加了比赛。尽管当时参赛运动队技战术水平很低、裁判员对规则的理解和把握度较差，主办方也存在经验不足的情况，但我们还是顺利地完成了赛事，并不断总结、提高、完善，使这一赛事每年都进行并延续至今。

2000年哈尔滨市体校成立冰壶队；2001年哈尔滨市体工队成立我国第一支专业冰壶运动队，开始专业化训练；2002年加入世界冰壶联合会，并正式派队参加太平洋青年冰壶锦标赛；2003年全国第十届冬季运动会冰壶项目首次成为正式比赛项目；2004年国家冰壶队走出国门到加拿大进行训练、比赛，并在太平洋冰壶锦标赛获得世界锦标赛参赛资格；2005年我国女子冰壶队首次在世锦赛上亮相并取得第七名的成绩；2006年世锦赛上女队又获得第五名的好成绩；2007年，成功举办了太平洋青少年冰壶锦标赛、亚洲冬季运动会冰壶比赛，标志着冰壶运动在我国的开展有了质的变化。接连获得了男子太平洋比赛2007—2010年四连冠、女子太平洋比赛2007—2009年三连冠的好成绩，在2008年世界冰壶锦标赛上，中国女子冰壶队获得一枚宝贵的银牌。同年，我国男子冰壶也取得世锦赛第四名的历史性突破，标志着中国冰壶跻身世界冰壶强队之列。

2009年是中国冰壶项目最辉煌的一年，世界大学生冬季运动会在我国哈尔滨举行，冰壶项目作为传统冬季项目被列入其中。我国作为东道主参加男、女项目的比赛，并取得女子第一名、男子第三名的成绩，这是我国开展冰壶项目以来在国际大赛上取得的最好成绩，从而使更多的中国人开始关注冰壶项目。在其后的2009年女子冰壶队世锦赛上，我国冰壶健儿又获得了一枚宝贵的金牌，使中国冰壶队为世人所瞩目。

凭借三年世锦赛的积分，男、女冰壶队也获得了2010年温哥华第二十一届冬奥会的参赛资格，更为可喜的是第一次参加冬季奥运会，我国队员就获得了女子冰壶的铜牌、男子冰壶的第八名，这一表现与取得的成绩更是令我们振奋；同年的泛太平洋冰壶锦标赛中国男女队分获冠亚军。2011年，在南京奥体中心举行太平洋冰壶锦标赛中，中国男、女队再次双双夺冠；2012年中国伊春女子冰壶国际邀请赛，中国女子冰壶队惜败加拿大队获得亚军；2013年世界冰壶锦标赛，中国男子冰壶队取得第六名，获得2014年索契冬奥会“门票”；2014年，索契冬奥会，中国男子冰壶队取得了第四名，这也是有史以来男子冰壶的最佳战绩；同年的世界女子冰壶锦标赛上，中国队以全新的组合阵容参赛，最终取得第七名；2015年女子冰壶世界锦标赛中，中国队最终排名第五，创造了近四届世界赛的最好成绩。

中国冰壶队在短短的七年正规训练的时间里经历了探索、创业、挫折、失败与成功的艰辛过程，走进了世界冰壶先进的行列，这是中国冰壶队在冰壶运动史上创造的一个奇迹。

四、冰壶运动的赛事及项目

（一）国际赛事

1. 国际冬季奥林匹克运动会

冰壶作为表演项目出现在1932年的普莱西德湖冬奥会上，男、女队分别出现在1988年的卡尔加里冬奥会和1992年的阿尔贝维尔冬奥会。2003年冰壶第一次出现在了世界大学生冬季运动会和亚洲冬季运动会上，同年，中国加入世界冰壶联合会。

2. 亚洲冬季运动会

亚洲冬季运动会简称亚冬会，是亚洲冬季规模最大的综合性运动会，由亚洲奥林匹克理事会的成员国轮流主办。自1986年开始第一届，每四年举办一届，截至2022年共举办了八届（2021年第九届亚洲冬季运动会未举行）。国际奥林匹克委员会承认亚洲冬季运动会为正式的亚洲地区冬季运动会。

3. 世界冰壶锦标赛

冰壶世界锦标赛始于1959年，最初称为苏格兰杯赛，1968年改为加拿大银扫帚锦标赛，1986年正式定名为世界掷冰壶锦标赛。1966年国际掷冰壶联合会（ICF）成立，1991年改为世界掷冰壶联合会（WCF），同时获得了国际奥委会的承认。1979年开始举行世界女子冰上溜石锦标赛。创办以来，已有30多个国家和地区加入了该组织。

世界冰壶锦标赛是除冬奥会外最高水平的冰壶比赛，每年举办一次，由世界冰壶联合会主办，包括世界男子冰壶锦标赛、世界女子冰壶锦标赛和世界混合冰壶锦标赛。比赛名次将决定晋级冬奥会的名额，因此比赛受到了高度重视。

除上述赛事外冰壶的国际主要赛事还有世界少年冰壶锦标赛和欧洲冰壶锦标赛等。

（二）国内赛事

1. 中华人民共和国冬季运动会（National Winter Games of the People’s Republic of China）

中华人民共和国冬季运动会，简称“全国冬运会”或“冬运会”，是中国规模最大、级别最高的冬季综合性体育赛事，每四年举办一次，第一届于1959年2月在哈尔滨和吉林市举行。此后基本上是每四年举办一次，到2022年已举办十三届（第二届停办但届次照算，第十四届延期）。第一至第四届作为全国运动会的冬季项目，与全运会的夏季项目一并作为一项赛事举办。1983年以后，冬季运动会从全国运动会中分离，另行举办。

2. 全国冰壶锦标赛

全国冰壶锦标赛，由国家体育总局冬季运动管理中心、中国冰壶协会主办，青海多巴国家高原体育训练基地承办。2017年全国冰壶锦标赛在青海多巴国家高原体育训练基地举行。有北京、上海、黑龙江、内蒙古等多个省、直辖市、自治区的共30支队伍参赛。比赛分男子组、女子组，比赛采用国际冰壶竞赛规则。赢得男子组和女子组前8名的队伍将获得全国冠军赛资格，取得男子组和女子组前4名的队伍将获得国家队选拔赛资格。

3. 全国冰壶冠军赛

全国冰壶冠军赛，由国家体育总局冬季运动管理中心主办，黑龙江省体育局、黑龙江省冬季运动项目管理中心承办。比赛采用单循环制，男、女队伍将在四条赛道上穿插开赛，积分前四的队伍将进入半决赛。

2017 年 4 月 25 日全国冰壶冠军赛在哈尔滨落下帷幕，黑龙江冰上训练中心一队和哈尔滨一队分获男女冠军。

五、冰壶运动员的运动技术等级标准

（一）国际级运动健将

凡符合下列条件之一者，可申请授予国际级运动健将称号：冬季奥运会、世界锦标赛前 8 名（含男子、女子、混合双人）。

（二）运动健将

凡符合下列条件之一者，可申请授予运动健将称号：

（1）冬季奥运会第 9 ～ 10 名（含男、女、混合双人）。

（2）世界锦标赛第 9 ～ 13 名（含男、女、混合双人）。

（3）世界大学生冬季运动会、世界青年锦标赛前 6 名。

（4）亚洲冬季运动会、亚太锦标赛、全国冬季运动会前 3 名。

（5）全国锦标赛、全国冠军赛、全国混合双人冰壶锦标赛前 2 名。

（6）全国混合四人冰壶锦标赛第 1 名。

（三）一级运动员

凡符合下列条件之一者，可申请授予一级运动员称号：

（1）世界大学生冬季运动会、世界青年锦标赛第 7 ～ 10 名。

（2）世界青年锦标赛 B 组第 1 ～ 3 名。

（3）全国冬季运动会第 4 ～ 6 名。

（4）全国锦标赛、全国冠军赛、全国混合双人冰壶锦标赛第 3 ～ 4 名。

（5）全国混合四人冰壶锦标赛第 2 ～ 3 名。

（6）世界中学生冬季运动会、全国青年运动会、全国青年锦标赛、全国青少年锦标赛、全国 U 系列比赛第 1 名。

（四）二级运动员

凡符合下列条件之一者，可申请授予二级运动员称号：

（1）全国冬季运动会第 7 ～ 10 名。

（2）全国锦标赛、全国冠军赛、全国混合双人冰壶锦标赛第 5 ～ 8 名。

（3）全国混合四人冰壶锦标赛第 4 ～ 6 名。

（4）世界中学生冬季运动会、全国青年运动会、全国青年锦标赛、全国青少年锦标赛、全国 U 系列比赛第 2 ～ 3 名。

（5）全国大学生冰壶锦标赛第 1 ～ 2 名、全国中学生冰壶锦标赛第 1 名。

（6）省（区、市）体育行政部门主办的综合性运动会、锦标赛第 1 名。

（五）三级运动员

凡符合下列条件之一者，可申请授予三级运动员称号：

（1）世界中学生冬季运动会、全国青年运动会、全国青年锦标赛、全国青少年锦标赛、全国 U 系列比赛第 4 ～ 6 名。

（2）全国大学生冰壶锦标赛第 3 ～ 4 名、全国中学生冰壶锦标赛第 2 ～ 3 名。

（3）省（区、市）体育行政部门主办的综合性运动会、省（区、市）体育行政部门主办的锦标赛第 2 ～ 4 名。

注：①可授予等级称号的小项（以下小项外的其他小项不得授予等级称号）：男子、女子、混合双人、混合四人；②上述国际比赛须至少有 5 队上场比赛，全国比赛须至少有 10 队上场比赛，省级比赛须至少有 6 队上场比赛，方可授予等级称号；③上述比赛未明确组别的，则仅最高水平组别可授予等级称号；④根据比赛秩序册中各队的名单信息，四人制比赛每队最多可报 5 名运动员，混合双人比赛每队最多可报 2 名运动员；⑤上述条款中“替补”如在所在项目或预、决赛场上都未上场参赛，将不授予等级称号；⑥上述条款中“参赛”指报名且上场参赛。相关证明由比赛组委会提供。

六、冰壶运动的规则

（一）比赛规则

冰壶比赛时，每场由两支球队对抗进行，每队由 4 名球员组成，比赛共进行 10 局。两队每名球员均有两个冰壶，即有两次掷球机会。两队按一垒、二垒、三垒及主力队员的顺序交替掷球，在一名队员掷球时，由两名本方队员手持冰壶刷在冰壶滑行的前方快速左右擦刷冰面使冰壶能准确到达营垒的中心。同时对方的队员为使冰壶远离圆心，也可在冰壶的前面擦扫冰面。球员掷球时，身体下蹲，蹬冰脚踏在起蹬器上用力前蹬，使身体跪式向前滑行，同时手持冰壶从本垒圆心推球向前，至前卫线时，放开冰壶使其自行以直线或弧线轨道滑向营垒中心。掷球队员在力求将冰壶滑向圆心的同时，也可在主力队员的指挥下用冰壶将对方的冰壶撞出营垒或将场上本方的冰壶撞向营垒圆心。最后当双方队员掷完所有冰壶后，以场地上冰壶距离营垒圆心的远近和双方队员掷出的石离大本营中心的个数多少来计算得分并决定胜负。每壶 1 分，积分多的队为胜。

比赛分两队进行，两队各有 4 名球员，轮流丢掷壶，以赛前双方掷点离圆心近者先掷。每局在每队交替掷球，每人分别丢掷两壶，八人共十六壶后则一局结束。

一场比赛需两组冰壶，每组各 8 颗，以不同颜色的壶体辨识已方和对方冰壶。传统上，在第一局中，不拥有最后一壶掷壶权的一队，可选择该队的球色。

（二）球员及其位置

1. 球员

主将应领导球赛，做出迎战对策的指示。当队员掷壶时，主将应持冰壶刷，作为掷壶的标志物，并指示壶的旋转方向及应滑行之距离，使队员了解掷壶的目的；使刷冰员决定应如何刷冰，因为刷冰可使冰壶增加滑行距离、同时减少行进之曲度。

掷球队员投掷冰壶滑向圆心、撞出营垒对方冰壶或将场上本方的冰壶撞向营垒圆心。

扫冰队员使用刷子快速在冰上刷动，以改变冰壶石的滑行方向和速度。

2. 比赛站位

为避免拥挤，比赛规则对于球员的位置也有所规定。

非掷壶队：主将及副将可站立于标的端之底线后方，主将也可立于掷壶队之主将之后。下一顺位之掷壶员可站在后板附近，而其他队员则可站在冰道底端之后或两栏线之间。

掷球队：持冰壶刷之主将（或副将）可立于标的端圆心线后方之任何位置。

3. 特殊情况

若掷壶员未在球抵达掷壶端栏线之前将球离手，则另队有权选择该球之处理方式：

（1）仍视该壶为有效。

（2）将该壶视为出局，并将所有受该壶碰撞之局内壶放为原位。

4. 意外受触

当冰壶掷出后，正在滑行时，若掷壶方的球员（通常是刷冰员）不慎以身体、衣服或是冰壶刷碰触此壶，此壶即视为受触壶。在其滑行完成后，另队可就以下三者任择之一，对该壶进行处分：

（1）仍视该壶为有效。

（2）将该壶视为出局，并将所有受该壶碰撞之局内球放为原位。

（3）估算若壶未受碰触，则场中各壶的位置应会如何。并将场中各壶移至其估算之位置。

（三）刷冰规则

掷壶方的刷冰员可在两圆心线间为己方任何在移动中的壶刷冰。但在圆心线之后，每队仅有 1 名球员可为己方的壶刷冰，且仅有主将可为对方的壶刷冰。

（四）计分规则

拥有位于圆垒中、位置最接近圆垒中心的壶的所属队伍得分。该队每颗位于圆垒中、位置较另队所有壶都更接近圆心的壶皆可获计一分。在移动任何壶之前，两队三垒应对得分情形获得共识。

（五）测量规则

若属于不同队之两颗壶无法判定何者较接近圆心时，除非另有壶更接近圆心，该局将被视为不计分。

七、冰壶运动的场地

冰壶场地是一个长 44.5 米、宽 4.32 米的冰道，冰道的横截面是 U 型的（因为 U 型的冰面可以帮助高水平运动员打出弧线球）。冰道的一端画有一个半径为 1.83 米的圆圈作为球员的发球区，称为本垒。冰道的另一端也画有一圆圈，称为营垒。营垒是由 4 个半径分别为 0.15 米、0.61 米、1.22 米和 1.83 米的同心圆组成。外面两圆之间涂为红色。在场地两端各装有一个斜面橡胶起蹬器。在冰壶场地前后两端各有一条蓝色的实线称为“前卫线”和“后卫线”。冰壶掷出后，如果未进前卫线或越过后卫线都视作无效，将被清出场外。

边线：任何接触到边线的冰壶都被视为出局，应立即从场地中移开。

圆垒：冰道两端各一个，由数个同心圆所构成。

起滑架：位于场地边缘与圆垒之间，球员在掷壶时可借此将腿后蹬而向前。

圆心线：掷壶时，若壶已通过掷壶区的圆心线，则不可再重掷。壶掷出后，己方的刷冰员可在壶通过标的区的圆心线之前进行刷冰；之后，则对方将有主权进行刷冰，以使壶离开圆心。

栏线：掷壶时，球员必须在掷壶区的栏线之前将壶离手。掷壶后，若壶未完全通过标的区的栏线便停止，则此壶视为出局。但若曾与在局中的壶发生碰撞，则该壶无须完全通过栏线。

分区：前卫线到大本营之前分为 1 ～ 3 区，大本营分为 4 ～ 10 区，7 区是圆心，底线和踏板之间是第 11 区。

八、冰壶运动的装备器材

冰壶运动者装备包括冰壶、比赛用鞋和冰壶刷。

1. 冰壶

冰壶由直径 30 厘米、高 11.5 厘米、重 19.1 千克（不含云母）的苏格兰天然花岗岩石凿磨制成，且世界上所有的制造优质冰壶用的天然花岗岩均产自苏格兰近海的一个小岛，也只有苏格兰人才掌握着制作世界顶尖水平冰壶的技术。

2. 比赛用鞋

参赛队员脚穿比赛专用鞋，两鞋底部质地不同，蹬冰脚的鞋底为橡胶制成，而滑行脚的鞋底为塑料制成。运动员手里拿的是鞋套，平时套上鞋套保护滑板，不仔细看与普通鞋外形基本一致；蹬冰脚的鞋头正面前部粘有保护层，因为比赛中掷壶时这一部分向下需要与冰面接触产生摩擦。

3. 冰壶刷

冰壶刷采用合成鬃或者马鬃制成，比赛中适当的“扫刷”能够融化冰表面，使冰能够融化成薄薄的一层水，这样做能够减小“砥石”与冰面的摩擦，这样，冰壶可以走得更远。同时，也可以利用扫刷使冰壶改变前进方向，达到弧线的效果。

九、冰壶运动的基本技术

从冰壶的比赛目的来讲，投掷这一环节，既是技术，也是战术，因为战术就决定了如何投壶，而投壶是否准确又取决于投壶的技术能力，一个高技术含量的投壶配合主将的指挥以及良好的刷冰能够决定一局比赛的胜负。

（一）握法

冰壶不仅是用手握的或手握在掌心深处，更需要手指与手掌的密切配合。用力的手指握紧冰壶控制好持续投壶的动作是非常重要的。投壶时有大旋转技巧和小旋转技巧。

（二）投掷方法

双方队员掷出的壶离大本营中心的个数多少来计算得分并决定胜负。以距离对方队大本营中心壶的个数来决定胜负。

（1）运动员蹲下身体并做成将上身坐在大腿上侧的姿势，伸直手臂把冰壶轻松地放在自己的前方。垂直肩部、伸直手臂、靠拢膝盖、端正身体。在身体放松的情况下，控制好平衡是非常重要的。

（2）在将冰壶向前稍微移动的同时开始投壶。在做投壶动作之前，要先把躯干部分抬起。

（3）保持好伸直的手臂与垂直的肩部，关键是在抬起躯干的时候。其余只要掌握好冰壶的握法与自我控制，并以正确的姿势投出冰壶便不会失误。

（4）冰壶是由肩部用力而投出去的。靠伸直的肩部前后摇摆来调节投壶的距离。重要的是要控制好小横步，实际就是脚的转弯度。做投壶运动时保持好重心也是非常重要因素之。把身体的重心移到右侧稍微弯曲的脚上，用左脚来控制并掌握平衡。

（5）把冰壶提到自己的前方，伸直手臂然后把脚慢慢地移到冰壶的后方。因为身体的重心要从后脚移到向前弯曲的前脚上，所以要掌握好平衡，也可以借助冰壶刷的手来调节平衡。

（6）投壶运动员把冰壶充分地提到自己的前方，右脚伸直至后方并将身体向前移动，使肩部垂直于帮助调节平衡的冰壶刷是非常重要的。投出壶的瞬间，前胸落到膝盖的内侧，冰壶脱手而出，飞向目的地。这时身体完全保持平衡，甚至不用冰壶刷来支撑。

（7）投壶结束后，身体伸展到最低、最远的程度，到最后的一个动作完成为止肩部保持垂直，手臂也要伸出去。为了不养成坏习惯，投出冰壶后使身体保持最低的姿势，直到投壶结束为止。

十、冰壶运动的相关名称

（一）项目名称

男子冰壶：Men
女子冰壶：Women
混双冰壶：Mixed Doubles

（二）专业性术语

一个冰壶队有 4 个队员，即第四号队员（拿刷子的队员），第三号队员（或副刷子队员），第二号队员和首号队员（最先掷壶队员）。在每次掷壶中所有的队员都参与，要有一个掷壶，两个刷子，一个呼叫策略。

得分区（division of curling）：直径 3.65 米，带有四个中心圈，内面直径 2.44 米。

赛区（area）：44.5 米的赛区，赛区设计两个方向均可使用。

拉引击石（pull lead stone）：这是最基本并最广为应用的射击，即将冰壶掷在得分区之前或得分区内。

防卫击石（defense stone）：将冰壶掷在拱线（hog line）和得分区（house）之间用来防御对手的冰壶进入得分区。

敲退击石（knockback stone）：将冰壶放在一个或是多个已经存在场上的冰壶的前面。就是将对手的冰壶轻敲挤退远离得分中心线（tee line），但不将它击出，而使其停在掷壶者的冰壶的后面，如此一来对方便很难将这颗冰壶击出场。

通道击石（stone striking in curling channel）：在两颗冰壶中间的缝隙叫作“Port”（通道），当掷壶者需要让他的冰壶通过两颗或是多阻碍壶时，他便需要掷出一个通道击石。

晋升击石（promotion stone striking）：将一颗在得分区（house）之前的冰壶，即由射壶撞击到更接近得分区的中心（tee）。同时这颗射壶被晋升到中心壶起到卫兵壶的作用。

晋升移除掷石（promotion remove throwing stone）：一颗冰壶被射壶撞击之后，往后推进并碰击到对方的冰壶，而使对方的冰壶被驱离得分区（house）或出局的射击。

精彩击石（curling）：若希望将冰壶掷到一颗卫兵壶的后面；或是希望将一颗被保护得很好的冰壶击出场，有一种方式是将冰壶丢掷去撞击一颗停在外围的冰壶，然后让掷壶转向朝目标地方向前进。这种射击是最精彩的射击之一，因为这种射击通常会出现意想不到的结果。

奉送击石（freebies）：奉送击石有两种形式分别是两颗或多颗，冰壶十分接近或甚至靠在一起。一种情况是连接两个冰壶中心的线，朝（指）向得分区中心或目标区；另外一种情况是两颗冰壶接点的切线，朝（指）向得分中心或目标区。

削剥击石（peel）：当你的队处于领先的状况，或是你的对手有一颗冰壶石在得分区中，并被很好地保护着，你会希望移除在得分区之前的障碍（卫兵）壶。当这种情况存在时，这个射击会被称为削剥击石。削剥击石涉及到移除一个在得分区之前的冰壶，而射壶和被移除石同时撞出局，而没有进入（经过）得分区，以免造成任何损失。有时，利用撞击推进卫兵壶，去移除被卫兵壶保护的冰壶，会是一个好的策略。但是这个策略也有很大的风险，一点小小的失误，你的射壶就会留在原地成为对方的卫兵，并奉送对手一个机会再放一个卫兵壶或是放另一冰壶到得分区中。

十一、近五届冬奥会奖牌榜分布

1. 2022 中国北京冬奥会冰壶项目奖牌榜（表 3–163 ～表 3–166）

表3–163　男子冰壶奖牌榜

排名	国家 / 地区	奖牌获得者	成绩（分）	金牌（枚）	银牌（枚）	铜牌（枚）	总数（枚）
1	瑞典	克里斯托弗・松德格伦 / 拉斯穆斯・弗拉纳 奥斯卡・埃里克松 / 尼克拉斯・埃丁	5	1	0	0	1
2	英国	哈米・麦克米伦 / 博比・拉米 格兰特・哈迪 / 布鲁斯・莫阿特	4	0	1	0	1
3	加拿大	杰夫・沃克 / 布雷特・加伦特 马克・尼科尔斯 / 布拉德・古休	8	0	0	1	1
总计				1	1	1	3

表3–164　女子冰壶奖牌榜

排名	国家 / 地区	奖牌获得者	成绩（分）	金牌（枚）	银牌（枚）	铜牌（枚）	总数（枚）
1	英国	黑莉・达夫 / 珍妮弗・多兹 薇姬・赖特 / 伊芙・缪尔黑德	10	1	0	0	1
2	日本	吉田夕梨花 / 铃木夕湖 吉田知那美 / 藤沢五月	3	0	1	0	1
3	瑞典	索菲娅・马贝里斯 / 昂尼丝・克诺肯豪尔 莎拉・麦克马纳斯 / 安娜・哈塞尔堡	9	0	0	1	1
总计				1	1	1	3

表3–165　混合双人冰壶奖牌榜

排名	国家 / 地区	奖牌获得者	成绩(分)	金牌（枚）	银牌（枚）	铜牌（枚）	总数（枚）
1	意大利	斯特凡尼娅・康斯坦丁尼 / 阿莫斯・莫萨纳	8	1	0	0	1
2	挪威	克丽斯廷・斯卡斯利恩 / 芒努斯・内德雷戈滕	5	0	1	0	1
3	瑞典	阿尔米达・德瓦尔 / 奥斯卡・埃里克松	9	0	0	1	1
总计				1	1	1	3

表3–166　奖牌总榜

排名	国家 / 地区	金牌（枚）	银牌（枚）	铜牌（枚）	总数（枚）
1	英国	1	1	0	2

续表

排名	国家 / 地区	金牌（枚）	银牌（枚）	铜牌（枚）	总数（枚）
2	瑞典	1	0	2	3
3	意大利	1	0	0	1
4	挪威	0	1	0	1
4	日本	0	1	0	1
6	加拿大	0	0	1	1
总计		3	3	3	9

2. 2018 韩国平昌冬奥会冰壶项目奖牌榜（表 3-167 ～表 3-170）

表3-167　男子冰壶奖牌榜

排名	国家 / 地区	奖牌获得者	成绩(分)	金牌（枚）	银牌（枚）	铜牌（枚）	总数（枚）
1	美国	约翰・兰德施泰纳 / 马修・汉密尔顿 泰勒・乔治 / 约翰・舒斯特	10	1	0	0	1
2	瑞典	克里斯托夫・桑德格伦 / 拉斯姆斯・拉娜 奥斯卡尔・埃里克森 / 尼可拉斯・埃丁	7	0	1	0	1
3	瑞士	瓦兰丁・坦纳 / 皮特・德・克鲁兹 科拉迪奥・佩兹 / 本奥特・施瓦茨	7	0	0	1	1
总计				1	1	1	3

表3-168　女子冰壶奖牌榜

排名	国家 / 地区	奖牌获得者	成绩(分)	金牌（枚）	银牌（枚）	铜牌（枚）	总数（枚）
1	瑞典	萨拉・马博格斯 / 阿格尼丝・克诺亨豪尔 索菲亚・麦克马纳斯 / 安娜・哈塞尔伯格	8	1	0	0	1
2	韩国	金英美 / 金善英 / 金敬爱 / 金恩静	3	0	1	0	1
3	日本	吉田夕梨花 / 铃木夕湖 吉田知那美 / 藤泽五月	5	0	0	1	1
总计				1	1	1	3

表3-169　混合双人奖牌榜

排名	国家 / 地区	奖牌获得者	成绩（分）	金牌（枚）	银牌（枚）	铜牌（枚）	总数（枚）
1	加拿大	约翰・莫里斯 / 凯特琳・劳斯	10	1	0	0	1
2	瑞士	马丁・里奥斯 / 珍妮・佩莱	3	0	1	0	1

续表

排名	国家 / 地区	奖牌获得者	成绩（分）	金牌（枚）	银牌（枚）	铜牌（枚）	总数（枚）
3	挪威	马库斯·内德莱格腾 / 克里斯蒂·斯卡斯利恩	4	0	0	1	1
总计				1	1	1	3

表3-170　奖牌总榜

排名	国家 / 地区	金牌（枚）	银牌（枚）	铜牌（枚）	总数（枚）
1	瑞典	1	1	0	2
2	美国	1	0	0	1
2	加拿大	1	0	0	1
4	瑞士	0	1	1	2
5	韩国	0	1	0	1
6	日本	0	0	1	1
6	挪威	0	0	1	1
总计		3	3	3	9

3. 2014 俄罗斯索契冬奥会冰壶项目奖牌榜（表 3–171 ～表 3–173）

表3-171　男子冰壶奖牌榜

排名	国家 / 地区	奖牌获得者	成绩（分）	金牌（枚）	银牌（枚）	铜牌（枚）	总数（枚）
1	加拿大	布兰德·雅各布斯 / 雷恩·弗莱 E.J. 哈登 / 瑞恩·哈登 卡乐比·弗莱克里	9	1	0	0	1
2	英国	大卫·默多克 / 格雷格·德拉蒙德 斯考特·安德鲁斯 / 迈克尔·古德法罗 汤姆·布鲁斯特	3	0	1	0	1
3	瑞典	尼可拉斯·埃丁 / 塞巴斯提安·克劳普 弗里德里克·林德伯格 / 维克托·克雅尔 奥斯卡尔·埃里克森	6	0	0	1	1
总计				1	1	1	3

表3-172　女子冰壶奖牌榜

排名	国家/地区	奖牌获得者	成绩(分)	金牌(枚)	银牌(枚)	铜牌(枚)	总数(枚)
1	加拿大	詹妮弗·琼斯/凯特琳·劳斯 吉尔·奥菲瑟/克里斯丁·沃尔 达恩·阿斯金	6	1	0	0	1
2	瑞典	普里茨·伯特鲁普/玛丽亚·温纳斯特罗姆 玛格丽莎·希格弗雷德松/艾格尼丝·诺肯豪尔 马娅·普里茨	3	0	1	0	1
3	英国	薇姬·亚当斯/劳伦·格雷 克莱尔·汉密尔顿/伊娃·穆尔海德 安娜·斯隆	6	0	0	1	1
总计				1	1	1	3

表3-173　奖牌总榜

排名	国家/地区	金牌(枚)	银牌(枚)	铜牌(枚)	总数(枚)
1	加拿大	2	0	0	2
2	瑞典	0	1	1	2
3	英国	0	1	1	2
总计		2	2	2	6

4. 2010加拿大温哥华冬奥会冰壶项目奖牌榜（表3-174～表3-176）

表3-174　男子冰壶奖牌榜

排名	国家/地区	奖牌获得者	成绩(分)	金牌(枚)	银牌(枚)	铜牌(枚)	总数(枚)
1	加拿大	凯文·马丁/约翰·莫里斯 麦克·肯尼迪/本·赫伯特 亚当·恩莱特	6	1	0	0	1
2	挪威	托马斯·尤尔斯鲁德/泰格·内尔加德 克里斯托夫·斯瓦/哈瓦达·瓦德·佩特森 托马斯·洛沃德	3	0	1	0	1
3	瑞士	拉尔夫·斯托克利/简·豪瑟 马库斯·埃格勒/西蒙·斯特鲁宾 托尼·穆勒	5	0	0	1	1
总计				1	1	1	3

表3-175　女子冰壶奖牌榜

排名	国家 / 地区	奖牌获得者	成绩（分）	金牌（枚）	银牌（枚）	铜牌（枚）	总数（枚）
1	瑞典	阿尼特・诺贝里 / 伊娃・伦德 凯瑟琳・林达尔 / 安娜・莫伊内 凯莎・博格斯特罗姆	7	1	0	0	1
2	加拿大	谢丽尔・伯纳德 / 苏珊・奥康纳 卡洛琳・达比谢尔 / 考利・巴特尔 克里斯蒂・摩尔	6	0	1	0	1
3	中国	王冰玉 / 柳荫 岳清爽 / 周妍 刘金莉	12	0	0	1	1
总计				1	1	1	3

表3-176　奖牌总榜

排名	国家 / 地区	金牌（枚）	银牌（枚）	铜牌（枚）	总数（枚）
1	加拿大	1	1	0	2
2	瑞典	1	0	0	1
3	挪威	0	1	0	1
4	瑞士	0	0	1	1
4	中国	0	0	1	1
总计		2	2	2	6

5. 2006 年法国都灵冬奥会冰壶项目奖牌榜（表 3-177 ～表 3-179）

表3-177　男子冰壶奖牌榜

排名	国家 / 地区	奖牌获得者	成绩（分）	金牌（枚）	银牌（枚）	铜牌（枚）	总数（枚）
1	加拿大	拉什・霍华德 / 布兰德・古休 马克・尼古拉斯 / 贾米尔・克劳伯 麦克・亚当	10	1	0	0	1
2	芬兰	马尔库・尤斯帕瓦涅米 / 威尔・梅克拉 卡勒・基斯基宁 / 泰穆・萨罗 亚尼・苏莱曼	4	0	1	0	1
3	美国	佩特・芬森 / 香农・罗杰斯基 乔・保罗 / 约翰・舒斯特 斯考特・拜尔德	8	0	0	1	1
总计				1	1	1	3

表3-178　女子冰壶奖牌榜

排名	国家 / 地区	奖牌获得者	成绩（分）	金牌（枚）	银牌（枚）	铜牌（枚）	总数（枚）
1	瑞典	安妮特·诺贝里 / 伊娃·伦德 凯瑟琳·林达尔 / 安娜·斯沃德 尤里卡·伯格曼	7	1	0	0	1
2	瑞士	米尔贾姆·奥特 / 碧琳·比尔 法雷利亚·斯普利特 / 迈克尔·摩尔 玛努艾拉·考曼	6	0	1	0	1
3	加拿大	沙隆·米契尔·克莱布林 / 艾米·尼克松 格莱尼斯·贝克 / 克里斯蒂娜·喀什 桑德拉·珍妮斯	11	0	0	1	1
总计				1	1	1	3

表3-179　奖牌总榜

排名	国家 / 地区	金牌	银牌	铜牌	总数
1	加拿大	1	0	1	2
2	瑞典	1	0	0	1
3	瑞士	0	1	0	1
3	芬兰	0	1	0	1
5	美国	0	0	1	1
总计		2	2	2	6

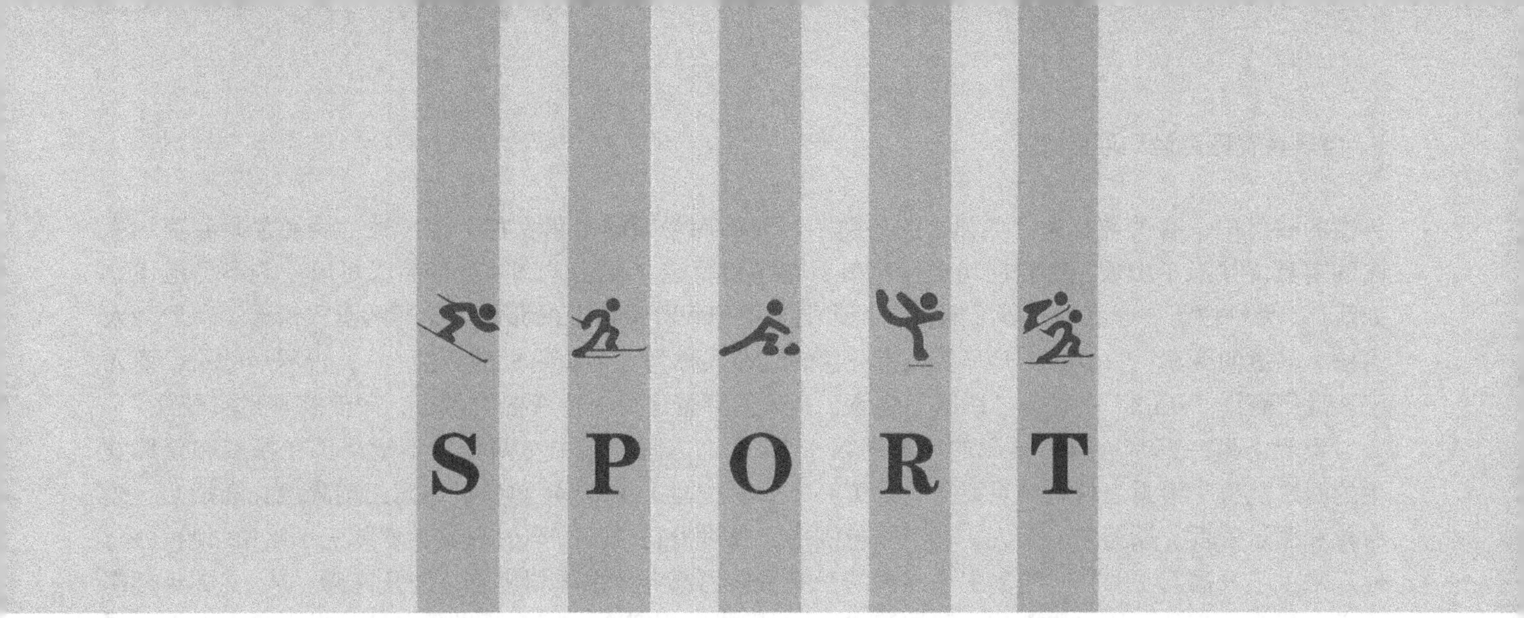

第四章　雪上运动

第一节　高山滑雪

一、高山滑雪运动的概念

高山滑雪（alpine skiing）是指双脚各踏一只滑雪板，双手各持一只滑雪杖，从山上向下滑行的滑雪项目。奥运会高山滑雪设 10 小项，男女各五项。男子项目设：滑降、回转、大回转、超级大回转、全能（滑降 / 回转）；女子项目设：滑降、回转、大回转、超级大回转、全能（滑降 / 回转）。

二、高山滑雪运动的起源及发展

（一）滑雪的起源

滑雪运动有着悠久的历史，“滑雪”这个词始于古挪威语“skith”（雪鞋）。据考证，早在五千年前，在北欧、西伯利亚、乌拉尔山脉周围和中央亚细亚，中国的北部等地已有人滑雪。在挪威的北极圈路易多和乔库以及阿克蒂科。赛克尔附近，在石器时代（距今四千年以前），多处发现在岩洞的岩壁或石碑上刻有描绘着两个乘滑雪器具打猎的男人。在瑞典也发现约 11 世纪左右的石碑上刻着手持弓箭乘雪板的猎人。在英国的海尔福德大教堂内有一幅公元 1820 年的古画，画中画着一个站在雪板上的挪威人和一个驾驭马车的中国人。

世界上最古老的滑雪板发现于芬兰的卡鲁夫瑞斯库和瑞典的豪汀，据碳粉鉴定为公元前 2500 年前的作品。在芬兰卡鲁夫瑞斯库发现的雪板，很像神话故事中的冬神乌勒尔穿的雪板，其中一支窄而长的板（2～3 米）用于滑行，另一支板宽而短，在滑行面粘着毛皮用于走路。据查最古老的雪地行走工具（雪鞋）是加拿大和西伯利亚的爱斯基摩人在冻土带的雪地上使用的。

公元前 7—10 世纪，我国唐朝记述过“在北方的邻国有一个驾乘木马的民族”，这是世界上有关滑雪的最早的文字记载。我国“山海经”中也有滑行的记述。最古老的滑雪运动传说是在古挪威等北欧各国的故事中，有关被誉为“冬神”的乌勒尔和安德瑞蒂斯的滑雪女神，他（她）俩经常乘着前端弯曲的雪具，往返于山坡。古希腊历史学家赫罗德乌斯写道“在北方有阿波瑞斯人可以一刻不停地飞驰如箭”。另一位历史学家的文献《斯古利斗弗纳》中记载着最古老的弗因人比赛的滑雪情形。古罗马人雪撬、马撬的战车，古罗马的日耳曼人指芬兰的北部人称为“乘骑雪板的芬兰人”，古罗马的伦巴商人于 8 世纪解译“skith”一词为“跳跃”之意，指人们穿着像弓一样弯曲的木板，向前跳着猎取野兽。

世界上第一部带有滑雪插图的印刷书籍于 16 世纪出版。其中有两个故事记载了在挪威和瑞典发生的两次危机中滑雪者扮演的重要角色。第一个故事描写了 1205 年博肯贝纳国王的忠臣托陆斯登·谢布拉和谢尔发罗。斯格尔卡两人，在敌军包围中，长途滑行救出了当时只有 2 岁的王子哈康·哈马宗，他后来成了开国君王。当时哈康王子在内的王室贵族们都穿“白桦树皮鞋”防止冻脚。从 1932 年起挪威举行每年一度的“毕尔格别依仉陆连涅卡”（白桦树皮脚赛会）赛会，世界各地的滑雪爱好者们，背负 5.5 千克的食品和用具，参加在险陡的山坡上滑行 50 千米的雪地马拉松。以此举国上下庆祝苦难中诞生的国庆。另一个故事是 1522 年瑞典国王库斯塔普·伯萨，为摆脱芬兰军队的追捕，以最快速度从挪威国境的谢依连村滑雪行军逃到其他的地方，战争胜利后伯萨成了瑞典国王。为了纪念国难中的胜利，从 1922 年起，每年一度在这个地方举行世界性的长途滑行“瓦萨罗佩特越野滑雪公开赛”，赛程 85 千米。近几年，世界上参加这种越野马拉松滑雪赛的人越来越多，1969 年起在法国夏蒙尼召开的第一届“思格的滑雪马拉松赛”只有 945 人参加，七年后参加者达一万多人；苏格兰的得文郡，在 16 世纪也有了滑雪方面的记载，“没有铁路之前，魏德尔的矿工们穿雪板上班”；17 世纪欧洲大陆的奥地利人冯·维尔维松的《卡诺拉公爵领地的光荣》一书中记载了卫士们穿着雪板护卫着领地等。

这些记录，不仅是历史上滑雪运动的片断和背景，更多的是证明了古代的滑雪器具是古人在雪地的日常生活中进行狩猎、游牧和各种劳动等生存活动中不可缺少的交通工具。

（二）滑雪的战争史

挪威人对滑雪不管熟练与否，但却早已将滑雪用于战争。例如，在公元 1200 年时，在奥斯陆战争期间，挪威的斯法礼王为侦察瑞典人，让侦察兵掌握滑雪技术。1452 年瑞典人也在战争中使用过滑雪。从 14 至 18 世纪，滑雪曾被用于芬兰、挪威、波兰、俄国和瑞典的战争。1719 年挪威军队从农民和狩猎者那里学会滑雪，成立了第一支滑雪部队，1718 年向挪威进军的瑞典小部队由于没掌握滑雪而在雪地上被挪威部队消灭。

在第一次世界大战期间，军事滑雪部队发展得很快，如法国、德国、奥地利成立的高山滑雪部队，英国在英尔曼斯战争时在第六约克军团成立的滑雪部队等。

最早的滑雪运动专著有挪威特伦汗城的卡皮特·詹斯埃姆豪森于 1733 年所著的《滑雪指南》。滑雪运动真正引起人们的注意，始于 1819 年出版的弗利乔乌·南森 1888 年横越格陵兰岛的探险记。

到 1916 年，奥地利军官坦林菲尔德组织了一所军事滑雪学校，系统地教授制动转弯、库相利斯蒂亚尼和台列马克转弯三种技术。

（三）滑雪俱乐部和滑雪学校的诞生

世界上最早的滑雪俱乐部于 1861 年成立于挪威的翠塞尔，1877 年在挪威首都库利斯蒂亚尼（现在挪威首都奥斯陆）成立了挪威国家级滑雪俱乐部——库利斯蒂亚尼滑雪俱乐部。1879 年由姚杰斯和吉尔·里姆斯特维兄弟创立了出现了世界最早的滑雪学校。到了 1883 年正式成立了“挪威滑雪联合会”，同年在库利斯蒂亚尼城哈斯白山霍尔门科伦雪场举行了大规模的全国性比赛，正式开展了北欧两项滑雪（越野滑雪和跳台滑雪）比赛。当时挪威国王和一万多名观众观看了比赛。这次大会上第一次跳出 23 米的跳雪纪录。到 1892 年赛会移到豪尔曼阔林山举行。

英国第一个滑雪俱乐部于1877年在新罕布夏州的帕森成立，在1903年也成立了第一个国家级组织——大不列颠滑雪俱乐部，后于1964年更名为“大不列颠滑雪联合会”。1907年创立阿尔卑斯滑雪俱乐部，是世界上第一个高山滑雪组织。1921年英国人伦恩（Arnold Lunn）在瑞士组织了高山滑雪史上的首次回转和速降比赛。

瑞典也于1879年成立了的第一个滑雪俱乐部，并在芬兰进行了滑雪比赛。

1910年，奥地利的比尔格里（Georg Bilgeri）上校组织具有军事性质的高山滑雪学校，第一个采用深蹲姿势持双杖快速下降、制动转弯的滑法。1922年，施奈德（Hannas Schneider）创办高山滑雪学校。

（四）滑雪比赛和奥运的关系

1843年在挪威的伦木松举行了最早的民间越野滑雪比赛，1850年挪威的泰勒马克郡出现改变方向和停止滑行的旋转动作。在1867年美国加利福尼亚州举行的民间滑雪比赛中，参赛运动员用十二英尺的长板，并用皮带附于长板上进行直滑降赛。1868年挪威滑雪运动奠基人诺德海姆等人在奥斯陆滑雪大会上表演了侧滑和S形快速降下技术。1879年在瑞典的斯德哥尔摩郊外举行了滑雪赛，滑雪者以覆盖雪的湖面为场地，从湖岸向下滑行，速度快者优胜，还进行过不断围绕旗杆转的技术比赛。1890年奥地利的茨达尔斯基（Matthias Zdarsky）发明了适合阿尔卑斯山地区特点的短滑雪板及滑行技术，并在1905年维也纳南部的利林费尔德进行了高山滑雪史上第一次回转障碍降下表演。1893年，在奥地利的大格洛克纳山举办了第一次中欧滑雪比赛——高山滑降比赛（约700米），同时用雪搭建六米高的跳台滑雪比赛场地。

1902年瑞士首次举行了滑雪赛。1903年在英国的阿德尔博敦举行了首届滑雪赛——公立学校高山滑雪运动俱乐优胜杯赛，并将滑冰和雪橇列入比赛项目。1904年，在瑞克莫斯进行首届大不列颠滑雪俱乐部赛，并规定滑降的高度差为500英尺（152米），线长1000英尺（305米）。1906年在德国的慕尼黑的阿卡德米斯基滑雪俱乐部准备进行5个奖杯赛，但因第一次世界大战而推迟，后经协商于1911年在坎大哈的罗伯特斯重新举行比赛。

1921年1月6—7日在瑞士斯夺地格举行了大不列颠滑雪锦标赛，采用了滑降线路上的回转技术。1923年姆云滑雪赛将回转列为独立项目，同年成立了女子滑雪俱乐部。1924年成立了“国际滑雪联合会”，瑞典人霍姆奎斯特任首届主席同年在姆云首次举行世界高山滑雪滑降和回转比赛，A. 格特斯基获冠军。1924年在法国夏蒙尼举行首届冬季奥运会，滑雪从此走上了国际舞台。

小资料：国际滑雪联合会

国际滑雪联合会（international ski federation，FIS）。1924年在成立于1910年的国际滑雪委员会的基础上改组成立。国际滑雪联合会是国际奥委会承认的国际单项体育组织，是国际体育联合会总会成员（现有会员50多个）。国际滑雪联合会现任主席是瑞士人卡斯珀（Gian Franco kasper）。总部设在瑞士伯尔尼。现有协会会员101个。工作用语为英、德、法、俄语，出现争议时，以英语为准。联合会的正式刊物是《国际滑雪联合会公报》，每年4期。

1931年起举办世界高山滑雪锦标赛。高山滑雪项目在1936年德国加米施·帕滕基兴举办的第四届冬奥会上被正式列为冬奥会比赛项目。参赛运动员手持滑雪杖，脚踏滑雪板从高坡快速回转、降下。在初期的世界性比赛中，滑雪项目的大部分金牌被挪威、芬兰、瑞典等国所获，如在第一届冬季奥运会上，挪威人特·豪格独得三项冠军。直到1956年在意大利科尔蒂纳丹佩佐举办的第七届冬奥会上，苏联打破了北欧队独霸雪坛的局面。在高山滑雪中，金牌比较集中于奥地利的阿·查列尔和法国的让·基利。从 19 世纪 30 年代起，法国的高山滑雪兴起，在 1960 年美国斯阔谷冬奥会上，夺得过 24 枚金牌中的 18 枚。

在女子高山滑雪运动员中成绩最突出的是德国人科伦，曾连续获得 1934—1939 年的世界冠军。同时期，法国人阿尔荣斯独占 1937 年夏蒙尼滑雪比赛中滑降、回转、高山全能的全部金牌。奥地利人赛勤在 1956—1958 年连获 7 枚金牌，并在大会上表演了著名的魏德论新技术（蛇形摆动式）。

随着滑雪运动的普及和推广，比邻阿尔卑斯山脉的瑞士、德国、意大利等国家以及北美国家打破了以“某一国或某一个人”独占这一运动项目的局面。

1972 年在日本札幌举行的第十一届冬奥会上，日本运动员笠谷等分获 70 米级跳台滑雪的前三名，挤进了世界滑雪运动赛的先进行列。在 1980 年的美国普来西德湖的第十三届和 1984 年南斯拉夫萨拉热窝的第十四届两届冬奥会的赛况充分说明，世界各国的滑雪运动实力已经比较接近。其中奥地利、瑞士、联邦西德、列支敦士登、法国、意大利、美国等国比较擅长高山滑雪项目，芬兰、苏联、挪威、民主德国等国则在跳台、越野、冬季两项、雪橇项目中成绩突出。

三、中国滑雪运动的发展

（一）最早的滑雪记载——旧石器时代

滑雪有着悠久的历史。而我国是有据可考最早的滑雪发源地。2005 年，新疆阿勒泰地区的一位牧民在汗德尕特乡境内的敦德布拉克河谷发现了一处岩画：在一个古彩岩窟的顶面，绘有 4 名“滑雪者”追逐牛马等动物的线条图形，其中 3 人踩在一个长条形物件上，双脚分开站立，右手叉腰，手持长棍，直指奔跑中的猎物。

经考古学家鉴定，滑雪狩猎的岩绘岩画属于距今 1 万～3 万年旧石器时代的晚期，从而将滑雪运动的出现时间提前了 2000 年以上。岩画中滑雪者的动作，与阿勒泰图瓦人的滑雪姿态惊人相似。现代图瓦人广泛沿袭的脚踏自制“毛滑雪板”、手持单木杆在雪地滑行的古老传统，有可能就是这种原始滑雪狩猎活动的传承。

（二）滑雪形式的出现——战国魏晋

我国最早对滑雪的描述来源于战国时期成书的《山海经·海内经》，记载钉灵国的国民“膝下有毛、马蹄善走”，钉灵在《魏略·西戎传》称作“丁令”。“钉灵国”的分布方位在“北海之内”，丁令族商周时期有之，后迁移到西伯利亚及贝加尔湖地区。贝加尔湖地域寒冷，降雪量大且周期长，完全符合滑雪运动的基本条件。贝加尔湖及古阿勒泰地区的原住民，以游牧、狩猎为生，由于大雪封山大半年，很多雪深处可没人、马，因此雪后交通就非常重要。《三国志·魏志·乌丸鲜卑东夷传》裴松之注引《魏略》云：“乌孙长老言，北丁令有马胫国，其人声似雁鹜，从膝以上身头人也，膝以下生毛，马胫马蹄，不骑马，而走疾马。”这些记载都是在记述丁令族人用毛皮覆盖早期的滑雪板，滑行如骏马般迅捷的生活状况。

到了晋代，郭璞在批注此段时引用《诗含神雾》曰：“马蹄自鞭其蹄，日行三百里”，这句话里的“鞭”即指滑雪杖。

（三）滑雪用具的显现——隋唐时代

《隋书》记载有“人好猎兽，皆成木马，升降山隥，追走若飞”的内容，大致就是滑雪板的雏形。丁令族的后裔演变成拔野古、铁勒、回纥。《新唐书》卷二百一十七篇记载有回纥“乘木逐鹿冰上”的生活场景，描述的就是乘坐滑雪板狩猎野鹿。随着丁令族的迁徙，与阿尔泰山脉同一纬度的我国北方地区，即西起阿尔泰山、额尔齐斯河，东到库页岛，从北面的贝加尔湖至我国长白山一线，都早有滑雪狩猎的记载，其中最典型的就是室韦族的滑雪。室韦族主要生活在大兴安岭地区，分布在嫩江以西，当时向唐朝臣服纳贡。《隋书》记载："南室韦北行十一日至北室韦，分为九部落，绕吐纥山而居……地多积雪，惧陷坑阱，骑木而行。"《北史》《通典》等文献均有记载。其中，蒙兀室韦作为其后裔，把滑雪活动继承了下来。由于长期生活在寒冷多雪的气候下，滑雪出行就成为交通和劳动工具，蒙古语"察纳"即是滑雪板。《中国民族史》中记载"冬天以察纳代步"，说明蒙古族早就有滑雪的历史传统。

（四）竞赛表演的产生——明清时期

世界上第一幅反映滑雪射猎的绘画作品，是清代乾隆年间武英殿版的《皇清职贡图》中印制的一幅反映我国东北赫哲人滑雪射猎野兔的绘画作品。

（五）现代设备引入——近代

1840 年，随着西方列强公使馆及买办机构的大量进入中国北方，欧美现代滑雪技术和设备开始一并进入中国。在 1900 年前后，已经有当时人在北京郊外、哈尔滨附近看到"洋人们"进行冬季滑雪运动。但是因为清末以来战乱纷呈，滑雪这种需要良好的秩序、较好基础条件的项目因先天营养不足，没有真正发展起来。

（六）滑雪运动蓬勃发展——现代

中华人民共和国成立后，近代滑雪与中国古老的滑雪运动变革相结合，以东北地区为主逐步开展起来，群众的表演活动，地方区域性的比赛日趋活跃。1957 年，中国第一次全国滑雪比赛在吉林省通化市举行，从此拉开了近代滑雪竞技的序幕。1959 年，在吉林市又举行了全国第一届冬季运动会。期间，应邀来华访问的苏联滑雪队一行 5 人参加表演并授课滑雪技术训练班，对推动中国滑雪的发展起到了积极的作用。此后，滑雪体校、滑雪队伍相继建立，滑雪场地也有所发展。

20 世纪 80 年代初，中国的近代滑雪跨越到现代滑雪的行列。1980 年，中国高山滑雪、越野滑雪、冬季两项（男）三个项目 9 名运动员、2 名教练，随中国代表团赴美国的普莱西德湖参加第十三届冬奥会。赴赛前到日本长野县进行赛前训练，接受日本教练指导。这是中国滑雪运动员第一次参加冬奥会，虽比赛成绩远远落后其他滑雪强国，但通过参加世界大赛，开阔了眼界，打开了中国滑雪运动与国际沟通的桥梁。1980 年 11 月，国际雪联理事会通过决议，接纳中国滑雪协会为临时会员，之后于 1981 年确认为正式会员。1981 年国家体委决定在其运动司内配设滑雪专业管理人员。1982 年中国滑雪协会与日本长野县日中友协与滑雪联盟达成协议，日方每年接受中国滑雪研修人员 10 人去日本通过勤工俭学方式学习滑雪，并每年赠送一批滑雪器材提供给中国运动员训练和比赛使用。

现代竞技滑雪引进我国后，中国滑雪界的相关体育领导部门、教练员、运动员、裁判员、科研人员、管理人员、场地人员，面对落后现代滑雪先进水平几十年的形势，中国滑雪界发愤图强，坚忍不拔，结合中国的实际情况做了大量的扎实工作。在已开展的高山滑雪、越野滑雪的基础上，又适时地开展了跳台滑雪项目、冬季两项女子项目，自由式滑雪空中技巧项目。1984 年中国滑雪协会在北京正式成立。

小资料：中国滑雪协会

中国滑雪协会，简称“中国雪协”（Chinese ski assonciation，CSA）是在中华人民共和国民政部登记注册的具有独立法人资格的全国性群众体育社会团体，是中华全国体育总会的团体会员，是中国奥林匹克委员会承认的全国性体育运动协会。它是代表中国参加国际滑雪联合会和其他国际雪上组织举办的相应的国际、洲际间雪上各类活动的唯一合法组织。本协会是自愿结成的非营利性社会组织。

从 20 世纪 80 年代中期开始，中国现代竞技滑雪综合实力提高的步幅与频率逐渐加大、加快，向亚洲和世界赛场进发的力度逐渐增大，自由式滑雪、冬季两项在进发中脱颖而出，冲入该两项世界先进行列的第一集团。

1988 年起将滑雪项目分成高山滑雪、越野滑雪、跳台滑雪、冬季两项和自由式滑雪五个赛区举行系列赛，以赛代练，提高专项素质，促进竞争机制和训练水平，推动滑雪项目的发展，并先后聘请多个国家的教练来华讲课、训练中国滑雪运动员。在此期间滑雪场地不断现代化，机械设备、场地质量逐渐向国际标准方向靠近。

自 1957 年以来，中国先后共举行了百余次全国性比赛，和十三届全国冬季运动会，每届赛会犹如每一个台阶，将中国现代竞技滑雪的水平不断向上提升。滑雪学校、滑雪队伍进一步扩大，许多地区还建设了滑雪网点校。现代竞技滑雪的实力不断强化的同时，大众滑雪逐步兴起。进入新时期，中国滑雪进一步将冬季两项和自由式滑雪空中技巧（女子）项目列为冲击冬奥会的重点项目。

在中国现代竞技滑雪从零位开始向前推进的艰苦过程中，中国滑雪界的各方人士谱写了中国滑雪运动史中可歌可泣、深值骄傲的篇章。

四、高山滑雪运动的赛事及项目

（一）国际赛事

1. 国际冬季奥林匹克运动会

高山滑雪第一次出现在冬奥会上是 1936 年的德国加米施 · 帕滕基兴冬奥会。1948 年，速降和回转比赛开始单独设项。两项全能直到 1988 年卡尔加里冬奥会才进入奥运会，大回转和超级大回转则是 1952 年和 1988 年进入冬奥会。高山滑雪比赛中，选手们的速度优势能超过 130 千米 / 小时，男选手需完成落差 180 米（回转）到 1 100 米（速降）的比赛，女选手则需完成落差从 140 米（回转）到 800 米（速降）的比赛。比赛会比实际落差显得更加困难，因为比赛中会设置一系列的旗门，选手们需要绕过它们。如果未能绕过旗门，选手必须后退重新绕过，或者失去比赛资格。

2. 亚洲冬季运动会

亚洲冬季运动会简称亚冬会，是亚洲冬季规模最大的综合性运动会，由亚洲奥林匹克理事会的成员国轮流主办。自 1986 年开始第一届，每四年举办一届，截至 2022 年共举办了八届（2021 年第九届亚洲冬季运动会未举行）。国际奥林匹克委员会承认亚洲冬季运动会为正式的亚洲地区冬季运动会。

3. 世界高山滑雪锦标赛

世界高山滑雪锦标赛是由国际滑雪联合会（FIS）组织的一项世界性赛事。高山滑雪是以滑雪板和滑雪杖为工具在山坡专设的线路上快速回转、滑降的一种雪上竞赛项目。高山滑雪诞生于 1907 年，1924 年被纳入国际滑雪联合会。1931 年第一届高山滑雪锦标赛在瑞士米伦举行，1936 年被列为冬奥会比赛项目。高山滑雪是由男女速降、回转、大回转、超大回转及两项全能（速降十回转）等 10 个独立的小项组成。

4. 高山滑雪世界杯

高山滑雪世界杯是由一群滑雪比赛爱好者和专家 1966 年发起的一项高山滑雪巡回赛，1967 年 1 月 5 日举办第一届高山滑雪世界杯。比赛主要在滑雪胜地欧洲的阿尔卑斯山举行，并经常在斯堪的纳维亚，北美和东亚进行分站赛事。选手们竭尽所能在四个项目争取最好发挥：回转、大回转、超级 G 和下坡。第五届赛事起，联合项目采用了下坡和回转两个项目。世界杯原来只包括回转、大回转和下坡三项比赛，目前的积分系统从 1991—1992 赛季开始实施，对于每站比赛分获前 30 名的成绩，计分方法为：冠军积 100 分，亚军积 80 分，季军积 60 分，至第 30 名减少到 1 分。赛事在三月中旬结束，获得最多积分的选手成为冠军，获得世界杯以及一个重 9 千克的水晶地球。各分站赛事冠军在该站结束后也将获得一个较小的 3.5 千克水晶地球。

除了上述赛事外还有亚洲冬季运动会、国际雪联高山滑雪积分赛等。

（二）国内赛事

1. 中华人民共和国冬季运动会

中华人民共和国冬季运动会，简称“全国冬运会”或“冬运会”，是中国规模最大、级别最高的冬季综合性体育赛事，每四年举办一次，高山滑雪于 1976 年第三届全国冬季运动会正式成为比赛项目。

2. 全国高山滑雪锦标赛

全国高山滑雪锦标赛由国家体育总局冬季运动管理中心主办，设置项目有回转和大回转比赛两个男女组别。

国内高山滑雪赛事还包括全国高山滑雪冠军赛和全国高山滑雪青少年锦标赛等。

（三）比赛项目

高山滑雪比赛均在海拔 1 000 米以上的高山进行。比赛要求起点和终点的垂直高度为 800 ～ 1 000 米，主要分速度系列和技术系列两部分。

速度系列分速降和超级大回转。比赛按一次滑行成绩决出名次。滑降道落差最大、距离也最长、最高时速达 130 千米。超级大回转由于旗门数较多，速度稍慢。

技术系列分大回转和回转，名次按两次成绩合计计算。大回转距离是回转的两倍以上，对速度和技术都有要求。回转旗门数男子为 55 ～ 75 个旗门，女子为 45 ～ 65 个旗门。

1. 速降（又称滑降）

要求运动员从山顶按规定线路穿过用旗插成的门形向下滑行，是竞速滑雪比赛项目。线路长 2 000 米以上，坡度 5 ～ 35 度，平均 20 度，起点到终点高度差男子为 800 ～ 1 100 米，女子为 500 ～ 800 米。线路两旁插一定数量的旗杆作为各种门形。男子比赛插红色旗，女子比赛插红蓝两色旗。旗门间距为 4 ～ 8 米，上下旗门间距一般为 30 米左右，以滑降两次的时间计算成绩，决定名次。技术动作有直滑降、斜滑降、乙形滑降、起伏地滑降、犁式和半犁式滑降等。身体姿势分高、中、低三种。

2. 回转

要求运动员从高山上滑下时不断穿过门形和障碍物，连续转弯高速下滑，是一项竞速滑雪比赛。比赛线路长度男子为 600 ～ 700 米，女子 400 ～ 500 米，坡度 30 度以上的段落占比赛全程的四分之一。标高差男子为 180 ～ 222 米，女子为 140 ～ 180 米。在男子的比赛线路上插有 55 ～ 75 个门形，女子比赛线路上插有 45 ～ 60 个门形。比赛中在高速转弯通过线路上的各种门形时，需要两脚过门。碰倒旗杆不算犯规，漏门或骑杆过门算犯规不计成绩。在两条线路上各滑一次，以两次成绩总和评定名次，如第一次犯规则不能滑第二次。比赛前可以从上向下察看线路，但不能穿着滑雪板从上向下摸拟滑行或穿越门形。

3. 大回转

运动员要快速从山上向下沿线路连续转弯，穿越各种门形。男子比赛线路长度为1 500～2 000米，女子为1 000米以上。男子线路标高差为330～400米，女子为260～350米。坡度为15～32度。以两次滑行时间计算成绩。大回转的转弯设计速度为15～20米/秒。比赛前允许运动员从上往下察看线路，但不能穿着滑雪板从上往下模拟滑行。该项运动是速度和技巧的结合，运动员在滑行过程中左右盘旋。运动员手持滑雪杖，脚踏滑雪板从高坡快速回转、降下。

4. 超级大回转

超级大回转以"之"字形滑行通过标注旗门，并以超快的速度滑下斜坡的比赛。超级大回转场地起点与终点高度差男子为500～650米，女子为350～500米。与大回转相比，斜坡更为陡峭，旗门宽度：开口旗门最少为6米，闭口旗门为8～12米。旗门间距宽25米以上。男子比赛时，设置不得少于35个旗门；女子比赛时则不得少于30个旗门。滑降中，进行两次跳跃，与高山滑雪回转、高山滑雪大回转不同，选手只进行一次滑行。

每个项目每个协会限报4人。比赛采用单人出发，顺序抽签排定。

现冬奥会设男、女全能（1936年列入）、速降（1948年列入）、回转（1948年列入）、大回转（1952年列入）和超大回转（1988年列入）。

（四）运动特征

1. 滑降——以迅捷的速度为特征的项目

（1）参加正式训练的义务：3天中至少参加1次。

（2）赛道上只有1种颜色的旗帜。

（3）选手正确通过规定的赛道关口后，按照到达终点线的先后顺序决定最终排名。

2. 超级大回转——快速滑下斜坡并以"之"字形滑行通过标注旗门的项目

（1）与大回转相比，斜坡更为陡峭、旗门间距更为宽阔，达到25米以上。

（2）与回转、大回转项目不同，仅通过一次滑行决定最终成绩。

3. 大回转——速滑下斜坡并以"之"字形滑行通过标注旗门的项目

（1）旗门间距比回转项目宽10米以上。

（2）与滑降、超级大回转一样，而大回转的旗帜也是四角形。

（3）与速度系列（滑降与超级大回转）不同，进行2轮（第1轮、第2轮）比赛。

第1轮比赛的前30名选手以倒序参加第2轮比赛（第1轮比赛排在第30名的选手在第2轮比赛中最先出战），而从第31名起，则以第1轮比赛的排名顺序依次参加比赛。

4. 回转——快速滑下斜坡并以之字形滑行通过标注旗门的项目

（1）按照标高差的不同，设置的旗门数也有所不同。男子比赛一般设置55～75个旗门；女子比赛则一般为45～60个旗门。

（2）旗门间距至少要达到75厘米，最大间距则达到13米。

（3）与速度系列（滑降与超级大回转）不同，进行2轮（第1轮、第2轮）比赛。

第1轮比赛的前30名选手以倒序参加第2轮比赛（第1轮比赛排在第30名的选手在第2轮比赛中最先出战），而从第31名起，则以第1轮比赛的排名顺序依次参加比赛。

5. 全能——综合滑降与回转项目的比赛

（1）按照第1轮滑降比赛、第2轮回转比赛的顺序进行。

（2）合算滑降比赛与回转比赛的分数后，得出排名。

6. 混合团体赛——在 250 ～ 300 米的赛道上，使用大回转旗门进行的平行比赛。

（1）旗门间距比回转项目长，比大回转项目短。

（2）1 个团队（国家）由 2 名男子、2 名女子组成。

（3）16 个团队（国家）以淘汰赛的方式得出排名。

五、高山滑雪运动员的运动技术等级标准

（一）运动健将

凡符合下列条件之一者，可申请授予运动健将称号：

（1）在全国锦标赛、全国冠军赛中获成年组任一单项前两名者。

（2）在全国锦标赛、全国冠军赛中获青年组两个单项第一名者。

（二）一级运动员

凡符合下列条件之一者，可申请授予一级运动员称号：

（1）在全国锦标赛、全国冠军赛中获成年组任一单项前八名者。

（2）在全国锦标赛、全国冠军赛中获青年组任一单项前六名者。

（三）二级运动员

凡符合下列条件之一者，可申请授予二级运动员称号：

（1）在全国锦标赛、全国冠军赛中获成年组任一单项前十二名者。

（2）在全国锦标赛、全国冠军赛中获青年组任一单项前十名者。

（3）在省、自治区级竞赛中，获成年组任一单项前六名者。

（4）在省、自治区级竞赛中，获青年组任一单项前三名者。

（5）在地区、市、县级竞赛中，获青年组任一单项第一名者。

（四）三级运动员

凡符合下列条件之一者，可申请授予三级运动员称号：

（1）在省、自治区级竞赛中，获成年组任一单项前十名者。

（2）在省、自治区级竞赛中，获青年组任一单项前八名者。

（3）在地区、市、县级竞赛中，获青年组任一单项前六名者。

（五）少年级运动员

在地区、市、县级竞赛中，获少年组任一单项前十名者。

六、高山滑雪运动的场地

（一）场地

一般来说，高山滑雪场是指进行高山滑雪比赛时的比赛场地。高山滑雪进行的场地包括滑降、回转、大回转、高山两项、三项全能、单杆竞赛和超级大回转场地。各种竞赛线路选择在森林、无风、积雪量大的地带，宽至少 20 米，雪面要捣固、踏实、压平、雪的厚度至少 20 厘米。进行高山滑雪运

动的场地，由于借助于高山的地形（一般来说，要求场地积雪要尽量平坦）。

（二）分类及要求

1. 速降

滑降场地要平坦、宽敞，线路宽至少 30 米，允许保留天然的转弯、斜坡和逆坡，但不要有连续的起伏而造成连续腾空现象，不准有小回转式的小转弯，在陡峭或急转弯处要设置限制门以控制平均速度，并设置安全网。线路的高度差：男子为 500 ～ 1 000 米，女子为 500 ～ 800 米，从起点起，在不撑杖的情况下，能顺利滑到终点。

2. 回转

回转场地必须有利于大多数运动员能发挥技术而顺利通过，线路宽至少 40 米，25 ～ 30 度的急陡坡要占全线路的 1/4。全线路不要形成直线式或单调大转弯。线路的高度差：男子为 180 ～ 220 米，女子为 140 ～ 180 米，滑行速度控制在每秒 9 ～ 11 米为宜。两次竞赛的线路要安排在同一山坡上。

3. 大回转

大回转场地地形最好是波浪式的起伏地带，在自然转弯的前提下，尽量使大、中、小转弯能巧妙地结合起来、线路宽至少 30 米。线路高度差：男子为 350 ～ 400 米，女子为 260 ～ 350 米，滑行速度控制在每秒 14 ～ 16 米为宜。在设置两条不同线路时，确考虑两条线路的滑行成绩尽量接近。高山两项和三项全能的单杆竞赛场地与其他对应单项相同，只是降低线路难度，通常只滑行一次。

4. 超级大回转

超级大回转场地要能使运动员有充分选择各旗门之间自己滑行线路的余地，线路介于滑降与大回转之间，地形最好是峻峭、起伏和自然转弯相结合。线路宽至少 30 米。线路高度差：男子为 500 ～ 650 米，女子为 350 ～ 500 米。各项场地均应按该项的规则要求设置出发门、门旗和终点门。

七、高山滑雪运动的装备器材

高山滑雪的器材有四大件，即滑雪板、滑雪鞋、固定器、滑雪杖。高山滑雪着装也有一大三小共四件，滑雪服为大件，滑雪手套、滑雪帽（或头盔）、滑雪镜为三小件。

（一）高山滑雪板

1. 高山滑雪板的结构

高山滑雪板组成的材质及制作工艺都很复杂。滑雪板由前部、中部（腰部）、后部组成，中部安装固定器的部分称为“重量台”。滑雪板两侧镶有硬钢的刃。高山滑雪板的外形是前部宽、中部窄、后部居中，侧面形成很大的弧线。近年出现的“卡宾”板，俗称“大头板”的外形更是如此，这种外形设计就是为了便于转弯，特别是有利于小转弯。

2. 高山滑雪板的分类

高山滑雪板的种类很多，由于功能及种类的不同，高山板间的档次及价位差别很大。

（1）按竞技滑雪项目分有：回转板、大回转板、超级大回转板、滑降板。

（2）按滑雪水平分有初学者板、中级板、高级板、竞赛板、世界杯用板等。

（3）按雪质分有适于滑硬质雪的板、适于滑粉状雪的板、适于特技的滑雪板等。

（4）按年龄、性别分有男性雪板、女性雪板、儿童雪板等。

3. 选用滑雪板的注意事项

初学者最好选用弹性好、长度短、雪板头较大些、轻便的滑雪板。如果经济条件允许，滑雪者应考虑选购一套自己专用的滑雪器材（包括滑雪板、固定器、滑雪鞋、滑雪杖）。选购器材时主要应考虑厂家与商家的诚信度、雪板的质量与性能、售后的维护服务等方面。

（二）高山滑雪鞋

1. 高山滑雪鞋的功能与结构

高山滑雪鞋也可称为滑雪靴。高山滑雪鞋对脚与踝部有固定、保护及保暖等作用。鞋由内外两层组成，外层壳连同鞋底很坚硬，由塑料或 ABS 材质注塑而成，防水、抗碰撞，上面镶有 1 个或多个夹子及调整鞋的肥瘦、前倾角的装置。内层由化纤织物和松软材料组成，具有对脚踝保暖、裹紧、缓冲等作用。高山滑雪鞋高低档次及价值相差很大，一般大众初学型鞋鞫向后开启，而且只有一个在后侧的夹子，便于穿脱。准高级或竞赛型雪鞋表面有鞋舌，滑雪鞋夹子多，依次排列在前面，鞋鞫在前部开口，外壳很硬，内靴较紧，穿脱较困难，但是可以将脚踝各部位及小腿下部紧紧裹住，又不会导致血液不畅，只有脚趾有点活动空间，这就使滑雪者的脚与鞋固定成一个整体，将滑雪者的用力动作精确地传导于滑雪板上。

有的滑雪鞋通过调整相应装置，可使其穿着步行方便和更适合滑雪者的脚型。

2. 选用滑雪鞋的注意事项

选用滑雪鞋与选用滑雪板一样，要根据自身的经济条件、技术水平、个人爱好等因素决定。尽量选用有微调装置及行走功能的滑雪鞋。

3. 滑雪鞋的保养

（1）滑雪鞋进雪潮湿可以烘干。

（2）脚型特殊者，可到专营店用工具对雪鞋修整。穿起雪鞋应使脚的各部位均有紧裹而又无不适之感。

（3）尽量不要穿滑雪鞋在水泥及土地上行走。

（4）滑雪鞋用完后应放在温暖处存放，便于下次穿用。

（三）高山滑雪固定器

1. 高山滑雪固定器的功能及结构

高山滑雪固定器一般由金属材质制成。固定器的主要功能是起到连结滑雪鞋与滑雪板及保护滑雪者人身安全。固定器由前、中、后三部分组成，前部与后部都有显示与调整其松紧强度的装置。前部是固定滑雪鞋前端，并能在横向外力过大时自动脱开；后部具有固定滑雪鞋后端，调整前后长度，锁住或松开滑雪鞋，在纵向外力过大时自动脱开等功能；中部的止滑器可防止雪板与滑雪鞋分离后滑向山谷，中部的垫板用于防止立刃时滑雪鞋侧面与雪面的磨擦。

2. 固定器强度的确定

初学者的固定器强度在 4 ～ 5 千克便可。

3. 固定器的安装

一般向滑雪板上安装固定器应用模具定位、打孔、固定。滑雪板中部有一条中间线，模具上也会有一个标识，两者对平后，即可打螺丝孔，进行安装。如果没有模具，首先需要对前后位置及中心线位置定位，打孔时务必要掌握好，不要偏位。目前市场新品雪板都带有一个轨槽，出厂前已安装在雪板上，只要将固定器滑动上去便可。

4. 选择固定器的注意事项

（1）尽量选用调节功能操作方便的固定器。

（2）固定器间的档次及压力大小差别很大，而功能的差别不大。

（四）高山滑雪杖

1. 高山滑雪杖的功能

高山滑雪杖的功能是支撑、加速、维持平衡、引导转变（点杖）。

2. 高山滑雪杖的结构

高山滑雪杖的杖杆部分由轻铝合金材料制成，上粗下细，有鞘度；其上端有握柄和握革，便于手握和防止雪杖脱落；其下端有杖尖，防止雪杖在硬雪撑插时脱滑，杖尖以上有圆形或雪花形雪轮，防止雪杖插入雪面过深。

3. 滑雪杖的选用

高山滑雪杖在选用时其高度应大致与肘部同高或略低些，初学者可再高一点，以便限制上体过分前弯。滑雪杖越轻越好，握革环状的大小可根据持杖者手的大小调节。

（五）高山滑雪服装

1. 滑雪服的款式

除滑雪专业竞赛服外，滑雪服的概念很广，凡是基本能满足滑雪要求的服装都可称为滑雪服。通常的专用滑雪服有上下分身款式的，由上衣与下裤两件组成，另有滑雪服是连体款式的，即上衣与下裤连在一起。

2. 专用滑雪服的选择条件

（1）保暖而又穿着不显臃肿。

（2）外布料应有防风、透气、防水、不沾雪、耐磨、结实而又不坚硬的性能。

（3）裤脚宽大，可套住滑雪靴靿口外围。

（4）所有能开放的部位及衣兜都能用拉锁和贴扣封闭，袖口呈紧口状，以达到不进雪、不兜风，不被雪杖、索道把柄等部件钩住。

（5）滑雪服穿着应轻便、宽松、舒适，不影响滑行动作。

（6）颜色尽量鲜艳，有很强的视觉效果。

（7）口袋及挂环多点。

目前，在中国滑雪场上经常见到穿西服、牛仔裤、毛衣，甚至穿大衣、皮衣滑雪。这对体验滑雪魅力、掌握滑雪技术动作是不利的。滑雪服市场上的售价在几十元至几千元，可根据自身条件选购合适的滑雪服，不必追求名牌。

（六）高山滑雪的其他器材装备

1. 高山滑雪手套

滑雪手套也是必不可少的，专用滑雪手套五指分开，掌心部加缝耐磨层，达到防水、不沾雪、保暖、不妨碍手部动作的要求，腕口要较长及宽大，可松紧，便于脱戴及套住滑雪服的袖口。

2. 滑雪帽与滑雪头带

滑雪帽或头带属必备的，其作用是防止耳部冻伤，使头部热量不会过度流失，同时防止头发在滑行中纷乱遮住视线。滑雪帽及头带是由毛绒线编织而成，轻松、保暖、有弹性，便于汗液挥发。如果戴有帽沿的帽子滑雪必须用条带固定在头上，在中、快速滑行时，最好不戴这种款式的帽子。

3. 滑雪头盔

滑雪头盔是硬质材质注塑而成的，款式多种。头盔的作用是当滑雪者失控跌倒后，保护头部不被雪面或其他物体撞伤。在参加比赛快速滑行及在树林中穿行时必须戴头盔。

4. 滑雪镜

（1）滑雪镜的款式。滑雪镜一般有两种，一种是太阳镜，另一种是封闭式防风专用高山滑雪镜。滑雪镜高低档差别很大，专业及通用滑雪镜的价位相差很悬殊。

（2）滑雪镜的功能。①防止冷风对眼睛的刺激；②防止紫外线对眼睛的伤害（直射或雪面反射）；③保证滑雪者的视线正常，镜面不会起雾气；④跌倒后不会刺伤眼睛和脸部；⑤新型的滑雪镜在光线暗淡条件下，能起到增光的作用。

（3）滑雪镜不能视为可有可无。滑雪时应大力提倡戴滑雪镜，特别是在中、快速滑行中，必须要戴滑雪镜。戴太阳镜时，最好用镜带将镜腿系在颈部，以防脱离。戴隐形眼镜者，一定要佩戴专用高山滑雪镜，以防隐形眼镜脱落无法找回。

八、高山滑雪运动的基本技术

（一）基本的站立姿势

两手握杖插于雪，将双脚落于脱离器上，与肩同宽，双膝前顶重心落小腿上略微屈膝，同时上半身前倾目视前方。

（二）转向技术

1. 原地踏步转弯

（1）后固定前端移动法：双板平行，板尾固定，转弯的外侧板负重，内侧板前端向转弯方向移动，中心移到内侧板，外侧板收回与内侧板平行对齐，并且要反复练习。

（2）前固定后端移动法：原地踏步转弯的雪板后端移动，固定的部位是板的前端。

2. 原地 180 度转弯

原地 180 度转弯左板负重，右板向前上方踢起直立；直立板以板尾为轴向后转动 180 度并负重；左板抬起离地转动 180 度收回到与右板平行对齐。雪杖配合雪板的运动，开始雪杖插在身体两侧，右板向后转动时，右雪杖在身后撑住；左板收回与右板平行对齐时，右杖也收回，两杖又插在转动后身体的两侧。

3. 坡地原地 180 度转弯

坡地原地 180 度转弯按山上板负重，山下板向后转动，然后转动收回山上板的顺序进行。

（三）八字登坡的方法

外八字蹬坡是比横向蹬坡更有效率的一种方法，要领是身体正对滚落线，双板的板头宽、板尾窄呈外八字形状，双膝内旋以使双板的内刃立起与雪面形成夹角，双手在身后执雪杖的杖头（像老人拄拐棍的姿势）支持，双板轮流交替向上蹬行，雪杖在身后自然地轮流支撑。

（四）摔倒后如何站起来

（1）轻微活动一下身体，检查是否受伤。

（2）确认滚落线方向。

（3）将滑雪板举向空中后向山下侧放置。

（4）双板平行并与滚落线垂直。

（5）屈身后向侧面站起即可。

（五）滑行技术

1. 平地的滑行姿势

（1）在基本站立的基础上将雪板做交替步成走步式平行滑出。

（2）在基本站立的基础上将雪杖落于身体侧后方平行滑出。

（3）在基本站立的基础上将雪杖落于身体侧后同时将雪板做交替步成走步式做外八字滑出。

2. 犁式制动的基本动作及方法

利用八字蹬坡法走到一定的坡度后，利用山坡上调头法将滑雪板将内八字在坡上站立。上体放松，手握雪杖头在身前髋部的高度，雪杖垂在身后，身体重心在前脚的内侧，不能后坐，在滑行中使双板的板尾打开呈“V”字形，即八字形，髋部的重量均匀地分布在两支雪板上，双膝和踝关节内旋以使两支雪板的内侧立起刻划与雪面，形成楔子嵌入雪面，加大阻力从而使自身下滑的速度减缓并最终停止。

3. 犁式转弯

在犁式滑行的基础上当我们将重心压于左侧同时将膝盖内扣身体自然就会右转，同样，当我们将重心压于右侧同时将膝盖内扣身体自然就会左转。

4. 半犁式转弯

在犁式转弯时将我们打开的“V”字的非重心腿收回，当转弯完成时再打开。

5. 平行滑降滑行及急停

双板平行直滑降简称为直滑降。双雪板呈平行状态，雪板底面与雪面吻合，与滚落线方向相同，至上而下滑行。直滑降的技术重点是用腿部的屈伸调节并保持正确的滑行姿势，急停时将打开的“V”字尽可能大。

6. 双板平行转弯

双板平行转弯具有比较省力、快速、自如和优美等特点，如今已成为大众滑雪者向往的技术。双板平行转弯不同于犁式转弯技术，雪板没有分开的动作，双板在转弯中适中保持平行。双板平行转弯适用于各种场地、坡度、雪质及各种转弯，如适用于压好的雪道或野雪，以及回转、大回转等各种转弯。

7. 走刃的方法

在雪板的两侧有条钢条，叫作板刃。当我们在滑雪时在保持平行滑降的基础上将身体往一侧倒，完成一个转弯后再往另一侧倒，形成互换。技术要点：①上体前倾；②微屈腿；③弯腰；④上体始终朝山下方向；⑤两腿在雪板上的力量一定要均匀；⑥两腿的距离小于肩距。

九、高山滑雪运动的相关名称

（一）运动项目名称

女子高山滑雪：Ladies’ Alpine Skiing

男子高山滑雪：Men’s Alpine Skiing

男子滑降：Men’s Downhill

男子回转：Men’s Slalom

男子大回转：Men’s Giant Slalom

男子超级大回转：Men’s Super-G

男子全能：Men’s Alpine Combined

女子滑降：Ladies' Downhill
女子回转：Ladies' Slalom
女子大回转：Ladies' Giant Slalom
女子超级大回转：Ladies' Super-G
女子全能：Ladies' Alpine Combined
团体赛：Alpine Team Event

（二）专业术语

（1）重力：滑雪者的体重可粗略理解为重力。双雪板间的重力承重比例的转换（简称重力转换），也可理解为体重的转换。

（2）重心：指人体总重力的作用点。其方向对向地球中心。人体静直立时，重心位置一般在脐下第三骶椎前方 7 厘米处，女性重心较男性略低。如果将人体理解为一个左、右、前、后都对称的立式物体，重心肯定在左右、前后两个都对称截面的中心线上。重心在滑雪运动中，有时在体内，有时在体外。重心在滑雪运动中的移动方向是多维的，即前后、左右、上下移动的合成。

（3）重心交换：一般指滑雪过程中左右两侧负重的变换。

（4）重心投影点：一般指重心与地心连线通过雪地上的那一点。

（5）负重或承重：一般指承担主要体重的滑雪板（或负重腿、负重脚）。

（6）用力（施压）：一般指重力或重力与肌肉内力相结合的合力对雪板（腿、脚）施加的压力。

（7）支撑面积：一般指雪板在雪面上的位置及板型、板位（有时也考虑滑雪杖的支撑）所形成的假想稳定面积。

（8）滚落线：一个球体从山顶向山下顺着山坡不改变运行方向滚动的完整直线。滚落线与地图等高线（落差线）相垂直。

（9）滑降：指从山坡上向山坡下沿着滚落线基本直滑行。

（10）转弯：指从山坡上向山坡下左右来回转换雪板运行方向的滑行。竞技滑雪中称为回转。

（11）登坡或登山：指穿雪板向山坡上方移动。

（12）板型：指两只滑雪板在雪面或空间所形成的形态，高山滑雪的板型主要有双板平行板型、犁式板型、剪刀式板型。

十、近五届冬奥会奖牌榜分布

1. 2022 中国北京冬奥会高山滑雪项目奖牌榜（表 4-1 ～表 4-12）

表4-1　滑降（男子）奖牌榜

排名	国家 / 地区	奖牌获得者	成绩	金牌（枚）	银牌（枚）	铜牌（枚）	总数（枚）
1	瑞士	贝亚特・弗兹	1:42.69	1	0	0	1
2	法国	约翰・克拉雷	1:42.79	0	1	0	1
3	奥地利	马蒂亚斯・迈尔	1:42.85	0	0	1	1
总计				1	1	1	3

表4-2　滑降（女子）奖牌榜

排名	国家 / 地区	奖牌获得者	成绩	金牌（枚）	银牌（枚）	铜牌（枚）	总数（枚）
1	瑞士	科琳娜·祖特尔	1:31.87	1	0	0	1
2	意大利	索菲亚·格鲁吉亚	1:32.03	0	1	0	1
3	意大利	纳迪娅·德拉戈	1:32.58	0	0	1	1
总计				1	1	1	3

表4-3　超级大回转（男子）奖牌榜

排名	国家 / 地区	奖牌获得者	成绩	金牌（枚）	银牌（枚）	铜牌（枚）	总数（枚）
1	奥地利	马蒂亚斯·迈尔	1:19.94	1	0	0	1
2	美国	瑞安·科克伦·西格尔	1:19.98	0	1	0	1
3	挪威	亚历山大·奥莫特·希尔德	1:20.36	0	0	1	1
总计				1	1	1	3

表4-4　超级大回转（女子）奖牌榜

排名	国家 / 地区	奖牌获得者	成绩	金牌（枚）	银牌（枚）	铜牌（枚）	总数（枚）
1	瑞士	拉拉·古特·贝赫拉米	1:13.51	1	0	0	1
2	奥地利	米丽娅姆·普赫纳	1:13.73	0	1	0	1
3	瑞士	米歇尔·吉辛	1:13.81	0	0	1	1
总计				1	1	1	3

表4-5　大回转（男子）奖牌榜

排名	国家 / 地区	奖牌获得者	成绩	金牌（枚）	银牌（枚）	铜牌（枚）	总数（枚）
1	瑞士	马尔科·奥德马特	2:09.35	1	0	0	1
2	斯洛文尼亚	扎恩·克拉涅茨	2:09.54	0	1	0	1
3	法国	马蒂厄·费弗尔	2:10.69	0	0	1	1
总计				1	1	1	3

表4-6　大回转（女子）奖牌榜

排名	国家 / 地区	奖牌获得者	成绩	金牌（枚）	银牌（枚）	铜牌（枚）	总数（枚）
1	瑞典	莎拉・赫克托	1:55.69	1	0	0	1
2	意大利	费代丽卡・布里尼奥内	1:55.97	0	1	0	1
3	瑞士	拉拉・古特・贝赫拉米	1:56.41	0	0	1	1
总计				1	1	1	3

表4-7　回转（男子）奖牌榜

排名	国家 / 地区	奖牌获得者	成绩	金牌（枚）	银牌（枚）	铜牌（枚）	总数（枚）
1	法国	克莱芒・诺埃尔	1:44.09	1	0	0	1
2	奥地利	约翰内斯・施特罗尔茨	1:44.70	0	1	0	1
3	挪威	塞巴斯蒂安・福斯・索莱沃格	1:44.79	0	0	1	1
总计				1	1	1	3

表4-8　回转（女子）奖牌榜

排名	国家 / 地区	奖牌获得者	成绩	金牌（枚）	银牌（枚）	铜牌（枚）	总数（枚）
1	斯洛伐克	佩特拉・弗洛娃	1:44.98	1	0	0	1
2	奥地利	卡塔琳娜・林斯伯格	1:45.06	0	1	0	1
3	瑞士	温迪・霍尔德纳	1:45.10	0	0	1	1
总计				1	1	1	3

表4-9　全能（男子）奖牌榜

排名	国家 / 地区	奖牌获得者	成绩	金牌（枚）	银牌（枚）	铜牌（枚）	总数（枚）
1	奥地利	约翰内斯・施特罗尔茨	2:34.43	1	0	0	1
2	挪威	亚历山大・奥莫特・希尔德	2:32.02	0	1	0	1
3	加拿大	詹姆斯・克劳福德	2:32.11	0	0	1	1
总计				1	1	1	3

表4-10 全能（女子）奖牌榜

排名	国家 / 地区	奖牌获得者	成绩	金牌（枚）	银牌（枚）	铜牌（枚）	总数（枚）
1	瑞士	米歇尔・吉辛	2:25.67	1	0	0	1
2	瑞士	温迪・霍尔德纳	2:26.72	0	1	0	1
3	意大利	费代丽卡・布里尼奥内	2:27.52	0	0	1	1
总计				1	1	1	3

表4-11 混合团体奖牌榜

排名	国家 / 地区	奖牌获得者	金牌（枚）	银牌（枚）	铜牌（枚）	总数（枚）
1	奥地利	卡塔琳娜・胡贝尔 / 卡塔琳娜・林斯贝格尔 / 卡塔琳娜・特吕佩 斯特凡・布伦施泰纳 / 米夏埃尔・马特 / 约翰内斯・施特罗尔茨	1	0	0	1
2	德国	埃玛・艾歇尔 / 莱娜・迪尔 / 姬拉・魏德勒 尤利安・劳赫富斯 / 亚历山大・施密德 / 利努斯・施特拉塞尔	0	1	0	1
3	挪威	米娜・菲尔斯特・霍尔特曼 / 泰娅・路易丝・斯特耶内松 / 玛丽亚・特蕾丝・特维贝格 蒂蒙・海于甘 / 法比安・维尔肯斯・索尔海姆 / 拉斯穆斯・温丁斯塔	0	0	1	1
总计			1	1	1	3

表4-12 奖牌总榜

排名	国家 / 地区	金牌（枚）	银牌（枚）	铜牌（枚）	总数（枚）
1	瑞士	5	1	3	9
2	奥地利	3	3	1	7
3	法国	1	1	1	3
4	瑞典	1	0	0	1
4	斯洛伐克	1	0	0	1
6	意大利	0	2	2	4
7	挪威	0	1	3	4
8	美国	0	1	0	1
8	斯洛文尼亚	0	1	0	1
8	德国	0	1	0	1

续表

排名	国家 / 地区	金牌（枚）	银牌（枚）	铜牌（枚）	总数（枚）
11	加拿大	0	0	1	1
总计		11	11	11	33

2. 2018 韩国平昌冬奥会高山滑雪项目奖牌榜（表 4-13 ～表 4-24）

表4-13　滑降（男子）奖牌榜

排名	国家 / 地区	奖牌获得者	成绩	金牌（枚）	银牌（枚）	铜牌（枚）	总数（枚）
1	挪威	阿克赛尔·伦德·斯文达尔	1:40.25	1	0	0	1
2	挪威	杰蒂伊·扬斯鲁德	1:40.37	0	1	0	1
3	瑞士	贝亚特·弗兹	1:40.43	0	0	1	1
总计				1	1	1	3

表4-14　滑降（女子）奖牌榜

排名	国家 / 地区	奖牌获得者	成绩	金牌（枚）	银牌（枚）	铜牌（枚）	总数（枚）
1	意大利	索菲亚·格鲁吉亚	1:39.22	1	0	0	1
2	挪威	朗希尔德·莫温克尔	1:39.31	0	1	0	1
3	美国	林赛·沃恩	1:39.69	0	0	1	1
总计				1	1	1	3

表4-15　超级大回转（男子）奖牌榜

排名	国家 / 地区	奖牌获得者	成绩	金牌（枚）	银牌（枚）	铜牌（枚）	总数（枚）
1	奥地利	马蒂亚斯·迈尔	1:24.44	1	0	0	1
2	瑞士	贝亚特·弗兹	1:24.57	0	1	0	1
3	挪威	杰蒂伊·扬斯鲁德	1:24.62	0	0	1	1
总计				1	1	1	3

表4-16　超级大回转（女子）奖牌榜

排名	国家 / 地区	奖牌获得者	成绩	金牌（枚）	银牌（枚）	铜牌（枚）	总数（枚）
1	捷克	埃丝特尔·莱德茨卡	1:21.11	1	0	0	1
2	奥地利	安娜·芬宁格	1:21.12	0	1	0	1

续表

排名	国家 / 地区	奖牌获得者	成绩	金牌（枚）	银牌（枚）	铜牌（枚）	总数（枚）
3	列支敦士登	蒂娜·卫拉特尔	1:21.22	0	0	1	1
总计				1	1	1	3

表4-17　大回转（男子）奖牌榜

排名	国家 / 地区	奖牌获得者	成绩	金牌（枚）	银牌（枚）	铜牌（枚）	总数（枚）
1	奥地利	马塞尔·希尔舍	2:18.04	1	0	0	1
2	挪威	亨里克·克里斯托弗森	2:19.31	0	1	0	1
3	法国	亚历克西斯·潘蒂罗	2:19.35	0	0	1	1
总计				1	1	1	3

表4-18　大回转（女子）奖牌榜

排名	国家 / 地区	奖牌获得者	成绩	金牌（枚）	银牌（枚）	铜牌（枚）	总数（枚）
1	美国	米凯拉·席弗琳	2:20.02	1	0	0	1
2	挪威	朗希尔德·莫温克尔	2:20.41	0	1	0	1
3	意大利	费代丽卡·布里尼奥内	2:20.48	0	0	1	1
总计				1	1	1	3

表4-19　回转（男子）奖牌榜

排名	国家 / 地区	奖牌获得者	成绩	金牌（枚）	银牌（枚）	铜牌（枚）	总数（枚）
1	瑞典	安德烈·米勒尔	1:38.99	1	0	0	1
2	瑞士	拉蒙·泽恩豪森	1:39.33	0	1	0	1
3	奥地利	米夏埃尔·马特	1:39.66	0	0	1	1
总计				1	1	1	3

表4-20　回转（女子）奖牌榜

排名	国家 / 地区	奖牌获得者	成绩	金牌（枚）	银牌（枚）	铜牌（枚）	总数（枚）
1	瑞典	菲亚达·汉斯多特	1:38.63	1	0	0	1
2	瑞士	温迪·霍尔德纳	1:38.68	0	1	0	1

续表

排名	国家 / 地区	奖牌获得者	成绩	金牌（枚）	银牌（枚）	铜牌（枚）	总数（枚）
3	奥地利	卡塔琳娜・加尔胡贝尔	1:38.95	0	0	1	1
总计				1	1	1	3

表4-21　全能（男子）奖牌榜

排名	国家 / 地区	奖牌获得者	成绩	金牌（枚）	银牌（枚）	铜牌（枚）	总数（枚）
1	奥地利	马塞尔・希尔舍	2:06.52	1	0	0	1
2	法国	亚历克西斯・潘蒂罗	2:06.75	0	1	0	1
3	法国	维克托・穆法特・让代	2:07.54	0	0	1	1
总计				1	1	1	3

表4-22　全能（女子）奖牌榜

排名	国家 / 地区	奖牌获得者	成绩	金牌（枚）	银牌（枚）	铜牌（枚）	总数（枚）
1	瑞士	米歇尔・吉辛	2:20.90	1	0	0	1
2	美国	米凯拉・席弗琳	2:21.87	0	1	0	1
3	瑞士	温迪・霍尔德纳	2:22.34	0	0	1	1
总计				1	1	1	3

表4-23　混合团体奖牌榜

排名	国家 / 地区	奖牌获得者	金牌（枚）	银牌（枚）	铜牌（枚）	总数（枚）
1	瑞士	丹尼斯・法伊尔阿本德 / 温迪・霍尔德纳 卢卡・阿尔尼 / 丹尼尔・尤勒 / 拉蒙・泽恩豪森	1	0	0	1
2	奥地利	斯特凡妮・布伦纳 / 卡塔琳娜・加尔胡贝尔 / 卡塔琳娜・林斯伯格 曼努埃尔・费勒 / 米夏埃尔・马特 / 马尔科・施瓦茨	0	1	0	1
3	挪威	妮娜・哈维尔・洛塞斯 / 克莉丝汀・莱斯达尔 / 马仁・斯科特 塞巴斯蒂安・福斯・索勒瓦格 / 莱夫・克里斯蒂安・豪根 / 乔纳森・努尔博滕	0	0	1	1
总计			1	1	1	3

表4-24　奖牌总榜

排名	国家 / 地区	金牌（枚）	银牌（枚）	铜牌（枚）	总数（枚）
1	奥地利	3	2	2	7
2	瑞士	2	3	2	7
3	瑞典	2	0	0	2
4	挪威	1	5	1	7
5	美国	1	1	1	3
6	意大利	1	0	1	2
7	捷克	1	0	0	1
8	法国	0	1	2	3
9	列支敦士登	0	0	1	1
总计		11	11	11	33

3. 2014 俄罗斯索契冬奥会高山滑雪项目奖牌榜（表 4–25 ～表 4–35）

表4-25　滑降（男子）奖牌榜

排名	国家 / 地区	奖牌获得者	成绩	金牌（枚）	银牌（枚）	铜牌（枚）	总数（枚）
1	奥地利	马蒂亚斯・迈尔	2:06.23	1	0	0	1
2	意大利	克里斯托夫・因纳霍福尔	2:06.29	0	1	0	1
3	挪威	杰蒂伊・扬斯鲁德	2:06.33	0	0	1	1
总计				1	1	1	3

表4-26　滑降（女子）奖牌榜

排名	国家 / 地区	奖牌获得者	成绩	金牌（枚）	银牌（枚）	铜牌（枚）	总数（枚）
1	斯洛文尼亚	蒂娜・梅兹	1:41.57	1	0	0	1
1	瑞士	多米尼克・吉辛	1:41.57	1	0	0	1
3	瑞士	劳拉・加特	1:41.67	0	0	1	1
总计				2	0	1	3

表4-27　超级大回转（男子）奖牌榜

排名	国家 / 地区	奖牌获得者	成绩	金牌（枚）	银牌（枚）	铜牌（枚）	总数（枚）
1	挪威	杰蒂伊・扬斯鲁德	1:18.14	1	0	0	1

续表

排名	国家 / 地区	奖牌获得者	成绩	金牌（枚）	银牌（枚）	铜牌（枚）	总数（枚）
2	美国	安德鲁·维布雷切特	1:18.44	0	1	0	1
3	加拿大	简·胡德克	1:18.67	0	0	1	1
3	美国	伯德·米勒	1:18.67	0	0	1	1
总计				1	1	2	4

表4-28　超级大回转（女子）奖牌榜

排名	国家 / 地区	奖牌获得者	成绩	金牌（枚）	银牌（枚）	铜牌（枚）	总数（枚）
1	奥地利	安娜·芬宁格	1:25.52	1	0	0	1
2	德国	玛丽亚·霍夫·莱希	1:26.07	0	1	0	1
3	奥地利	尼克勒·霍斯普	1:26.18	0	0	1	1
总计				1	1	1	3

表4-29　大回转（男子）奖牌榜

排名	国家 / 地区	奖牌获得者	成绩	金牌（枚）	银牌（枚）	铜牌（枚）	总数（枚）
1	美国	泰德·利格蒂	2:45.29	1	0	0	1
2	法国	史蒂夫·米西利尔	2:45.77	0	1	0	1
3	法国	亚历克西斯·潘蒂罗	2:45.93	0	0	1	1
总计				1	1	1	3

表4-30　大回转（女子）奖牌榜

排名	国家 / 地区	奖牌获得者	成绩	金牌（枚）	银牌（枚）	铜牌（枚）	总数（枚）
1	斯洛文尼亚	蒂娜·梅兹	2:36.87	1	0	0	1
2	奥地利	安娜·芬宁格	2:36.94	0	1	0	1
3	德国	维克托里亚·雷本斯伯格	2:37.14	0	0	1	1
总计				1	1	1	3

表4-31　回转（男子）奖牌榜

排名	国家 / 地区	奖牌获得者	成绩	金牌（枚）	银牌（枚）	铜牌（枚）	总数（枚）
1	奥地利	马里奥·马特	1:41.84	1	0	0	1
2	奥地利	马塞尔·希尔舍	1:42.12	0	1	0	1
3	挪威	亨里克·克里斯托弗森	1:42.67	0	0	1	1
总计				1	1	1	3

表4-32　回转（女子）奖牌榜

排名	国家 / 地区	奖牌获得者	成绩	金牌（枚）	银牌（枚）	铜牌（枚）	总数（枚）
1	美国	米凯拉·席弗琳	1:44.54	1	0	0	1
2	奥地利	玛丽斯·施尔德	1:45.07	0	1	0	1
3	奥地利	卡斯林·泽特尔	1:45.35	0	0	1	1
总计				1	1	1	3

表4-33　全能（男子）奖牌榜

排名	国家 / 地区	奖牌获得者	成绩	金牌（枚）	银牌（枚）	铜牌（枚）	总数（枚）
1	瑞士	桑德罗·维莱塔	2:45.20	1	0	0	1
2	克罗地亚	伊维卡·科斯特里奇	2:45.54	0	1	0	1
3	意大利	克里斯托夫·因纳霍福尔	2:45.67	0	0	1	1
总计				1	1	1	3

表4-34　全能（女子）奖牌榜

排名	国家 / 地区	奖牌获得者	成绩	金牌（枚）	银牌（枚）	铜牌（枚）	总数（枚）
1	德国	玛丽亚·霍夫·莱希	2:34.62	1	0	0	1
2	奥地利	尼克勒·霍斯普	2:35.02	0	1	0	1
3	美国	茱莉亚·曼库索	2:35.15	0	0	1	1
总计				1	1	1	3

表4-35　奖牌总榜

排名	国家 / 地区	金牌（枚）	银牌（枚）	铜牌（枚）	总数（枚）
1	奥地利	3	4	2	9
2	美国	2	1	2	5
3	瑞士	2	0	1	3
4	斯洛文尼亚	2	0	0	2
5	德国	1	1	1	3
6	挪威	1	0	2	3
7	意大利	0	1	1	2
7	法国	0	1	1	2
9	克罗地亚	0	1	0	1
10	加拿大	0	0	1	1
总计		11	9	11	31

4. 2010 加拿大温哥华冬奥会高山滑雪项目奖牌榜（表 4-36 ～表 4-46）

表4-36　滑降（男子）奖牌榜

排名	国家 / 地区	奖牌获得者	成绩	金牌（枚）	银牌（枚）	铜牌（枚）	总数（枚）
1	瑞士	迪迪埃・德法戈	1:54.31	1	0	0	1
2	挪威	阿克赛尔・伦德・斯文达尔	1:54.38	0	1	0	1
3	美国	伯德・米勒	1:54.40	0	0	1	1
总计				1	1	1	3

表4-37　滑降（女子）奖牌榜

排名	国家 / 地区	奖牌获得者	成绩	金牌（枚）	银牌（枚）	铜牌（枚）	总数（枚）
1	美国	林赛・沃恩	1:44.19	1	0	0	1
2	美国	茱莉亚・曼库索	1:44.75	0	1	0	1
3	奥地利	伊丽莎白・乔戈尔	1:45.65	0	0	1	1
总计				1	1	1	3

表4-38　超级大回转（男子）奖牌榜

排名	国家 / 地区	奖牌获得者	成绩	金牌（枚）	银牌（枚）	铜牌（枚）	总数（枚）
1	挪威	阿克赛尔・伦德・斯文达尔	1:30.34	1	0	0	1
2	美国	伯德・米勒	1:30.62	0	1	0	1
3	美国	安德鲁・维布雷切特	1:30.65	0	0	1	1
总计				1	1	1	3

表4-39　超级大回转（女子）奖牌榜

排名	国家 / 地区	奖牌获得者	成绩	金牌（枚）	银牌（枚）	铜牌（枚）	总数（枚）
1	奥地利	安德烈・费什巴赫	1:20.14	1	0	0	1
2	斯洛文尼亚	蒂娜・梅兹	1:20.63	0	1	0	1
3	美国	林赛・沃恩	1:20.88	0	0	1	1
总计				1	1	1	3

表4-40　大回转（男子）奖牌榜

排名	国家 / 地区	奖牌获得者	成绩	金牌（枚）	银牌（枚）	铜牌（枚）	总数（枚）
1	瑞士	卡罗・扬卡	2:37.83	1	0	0	1
2	挪威	杰蒂伊・扬斯鲁德	2:38.22	0	1	0	1
3	挪威	阿克赛尔・伦德・斯文达尔	2:38.44	0	0	1	1
总计				1	1	1	3

表4-41　大回转（女子）奖牌榜

排名	国家 / 地区	奖牌获得者	成绩	金牌（枚）	银牌（枚）	铜牌（枚）	总数（枚）
1	德国	维克托里亚・雷本斯伯格	2:27.11	1	0	0	1
2	斯洛文尼亚	蒂娜・梅兹	2:27.15	0	1	0	1
3	奥地利	伊丽莎白・乔戈尔	2:27.25	0	0	1	1
总计				1	1	1	3

表4-42　回转（男子）奖牌榜

排名	国家 / 地区	奖牌获得者	成绩	金牌（枚）	银牌（枚）	铜牌（枚）	总数（枚）
1	意大利	朱利亚诺·拉佐利	1:39.32	1	0	0	1
2	克罗地亚	伊维卡·科斯特里奇	1:39.48	0	1	0	1
3	瑞典	安德鲁·迈赫尔	1:39.76	0	0	1	1
总计				1	1	1	3

表4-43　回转（女子）奖牌榜

排名	国家 / 地区	奖牌获得者	成绩	金牌（枚）	银牌（枚）	铜牌（枚）	总数（枚）
1	德国	玛丽亚·霍夫·莱希	1:42.89	1	0	0	1
2	奥地利	玛丽斯·斯切尔德	1:43.32	0	1	0	1
3	捷克	萨尔卡·扎罗布斯卡	1:43.90	0	0	1	1
总计				1	1	1	3

表4-44　全能（男子）奖牌榜

排名	国家 / 地区	奖牌获得者	成绩	金牌（枚）	银牌（枚）	铜牌（枚）	总数（枚）
1	美国	伯德·米勒	2:44.92	1	0	0	1
2	克罗地亚	伊维卡·科斯特里奇	2:45.25	0	1	0	1
3	瑞士	西尔万·祖布里根	2:45.32	0	0	1	1
总计				1	1	1	3

表4-45　全能（女子）奖牌榜

排名	国家 / 地区	奖牌获得者	成绩	金牌（枚）	银牌（枚）	铜牌（枚）	总数（枚）
1	德国	玛丽亚·霍夫·莱希	2:09.14	1	0	0	1
2	美国	茱莉亚·曼库索	2:10.08	0	1	0	1
3	瑞典	安娅·佩尔森	2:10.19	0	0	1	1
总计				1	1	1	3

表4-46　奖牌总榜

排名	国家 / 地区	金牌（枚）	银牌（枚）	铜牌（枚）	总数（枚）
1	德国	3	0	0	3
2	美国	2	3	3	8
3	瑞士	2	0	1	3
4	挪威	1	2	1	4
5	奥地利	1	1	2	4
6	意大利	1	0	0	1
7	斯洛文尼亚	0	2	0	2
7	克罗地亚	0	2	0	2
9	瑞典	0	0	2	2
10	捷克	0	0	1	1
总计		10	10	10	30

5. 2006 年法国都灵冬奥会高山滑雪项目奖牌榜（表 4-47 ～表 4-57）

表4-47　速降（男子）奖牌榜

排名	国家 / 地区	奖牌获得者	成绩	金牌（枚）	银牌（枚）	铜牌（枚）	总数（枚）
1	法国	安东尼・德尼里亚	1:48.80	1	0	0	1
2	奥地利	米契尔・瓦尔乔菲尔	1:49.52	0	1	0	1
3	瑞士	布隆・科宁	1:49.82	0	0	1	1
总计				1	1	1	3

表4-48　速降（女子）奖牌榜

排名	国家 / 地区	奖牌获得者	成绩	金牌（枚）	银牌（枚）	铜牌（枚）	总数（枚）
1	奥地利	米切拉・多夫梅斯特	1:56.49	1	0	0	1
2	瑞士	马丁那・斯奇德	1:56.86	0	1	0	1
3	瑞典	安娅・佩尔森	1:57.13	0	0	1	1
总计				1	1	1	3

表4-49 超级大回转（男子）奖牌榜

排名	国家 / 地区	奖牌获得者	成绩	金牌（枚）	银牌（枚）	铜牌（枚）	总数（枚）
1	挪威	谢蒂尔·安德鲁·阿姆奥特	1:30.65	1	0	0	1
2	奥地利	哈曼尼·迈尔	1:30.78	0	1	0	1
3	瑞士	阿布鲁斯·霍夫曼	1:30.98	0	0	1	1
总计				1	1	1	3

表4-50 超级大回转（女子）奖牌榜

排名	国家 / 地区	奖牌获得者	成绩	金牌（枚）	银牌（枚）	铜牌（枚）	总数（枚）
1	奥地利	米切拉·多夫梅斯特	1:32.47	1	0	0	1
2	克罗地亚	杰尼卡·科斯塔里奇	1:32.74	0	1	0	1
3	奥地利	亚里山德拉·梅斯尼策尔	1:33.06	0	0	1	1
总计				1	1	1	3

表4-51 大回转（男子）奖牌榜

排名	国家 / 地区	奖牌获得者	成绩	金牌（枚）	银牌（枚）	铜牌（枚）	总数（枚）
1	奥地利	本杰明·莱希	2:35.00	1	0	0	1
2	法国	乔伊·夏奈尔	2:35.07	0	1	0	1
3	奥地利	哈曼尼·迈尔	2:35.16	0	0	1	1
总计				1	1	1	3

表4-52 大回转（女子）奖牌榜

排名	国家 / 地区	奖牌获得者	成绩	金牌（枚）	银牌（枚）	铜牌（枚）	总数（枚）
1	美国	茱莉亚·曼库索	2:09.19	1	0	0	1
2	芬兰	坦贾·普蒂埃宁	2:09.86	0	1	0	1
3	瑞典	安娜·奥托松	2:10.33	0	0	1	1
总计				1	1	1	3

表4-53 回转（男子）奖牌榜

排名	国家/地区	奖牌获得者	成绩	金牌（枚）	银牌（枚）	铜牌（枚）	总数（枚）
1	奥地利	本杰明·莱希	1:43.14	1	0	0	1
2	奥地利	雷恩弗雷德·赫布斯特	1:43.97	0	1	0	1
3	奥地利	雷诺·舒恩菲尔德	1:44.15	0	0	1	1
总计				1	1	1	3

表4-54 回转（女子）奖牌榜

排名	国家/地区	奖牌获得者	成绩	金牌（枚）	银牌（枚）	铜牌（枚）	总数（枚）
1	瑞典	安娅·佩尔森	1:29.04	1	0	0	1
2	奥地利	诺克勒·霍斯普	1:29.33	0	1	0	1
3	奥地利	玛丽斯·谢尔德	1:29.79	0	0	1	1
总计				1	1	1	3

表4-55 全能（男子）奖牌榜

排名	国家/地区	奖牌获得者	成绩	金牌（枚）	银牌（枚）	铜牌（枚）	总数（枚）
1	美国	泰德·里格蒂	3:09.35	1	0	0	1
2	克罗地亚	伊维卡·科斯特里奇	3:09.88	0	1	0	1
3	奥地利	雷诺·舒恩菲尔德	3:10.67	0	0	1	1
总计				1	1	1	3

表4-56 全能（女子）奖牌榜

排名	国家/地区	奖牌获得者	成绩	金牌（枚）	银牌（枚）	铜牌（枚）	总数（枚）
1	克罗地亚	杰尼卡·科斯塔里奇	2:51.08	1	0	0	1
2	奥地利	玛丽斯·谢尔德	2:51.58	0	1	0	1
3	瑞典	安娅·佩尔森	2:51.63	0	0	1	1
总计				1	1	1	3

表4-57　奖牌总榜

排名	国家 / 地区	金牌（枚）	银牌（枚）	铜牌（枚）	总数（枚）
1	奥地利	4	5	5	14
2	美国	2	0	0	2
3	克罗地亚	1	2	0	3
4	法国	1	1	0	2
5	瑞典	1	0	3	4
6	挪威	1	0	0	1
7	瑞士	0	1	2	3
8	芬兰	0	1	0	1
总计		10	10	10	30

第二节　越野滑雪

一、越野滑雪运动的概念

越野滑雪（cross-country skiing）借助滑雪用具，运用登山 、滑降、转弯、滑行等基本技术，滑行于山丘雪原的运动项目。

越野滑雪起源于北欧，又称北欧滑雪，是世界运动史上最古老的运动项目之一。1924 年首次列入冬季奥运会比赛项目。

二、越野滑雪运动的起源及发展

据记载，1226 年挪威内战时期，两名被称为“桦木腿”的侦察兵，怀藏 2 岁的国王哈康四世，滑雪翻越高山，摆脱了敌人。现在挪威还每年举行越野马拉松滑雪赛，距离 56.33 千米，与当年侦察兵所滑路程相同。越野滑雪比赛路线分上坡、下坡、平地，各占全程的 1/3 滑雪运动，从最初作为狩猎方式及交通工具，逐渐成为一种锻炼身体的方法，并最终成为一项体育竞技项目，其间经历了一段长时期的发展及演变过程。在 17—19 世纪，越野滑雪作为滑雪项目之一，在欧洲一些国家成为体育比赛的内容。

追溯到 15 世纪，在瑞典、丹麦和俄罗斯等国家，不但在人们日常生活和生产中广泛地运用滑雪，而且在军队中建立了滑雪部队。据记载，1522 年瑞典国王库斯塔普 · 伯萨在战争中为了摆脱芬兰军队的追击，运用滑雪方式，以最快的速度从挪威国境胜利逃跑，从 1922 年起，每年都在这里举行“瓦萨罗佩特”越野滑雪公开赛，比赛距离为 85 千米。

到 19 世纪 50 年代，当使用两根滑雪杆的传统滑雪方式真正确立后，随着顶尖选手的成绩突飞猛进，这项运动比任何其他耐力训练（如跑步或游泳）得到更快的发展。滑雪板的技术含量更高，选手们开始学习生理学，并学习如何训练身体来准备比赛。不过，滑冰技术也几乎在同步发展。19 世纪 60 年代，出现了专门铺设滑道（或滑雪道）的机器。此前，由军队（数百名使用滑雪板的士兵）负责为比赛压实和准备赛道。因为只有两条准备好的沟槽可供滑雪，滑雪选手只能保证两条腿平行，两条腿轮流推动，其他什么也做不了。不过，就在此时，芬兰的一个警察泡利斯通开始试验只留一条腿在沟槽中，另一条腿用于推动。当然，一条腿很快会疲劳，不得不换腿。这种方法称为“斯通步”或“半滑冰”。使用新型的铺设滑雪道的机器压实滑道后，当滑雪者（特别是训练过长跑、腿部力量很好的人）开始在这样的滑道上试验这些新技术时，他们发现，两条腿轮流推动可以前进得更快（最多可以快 10%），随之产生了滑冰式滑雪运动。

进入 20 世纪 80 年代以后，芬兰运动员和美国运动员在越野滑雪比赛中创造了类似速滑运动员蹬冰步的滑行方法，引起了越野滑雪技术的变革。由于用这种方法滑行可以省去打防滑蜡的工序，颇受广大运动员的欢迎，不久便风靡各国。1988 年国际雪联将这种滑行方法称为自由技术，将老式的前后蹬动技术称为传统技术，并规定赛会所设项目应为传统技术和自由技术各占一半，对接力项目也作了相应的规定。

越野滑雪被列为冬奥会比赛项目是在 1924 年的法国夏蒙尼冬季奥运会上，现代越野滑雪设男子 10 千米（1992 年列入）、15 千米（1924 年列入）、30 千米（1956 年列入）、50 千米（1924 年列入）、4×10 千米接力（1936 年列入）；女子 5 千米（1964 年列入）、10 千米（1952 年列入）、15 千米（1984 年列入）、30 千米（1992 年列入）、4×5 千米接力（1956 年列入）。

在 1988 年加拿大卡尔加里举行的第十五届冬季奥运会上，男子 15 千米、30 千米，女子 10 千米越野滑雪项目为传统技术的比赛。男子 50 千米、4×10 千米接力，女子 20 千米及 4×5 千米接力为自由技术的比赛。

至今，越野滑雪已在欧洲、亚洲、北美洲、南美洲、大洋洲等 60 多个国家和地区开展起来。其中挪威、瑞典、芬兰、俄罗斯、意大利等欧洲国家的运动水平始终处于领先地位，亚洲多数国家处于中游或中下游水平。

三、我国越野滑雪运动的发展

我国于 1961 年第一次参加国际滑雪比赛，即在波兰举行的社会主义国家友军冬季运动会上，参加了滑雪巡逻等比赛。之后在 1986 年第一届亚洲冬季运动会上，中国越野滑雪女队获得 4×5 千米接力金牌，此后，在第二届、第三届亚冬会上，中国越野滑雪也取得了较好的成绩。

2007 年，在第七届亚冬会越野滑雪女子短距离自由式技术比赛中，中国运动员王春丽获得金牌。

2017 年在日本札幌举行的第八届亚冬会越野滑雪 1.4 千米个人竞速赛中，运动员满丹丹获女子项目冠军，运动员孙清海获男子项目亚军。2017 年，国家体育总局冬季运动管理中心、吉林省体育局、吉林市政府把吉林北山人防工程改建为四季越野滑雪场（亚洲首座具有国际水平的全天候标准化室内越野滑雪专业训练基地），总建筑面积 25 244 平方米，使用面积 19 425 平方米，包括室内雪洞和室外雪道，其中室内雪洞长 1 308 米、净宽 8 米、净高 4 米；室外雪道长 1 616 米、宽 4 米。长期以来，我国的越野滑雪训练一直受季节性限制，严重制约了越野滑雪运动员水平的提升，而吉林北山四季越野滑雪场可实现全年无空档期训练，加大了训练保障和供给，打破了我国越野滑雪、冬季两项等运动项目训练的季节性限制“瓶颈”，依托四季滑雪场，在全国范围内选拔运动员备战奥运会，扩大训练规模，将极大推动中国越野滑雪、冬季两项等雪上项目发展，恶补我国雪上项目短板。

2018 年，中国越野滑雪队参加了在爱沙尼亚和拉脱维亚举行的平昌冬奥会积分赛，在爱沙尼亚站上，中国队获得了 1 金 3 银 1 铜的成绩；在拉脱维亚站上，中国队则取得了 3 金 2 银 2 铜的优异成绩。凭借着积分赛的出色表现，中国越野滑雪队成功拿到了四张平昌冬奥会门票。

目前，在我国也有许多由夏季项目跨界到越野滑雪的优秀运动员。例如，陈盆滨，中国耐力跑运动员、极限马拉松运动员，他是登上美国《户外》杂志封面的第一个中国人，在南极100千米极限马拉松中，以13小时57分46秒的成绩勇夺冠军，成为史上首位赢得国际性极限马拉松比赛冠军的中国人。同时也是全世界第一个完成“七大洲极限马拉松大满贯”的极限跑者。现已跨界加入中国越野滑雪队。

四、越野滑雪运动的赛事及项目

（一）国际赛事

1. 国际冬季奥林匹克运动会

1924年法国夏蒙尼第一届冬奥会设立男子18千米和50千米越野滑雪项目。如今冬奥会越野滑雪共设12个小项（男子6项和女子6项），分别为男子15千米自由技术、男子15千米+15千米双追逐、男子个人短距离传统技术、男子团体短距离自由技术、男子50千米集体出发传统技术、男子4×10千米接力、女子10千米自由技术、女子7.5千米+7.5千米双追逐、女子个人短距离传统技术、女子团体短距离自由技术、女子30千米集体出发传统技术、女子4×5千米接力。

2. 亚洲冬季运动会

亚洲冬季运动会简称亚冬会，是亚洲冬季规模最大的综合性运动会，由亚洲奥林匹克理事会的成员国轮流主办。自1986年开始第一届，每四年举办一届，截至2022年共举办了八届（2021年第九届亚洲冬季运动会未举行）。国际奥林匹克委员会承认亚洲冬季运动会为正式的亚洲地区冬季运动会。

3. 世界杯越野滑雪锦标赛

世界杯越野滑雪锦标赛是国际滑雪联合会组织的越野滑雪的是世界性比赛（是一项系列赛）。比赛每年举办一次，设立几个分站比赛，最后进行总决赛。比赛的最终名次是对运动员在各站比赛的积分来确定的。男子世界杯越野滑雪锦标赛从1973—1974年赛季开始的，女子世界杯越野滑雪锦标赛是从1978—1979年赛季开始的。

除上述国际赛事外，还包括国际雪联组织的国际雪联越野滑雪巡回赛等国际赛事。

（二）国内赛事

中华人民共和国冬季运动会

全国冬季运动会一般指中华人民共和国冬季运动会，简称“全国冬运会”或“冬运会”，是中国规模最大、级别最高的冬季综合性体育赛事，每四年举办一次，第一届于1959年2月在哈尔滨和吉林市举行。此后基本上是每四年举办一次，至2022年已举办十三届（第二届停办但届次照算，第十四届延期）。第一至第四届作为全国运动会的冬季项目，与全运会的夏季项目一并作为一项赛事举办。1983年以后，冬季运动会从全国运动会中分离，另行举办。

（三）比赛项目

冬奥会越野滑雪比赛共设置男女个人追逐赛、团体追逐赛，男子15+15千米追逐赛，女子7.5+7.5千米追逐赛，男子15千米间隔出发，女子10千米间隔出发，男子50千米集体出发，女子30千米集体出发，男子4×10千米接力赛，女子4×5千米接力赛12个小项。

1. 间隔出发

在这个项目上，女子进行10千米比赛，男子15千米，每隔30秒出发一位运动员，以到达终点的时间确定名次。用时最少的运动员获得胜利。

2. 集体出发

集体出发项目2002年被列入冬奥会正式比赛项目，所有运动员列队同时出发，道次由抽签决定。

女子进行 30 千米比赛，男子 50 千米，比赛中每 10 ～ 12 分钟会让运动员通过运动场。最终第一个到达终点的选手获胜。比赛中经常出现 10 位以上的运动员冲刺，最终要依靠高速摄像机拍摄的照片确定最终的冠军。

3. 追逐赛

追逐赛包括传统技术和自由技术，这个项目与集体出发非常相似，所有运动员列队同时出发，道次由抽签决定。在比赛进行一半，运动员进入运动场，然后迅速变换技术和滑雪杖。女子先滑行 7.5 千米传统技术，之后是 7.5 千米自由技术，而男子则 15 千米传统技术 +15 千米自由技术。比赛中运动员每 6 ～ 8 分钟通过一次运动场，第一个到达终点的运动员获胜。

4. 个人竞速赛

比赛从资格赛轮开始，每隔 15 秒出发一名运动员，女子比赛每一圈 1.2 千米，男子比赛每一圈 1.4 千米，资格赛前 30 名选手晋级四分之一决赛，从四分之一决赛、半决赛、决赛 B 到决赛 A，每一组 6 名选手。其中每组前两名和每一轮速度最快的两名选手晋级下一轮，直到决赛 A 中有 6 名选手竞争最后的金牌。

5. 团体竞速赛

在团体竞速赛中，每一队里有两名运动员轮流在雪道滑行，每人滑行三次。总共滑行六圈。比赛分半决赛和决赛。半决赛每一组有 10 ～ 15 个队，两场半决赛当中成绩最好的 5 个队晋级决赛。

运动员在比赛当中轮流滑行时候必须遵循正确的交换顺序，而不能影响或阻碍其他队伍。六圈比赛结束后第，第一个冲过终点线的队伍获胜。

6. 接力赛

在接力赛中，每一队有四名运动员，前两名必须使用传统技术滑行，后面两名必须用自由技术。女子是 4×5 千米接力赛，男子是 4×10 千米接力赛。比赛采用集体出发，选手之间的接力与团体竞速赛类似，第四个选手第当中第一个冲过终点线的团队获胜。

7. 特殊比赛（短距离和长距离滑雪比赛须依照国际雪联越野滑雪标准）

世锦赛

青年男子：10千米、30千米、4×10千米；男子 10 千米、15 千米、30 千米、50 千米、4×10 千米。

青年女子：5 千米、15 千米、4×5 千米；女子 5 千米、10 千米、15 千米、30 千米、4×5 千米。

在北京冬奥会上，越野滑雪将设置包括男子 15 千米（传统技术）、男子双追逐（15 千米传统技术+15 千米自由技术）、男子个人短距离（自由技术）、男子团体短距离（传统技术）、男子 50 千米集体出发（自由技术）、男子 4×10 千米接力以及女子 10 千米（传统技术）、女子双追逐（7.5 千米传统技术 +7.5 千米自由技术）、女子个人短距离（自由技术）、女子团体短距离（传统技术）、女子 30 千米集体出发（自由技术）、女子 4×5 千米接力在内的多个小项。

五、越野滑雪运动员的运动技术等级标准

（一）国际级运动健将

在冬季奥运会或世界锦标赛、世界杯赛中获任何一单项前八名者。

（二）运动健将

凡符合下列条件之一者，可申请授予运动健将称号：

（1）在冬季奥运会、世界锦标赛、世界杯赛中获任何一单项前二十名者。

（2）在亚冬会或洲际比赛中，获任一单项前八名者。

（3）在世界大学生运动会中，获任一单项前十名者。
（4）在全国锦标赛、全国冠军赛中获成年组任一单项前两名者。
（5）在全国锦标赛、全国冠军赛中获青年组两个单项第一名者。

（三）一级运动员

凡符合下列条件之一者，可申请授予一级运动员称号：
（1）在全国锦标赛、全国冠军赛中获成年组任一单项前八名者。
（2）在全国锦标赛、全国冠军赛中获青年组任一单项前六名者。

（四）二级运动员

凡符合下列条件之一者，可申请授予二级运动员称号：
（1）在全国锦标赛、全国冠军赛中获成年组任一单项前十二名者。
（2）在全国锦标赛、全国冠军赛中获青年组任一单项前十名者。
（3）在省、自治区级竞赛中，获成年组任一单项前六名者。
（4）在省、自治区级竞赛中，获青年组任一单项前三名者。
（5）在地区、市、县级竞赛中，获青年组任一单项第一名者。

（五）三级运动员

凡符合下列条件之一者，可申请授予三级运动员称号：
（1）在省、自治区级竞赛中，获成年组任一单项前十五名者。
（2）在省、自治区级竞赛中，获青年组任一单项前八名者。
（3）在地区、市、县级竞赛中，获青年组任一单项前六名者。

（六）少年级运动员

凡符合下列条件之一者，可申请授予少年级运动员称号：
（1）在省、自治区级竞赛中，少年组能滑完两个项目的全程，并获得有效成绩者。
（2）在地区、市、县级竞赛中，获少年组任一单项前十名者。

六、越野滑雪运动的规则

（一）一般规则

越野滑雪比赛涉及到两种技术规则：传统式技术和自由式技术。

传统式技术包括交替滑行、双杖推撑滑行、无滑行阶段的八字踏步、滑降以及转弯技术。不允许有双脚或单脚的蹬冰动作，雪板必须放在压好的雪槽里，两个滑雪板保持与滑行方向平行，运用双腿的前后摆动和雪杖来前进，运动员“踏步”前进时与走动类似，只是在滑雪时用雪杖产生推力，每次跨步会滑行一段距离，在滑行中，感觉就像穿着光滑的鞋子在大理石面上滑行一样。在超越前面运动员的时候，可以跳出雪槽改道滑行，特别是下坡和平地雪道是超越对手的黄金赛段，后面运动员想要超越的时候，可以踩前面运动员的雪板提醒他，而前面的运动员得到提醒后必须让出雪道，否则算犯规。

自由式技术对技术动作没有限制，运动员可以采用任何技术动作。

越野滑雪比赛路线分上坡、下坡、平地，各占全程的三分之一。雪道的最高点不超过 1 800 米。

滑雪板上要标有标记，根据规定，选手从起点到达终点，脚穿的滑雪板必须带有出发时裁判画上的标记。因为雪板底面表层涂有雪蜡，非常光滑，有助于滑行，打上标记是为了预防运动员中途换雪板。

越野滑雪之间隔出发：在这个项目上，女子进行 10 千米比赛，男子 15 千米，每隔 30 秒出发一位运动员，以到达终点的时间确定名次。用时最少的运动员获得胜利。

（二）分项规则

1. 个人竞速赛

个人竞速赛从资格赛轮开始，每隔 15 秒出发一名运动员，女子比赛每一圈 1.2 千米，男子比赛每一圈 1.4 千米，资格赛前 30 名选手晋级四分之一决赛，从四分之一决赛、半决赛、决赛 B 到决赛 A，每一组六位选手。其中每组前两名和每一轮速度最快的两位选手晋级下一轮，直到决赛 A 中有六名选手竞争最后的金牌。运动员在比赛当中轮流滑行时候必须遵循真确的交换顺序，而不能影响或阻碍其他队。六圈比赛结束后第，第一个冲过终点线的队伍获胜。

2. 集体出发

集体出发项目 2002 年被列入冬奥会正式比赛项目，所有运动员列队同时出发，道次由抽签决定。女子进行 30 千米比赛，男子 50 千米，比赛中每 10 ～ 12 分钟会让运动员通过运动场。最终第一个到达终点的选手获胜。比赛中经常出现 10 位以上的运动员冲刺，最终要依靠高速摄像机拍摄的照片确定最终的冠军。

3. 追逐赛

追逐赛包括传统技术和自由技术，这个项目于集体出发非常相似，所有运动员列队同时出发，道次由抽签决定。在比赛进行一半，运动员进入运动场，然后迅速变换技术和滑雪杖。女子先滑行 7.5 千米传统技术，之后是 7.5 千米自由技术，而男子则 15 千米传统技术 +15 千米自由技术。比赛中运动员每 6 ～ 8 分钟通过一次运动场，第一个到达终点的运动员获胜。

4. 接力赛

在接力赛中，每一队有四名运动员，前两名必须使用传统技术滑行，后面两名必须用自由技术。女子是 4 × 5 千米接力赛，男子是 4 × 10 千米接力赛。比赛采用集体出发，选手之间的接力与团体竞速赛类似，第四个选手第当中第一个冲过终点线的团队获胜。

5. 团体竞速赛

在团体竞速赛中，每一队里有两名运动员轮流在雪道滑行，每人滑行三次。总共滑行六圈。比赛分半决赛和决赛。半决赛每一组有 10 ～ 15 个队，两场半决赛当中成绩最好的 5 个队晋级决赛。

七、越野滑雪运动的场地

越野滑雪场地要尽量选择森林地带等多变地形，要保证雪质、雪量，线路宽度应达到 4 ～ 5 米，雪面要经过机械或人工捣固、踏压，厚度至少 10 厘米。最好在线路的一侧开有带雪辙的雪道，两条雪辙的内壁相距 15 ～ 18 厘米，雪辙深度至少 2 厘米，雪辙的宽度以雪板的固定器不撞击两侧雪壁为准。线路的着板雪面低于撑杖雪面 2 厘米或在同一高度上，线路的另一侧不开带有雪辙的雪道。线路应平坦、宽阔，其中上坡、下坡和平地各占 1/3。要避免单调而过长的平地滑行、难度过大的急陡坡滑降，以及连续较长距离的登行。开始阶段要较易滑行，难度应出现在全程的 3/4 处。在出发后 2 ～ 3 千米内不应出现难度极大的急陡坡，在终点前 1 千米内不应出现较长的危滑降，线路中要避免有危险的斜滑降，同时要避开冰带、陡角和狭窄的地带。

八、越野滑雪运动的装备器材

（一）雪板

越野滑雪技术有传统式（古典式）和自由式之分，在雪板方面也存在这一区别。传统式雪板和自由式雪板的区别主要是在构造和长度上。

1. 自由式雪板

自由式雪板的板底非常光滑，从而形成一个较大的涂蜡层。这个表层的作用就是滑行。在选择一副自由式越野板时应注意：雪板的长度应该在自己身高上加长 10 ～ 15 厘米，但同时要考虑雪板的硬度（张力）和运动员自身体重相适应，雪板上一般都标注了适合的理想体重。

2. 传统式雪板

传统式雪板具有很明显的弓形弧线（有一定的张力），并被划分为登坡部分和滑行部分。雪板的长度为身高加上 30 厘米。同样，雪板的张力要和体重相适应。这一点可以用如下方法来测量：站在雪板上，测量板底和地面之间的缝隙，具体测量位置是在从脚跟到雪板上的每两个标记之间这一段。如果这个缝隙正好可以通过一张纸，则雪板的张力是合适的。如果只用一只雪板测试（全身重量落在一只板上），则纸张应该无法通过这个缝隙。

（二）雪鞋

（1）自由式滑雪鞋的鞋帮应该高出踝骨，以形成一定的支撑，同时要保证踝关节能自如地活动，以确保任何时候都能以最佳姿势站在雪板上。

（2）传统式滑雪鞋：在滑传统式技术时，人们通常穿鞋帮较低的鞋。这样既保证了有一定的支撑，也能让脚踝有最大的活动范围，从而达到理想的滑雪动作。

（3）多用滑雪鞋：如果不想受项目的限制来选择雪鞋的话，也可以选用多用鞋，这种鞋适合自由式和传统式两种技术要求。

（三）滑雪杖

可供选择的滑雪杖有很多，应该根据不同的项目来选择合适的长度。传统式：身高 ×0.85，自由式：身高 ×0.9。

（四）服装

选择服装一定要保证身体能自如活动，不能太紧。所有的服装都应该具有高弹性，并应防风、防水，易保养，可水洗的。选择手套时应注意，开始戴时感觉稍紧更好，一定不能选有褶皱的，以免滑行过程中手上磨出水泡。

传统越野滑雪的技术动作是：两步交替滑行、跨一步推进、同时推进和下坡转弯滑行四部分组成（以陆地滑轮为例）。

九、越野滑雪运动的基本技术

（一）两步交替滑行

1. 滑行方式

两步交替滑行是越野滑雪一项重要的技术，需要从要练习基本的对角线技术开始。在完全平坦的区域（建议不使用手杖）试着放松肩膀，让手臂来回自由摆动，随后可以尝试通过增加摆腿力量来提高速度。尽量做出快速而有力的摆腿，以便将力量向后蹬动。当腿平行时，摆腿动作逐渐转换，就应该将腿部重量转移到另一条腿上。

在开始出腿时，重心必须落在支撑腿上。注意脚的哪一部分压在滑板上，表明身体处于向前倾斜的位置，控制力量，确保良好的前进动力。当完成了脚步并在一副滑轮上滑行时，重量应该传遍整个脚。随着速度的增加，可以有节奏地滑行。交替滑行的力量主要来自双腿，良好的重心交换和平衡可以使腿部运动打下基础。

有节奏地徒手滑行，也可以开始使用手杖。手臂保持对称工作（因为一次只有一支滑轮杖在地面上），当把手杖放到地上时，可以稍稍向后倾斜手杖。向前摆动并用“沉肩”引导手臂放松，试着放松肩膀让手臂自由摆动。

这一时期会出现一个常见的错误，滑轮在出完脚后不会直线前进，而是朝向两侧。

2. 训练方法

（1）徒手交替技术。在不用杖的平坦区域滑行，让“鼻、膝、脚”在一条重心线上，并在每次开始向前摆腿时必须把体重放在支撑腿上。

（2）交替滑行技术。准备好基本姿势后手臂开始斜向撑动，重点放在快速和强大的腿部力量上。可以在平坦或略有坡度的地面上进行。

（3）下坡交替滑行技术。在中等坡度下坡滑，重点应放在腿部支撑技术上。“鼻、膝、脚”在一条中心线上。感受下坡时的平衡、重心分配和交替腿的频率。

（二）跨一步同时推进滑行

1. 滑行方式

跨一步同时推进技术是在缓上坡滑行中的应用技术。当传统滑行速度太快时，通常转换为跨一步同时推进技术，并使用双杖支撑。要使用这种技术，应该在大致平坦的地形上进行训练。保持双臂同时摆出的节奏，然后在滑轮上滑行。在手臂向前走的同时，腿向前跨出一步。

当手臂向前移动时，会在膝盖上感受到一点重力，并且会产生很大的压力，直接作用于地面。这会给你更强大的出腿力量。重要的是将所有的重心保持在用来出腿的腿上，同时结束运动。

2. 训练方法

（1）徒手技术。在平坦区域滑行，保持基础姿势。出腿动作前单脚站立，然后用力向前摆动。踝关节、膝关节和髋关节保持角度良好，并全程积极摆动手臂。

（2）双杖点地技术。尝试使用双杖点击节奏滑行，单脚站立、放松肩膀、收紧腹部肌肉、锁定核心和背部防止摔倒。保持踝关节、膝关节和髋关节角度，注意出腿的速度和脚下的滑轮发力。

（3）下坡推进技术。“鼻、膝、脚”在一个重心位置，感受下坡技术，注意交换身体重心。

（三）同时推进滑行

同时推进是一种用于轻松地形和中等坡度上坡的技术。需要很强的上体肌肉力量，如腹部核心肌肉群、背部肌肉、胸部肌肉和手臂肌肉等。不用腿蹬做双杖滑行。由于动力来自手臂和躯干，因此尽可能多地对滑轮增加作用力。

训练方法

1. 原地撑杖技术

原地双手撑杖，大、小臂约成 90 度夹角，肘部近似 90 度的角度，身体大幅向前倾斜，身体重量要压在杖上，收紧腹部肌肉防止腰部受伤。当撑杖结束后手臂要积极放松，以便重新开始。

撑杖过程中常见的错误是“后坐”——臀部往下沉。这会在双杖和上体之间产生一个距离，不能让体重离双杖越来越远，力量不会从这个位置穿过脚，减弱滑轮的滑行速度。因此要保持腹部肌肉收紧，臀部向前移动，达到基础姿势。

2. 下坡滑行技术

膝盖上以 90 度角进入一个折叠姿势，胸部靠近大腿上，头微低，双手向上置于胸前，使身体处于捕捉最少风量的位置，减少空气阻力，增加下坡惯性。同时，折叠位置确保良好的平衡，适用于自由式下坡。

十、越野滑雪运动的相关名称

男子竞速赛：Men’s Sprint Classic

男子 15 千米间隔出发：Men’s 15km Free

男子 15 千米 +15 千米射击赛：Men’s 15km + 15km Skiathlon

男子 50 千米集体出发：Men’s 50km Mass Start Classic

男子 4 × 10 千米接力：Men’s 4 × 10km Relay

男子团体竞速赛：Men’s Team Sprint Free

女子竞速赛：Ladies’ Sprint Classic

女子 10 千米间隔出发：Ladies’ 10km Free

女子 7.5 千米 + 7.5 千米射击赛：Ladies’ 7.5km + 7.5km Skiathlon

女子 30 千米集体出发：Ladies’ 30km mass Start Classic

女子 4 × 5 千米接力：Ladies’ 4 × 5km Relay

女子团体竞速赛：Ladies’ Team Sprint Free

十一、近五届冬奥会奖牌榜分布

1. 2022 中国北京冬奥会越野滑雪项目奖牌榜（表 4-58 ～表 4-70）

表4-58　自由技术个人短距离（男子）奖牌榜

排名	国家 / 地区	奖牌获得者	成绩	金牌（枚）	银牌（枚）	铜牌（枚）	总数（枚）
1	挪威	约翰内斯・赫斯弗洛特・克莱博	2:58.06	1	0	0	1
2	意大利	费代里科・佩莱格里诺	2:58.32	0	1	0	1
3	俄罗斯奥运队	亚历山大・捷连捷夫	2:59.37	0	0	1	1
总计				1	1	1	3

表4-59　自由技术个人短距离（女子）奖牌榜

排名	国家 / 地区	奖牌获得者	成绩	金牌（枚）	银牌（枚）	铜牌（枚）	总数（枚）
1	瑞典	约娜・松德林	3:09.68	1	0	0	1

续表

排名	国家 / 地区	奖牌获得者	成绩	金牌（枚）	银牌（枚）	铜牌（枚）	总数（枚）
2	瑞典	马娅·达尔奎斯特 Maja Dahlqvist	3:12.56	0	1	0	1
3	美国	杰西卡·迪金斯	3:12.84	0	0	1	1
总计				1	1	1	3

表4-60　15千米传统技术（男子）奖牌榜

排名	国家 / 地区	奖牌获得者	成绩	金牌（枚）	银牌（枚）	铜牌（枚）	总数（枚）
1	芬兰	伊沃·尼斯卡宁	37:54.8	1	0	0	1
2	俄罗斯奥运队	亚历山大·博利舒诺夫	38:18.0	0	1	0	1
3	挪威	约翰内斯·赫斯弗洛特·克莱博	38:32.3	0	0	1	1
总计				1	1	1	3

表4-61　10千米传统技术（女子）奖牌榜

排名	国家 / 地区	奖牌获得者	成绩	金牌（枚）	银牌（枚）	铜牌（枚）	总数（枚）
1	挪威	特蕾丝·约海于格	28:06.3	1	0	0	1
2	芬兰	凯尔图·尼斯卡宁	28:06.7	0	1	0	1
3	芬兰	克丽丝塔·帕尔马科斯基	28:37.8	0	0	1	1
总计				1	1	1	3

表4-62　4×10千米接力（男子）奖牌榜

排名	国家 / 地区	奖牌获得者	成绩	金牌（枚）	银牌（枚）	铜牌（枚）	总数（枚）
1	俄罗斯奥运队	阿列克谢·切尔沃特金 / 亚历山大·博利舒诺夫 丹尼斯·斯皮佐夫 / 谢尔盖·乌斯秋戈夫	1:54:50.7	1	0	0	1
2	挪威	埃米尔·伊韦尔森 / 帕尔·戈尔贝格 汉斯·克里斯特·霍隆德 约翰内斯·赫斯弗洛特·克莱博	1:55:57.9	0	1	0	1
3	法国	理查德·朱夫 / 雨果·拉帕吕 克莱芒·帕里斯 / 莫里斯·马尼菲卡	1:56:07.1	0	0	1	1
总计				1	1	1	3

表4-63 4×5千米接力（女子）奖牌榜

排名	国家 / 地区	奖牌获得者	成绩	金牌（枚）	银牌（枚）	铜牌（枚）	总数（枚）
1	俄罗斯奥运队	尤利娅·斯图帕克 / 纳塔利娅·涅普里亚耶娃塔蒂安娜·索日娜 / 韦罗妮卡韦罗妮卡·斯捷潘诺	53:41.0	1	0	0	1
2	德国	凯瑟琳·绍尔布赖 / 凯瑟琳·亨尼格维克多利亚·卡尔 / 索菲·克雷尔	53:59.2	0	1	0	1
3	瑞典	马娅·达尔奎斯特 / 埃巴·安德森弗里达·卡尔松 / 乔纳·桑德林	54:01.7	0	0	1	1
总计				1	1	1	3

表4-64 50千米自由技术集体出发（男子）奖牌榜

排名	国家 / 地区	奖牌获得者	成绩	金牌（枚）	银牌（枚）	铜牌（枚）	总数（枚）
1	俄罗斯奥运队	亚历山大·博利舒诺夫	1:11:32.7	1	0	0	1
2	俄罗斯奥运队	伊万·亚基穆什金	1:11:38.2	0	1	0	1
3	挪威	西蒙·赫格斯塔德·克吕格尔	1:11:39.7	0	0	1	1
总计				1	1	1	3

表4-65 30千米自由技术集体出发（女子）奖牌榜

排名	国家 / 地区	奖牌获得者	成绩	金牌（枚）	银牌（枚）	铜牌（枚）	总数（枚）
1	挪威	特蕾丝·约海于格	1:24:54.0	1	0	0	1
2	美国	杰西卡·迪金斯	1:26:37.3	0	1	0	1
3	芬兰	凯尔图·尼斯卡宁	1:27:27.3	0	0	1	1
总计				1	1	1	3

表4-66 15千米传统技术+15千米自由技术（男子）奖牌榜

排名	国家 / 地区	奖牌获得者	成绩	金牌（枚）	银牌（枚）	铜牌（枚）	总数（枚）
1	俄罗斯奥运队	亚历山大·博利舒诺夫	1:16:09.8	1	0	0	1
2	俄罗斯奥运队	丹尼斯·斯皮佐夫	1:17:20.8	0	1	0	1

续表

排名	国家 / 地区	奖牌获得者	成绩	金牌（枚）	银牌（枚）	铜牌（枚）	总数（枚）
3	芬兰	伊沃・尼斯卡宁	1:18:10.0	0	0	1	1
总计				1	1	1	3

表4-67　7.5千米传统技术+7.5千米自由技术（女子）奖牌榜

排名	国家 / 地区	奖牌获得者	成绩	金牌（枚）	银牌（枚）	铜牌（枚）	总数（枚）
1	挪威	特蕾丝・约海于格	44:13.7	1	0	0	1
2	俄罗斯奥运队	纳塔利娅・涅普里亚耶娃	44:43.9	0	1	0	1
3	奥地利	特雷莎・施塔德勒贝尔	44:44.2	0	0	1	1
总计				1	1	1	3

表4-68　传统技术团体短距离（男子）奖牌榜

排名	国家 / 地区	奖牌获得者	成绩	金牌（枚）	银牌（枚）	铜牌（枚）	总数（枚）
1	挪威	埃里克・瓦尔内斯 / 约翰内斯・赫斯弗洛特・克莱博	19:22.99	1	0	0	1
2	芬兰	伊沃・尼斯卡宁 / 约尼・梅基	19:25.45	0	1	0	1
3	俄罗斯奥运队	亚历山大・博利舒诺夫 / 亚历山大・捷连捷夫	19:27.28	0	0	1	1
总计				1	1	1	3

表4-69　传统技术团体短距离（女子）奖牌榜

排名	国家 / 地区	奖牌获得者	成绩	金牌（枚）	银牌（枚）	铜牌（枚）	总数（枚）
1	德国	卡塔琳娜・亨尼希 / 维克多利亚・卡尔	22:09.85	1	0	0	1
2	瑞典	马娅・达尔奎斯特 / 乔纳・桑德林	22:10.02	0	1	0	1
3	俄罗斯奥运队	尤利娅・斯图帕克 / 纳塔利娅・涅普里亚耶娃	22:10.56	0	0	1	1
总计				1	1	1	3

表4-70　奖牌总榜

排名	国家 / 地区	金牌（枚）	银牌（枚）	铜牌（枚）	总数（枚）
1	挪威	5	1	2	8
2	俄罗斯奥运队	4	4	3	11
3	芬兰	1	2	3	6
4	瑞典	1	2	1	4
4	德国	1	1	0	2
6	美国	0	1	1	2
7	意大利	0	1	0	1
8	奥地利	0	0	1	1
8	法国	0	0	1	1
总计		12	12	12	36

2. 2018 韩国平昌冬奥会越野滑雪项目奖牌榜（表 4-71 ～表 4-83）

表4-71　传统技术短距离（男子）奖牌榜

排名	国家 / 地区	奖牌获得者	成绩	金牌（枚）	银牌（枚）	铜牌（枚）	总数（枚）
1	挪威	约翰内斯·赫斯弗洛特·克莱博	3:05.75	1	0	0	1
2	意大利	费代里科·佩莱格里诺	3:07.09	0	1	0	1
3	俄罗斯奥运队	亚历山大·博利舒诺夫	3:07.11	0	0	1	1
总计				1	1	1	3

表4-72　传统技术短距离（女子）奖牌榜

排名	国家 / 地区	奖牌获得者	成绩	金牌（枚）	银牌（枚）	铜牌（枚）	总数（枚）
1	瑞典	斯蒂娜·尼尔森	3:03.84	1	0	0	1
2	挪威	麦肯·卡斯皮尔森·法拉	3:06.87	0	1	0	1
3	俄罗斯奥运队	尤利娅·斯图帕克	3:07.21	0	0	1	1
总计				1	1	1	3

表4-73　15千米自由技术（男子）奖牌榜

排名	国家 / 地区	奖牌获得者	成绩	金牌（枚）	银牌（枚）	铜牌（枚）	总数（枚）
1	瑞士	达里奥·科洛尼亚	33:43.90	1	0	0	1
2	挪威	西蒙·赫格斯塔德·克吕格尔	34:02.20	0	1	0	1
3	俄罗斯奥运队	丹尼斯·斯皮左夫	34:06.90	0	0	1	1
总计				1	1	1	3

表4-74　10千米自由技术（女子）奖牌榜

排名	国家 / 地区	奖牌获得者	成绩	金牌（枚）	银牌（枚）	铜牌（枚）	总数（枚）
1	挪威	拉格希尔德·哈贾	25:00.50	1	0	0	1
2	瑞典	夏洛特·卡拉	25:20.80	0	1	0	1
3	挪威	玛莉·比约根	25:32.40	0	0	1	1
3	芬兰	克丽丝塔·帕尔马科斯基	24:32.40	0	0	1	1
总计				1	1	2	4

表4-75　15千米+15千米双追逐（男子）奖牌榜

排名	国家 / 地区	奖牌获得者	成绩	金牌（枚）	银牌（枚）	铜牌（枚）	总数（枚）
1	挪威	西蒙·赫格斯塔德·克吕格尔	1:16:20.00	1	0	0	1
2	挪威	马丁·桑德比	1:16:28.00	0	1	0	1
3	挪威	汉斯·克里斯特·霍隆德	1:16:29.90	0	0	1	1
总计				1	1	1	3

表4-76　7.5千米+7.5千米双追逐（女子）奖牌榜

排名	国家 / 地区	奖牌获得者	成绩	金牌（枚）	银牌（枚）	铜牌（枚）	总数（枚）
1	瑞典	夏洛特·卡拉	40:44.90	1	0	0	1
2	挪威	玛莉·比约根	40:52.70	0	1	0	1
3	芬兰	克丽丝塔·帕尔马科斯基	40:55.00	0	0	1	1
总计				1	1	1	3

表4-77　50千米传统技术集体出发（男子）奖牌榜

排名	国家/地区	奖牌获得者	成绩	金牌（枚）	银牌（枚）	铜牌（枚）	总数（枚）
1	芬兰	伊沃·尼斯卡宁	2:08:22.10	1	0	0	1
2	俄罗斯奥运队	亚历山大·博利舒诺夫	2:08:40.80	0	1	0	1
3	俄罗斯奥运队	安德烈·拉里科夫	2:10:59.60	0	0	1	1
总计				1	1	1	3

表4-78　30千米传统技术集体出发（女子）奖牌榜

排名	国家/地区	奖牌获得者	成绩	金牌（枚）	银牌（枚）	铜牌（枚）	总数（枚）
1	挪威	玛莉·比约根	1:22:17.60	1	0	0	1
2	芬兰	克丽丝塔·帕尔马科斯基	1:24:07.10	0	1	0	1
3	瑞典	斯蒂娜·尼尔森	1:24:16.50	0	0	1	1
总计				1	1	1	3

表4-79　4×10千米接力古典式/自由式（男子）奖牌榜

排名	国家/地区	奖牌获得者	成绩	金牌（枚）	银牌（枚）	铜牌（枚）	总数（枚）
1	挪威	迪德里克·托恩斯/马丁·桑德比 西蒙·赫格斯塔德·克吕格尔/约翰内斯·赫斯弗洛特·克莱博	1:33:04.90	1	0	0	1
2	俄罗斯奥运队	安德烈·拉里科夫/亚历山大·博利舒诺夫 阿列克谢·切尔沃特金/丹尼斯·斯皮左夫	1:33:14.30	0	1	0	1
3	法国	让·马克·盖拉德/莫里斯·马尼菲卡 克莱芒·帕里斯/阿德里安·巴克沙伊德	1:33:41.80	0	0	1	1
总计				1	1	1	3

表4-80　4×5千米接力古典式/自由式（女子）奖牌榜

排名	国家/地区	奖牌获得者	成绩	金牌（枚）	银牌（枚）	铜牌（枚）	总数（枚）
1	挪威	英维尔·弗吕格斯塔·厄斯特贝格/阿斯特丽·于伦霍尔特·雅各布森 拉格希尔德·哈贾/玛莉·比约根	51:24.30	1	0	0	1

续表

排名	国家 / 地区	奖牌获得者	成绩	金牌（枚）	银牌（枚）	铜牌（枚）	总数（枚）
2	瑞典	安娜·哈格 / 夏洛特·卡拉 埃芭·安德松 / 斯蒂娜·尼尔森	51:26.30	0	1	0	1
3	俄罗斯奥运队	娜塔莉亚·尼皮亚耶娃 / 尤利娅·斯图帕克 安娜斯塔西娅·塞瓦斯托娃 / 安娜·尼切埃厄斯卡娅	52:07.60	0	0	1	1
总计				1	1	1	3

表4-81　团体自由技术短距离（男子）奖牌榜

排名	国家 / 地区	奖牌获得者	成绩	金牌（枚）	银牌（枚）	铜牌（枚）	总数（枚）
1	挪威	马丁·桑德比 / 约翰内斯·赫斯弗洛特·克莱博	15:56.26	1	0	0	1
2	俄罗斯奥运队	丹尼斯·斯皮左夫 / 亚历山大·博利舒诺夫	15:57.97	0	1	0	1
3	法国	莫里斯·马尼菲卡 / 里夏尔·茹夫	15:58.28	0	0	1	1
总计				1	1	1	3

表4-82　团体自由技术短距离（女子）奖牌榜

排名	国家 / 地区	奖牌获得者	成绩	金牌（枚）	银牌（枚）	铜牌（枚）	总数（枚）
1	美国	卡迪坎·兰德尔 / 杰西卡·迪金斯	15:56.47	1	0	0	1
2	瑞典	夏洛特·卡拉 / 斯蒂娜·尼尔森	15:56.66	0	1	0	1
3	挪威	玛莉·比约根 / 麦肯·卡斯皮尔森·法拉	15:59.44	0	0	1	1
总计				1	1	1	3

表4-83　奖牌总榜

排名	国家 / 地区	金牌（枚）	银牌（枚）	铜牌（枚）	总数（枚）
1	挪威	7	4	3	14
2	瑞典	2	3	1	6
3	芬兰	1	1	2	4
4	美国	1	0	0	1
4	瑞士	1	0	0	1
6	俄罗斯奥运队	0	3	5	8

续表

排名	国家 / 地区	金牌（枚）	银牌（枚）	铜牌（枚）	总数（枚）
7	意大利	0	1	0	1
8	法国	0	0	2	2
总计		12	12	13	37

3. 2014 俄罗斯索契冬奥会越野滑雪项目奖牌榜（表 4-84 ～表 4-96）

表4-84　15千米短距离（男子）奖牌榜

排名	国家 / 地区	奖牌获得者	成绩	金牌（枚）	银牌（枚）	铜牌（枚）	总数（枚）
1	挪威	阿拉・维根・哈特斯塔德	3:38.39	1	0	0	1
2	瑞典	特奥多尔・彼得松	3:39.61	0	1	0	1
3	瑞典	埃米・乔恩松	3:58.13	0	0	1	1
总计				1	1	1	3

表4-85　15千米短距离（女子）奖牌榜

排名	国家 / 地区	奖牌获得者	成绩	金牌（枚）	银牌（枚）	铜牌（枚）	总数（枚）
1	挪威	麦肯・卡斯皮尔森・法拉	2:35.49	1	0	0	1
2	瑞典	英维尔・弗吕格斯塔・厄斯特贝格	2:35.87	0	1	0	1
3	斯洛文尼亚	维萨娜・法比安	2:35.89	0	0	1	1
总计				1	1	1	3

表4-86　15千米传统技术（男子）奖牌榜

排名	国家 / 地区	奖牌获得者	成绩	金牌（枚）	银牌（枚）	铜牌（枚）	总数（枚）
1	瑞士	达里奥・科洛格纳	38:29.70	1	0	0	1
2	瑞典	约翰・奥尔松	38:58.20	0	1	0	1
3	瑞典	丹尼尔・理查德松	39:08.50	0	0	1	1
总计				1	1	1	3

表4-87　10千米传统技术（女子）奖牌榜

排名	国家 / 地区	奖牌获得者	成绩	金牌（枚）	银牌（枚）	铜牌（枚）	总数（枚）
1	波兰	贾斯蒂娜・科沃兹克	28:17.80	1	0	0	1

续表

排名	国家 / 地区	奖牌获得者	成绩	金牌（枚）	银牌（枚）	铜牌（枚）	总数（枚）
2	瑞典	夏洛特・卡拉	28:36.20	0	1	0	1
3	挪威	特丽丝・乔豪格	28:46.10	0	0	1	1
总计				1	1	1	3

表4-88　15千米+15千米双追逐（男子）奖牌榜

排名	国家 / 地区	奖牌获得者	成绩	金牌（枚）	银牌（枚）	铜牌（枚）	总数（枚）
1	瑞士	达里奥・科洛格纳	1:08:15.40	1	0	0	1
2	瑞典	马库斯・赫尔纳	1:08:15.80	0	1	0	1
3	挪威	马丁・桑德比	1:08:16.80	0	0	1	1
总计				1	1	1	3

表4-89　7.5千米+7.5千米双追逐（女子）奖牌榜

排名	国家 / 地区	奖牌获得者	成绩	金牌（枚）	银牌（枚）	铜牌（枚）	总数（枚）
1	挪威	玛莉・比约根	38:33.60	1	0	0	1
2	瑞典	夏洛特・卡拉	38:35.40	0	1	0	1
3	挪威	海蒂・文格	38:46.80	0	0	1	1
总计				1	1	1	3

表4-90　50千米自由技术集体出发（男子）奖牌榜

排名	国家 / 地区	奖牌获得者	成绩	金牌（枚）	银牌（枚）	铜牌（枚）	总数（枚）
1	俄罗斯	亚历山大・莱格科夫	1:46:55.20	1	0	0	1
2	俄罗斯	马克西姆・耶尔戈萨宁	1:46:55.90	0	1	0	1
3	俄罗斯	伊利亚・切尔诺索夫	1:46:56.00	0	0	1	1
总计				1	1	1	3

表4-91　30千米自由技术集体出发（女子）奖牌榜

排名	国家 / 地区	奖牌获得者	成绩	金牌（枚）	银牌（枚）	铜牌（枚）	总数（枚）
1	挪威	玛莉・比约根	1:11:05.20	1	0	0	1

续表

排名	国家 / 地区	奖牌获得者	成绩	金牌（枚）	银牌（枚）	铜牌（枚）	总数（枚）
2	挪威	特丽丝・乔豪格	1:11:07.80	0	1	0	1
3	挪威	克里斯蒂・斯托尔莫・斯泰拉	1:11:28.80	0	0	1	1
总计				1	1	1	3

表4-92　4×10千米接力传统技术/自由技术（男子）奖牌榜

排名	国家 / 地区	奖牌获得者	成绩	金牌（枚）	银牌（枚）	铜牌（枚）	总数（枚）
1	瑞典	拉尔斯・尼尔森 / 丹尼尔・理查德松 约翰・奥尔松 / 马库斯・赫尔纳	1:28:42.00	1	0	0	1
2	俄罗斯	德米特里・亚帕罗夫 / 亚历山大・别斯梅尔特内赫 亚历山大・莱格科夫 / 马克西姆・耶尔戈萨宁	1:29:09.30	0	1	0	1
3	法国	让・马克・盖拉德 / 莫里斯・马尼菲卡 罗宾・迪维拉尔 / 伊凡・佩里亚・布瓦特	1:29:13.90	0	0	1	1
总计				1	1	1	3

表4-93　4×5千米接力传统技术/自由技术（女子）奖牌榜

排名	国家 / 地区	奖牌获得者	成绩	金牌（枚）	银牌（枚）	铜牌（枚）	总数（枚）
1	瑞典	艾达・因戈尔施塔特 / 艾玛・威肯 安娜・哈格 / 夏洛特・卡拉	53:02.70	1	0	0	1
2	芬兰	安妮・屈勒宁 / 爱诺・凯萨・萨里宁 凯尔图・尼斯卡宁 / 克丽丝塔・帕尔马科斯基	53:03.20	0	1	0	1
3	德国	尼科尔・法伊 / 斯蒂芬・贝尔伯 克劳迪娅・尼斯塔特 / 丹尼丝・赫尔曼	53:03.60	0	0	1	1
总计				1	1	1	3

表4-94　传统技术团体短距离（男子）奖牌榜

排名	国家 / 地区	奖牌获得者	成绩	金牌（枚）	银牌（枚）	铜牌（枚）	总数（枚）
1	芬兰	伊沃・尼斯卡宁 / 萨米・乔霍贾维	23:14.89	1	0	0	1
2	俄罗斯	马克西姆・耶尔戈萨宁 / 尼基塔・克里科夫	23:15.86	0	1	0	1
3	瑞典	埃米・乔恩松 / 特奥多尔・彼得松	23:30.01	0	0	1	1
总计				1	1	1	3

表4-95 传统技术团体短距离（女子）奖牌榜

排名	国家 / 地区	奖牌获得者	成绩	金牌（枚）	银牌（枚）	铜牌（枚）	总数（枚）
1	挪威	英维尔·弗吕格斯塔·厄斯特贝格 / 玛莉·比约根	16:04.05	1	0	0	1
2	芬兰	爱诺·凯萨·萨里宁 / 凯尔图·尼斯卡宁	16:13.14	0	1	0	1
3	瑞典	艾达·因戈尔施塔特 / 斯蒂娜·威尔森	16:23.82	0	0	1	1
总计				1	1	1	3

表4-96 奖牌总榜

排名	国家 / 地区	金牌（枚）	银牌（枚）	铜牌（枚）	总数（枚）
1	挪威	5	2	4	11
2	瑞典	2	5	4	11
3	瑞士	2	0	0	2
4	俄罗斯	1	3	1	5
5	芬兰	1	2	0	3
6	波兰	1	0	0	1
7	法国	0	0	1	1
7	斯洛文尼亚	0	0	1	1
7	德国	0	0	1	1
总计		12	12	12	36

4. 2010 加拿大温哥华冬奥会越野滑雪项目奖牌榜（表 4-97 ～表 4-109）

表4-97 15千米短距离（男子）奖牌榜

排名	国家 / 地区	奖牌获得者	成绩	金牌（枚）	银牌（枚）	铜牌（枚）	总数（枚）
1	俄罗斯	尼基塔·克里尤科夫	3:36.30	1	0	0	1
2	俄罗斯	亚历山大·潘辛斯基	3:36.30	0	1	0	1
3	挪威	皮特·诺苏格	3:45.50	0	0	1	1
总计				1	1	1	3

表4-98 15千米短距离（女子）奖牌榜

排名	国家 / 地区	奖牌获得者	成绩	金牌（枚）	银牌（枚）	铜牌（枚）	总数（枚）
1	挪威	玛莉·比约根	3:39.20	1	0	0	1

续表

排名	国家/地区	奖牌获得者	成绩	金牌(枚)	银牌(枚)	铜牌(枚)	总数(枚)
2	波兰	贾斯蒂娜·科沃兹克	3:40.30	0	1	0	1
3	斯洛文尼亚	佩塔·玛基迪奇	3:41.00	0	0	1	1
总计				1	1	1	3

表4-99 15千米自由技术(男子)奖牌榜

排名	国家/地区	奖牌获得者	成绩	金牌(枚)	银牌(枚)	铜牌(枚)	总数(枚)
1	瑞士	达里奥·科洛格纳	33:36.30	1	0	0	1
2	意大利	皮勒·科特雷尔	34:00.90	0	1	0	1
3	捷克	卢卡斯·鲍尔	34:12.00	0	0	1	1
总计				1	1	1	3

表4-100 10千米自由技术(女子)奖牌榜

排名	国家/地区	奖牌获得者	成绩	金牌(枚)	银牌(枚)	铜牌(枚)	总数(枚)
1	瑞典	夏洛特·卡拉	24:58.40	1	0	0	1
2	爱沙尼亚	斯米古恩·瓦西	25:05.00	0	1	0	1
3	挪威	玛莉·比约根	25:14.30	0	0	1	1
总计				1	1	1	3

表4-101 15千米+15千米双追逐(男子)奖牌榜

排名	国家/地区	奖牌获得者	成绩	金牌(枚)	银牌(枚)	铜牌(枚)	总数(枚)
1	瑞典	马库斯·海尔纳	1:15:11.40	1	0	0	1
2	德国	托比厄斯·安格勒	1:15:13.50	0	1	0	1
3	瑞典	约翰·奥尔松	1:15:14.20	0	0	1	1
总计				1	1	1	3

表4-102 7.5千米+7.5千米双追逐(女子)奖牌榜

排名	国家/地区	奖牌获得者	成绩	金牌(枚)	银牌(枚)	铜牌(枚)	总数(枚)
1	挪威	玛莉·比约根	39:58.10	1	0	0	1

续表

排名	国家 / 地区	奖牌获得者	成绩	金牌（枚）	银牌（枚）	铜牌（枚）	总数（枚）
2	瑞典	安娜·哈格	40:07.00	0	1	0	1
3	波兰	贾斯蒂娜·科沃兹克	40:07.40	0	0	1	1
总计				1	1	1	3

表4-103　50千米传统技术集体出发（男子）奖牌榜

排名	国家 / 地区	奖牌获得者	成绩	金牌（枚）	银牌（枚）	铜牌（枚）	总数（枚）
1	挪威	皮特诺·苏格	2:05:35.50	1	0	0	1
2	德国	阿科西·泰克曼	2:05:35.80	0	1	0	1
3	瑞典	约翰·奥尔松	2:05:36.50	0	0	1	1
总计				1	1	1	3

表4-104　30千米传统技术集体出发（女子）奖牌榜

排名	国家 / 地区	奖牌获得者	成绩	金牌（枚）	银牌（枚）	铜牌（枚）	总数（枚）
1	波兰	贾斯蒂娜·科沃兹克	1:30:33.70	1	0	0	1
2	挪威	玛莉·比约根	1:30:34.00	0	1	0	1
3	芬兰	艾诺·凯撒·萨里宁	1:31:38.70	0	0	1	1
总计				1	1	1	3

表4-105　4×10千米接力传统技术/自由技术（男子）奖牌榜

排名	国家 / 地区	奖牌获得者	成绩	金牌（枚）	银牌（枚）	铜牌（枚）	总数（枚）
1	瑞典	丹尼尔·理查德松 / 约翰·奥尔松 安德斯·苏德格伦 / 马库斯·赫尔纳	1:45:05.40	1	0	0	1
2	挪威	马丁·桑德比 / 奥德·比约恩·赫耶尔梅塞斯 拉斯·伯格 / 皮特·诺苏格	1:45:21.30	0	1	0	1
3	捷克	马丁·贾科斯 / 卢卡斯·鲍尔 吉里·马加尔 / 马丁·考卡尔	1:45:21.90	0	0	1	1
总计				1	1	1	3

表4-106 4×5千米接力传统技术/自由技术（女子）奖牌榜

排名	国家/地区	奖牌获得者	成绩	金牌（枚）	银牌（枚）	铜牌（枚）	总数（枚）
1	挪威	薇贝克·斯科芙特鲁德/特丽丝·乔豪格 克里斯汀·斯特莫尔·斯特拉/玛莉·比约根	55:19.50	1	0	0	1
2	德国	凯特琳·泽勒/艾维·萨晨巴切尔·施特勒 米利阿·古斯尼尔/克劳迪娅·尼斯塔特	55:44.10	0	1	0	1
3	芬兰	皮尔约·穆拉宁/维尔皮·库伊图宁 丽塔·莉莎·罗波宁/艾诺·凯撒·萨里宁	55:49.90	0	0	1	1
总计				1	1	1	3

表4-107 自由技术团体竞短距离（男子）奖牌榜

排名	国家/地区	奖牌获得者	成绩	金牌（枚）	银牌（枚）	铜牌（枚）	总数（枚）
1	挪威	奥斯丁·皮特森/皮特·诺苏格	19:01.00	1	0	0	1
2	德国	蒂姆·特拉格瑟/阿克瑟尔·泰克曼	19:02.30	0	1	0	1
3	俄罗斯	尼古拉·莫洛佐夫/阿列克谢·切尔沃特金	19:02.50	0	0	1	1
总计				1	1	1	3

表4-108 自由技术团体竞短距离（女子）奖牌榜

排名	国家/地区	奖牌获得者	成绩	金牌（枚）	银牌（枚）	铜牌（枚）	总数（枚）
1	德国	艾维·萨晨巴切尔·施特勒/克劳迪娅·尼斯塔特	18:03.70	1	0	0	1
2	瑞典	玛莉·比约根/安娜·哈格	18:04.30	0	1	0	1
3	俄罗斯	伊瑞娜·卡哈佐娃/娜塔莉亚·波克隆斯卡娅	18:07.70	0	0	1	1
总计				1	1	1	3

表4-109 奖牌总榜

排名	国家/地区	金牌（枚）	银牌（枚）	铜牌（枚）	总数（枚）
1	挪威	5	2	2	9
2	瑞典	3	2	2	7
3	德国	1	4	0	5
4	俄罗斯	1	1	2	4
5	波兰	1	1	1	3

续表

排名	国家 / 地区	金牌（枚）	银牌（枚）	铜牌（枚）	总数（枚）
6	瑞士	1	0	0	1
7	爱沙尼亚	0	1	0	1
7	意大利	0	1	0	1
9	芬兰	0	0	2	2
9	捷克	0	0	2	2
11	斯洛文尼亚	0	0	1	1
总计		12	12	12	36

5. 2006 意大利都灵冬奥会越野滑雪项目奖牌榜（表 4-110 ～表 4-122）

表4-110　15千米短距离（男子）奖牌榜

排名	国家 / 地区	奖牌获得者	成绩	金牌（枚）	银牌（枚）	铜牌（枚）	总数（枚）
1	瑞典	比约恩・林德	2:26.50	1	0	0	1
2	法国	鲁迪・达拉贡	2:27.10	0	1	0	1
3	瑞典	托比厄斯・弗雷德里克森	2:27.80	0	0	1	1
总计				1	1	1	3

表4-111　15千米短距离（女子）奖牌榜

排名	国家 / 地区	奖牌获得者	成绩	金牌（枚）	银牌（枚）	铜牌（枚）	总数（枚）
1	加拿大	钱德拉・克劳福德	2:12.30	1	0	0	1
2	德国	克劳迪娅・尼斯塔特	2:13.00	0	1	0	1
3	俄罗斯	埃琳娜・西德科	2:13.20	0	0	1	1
总计				1	1	1	3

表4-112　15千米传统技术（男子）奖牌榜

排名	国家 / 地区	奖牌获得者	成绩	金牌（枚）	银牌（枚）	铜牌（枚）	总数（枚）
1	爱沙尼亚	安德鲁斯・维尔帕鲁	38:01.30	1	0	0	1
2	捷克	卢卡斯・鲍尔	38:15.80	0	1	0	1
3	德国	托比亚斯・安格雷尔	38:20.50	0	0	1	1
总计				1	1	1	3

表4-113 10千米传统技术（女子）奖牌榜

排名	国家 / 地区	奖牌获得者	成绩	金牌（枚）	银牌（枚）	铜牌（枚）	总数（枚）
1	爱沙尼亚	斯米古恩・瓦西	27:51.40	1	0	0	1
2	挪威	玛莉・比约根	28:12.70	0	1	0	1
3	挪威	海里得・佩德森	28:14.00	0	0	1	1
总计				1	1	1	3

表4-114 15千米+15千米双追逐（男子）奖牌榜

排名	国家 / 地区	奖牌获得者	成绩	金牌（枚）	银牌（枚）	铜牌（枚）	总数（枚）
1	俄罗斯	叶甫根尼・德门蒂耶夫	1:17:00.80	1	0	0	1
2	挪威	弗罗德・埃斯蒂尔	1:17:01.40	0	1	0	1
3	意大利	皮特罗・皮乐尔・科特雷尔	1:17:01.70	0	0	1	1
总计				1	1	1	3

表4-115 7.5千米+7.5千米双追逐（女子）奖牌榜

排名	国家 / 地区	奖牌获得者	成绩	金牌（枚）	银牌（枚）	铜牌（枚）	总数（枚）
1	爱沙尼亚	斯米古恩・瓦西	42:48.70	1	0	0	1
2	捷克	卡特琳娜・内马诺娃	42:50.60	0	1	0	1
3	俄罗斯	叶夫根尼亚・梅德维德娃	43:03.20	0	0	1	1
总计				1	1	1	3

表4-116 50千米自由技术集体出发（男子）奖牌榜

排名	国家 / 地区	奖牌获得者	成绩	金牌（枚）	银牌（枚）	铜牌（枚）	总数（枚）
1	意大利	吉奥尔吉奥・迪・森塔	2:06:11.80	1	0	0	1
2	俄罗斯	叶甫根尼・德门蒂耶夫	2:06:12.60	0	1	0	1
3	奥地利	米哈伊尔・博特维诺夫	2:06:12.70	0	0	1	1
总计				1	1	1	3

表4-117　30千米自由技术集体出发（女子）奖牌榜

排名	国家／地区	奖牌获得者	成绩	金牌（枚）	银牌（枚）	铜牌（枚）	总数（枚）
1	捷克	卡特琳娜·内乌马诺娃	1:22:25.40	1	0	0	1
2	俄罗斯	尤利娅·特切帕洛娃	1:22:26.80	0	1	0	1
3	波兰	贾斯蒂娜·科沃兹克	1:22:27.50	0	0	1	1
总计				1	1	1	3

表4-118　4×10千米接力赛（男子）奖牌榜

排名	国家／地区	奖牌获得者	成绩	金牌（枚）	银牌（枚）	铜牌（枚）	总数（枚）
1	意大利	富尔维奥·瓦尔布萨／吉奥尔吉奥·迪·森塔皮特罗·皮乐尔·科特雷尔／克里斯蒂安·佐齐	1:43:45.70	1	0	0	1
2	德国	安德里斯·施吕特／延斯·菲布里希勒内·萨默费尔特／托比厄斯·安格尔	1:44:01.40	0	1	0	1
3	瑞典	马特斯·拉尔森／约翰·奥尔松安德斯·苏德格伦／马蒂亚斯·弗雷德里克松	1:44:01.70	0	0	1	1
总计				1	1	1	3

表4-119　4×5千米接力赛（女子）奖牌榜

排名	国家／地区	奖牌获得者	成绩	金牌（枚）	银牌（枚）	铜牌（枚）	总数（枚）
1	俄罗斯	娜塔雅·巴拉诺娃／拉里莎·库尔金娜尤利娅·特切帕洛娃／叶夫根尼亚·梅德维德娃	54:47.70	1	0	0	1
2	德国	斯蒂芬妮·伯勒尔／维奥拉·鲍尔艾维·萨晨巴切尔·施特勒／克劳迪娅·尼斯塔特	54:57.70	0	1	0	1
3	意大利	阿莱娜·福利斯／加布里埃拉·帕拉茨安东内拉·孔福尔托拉·怀亚特／萨拜娜·瓦尔布萨	84:58.70	0	0	1	1
总计				1	1	1	3

表4-120　团体短距离（男子）奖牌榜

排名	国家／地区	奖牌获得者	成绩	金牌（枚）	银牌（枚）	铜牌（枚）	总数（枚）
1	瑞典	托比厄斯·弗雷德里克森／比约恩·林德	17:02.90	1	0	0	1

续表

排名	国家/地区	奖牌获得者	成绩	金牌（枚）	银牌（枚）	铜牌（枚）	总数（枚）
2	挪威	延斯·阿恩·萨尔瓦多/托尔·阿恩·赫特兰德	17:03.50	0	1	0	1
3	俄罗斯	伊凡·阿雷波夫/瓦西里·罗乔夫	17:05.20	0	0	1	1
总计				1	1	1	3

表4-121 团体短距离（女子）奖牌榜

排名	国家/地区	奖牌获得者	成绩	金牌（枚）	银牌（枚）	铜牌（枚）	总数（枚）
1	瑞典	安娜·德哈贝尔格·奥尔松/丽娜·安德森	16:36.90	1	0	0	1
2	加拿大	萨拉·雷恩/贝齐·斯科特	16:37.50	0	1	0	1
3	芬兰	艾诺·凯撒·萨里宁/维尔皮·库伊图宁	16:39.20	0	0	1	1
总计				1	1	1	3

表4-122 奖牌总榜

排名	国家/地区	金牌（枚）	银牌（枚）	铜牌（枚）	总数（枚）
1	瑞典	3	0	2	5
2	爱沙尼亚	3	0	0	3
3	俄罗斯	2	2	3	7
4	意大利	2	0	2	4
5	捷克	1	2	0	3
6	加拿大	1	1	0	2
7	挪威	0	3	1	4
7	德国	0	3	1	4
9	法国	0	1	0	1
10	波兰	0	0	1	1
10	芬兰	0	0	1	1
10	奥地利	0	0	1	1
总计		12	12	12	36

第三节 冬季两项

一、冬季两项运动的概念

冬季两项（biathlon），又称现代冬季两项，是结合越野滑雪和射击的雪上运动。它要求运动员身背专用小口径步枪，每滑行一段距离进行一次射击，最先到达终点者即为优胜者。

越野滑雪是一项紧张激烈的运动，而射击则是一项在原地相对静止的条件下进行的运动，把这两种特点不同的竞赛项目结合在一起进行，要求运动员既要有能在激烈运动的情况下迅速转入原地相对静止的技能，又要有在原地相对静止中迅速转入激烈运动的能力。运动员不仅要有全面的滑雪技术，又要有在体力负担重的情况下迅速射击的技术。这项运动是一项全能性的雪上运动项目。

冬季两项起源于挪威，与人们在冬季狩猎活动有关。在1960年的美国加斯阔谷举办的第八届冬奥会将这一项目改称冬季两项并列为正式比赛。1992年法国阿尔贝维尔第十六届冬奥会增设女子比赛。冬季奥运会共设男子5项、女子5项及混合1项共11个赛事小项。

二、冬季两项运动的起源与发展

（一）冬季两项的起源

现代冬季两项运动历史悠久，起初这并非是体育运动。

根据Encyclopdia Britannica资料，冬季两项运动起源于斯堪的纳维亚半岛，根植于斯堪的纳维亚的滑雪传统——“北欧神话中的滑雪之神和狩猎之神”，由远古时代的滑雪狩猎演变而来。在挪威、荷兰和瑞典等北欧国家在一些大约四千多年前的石制雕刻品中，发现刻有两人足蹬雪板，手持棍棒在雪地里追捕动物的情景。到了16世纪中期，斯堪纳维亚附近的国家又以此种方式来抵抗敌人，开始逐渐纳入军事训练科目。现在已发展成为挪威人民的一项练习运动的活动项目。

据史料记载，在1767年，守卫在挪威与瑞典边界的挪威边防军巡逻队举办了第一次“滑雪+射击”的比赛。比赛规定选手滑完全程，并在滑行途中用步枪射击40～50步远的靶标，成绩最优者可得到价值二十克朗的奖品，这也是滑雪与射击结合运动的开始——现代冬季两项比赛的雏形。这是世界上记载关于现代冬季两项最早的比赛。

（二）冬季两项运动的发展

1861年，在挪威的翠汉尔成立了世界上最早的滑雪射击俱乐部——特吕西尔步枪和滑雪俱乐部，其目的是促进地方一级的国防军事力量，并组织了关于军事滑雪的比赛，比赛分为四个级别：最高速度滑雪时的标记射击赛、树木间的速降比赛、大山丘上的速降比赛以及在携带步枪时在平地上进行长距离比赛。到了20世纪变成包括军事竞赛在内的17千米越野加射击比赛和30千米的军事越野加射击比赛。在挪威，冬季两项运动直到1984年成为det frivillige skyttervesen（丹麦语，指“志愿者”步枪滑雪协会）的一个分支，该组织由政府成立，旨在促进民间枪法以支持国防。在挪威，Skifeltskyting仍有单独的比赛，以12千米的越野加大口径步枪射击各种目标的比赛，范围未知。

到1912年，挪威军队在奥斯陆举行名为“为了战争”的滑雪射击比赛。而后，这项动静结合的项目逐渐在欧美国家开展，并成为一种体育运动项目。然而滑雪和射击的组合出现在奥运赛场仍然存在争议，虽然在 1924 年的法国夏蒙尼冬奥会上成为表演项目，但在 1928 年、1936 年和 1948 年的三届冬奥会上因为竞争国家的规则存在差异，导致各国并不同意将冬季两项运动列为冬奥会正式项目，而在 20 世纪 50 年代中期，由于冬季两项运动被引入苏联和瑞典的冬季运动赛道，并被公众广泛享用，才使得冬季两项比赛正式进入冬季奥运会。1958 年在奥地利举行了第一届世界现代冬季两项锦标赛，这也正式成为冬季两项运动出现在世界眼中的首次比赛。在 1960 年美国斯阔谷举办的第八届冬季奥运会上冬季两项运动被正式列为比赛项目的，并定名为现代冬季两项。当时比赛的项目只有 20 千米越野滑雪加 4 次射击组成的一个竞赛项目。1968 年法国格勒诺布尔的第十届冬季奥运会，增加了 4 × 7.5 千米接力。1980 年第十三届冬季奥运会，又增加了 10 千米越野滑雪加 2 次射击的竞赛项目。冬季两项开始的时候，只有男子项目，分成年组和青年组。成年组项目有 20 千米越野滑雪 +4 次射击，10 千米越野滑雪 +2 次射击；团体 4 × 7.5 千米越野滑雪 +2 次射击。青年组的项目有 15 千米越野滑雪加三次射击；10 千米越野滑雪 +2 次射击；团体 3 × 7.5 千米越野滑雪 +2 次射击。直到 1992 年法国阿尔贝维尔的第十六届冬季奥运会，女性首次获准参加奥运会冬季两项运动。

比赛时，运动员要脚穿滑雪板，手持滑雪杖，身背专用的小口径步枪，沿标记的滑道，按正确的方向和顺序滑完预定的赛程，每滑行一段距离进行一次射击，最先到达终点者获胜。个人赛采用单人出发，间隔时间为 30 秒或 60 秒；接力项目第一棒采用集体出发，以后则在交接区接棒出发。男子 20 千米和女子 15 千米射击 4 次，射击姿势及顺序为卧射、立射、卧射、立射，每次 5 发子弹。男子 10 千米、女子 7.5 千米和男、女 4 × 7.5 千米接力均射击两次，射击姿势及顺序为卧射、立射，个人赛每次 5 发子弹，接力赛每人每次 8 发子弹。在比赛中越野滑雪采用自由式，立射时选手必须先停下脚步，将雪杖放在地上才能射击，卧射时选手须将肘部支撑在地上射击。在个人项目和竞速赛中，选手可以选择靶位。在追逐赛和集体出发赛中，率先抵达射击点的选手进入 1 号靶位，第二个到达的进入 2 号靶位，以此类推。

近二十年来，现代冬季两项运动发展很快。过去，许多国家只在军队中开展，而当前则推广到群众之中。因此，国际比赛逐年增多，参加比赛的各国运动员也逐年增加，滑行技术全面、射击技术好、命中率达百分之百的优秀运动员增多了。

三、中国冬季两项运动

（一）中国冬季两项运动的发展

冬季两项在中国并非新兴项目，冬季两项运动于 20 世纪 50 年代末到 60 年代初引入中国。中国现代冬季两项运动是 1960 年首先在解放军滑雪队中开展的。在 1980 年全国滑雪比赛中，现代冬季两项被正式列为比赛项目。1980 年，中国运动员参加了第十三届美国普莱西德湖冬季奥运会冬季两项项目的比赛。与欧洲一些冬季两项运动的强国相比，我国这项运动起步较晚，但发展较为迅速。

1998 年，于淑梅在长野冬奥会上创造的女子 7.5 千米竞速第五名（10 发 10 中），是迄今为止中国冬季两项在奥运会上取得的最好成绩。2001 年，于淑梅又在 12.5 千米集体出发赛的世界杯总决赛中为中国夺得第一个冬季两项世界冠军。后该项目在吉林和长春等市逐渐发展起来，涌现了刘显英、孔颖超、孙日波等名将，但整体水平还不够高。

刘显英在 1998 年就参加了第十八届冬奥会的比赛，随后在 2002 年和 2006 年冬奥会均具有冲击奖牌的实力，但遗憾的是最终未能如愿登上领奖台。温哥华周期，中国女队呈现上升势头。随着越野滑雪选手王春丽改练冬季两项，中国女队加强了在该项目的实力。2007 年，中国长春举办的第六届亚冬会上，刘显英夺得女子 15 千米个人赛冠军，女子 4 × 6 千米接力赛，中国队也成功卫冕；男子方面，中国队夺得男子 4×7.5 千米接力赛的夺冠。2008—2009 赛季，中国女队一共获得八个单项的前八名，值得一提的是，王春丽成为继于淑梅之后第二个世界杯冠军，让中国选手在时隔七年之后再度摘得世界杯冠军，而中国女队在世界杯 4×6 千米接力上摘得一枚银牌，也是一个突破性成绩。

2010 年温哥华冬奥会后，欧洲等国家冬季两项运动迅速发展，而中国由于开展此项目的省市不多，加上刘显英、王春丽等一批老将退役，导致队伍在人才选拔上出现断层，技术水平与经验的欠缺，导致近些年中国在世界大赛上也没有太好的表现。

（二）中国队的现状

目前，中国冬季两项主要是一群“90 后”年轻人打天下，她们大多数都是解放军选手。2012 年第十二届全国冬季运动会，解放军选手唐佳琳一举获得 3 枚金牌。第十三届全国冬季运动会上，女子个人项目上，“80 后”选手已经完全失去了竞争力，几位“90 后”金花之间的竞争相当激烈；25 岁的唐佳琳、24 岁的张岩以及 20 岁的王学兰分别在个人项目上夺得一枚金牌，唐佳琳只成功拿到了一枚个人金牌。2013 年四位“90 后”女孩唐佳琳、张岩、宋朝卿、马薇为中国队争得了四张索契冬奥会门票。

2017 年，日本札幌举办的第八届亚冬会上，张岩和李宏雪经过奋力拼搏，在女子冬季两项和女子越野滑雪上拼得一银一铜。其中张岩获得了冬季两项女子 7.5 千米冲刺亚军，李宏雪获得越野滑雪女子古典式 5 千米第三名，这是李宏雪在四次亚冬会上赢得的第六块奖牌。

2018 年韩国平昌冬奥会上持外卡的中国运动员唐佳琳和张岩分别参加冬季两项女子 7.5 千米短距离和女子 15 千米个人赛的比赛。唐佳琳在 12 年冬季两项世界杯女子 7.5 千米短距离比赛上获得第六名，16 年冬季两项世锦赛上获得过女子冲刺赛第五名；张岩则在 2009 年世界冬季两项青少年锦标赛中获得了女子 10 千米追逐赛冠军，在 2017 年亚冬会女子 7.5 千米竞速赛中摘得银牌。

2019 年，冬季两项国家集训队女子运动员孟繁棋在斯洛伐克举行的世界冬季两项青年锦标赛中获得青年组女子 12.5 千米个人项目冠军，这是中国运动员首次站上世青赛青年组冠军领奖台。

虽然冬季两项在男子方面表现不如女子运动员成绩出色，28 岁的老将任龙，在自己的第三次冬运会实现了冬运会金牌的梦想，拿到了两枚金牌。2012 年首届青年冬奥会上，年仅 18 岁的程方明在男子冬季两项 7.5 公里比赛中成功夺冠，这枚金牌也创造了我国选手在雪上项目中的新历史，此前我国选手还从未在青年级别的世界大赛中获得冬季两项的金牌，而程方明、于金、王文强等“90 后”选手，已经成为解放军队，甚至是国家队的中坚力量，从老将手中接班。

四、冬季两项运动的赛事及项目

（一）国际赛事

1. 国际冬季奥林匹克运动会

1960 年美国加利福尼亚州的斯阔谷举办的第八届冬奥会将这一项目改称冬季两项并列为正式比赛，1992 年法国阿尔贝维尔的第十六届冬奥会增设女子比赛。冬季两项在冬季奥运会上将进行男子 5 项、女子 5 项及混合 1 项共 11 个赛事小项。

2. 亚洲冬季运动会

亚洲冬季运动会简称亚冬会，是亚洲冬季规模最大的综合性运动会，由亚洲奥林匹克理事会的成员国轮流主办。自 1986 年开始第一届，每四年举办一届，截至 2022 年共举办了八届（2021 年第九届亚洲冬季运动会未举行）。国际奥林匹克委员会承认亚洲冬季运动会为正式的亚洲地区冬季运动会。

3. 冬季两项世界杯

冬季两项世界杯由国际冬季两项联盟主办，由一系列冬季两项的比赛所组成，这些比赛被称为冬季两项世界杯项目。

在每场项目中，各选手及国家会依照其获得的名次换算为积分，在该赛季结束后总和积分最高者即为此届冬季两项世界杯的冠军。冬季两项世界杯每年皆会计算与举行。

4. 冬季两项世锦赛

1958 年举行第一届世界冬季两项锦标赛，1960 年被列为冬奥会比赛项目并定名为现代冬季两项。现代冬季两项世界锦标赛分成年组和青年组两组进行比赛。

（二）国内赛事

中华人民共和国冬季运动会

中华人民共和国冬季运动会，简称“全国冬运会”或“冬运会”，是中国规模最大、级别最高的冬季综合性体育赛事，每四年举办一次，第一届于 1959 年 2 月在哈尔滨和吉林市举行。此后基本上是每四年举办一次，至 2022 年已举办十三届（第二届停办但届次照算，第十四届延期）。第一至第四届作为全国运动会的冬季项目，与全运会的夏季项目一并作为一项赛事举办。1983 年以后，冬季运动会从全国运动会中分离，另行举办。

（三）比赛项目

冬奥会冬季两项比赛共设男子 20 千米个人赛、女子 15 千米个人赛；男子 10 千米短距离、女子 7.5 千米短距离；男子 12.5 千米追逐赛、女子 10 千米追逐赛；男子 4 × 7.5 千米接力、女子 4 × 6 千米接力；男子 15 千米集体出发、女子 12.5 千米集体出发；混合接力赛共计 11 个小项，其中混合接力赛在 2018 年第二十三届韩国平昌冬奥会上首次进入冬奥会。

1. 个人赛

在这个项目中，男子要比赛 20 千米，女子 15 千米。运动员单个出发，间隔时间为 30 秒，其中男子每滑行 4 千米射击 1 次，女子每滑行 3 千米射击 1 次，中间总共射击 4 次，每次 5 发子弹，射击姿势及顺序为卧射、立射、卧射、立射。如果运动员有一发子弹没能命中（脱靶），他（她）最终的成绩上将加上 1 分钟的时间，到达终点后用时最少的选手为胜利者，而最终的用时包括了滑行时间和射击比赛罚时。

2. 短距离赛

和个人赛类似，短距离比赛运动员也是采用单人出发，间隔时间为 30 秒，比赛中男子需要进行 10 千米比赛（3 圈，每一圈 3.3 千米），女子需要进行 7.5 千米比赛（3 圈，每一圈 2.5 千米）。运动员需要停下来射击两次，射击姿势及顺序为卧射、立射，个人赛每次 5 发子弹。如果运动员出现脱靶，他（她）将被加罚滑行一个 150 米的圈道，到达终点后用时最少的运动员为胜利者，而最终的用时包括了滑行时间和加罚滑行的用时。

3. 追逐赛

在短距离赛中排名前六十名的运动员将获得参加追逐赛的资格。在追逐赛中，运动员的出发间隔根据他们在短距离赛中的成绩确定，短距离赛冠军第一个出发，其他运动员随后一次出发，他们出发的间隔时间为他们在短距离赛中落后第一名的时间。

追逐赛中男子比赛 12.5 千米（5 圈，每一圈 2.5 千米），女子要比赛 10 千米（5 圈，每一圈 2 千米）。所有运动员在比赛中都要进行 4 次射击，每次 5 发子弹，射击姿势及顺序为卧射、立射、卧射、立射。如果选手出现脱靶，他（她）将被加罚滑行一个 150 米场的圈道，到达终点后用时最少的运动员为胜利者，而最终的用时包括了滑行时间和加罚滑行的用时。

4. 接力赛

接力赛由四名运动员组成一组，男子每组比赛 7.5 千米，女子为 6 千米，每名运动员在完成自己滑行任务后，接下来的队友将继续赛程，每人比赛滑三圈，中间需要射击 2 次，每次 5 发子弹。与其他比赛不同的是，每名运动员有额外的 3 发子弹。如果选手出现脱靶，他（她）可以先选择额外的子弹，如果额外的子弹用完后，运动员依然有脱靶的情况，那么他（她）将被加罚滑行一个 150 米场的圈道，到达终点后用时最少的运动员为胜利者，而最终的用时包括了滑行时间和加罚滑行的用时。

5. 集体出发

在这项比赛中，男子进行 15 千米，女子要进行 12.5 千米的比赛。集体出发比赛由在个人赛、短距离赛和追逐赛上获得奖牌的 30 名顶尖选手参加，如果其他三项奖牌获得者不到 30 人，那么在世界杯此项比赛的冠军将填满空缺。比赛中运动员要完成 5 圈滑行，男子每圈 3 千米，女子每圈 2.5 千米。比赛中运动员需要射击 4 次，每次 5 发子弹。如果脱靶一次，将被罚多滑一圈 150 米长的赛道。到达终点后用时最少的运动员为胜利者，而最终的用时包括了滑行时间和加罚滑行的用时。

在北京冬奥会上，冬季两项比赛将设置包括男子 20 千米个人赛、男子 10 千米短距离赛、男子 12.5 千米追逐赛、男子 15 千米集体出发、男子 4 × 7.5 千米接力赛；女子 15 千米个人赛、女子 7.5 千米短距离赛、女子 10 千米追逐赛、女子 12.5 千米集体出发、女子 4 × 6 千米接力和混合接力赛（男子 2 × 7.5 千米 + 女子 2 × 6 千米）。

五、冬季两项运动员的运动技术等级标准

（一）国际级运动健将

凡符合下列条件之一者，可申请授予国际级运动健将称号：冬季奥运会、世界锦标赛单项前八名，接力前六名。

（二）运动健将

凡符合下列条件之一者，可申请授予运动健将称号：

（1）冬季奥运会、世界锦标赛单项第九至第十二名，接力第七至第十二名。

（2）冬季青年奥运会单顶第一名，接力前三名。

（3）世界杯赛、欧洲锦标赛单项前 6 名，接力前三名。

（4）世界大学生冬季运动会、亚洲锦标赛单项前三名，接力第一名。

（5）世界青少年锦标赛、IBU 杯（欧洲杯）、亚洲冬季运动会单项或接力第一名。

（6）全国冬季运动会单项或接力前三名。

（7）全国锦标赛、全国冠军赛单项或接力第一名。

（三）一级运动员

凡符合下列条件之一者，可申请授予一级运动员称号：

（1）全国冬季运动会单项第四至第八名，接力第四至第六名。

（2）全国锦标赛、全国冠军赛单项第二至第八名，接力第二至第六名。

（3）全国青年运动会单项第一名。

（四）二级运动员

凡符合下列条件之一者，可申请授予二级运动员称号：

（1）全国冬季运动会单项第九至第十五名，接力第七至第十二名。

（2）全国锦标赛、全国冠军赛单项第九至第十二名，接力第七至第八名。

（3）全国青年运动会单项第 2 ～ 3 名，接力第 1 名。

（4）省（区、市）体育行政部门主办的综合性运动会成年组单项或接力前三名，青年组单项第一名。

（五）三级运动员

凡符合下列条件之一者，可申请授予三级运动员称号：

（1）全国青年运动会单项第四至第六名，接力第二至第三名。

（2）省 (区、市) 体育行政部门主办的综合性运动会成年组单项或接力第四至第八名，青年组单项第二至第六名。

注：可授予等级称号的小项（以下小项外的其他小项不得授予等级称号）：男子：10 千米短距离、12.5 千米追逐、20 千米个人、15 千米集体出发、4×7.5 千米接力；女子：7.5 千米短距离、10 千米追逐、15 千米个人、12.5 千米集体出发、4×6 千米接力；混合：女子 2×6 千米 + 男子 2×7.5 千米混合接力。上述国际和全国比赛各小项须至少有 8 人（对、队）、省级比赛各小项须至少有 6 人（对队）上场比赛，方可授予等级称号。上述比赛未明确组别的，则仅最高水平组别可授予等级称号。

六、冬季两项运动的规则

（一）一般规则

现代冬季两项，成年男子组项目有 20 千米越野滑雪加 4 次射击、10 千米越野滑雪加 2 次射击、4×7.5 千米越野滑雪加 2 次射击接力；青年男组项目有 15 千米越野滑雪加 3 次射击、10 千米越野滑雪加 2 次射击、3×7.5 千米越野滑雪加 2 次射击接力。女子组项目有 10 千米越野滑雪加 3 次射击、5 千米越野滑雪加 2 次射击、3×5 千米越野滑雪加 2 次射击接力。

第一圈和第三圈滑行后卧射；第二、第四圈滑行后立射；第五圈滑行直达终点。计时方法，将从起点到终点的时间，加上根据射击中靶情况决定的加罚时间为该运动员的总时间。滑雪用具与越野滑雪相同。武器是 5.6 毫米小口径专用步枪，子弹是专用小口径步枪弹，枪的扳机引力不得小于 0.5 千克。根据比赛项目的距离长短，可设 3 ～ 5 段滑行路线。起终点可设在射击场附近。射击场射击距离为 50 米，靶台用雪铺压而成。射击靶板为白色，靶板孔为黑色。机械靶卧射靶环直径为 4.5 厘米，立射靶环直径为 11 厘米。滑行路线设在丘陵起伏地区，高度差最大限度在 200 米以内。

1. 20 千米越野滑雪 +4 次射击的滑行分成 5 个段落

第 1 圈滑行后卧射，第 2 圈滑行后立射，第 3 圈滑行后卧射，第 4 圈滑行后立射，第 5 圈滑行直达终点。命中不加罚时间，脱靶，每发子弹加罚 1 分钟。比赛时，运动员单个出发，随身携带枪支和 20 发子弹，每 1 个目标发射 5 发。如脱靶，每发子弹加罚 1 分钟，成绩的计算是越野滑雪的全程时间加被罚的时间，合计为总成绩。

2. 4×7.5 千米越野滑雪 +2 次射击接力

每队由 4 人组成，总滑行距离为 30 千米。每人 7.5 千米的滑行分为 3 个段落：第 1 圈滑行后卧射，第 2 圈滑行后立射，第 3 圈滑行到达终点，并在接力区用手接触同伴队员身体的任何部位。接力出发时，一般采取集体 1 次出发，如果条件不具备。可分组出发。随身携带枪支和 16 发子弹，其中两种姿势 10 发子弹，6 发预备弹。每 1 种姿势发射 5 发；如果还有残存的目标，可用 3 发预备弹，继续射击。在使用预备弹时必须一发一发地装填射击，直到残存目标被命中。如果用备用弹后仍未打中残存目标，就按残存的目标数加罚滑行圈数（每圈 150 米）。如果残存目标两个，就加罚滑行两圈。计算成绩，以接力队的最后一名队员到达终点的时间为该队接力的总成绩。

3. 10 千米越野滑雪 +2 次射击

比赛时，运动员单个或分组出发，并随身携带枪和子弹 10 发，每种姿势发射 5 发，越野滑行的圈数、射击的顺序、射击目标及加罚时间方法和成绩的计算等与接力项目相同。

4. 青年男组 15 千米、女子 10 千米越野滑雪 +3 次射击

射击顺序是卧射、立射、卧射。竞赛方法与 20 千米项目相同。

5. 青年男组 10 千米、女子 5 千米越野滑雪 +2 次射击和青年男组 3×7.5 千米、女子 3×5 千米越野滑雪 +2 次射击接力

竞赛的方法、射击目标均与成年组短距离项目相同。

（二）冬奥会比赛规则

冬季两项分为个人、短距离、接力、追逐以及集体出发。

男子：20 千米个人、10 千米短距离、12.5 千米追逐、15 千米集体出发和 4×7.5 千米接力。

女子：15 千米个人、7.5 千米短距离、10 千米追逐、12.5 千米集体出发和 4×6 千米接力。

冬季两项混合接力：女子 2×6 千米 + 男子 2×7.5 千米。

1. 个人竞速赛

（1）选手们以 30 秒或 1 分钟的间隔出发。

（2）滑行中共进行 4 轮射击（每次射击 5 发子弹），射击顺序为卧射、立射、卧射、立射。

（3）每错过一个射击目标，便会在选手的最终滑行时间上加罚 1 分钟。

2. 短距离赛

（1）选手们以 30 秒或 1 分钟的间隔出发。

（2）滑行中共进行 2 轮射击（每次射击 5 发子弹），射击顺序为卧射、立射。

（3）冬季两项短距离比赛中，每错过一个射击目标，选手须在 150 米长的惩罚赛道滑行一圈。

（4）在惩罚赛道滑行一圈，需要 23 ～ 30 秒的时间。

3. 追逐赛

（1）出发顺序根据冬季两项短距离和个人赛的结果决定，一般由短距离比赛结果决定。

（2）每队由 4 位选手组成，男子每人滑行 7.5 千米，女子每人滑行 6 千米。男子在滑行 2.5 千米、5 千米后进行射击，女子则在滑行 2 千米、4 千米后进行射击。但，在接力赛中选手将获得 3 颗备用弹，如果使用备用弹仍未射中目标靶时，与短距离赛一样，须在 150 米长的惩罚赛道加滑一圈。

（3）两名女选手各滑行 6 千米，两名男选手各滑行 7.5 千米，每人各自进行 2 次射击。

4. 集体出发赛

（1）约 30 名选手在出发区各自出发号码前，随着根据出发信号同时出发的比赛。

（2）滑行中共进行 4 轮射击，每轮射击 5 发子弹，射击顺序与追逐赛顺序一致。未射中目标靶时，须在 150 米长的惩罚赛道加滑一圈。

（3）最先到达终点的选手将获得胜利。

5. 团体接力赛

（1）每队由 4 位选手组成，男子每人滑行 7.5 千米，女子每人滑行 6 千米。

（2）男子在滑行 2.5 千米、5 千米后进行射击，女子则在滑行 2 千米、4 千米后进行射击。但在接力赛中选手将获得 3 颗备用弹，如果使用备用弹仍未射中目标靶时，与短距离赛一样，须在 150 米长的惩罚赛道加滑一圈。

（3）各队的第一位选手同时出发，其他选手与回到交换区域的上一位选手进行身体接触后出发。

6. 混合接力赛

（1）冬季两项混合接力由 2 名女选手及 2 名男选手组成。

（2）两名女选手各滑行 6 千米，两名男选手各滑行 7.5 千米，每人各自进行 2 次射击。

（3）各队的第一位选手同时出发，出发顺序为女子、女子、男子、男子，比赛方式与接力赛一致。

七、冬季两项运动的场地

冬季两项比赛场地指的是线路由各种平坦、上坡、下坡等自然起伏的地段组成，要避免过长、过陡的上坡和难度过大的下坡，以及单调过长的平地。

冬季两项的比赛场地的全段线路要设在海拔 1 800 米以下的地方，线路上的雪面要经过机械或人工捣固、踏压，厚度至少 10 厘米。起点、射击场和终（设在平坦的场地上，并尽量设置在一起）。全线路设方向标志和里程牌。

（一）起点区

起点区的单发和双发出发线与滑行方向成直角；集体出发和分组出发时，每名运动员占有一条雪道。每条雪道间隔至少 2 米，在距起点线 100 米处，逐渐变成一条雪道。

（二）终点区

终点区要用一条与线路成直角的线标出“终点线”。抵达终点前 100 米的线路，尽可能是直线，并在 100 米处设立标有“100 米”的指示标牌。

男子 10 千米的 2 次射击，在 5.0 千～ 7.5 千米进行；15 千米的 3 次射击，在 4 千～ 13 千米进行，每次射击至少间隔 3 千米；20 千米的 4 次射击，在 4 千～ 18 千米进行，每次射击至少间隔 3 千米；接力赛的 2 次射击，在 2.5 千～ 5.0 千米进行。

女子 5 千米和接力赛的 2 次射击，约在 1.5 千～ 3.5 千米进行，每次射击至少间隔 1 千米；女子 10 千米的 3 次射击，在 2 千～ 8 千米进行，每次射击至少间隔 2 千米。

集体出发、分组出发和男子接力赛到达终点前至少在最后 500 米处设 2 条雪道，其他各项到达终点前至少在最后 300 米处设 2 条雪道。接力赛设立长 30 米、宽 10 米的接力区。在抵达接力区前 100 米处设置标有“100 米”的指示标牌，进、出接力区的前、后线路应尽量为超过 100 米的直线。

（三）线路差

线路的高度差：男子 10 千米不超过 200 米、20 千米不超过 200 米、15 千米和接力赛不超过 150 米。女子 10 千米不超过 150 米、女子 5 千米和接力赛不超过 100 米。

下坡和一次爬坡的高度差：男子 10 千米、15 千米、20 千米和接力赛不超过 75 米；女子 5 千米、10 千米和接力赛不超过 50 米。

累计爬坡高度差：男子 10 千米 300 ～ 400 米、15 千米 400 ～ 500 米、20 千米 550 ～ 750 米、接力赛 200 ～ 300 米；女子 5 千米 150 ～ 200 米、10 千米 200 ～ 350 米、接力赛 150 ～ 200 米。

（四）处罚圈

执行处罚滑行圈数的竞赛时，在射击场附近，设有两条圆形或椭圆形的作为处罚用的雪道，周长 150 米，该线路使所有靶位上的运动员都具有滑行相等的距离。在终点前的接力线路最后一段，有能将运动员引导进入该处罚圈的线路，以备补罚用。

（五）射击靶场

射击场靶台必须平坦而坚固，上面可铺盖席子或类似覆盖物，靶台前沿和与之平行的靶板线间的距离为 50 米，靶与相应的靶位偏差不超过 2%，也不高于靶台 3%。靶的背景须是白色，靶位和相对应靶的号码必须相同。一个项目竞赛的全过程，必须使用相同的射靶系统。

八、冬季两项运动的装备器材

（一）雪板

冬季两项比赛中的雪板和越野滑雪比赛中使用的雪板相一致，滑行的方式则采用越野滑雪中的自由式技术进行滑行。

自由式雪板的板底非常光滑，从而形成一个较大的涂蜡层。这个表层的作用就是滑行。在选择一副自由式越野滑雪板时应注意以下几点：雪板的长度应该在自己身高上加长 10 ～ 15 厘米；同时也要考虑雪板的硬度（张力）和运动员自身体重相适应（雪板上一般都标注了适合的理想体重）。

（二）雪鞋

1. 自由式滑雪鞋

自由式滑雪鞋的鞋帮应该高出踝骨，以形成一定的支撑，同时要保证踝关节能自如地活动，以确保任何时候都能以最佳姿势站在雪板上。

2. 多用滑雪鞋

如果不想受项目的限制来选择滑雪鞋的话，也可以选用多用鞋，这种鞋适合自由式和传统式两种技术要求。

（三）滑雪杖

可供选择的滑雪杖有很多，应该根据不同身高来选择合适的长度。原则是身高 ×0.9。

（四）服装

选择服装一定要保证身体能自如活动，不能太紧。所有的服装都应该具有高弹性，并应防风、防水，易保养，可水洗的。选择手套时应注意，开始戴时感觉稍紧更好，一定不能选有褶皱的，以免滑行过程中手上磨出水泡。

（五）比赛用枪

早期的冬季两项比赛直接使用军用步枪和中心发火步枪弹，现在列入奥运会、世锦赛项目的冬季两项射击环节使用的是专用的运动步枪和。22LR 边缘发火步枪弹（国内也叫 5.6 毫米小口径动步枪弹），子弹是专用小口径步枪弹，枪的扳机引力不得小于 0.5 千克。

和讲究精度射击的夏奥会步枪项目不同，冬季两项的射击环节要求快速射击，只计命中次数，而且又要背着枪滑雪，所以冬季两项比赛使用的运动步枪有一些明显的特点：

（1）全长比夏奥会步枪项目的步枪短，便于背负携行。

（2）夏奥会步枪项目使用的枪支为单发装填，而冬季两项使用的运动步枪有弹仓。

（3）冬季两项使用的运动步枪也是栓动步枪，按照规则也可以使用旋转后拉枪机，但是为了快速射击，现在多使用直拉式枪机或者肘节式枪机。

操作冬季两项专用步枪直拉式枪机，仅用手指前后拨动就可退壳、上膛。一支使用肘节式枪机的冬季两项比赛步枪，肘节式枪机向后拉动拉机柄时会带动一个类似手肘的机构运动，驱动枪机开闭锁。

九、冬季两项运动的相关名称

冬季两项：Biathlon
男子 4×7.5 千米接力：Men's 4×7.5 km Relay
女子 4×6 千米接力：Women's 4×6 km Relay
男子 10 千米短距离：Men's 10 km Sprint
女子 7.5 千米短距离：Women's 7.5 km Sprint
男子 12.5 千米追逐赛：Men's 12.5 km Pursuit
女子 10 千米追逐赛：Women's 10 km Pursuit
男子 15 千米集体出发：Men's 15 km Mass Start
女子 12.5 千米集体出发：Women's 12.5 km Mass Start
男子 20 千米个人赛：Men's 20 km Individual
女子 15 千米个人赛：Women's 15 km Individual

十、近五届冬奥会奖牌榜分布

1. 2022 中国北京冬奥会冬季两项项目奖牌榜（表 4–123 ～表 4–134）

表4–123　10千米短距离（男子）奖牌榜

排名	国家 / 地区	奖牌获得者	成绩	金牌（枚）	银牌（枚）	铜牌（枚）	总数（枚）
1	挪威	约翰内斯·廷内斯·伯厄	24:00.4	1	0	0	1
2	法国	康坦·菲永·马耶	24:25.9	0	1	0	1
3	挪威	塔尔耶伊·伯厄	24:39.3	0	0	1	1
总计				1	1	1	3

表4–124　7.5千米短距离（女子）奖牌榜

排名	国家 / 地区	奖牌获得者	成绩	金牌（枚）	银牌（枚）	铜牌（枚）	总数（枚）
1	挪威	马特·奥尔斯布·雷塞兰	20:44.3	1	0	0	1
2	瑞典	埃尔薇拉·厄贝里	21:15.2	0	1	0	1
3	意大利	多罗特娅·维雷尔	21:21.5	0	0	1	1
总计				1	1	1	3

表4-125　12.5千米追逐（男子）奖牌榜

排名	国家/地区	奖牌获得者	成绩	金牌（枚）	银牌（枚）	铜牌（枚）	总数（枚）
1	法国	康坦·菲永·马耶	39:07.5	1	0	0	1
2	挪威	塔尔耶伊·伯厄	39:36.1	0	1	0	1
3	俄罗斯奥运队	爱德华·拉特波夫	39:42.8	0	0	1	1
总计				1	1	1	3

表4-126　10千米追逐（女子）奖牌榜

排名	国家/地区	奖牌获得者	成绩	金牌（枚）	银牌（枚）	铜牌（枚）	总数（枚）
1	挪威	马特·奥尔斯布·雷塞兰	34:46.9	1	0	0	1
2	瑞典	埃尔薇拉·厄贝里	36:23.4	0	1	0	1
3	挪威	特丽尔·埃克霍夫	36:35.6	0	0	1	1
总计				1	1	1	3

表4-127　20千米个人（男子）奖牌榜

排名	国家/地区	奖牌获得者	成绩	金牌（枚）	银牌（枚）	铜牌（枚）	总数（枚）
1	法国	康坦·菲永·马耶	48:47.4	1	0	0	1
2	白俄罗斯	安东·斯莫利斯基	49:02.2	0	1	0	1
3	挪威	约翰内斯·廷内斯·伯厄	49:18.5	0	0	1	1
总计				1	1	1	3

表4-128　15千米个人（女子）奖牌榜

排名	国家/地区	奖牌获得者	成绩	金牌（枚）	银牌（枚）	铜牌（枚）	总数（枚）
1	德国	丹尼丝·赫尔曼	44:12.7	1	0	0	1
2	法国	阿奈·舍瓦利耶·布歇	44:22.1	0	1	0	1
3	挪威	马特·奥尔斯布·雷塞兰	44:28.0	0	0	1	1
总计				1	1	1	3

表4-129　15千米集体出发（男子）奖牌榜

排名	国家 / 地区	奖牌获得者	成绩	金牌（枚）	银牌（枚）	铜牌（枚）	总数（枚）
1	挪威	约翰内斯・廷内斯・伯厄	38:14.4	1	0	0	1
2	瑞典	马丁・蓬西卢奥马	38:54.7	0	1	0	1
3	挪威	韦特勒・肖斯塔・克里斯蒂安森	39:26.9	0	0	1	1
总计				1	1	1	3

表4-130　12.5千米集体出发（女子）奖牌榜

排名	国家 / 地区	奖牌获得者	成绩	金牌（枚）	银牌（枚）	铜牌（枚）	总数（枚）
1	法国	朱斯蒂娜・布雷萨・布歇	40:18.0	1	0	0	1
2	挪威	特丽尔・埃克霍夫	40:33.3	0	1	0	1
3	挪威	马特・奥尔斯布・雷塞兰	40:52.9	0	0	1	1
总计				1	1	1	3

表4-131　4×7.5千米接力（男子）奖牌榜

排名	国家 / 地区	奖牌获得者	成绩	金牌（枚）	银牌（枚）	铜牌（枚）	总数（枚）
1	挪威	斯图拉・霍尔姆・莱格雷德 / 塔尔耶伊・伯厄 约翰内斯・廷内斯・伯厄 / 韦特勒・肖斯塔・克里斯蒂安森	1:19:50.2	1	0	0	1
2	法国	法比安・克洛德 / 埃米利安・雅克兰 西蒙・德蒂厄 / 康坦・马耶	1:20:17.6	0	1	0	1
3	俄罗斯奥运队	赛义德・卡里穆拉・哈利利 / 亚历山大・洛吉诺夫 马克西姆・茨韦特科夫 / 爱德华・拉特波夫	1:20:35.5	0	0	1	1
总计				1	1	1	3

表4-132　4×6千米接力（女子）奖牌榜

排名	国家 / 地区	奖牌获得者	成绩	金牌（枚）	银牌（枚）	铜牌（枚）	总数（枚）
1	瑞典	琳・佩尔松 / 莫娜・布罗尔松 汉娜・厄贝里 / 埃尔薇拉・厄贝里	1:11:03.9	1	0	0	1
2	俄罗斯奥运队	伊琳娜・卡扎克维奇 / 克里斯季娜・雷兹佐娃 斯韦特兰娜・米罗诺娃 / 乌利亚娜・尼格马图林娜	1:11:15.9	0	1	0	1

续表

排名	国家 / 地区	奖牌获得者	成绩	金牌（枚）	银牌（枚）	铜牌（枚）	总数（枚）
3	德国	瓦妮萨·福格特 / 瓦妮萨·欣茨 弗兰齐丝卡·普罗伊斯 / 丹尼丝·赫尔曼	1:11:41.3	0	0	1	1
总计				1	1	1	3

表4-133　混合接力4×6千米（女子+男子）奖牌榜

排名	国家 / 地区	奖牌获得者	成绩	金牌（枚）	银牌（枚）	铜牌（枚）	总数（枚）
1	挪威	马特·奥尔斯布·雷塞兰 / 特丽尔·埃克霍夫 塔利亚·博伊 / 约翰内斯·廷内斯·博伊	1:06:45.6	1	0	0	1
2	法国	茱莉亚·西蒙 / 艾梅琳·雅克林 菲隆·马耶特 / 谢瓦利埃·布谢	1:06:46.5	0	1	0	1
3	俄罗斯奥运队	尤里安娜·尼格玛图利娜 / 克里斯蒂娜·雷佐娃 亚历山大·罗金诺夫 / 爱德华·拉特波夫	1:06:47.1	0	0	1	1
总计				1	1	1	3

表4-134　奖牌总榜

排名	国家 / 地区	金牌（枚）	银牌（枚）	铜牌（枚）	总数（枚）
1	挪威	6	2	6	14
2	法国	3	4	0	7
3	瑞典	1	3	0	4
4	德国	1	0	1	2
5	俄罗斯奥运队	0	1	3	4
6	白俄罗斯	0	1	0	1
7	意大利	0	0	1	1
总计		11	11	11	33

2. 2018 韩国平昌冬奥会冬季两项项目奖牌榜（表 4-135 ～表 4-146）

表4-135　10千米短距离（男子）奖牌榜

排名	国家 / 地区	奖牌获得者	成绩	金牌（枚）	银牌（枚）	铜牌（枚）	总数（枚）
1	德国	阿登·裴斐	23:38.8	1	0	0	1
2	捷克	米切尔·克尔奇马尔	23:43.2	0	1	0	1

续表

排名	国家 / 地区	奖牌获得者	成绩	金牌（枚）	银牌（枚）	铜牌（枚）	总数（枚）
3	意大利	多米尼克·温迪施	23:46.5	0	0	1	1
总计				1	1	1	3

表4-136 7.5千米短距离（女子）奖牌榜

排名	国家 / 地区	奖牌获得者	成绩	金牌（枚）	银牌（枚）	铜牌（枚）	总数（枚）
1	德国	劳拉·达尔迈尔	21:06.2	1	0	0	1
2	挪威	玛特·奥尔斯布	21:30.4	0	1	0	1
3	捷克	维罗妮卡·维特科娃	21:32.0	0	0	1	1
总计				1	1	1	3

表4-137 12.5千米追逐（男子）奖牌榜

排名	国家 / 地区	奖牌获得者	成绩	金牌（枚）	银牌（枚）	铜牌（枚）	总数（枚）
1	法国	马丁·佛卡德	32:51.7	1	0	0	1
2	瑞典	塞巴斯提安·萨缪尔森	33:03.7	0	1	0	1
3	德国	贝内迪克特·多尔	33:06.8	0	0	1	1
总计				1	1	1	3

表4-138 10千米追逐（女子）奖牌榜

排名	国家 / 地区	奖牌获得者	成绩	金牌（枚）	银牌（枚）	铜牌（枚）	总数（枚）
1	德国	劳拉·达尔迈尔	30:35.3	1	0	0	1
2	斯洛伐克	安娜塔西亚·库兹米娜	34:04.7	0	1	0	1
3	法国	阿奈·贝斯孔	31:04.9	0	0	1	1
总计				1	1	1	3

表4-139 20千米个人赛（男子）奖牌榜

排名	国家 / 地区	奖牌获得者	成绩	金牌（枚）	银牌（枚）	铜牌（枚）	总数（枚）
1	挪威	约翰内斯·廷内斯·博伊	46:45.2	1	0	0	1
2	斯洛文尼亚	雅科夫·法克	46:51.7	0	1	0	1

续表

排名	国家 / 地区	奖牌获得者	成绩	金牌（枚）	银牌（枚）	铜牌（枚）	总数（枚）
3	奥地利	多米尼克・兰德丁格	46:56.3	0	0	1	1
总计				1	1	1	3

表4-140　15千米个人赛（女子）奖牌榜

排名	国家 / 地区	奖牌获得者	成绩	金牌（枚）	银牌（枚）	铜牌（枚）	总数（枚）
1	瑞典	汉娜・厄贝里	39:44.5	1	0	0	1
2	斯洛伐克	安娜塔西亚・库兹米娜	40:11.8	0	1	0	1
3	德国	劳拉・达尔迈尔	40:24.3	0	0	1	1
总计				1	1	1	3

表4-141　15千米集体出发（男子）奖牌榜

排名	国家 / 地区	奖牌获得者	成绩	金牌（枚）	银牌（枚）	铜牌（枚）	总数（枚）
1	法国	马丁・佛卡德	34:31.2	1	0	0	1
2	德国	西蒙・舍姆佩	34:31.5	0	1	0	1
3	挪威	埃米尔・黑格尔・斯文森	34:46.3	0	0	1	1
总计				1	1	1	3

表4-142　12.5千米集体出发（女子）奖牌榜

排名	国家 / 地区	奖牌获得者	成绩	金牌（枚）	银牌（枚）	铜牌（枚）	总数（枚）
1	斯洛伐克	安娜塔西亚・库兹米娜	35:23.0	1	0	0	1
2	白俄罗斯	达耶・多姆拉切娃	34:41.8	0	1	0	1
3	挪威	特丽尔・埃克霍姆	35:50.7	0	0	1	1
总计				1	1	1	3

表4-143　男子4×7.5千米接力赛奖牌榜

排名	国家 / 地区	奖牌获得者	成绩	金牌（枚）	银牌（枚）	铜牌（枚）	总数（枚）
1	瑞典	佩佩・费姆林 / 耶斯佩尔・内林 塞巴斯蒂安・萨穆埃尔松 / 弗雷德里克・林斯特龙	1:15:16.5	1	0	0	1

续表

排名	国家 / 地区	奖牌获得者	成绩	金牌（枚）	银牌（枚）	铜牌（枚）	总数（枚）
2	挪威	拉尔斯·赫尔吉·伯克兰 / 塔尔耶伊·伯厄 约翰内斯·廷内斯·博伊 / 埃米尔·黑格尔·斯文森	1:16:12.0	0	1	0	1
3	德国	埃里克·莱塞 / 贝内迪克特·多尔 阿登·裴斐 / 西蒙·舍姆佩	1:17:23.6	0	0	1	1
总计				1	1	1	3

表4-144 女子4×6千米接力赛奖牌榜

排名	国家 / 地区	奖牌获得者	成绩	金牌（枚）	银牌（枚）	铜牌（枚）	总数（枚）
1	白俄罗斯	娜杰日达·斯卡尔迪诺 / 艾瑞娜·库里珂娃 济娜拉·阿林别卡娃 / 达耶·多姆拉切娃	1:12:03.4	1	0	0	1
2	瑞典	琳·佩尔松 / 莫娜·布罗尔松 安娜·芒努松 / 汉娜·厄贝里	1:12:14.1	0	1	0	1
3	法国	阿奈·舍瓦利耶·布歇 / 玛丽·多林·哈伯特 朱斯蒂娜·布雷萨·布歇 / 阿奈·贝斯孔	1:12:21.0	0	0	1	1
总计				1	1	1	3

表4-145 混合接力赛（女子2×6千米+男子2×7.5千米）奖牌榜

排名	国家 / 地区	奖牌获得者	成绩	金牌（枚）	银牌（枚）	铜牌（枚）	总数（枚）
1	法国	玛丽·多林·哈伯特 / 阿奈·贝斯孔 西蒙·德蒂厄 / 马丁·佛卡德	1:08:34.3	1	0	0	1
2	挪威	马特·奥尔斯布·雷塞兰 / 特丽尔·埃克霍夫 约翰内斯·廷内斯·伯厄 / 埃米尔·黑格尔·斯文森	1:08:55.2	0	1	0	1
3	意大利	莉萨·维托齐 / 多罗特娅·维雷尔 卢卡斯·霍费尔 / 多米尼克·温迪施	1:09:01.2	0	0	1	1
总计				1	1	1	3

表4-146 奖牌总榜

排名	国家 / 地区	金牌（枚）	银牌（枚）	铜牌（枚）	总数（枚）
1	德国	3	1	3	7
2	法国	3	0	2	5

续表

排名	国家 / 地区	金牌（枚）	银牌（枚）	铜牌（枚）	总数（枚）
3	瑞典	2	2	0	4
4	挪威	1	3	2	6
5	斯洛伐克	1	2	0	3
6	白俄罗斯	1	1	0	2
7	捷克	0	1	1	2
8	斯洛文尼亚	0	1	0	1
9	意大利	0	0	2	2
10	奥地利	0	0	1	1
总计		11	11	11	33

3. 2014 俄罗斯索契冬奥会冬季两项项目奖牌榜（表 4–147 ～表 4–158）

表4–147　10千米短距离（男子）奖牌榜

排名	国家 / 地区	奖牌获得者	成绩	金牌（枚）	银牌（枚）	铜牌（枚）	总数（枚）
1	挪威	奥利・埃纳尔・比约达伦	24:33.5	1	0	0	1
2	奥地利	多米尼克・兰德丁格	24:34.8	0	1	0	1
3	捷克	阿尔苏・苏克普	24:39.2	0	0	1	1
总计				1	1	1	3

表4–148　7.5千米短距离（女子）奖牌榜

排名	国家 / 地区	奖牌获得者	成绩	金牌（枚）	银牌（枚）	铜牌（枚）	总数（枚）
1	斯洛伐克	安娜塔西亚・库兹米娜	21:06.8	1	0	0	1
2	俄罗斯	奥尔加・维鲁金娜	21:26.7	0	1	0	1
3	乌克兰	维塔・赛梅伦科	21:28.5	0	0	1	1
总计				1	1	1	3

表4–149　12.5千米追逐（男子）奖牌榜

排名	国家 / 地区	奖牌获得者	成绩	金牌（枚）	银牌（枚）	铜牌（枚）	总数（枚）
1	法国	马丁・福卡德	33:48.6	1	0	0	1

续表

排名	国家/地区	奖牌获得者	成绩	金牌（枚）	银牌（枚）	铜牌（枚）	总数（枚）
2	捷克	翁德雷·莫拉维奇	34:02.7	0	1	0	1
3	法国	吉恩·吉绕姆·比特里克斯	34:12.8	0	0	1	1
总计				1	1	1	3

表4-150 10千米追逐（女子）奖牌榜

排名	国家/地区	奖牌获得者	成绩	金牌（枚）	银牌（枚）	铜牌（枚）	总数（枚）
1	白俄罗斯	达荷亚·多姆拉切娃	29:30.7	1	0	0	1
2	挪威	托拉·博格	30:08.3	0	1	0	1
3	斯洛文尼亚	泰贾·格雷戈林	30:12.7	0	0	1	1
总计				1	1	1	3

表4-151 20千米个人赛（男子）奖牌榜

排名	国家/地区	奖牌获得者	成绩	金牌（枚）	银牌（枚）	铜牌（枚）	总数（枚）
1	法国	马丁·福卡德	49:31.7	1	0	0	1
2	德国	艾力克·莱瑟	49:43.9	0	1	0	1
3	俄罗斯	叶夫根尼·加拉尼切夫	50:06.2	0	0	1	1
总计				1	1	1	3

表4-152 15千米个人赛（女子）奖牌榜

排名	国家/地区	奖牌获得者	成绩	金牌（枚）	银牌（枚）	铜牌（枚）	总数（枚）
1	白俄罗斯	达荷亚·多姆拉切娃	43:19.6	1	0	0	1
2	瑞士	塞利娜·加斯帕林	44:35.3	0	1	0	1
3	白俄罗斯	娜杰日达·斯卡迪诺	44:57.8	0	0	1	1
总计				1	1	1	3

表4-153 15千米集体出发（男子）奖牌榜

排名	国家/地区	奖牌获得者	成绩	金牌（枚）	银牌（枚）	铜牌（枚）	总数（枚）
1	挪威	埃米尔·黑格尔·斯文森	42:29.1	1	0	0	1

续表

排名	国家 / 地区	奖牌获得者	成绩	金牌（枚）	银牌（枚）	铜牌（枚）	总数（枚）
2	法国	马丁・福卡德	42:29.1	0	1	0	1
3	捷克	翁德雷・莫拉维奇	42:42.9	0	0	1	1
总计				1	1	1	3

表4-154　12.5千米集体出发（女子）奖牌榜

排名	国家 / 地区	奖牌获得者	成绩	金牌（枚）	银牌（枚）	铜牌（枚）	总数（枚）
1	白俄罗斯	达荷亚・多姆拉切娃	35:25.6	1	0	0	1
2	捷克	娜杰日达・索科洛娃	35:45.8	0	1	0	1
3	挪威	特丽尔・埃克霍夫	35:52.9	0	0	1	1
总计				1	1	1	3

表4-155　男子4×7.5千米接力奖牌榜

排名	国家 / 地区	奖牌获得者	成绩	金牌（枚）	银牌（枚）	铜牌（枚）	总数（枚）
1	俄罗斯	阿列克谢・沃尔科夫 / 叶甫根尼・尤斯特郁格夫 德米特里・马雷什科 / 安东・希普林	1:12:15.9	1	0	0	1
2	德国	艾力克・莱瑟 / 丹尼尔・波姆 阿登・裴斐 / 西蒙・舍姆佩	1:12:19.4	0	1	0	1
3	奥地利	克里斯托夫・苏曼 / 丹尼斯・美斯蒂克 西蒙・埃德 / 多米尼克・兰德丁格	1:12:45.7	0	0	1	1
总计				1	1	1	3

表4-156　女子4×6千米接力奖牌榜

排名	国家 / 地区	奖牌获得者	成绩	金牌（枚）	银牌（枚）	铜牌（枚）	总数（枚）
1	乌克兰	维塔・塞米伦科 / 茱莉亚・东玛 维尔・塞米伦科 / 欧兰娜・派尔索那	1:10:02.5	1	0	0	1
2	俄罗斯	雅娜・罗曼诺娃 / 奥尔加・扎伊采夫 叶卡捷琳娜・舒米洛娃 / 奥尔加・维鲁金娜	1:10:28.9	0	1	0	1
3	挪威	范妮・洪 / 特丽尔・埃克霍夫 安・克里斯汀・亚菲特・菲尔特兰德 / 托拉・博格	1:10:40.1	0	0	1	1
总计				1	1	1	3

表4-157　混合接力赛奖牌榜

排名	国家 / 地区	奖牌获得者	成绩	金牌（枚）	银牌（枚）	铜牌（枚）	总数（枚）
1	挪威	托拉・博格 / 特丽尔・埃克霍夫 奥利・艾因那尔・比约达伦 / 埃米尔・黑格尔・斯文森	1:09:17.0	1	0	0	1
2	捷克	维罗妮卡・维特科娃 / 加布里埃拉・库卡洛娃 雅罗斯拉夫・绍库普 / 翁德雷・莫拉维克	1:09:49.6	0	1	0	1
3	意大利	多萝西・维勒 / 卡琳・奥伯霍夫 多米尼克・温迪施 / 卢卡斯・霍费尔	1:10:15.2	0	0	1	1
总计				1	1	1	3

表4-158　奖牌总榜

排名	国家 / 地区	金牌（枚）	银牌（枚）	铜牌（枚）	总数（枚）
1	挪威	3	1	2	6
2	白俄罗斯	3	0	1	4
3	法国	2	1	1	4
4	俄罗斯	1	2	1	4
5	乌克兰	1	0	1	2
6	斯洛伐克	1	0	0	1
7	捷克	0	3	2	5
8	德国	0	2	0	2
9	奥地利	0	1	1	2
10	瑞士	0	1	0	1
11	意大利	0	0	1	1
11	斯洛文尼亚	0	0	1	1
总计		11	11	11	33

4. 2010 加拿大温哥华冬奥会冬季两项项目奖牌榜（表 4-159 ～表 4-169）

表4-159　10千米短距离（男子）奖牌榜

排名	国家 / 地区	奖牌获得者	成绩	金牌（枚）	银牌（枚）	铜牌（枚）	总数（枚）
1	法国	文森特・杰伊	24:07.8	1	0	0	1
2	挪威	埃米尔・黑格尔・斯文森	24:20.0	0	1	0	1

续表

排名	国家 / 地区	奖牌获得者	成绩	金牌（枚）	银牌（枚）	铜牌（枚）	总数（枚）
3	克罗地亚	雅科夫·法克	24:12.8	0	0	1	1
总计				1	1	1	3

表4-160　7.5千米短距离（女子）奖牌榜

排名	国家 / 地区	奖牌获得者	成绩	金牌（枚）	银牌（枚）	铜牌（枚）	总数（枚）
1	斯洛伐克	安娜塔西亚·库兹米娜	19:55.6	1	0	0	1
2	德国	马格达莱纳·努内尔	19:57.1	0	1	0	1
3	法国	玛丽·多林·哈伯特	20:06.5	0	0	1	1
总计				1	1	1	3

表4-161　12.5千米追逐（男子）奖牌榜

排名	国家 / 地区	奖牌获得者	成绩	金牌（枚）	银牌（枚）	铜牌（枚）	总数（枚）
1	瑞典	比约恩·费里	33:34.7	1	0	0	1
2	奥地利	克里斯托夫·苏曼	35:46.2	0	1	0	1
3	法国	文森特·杰伊	35:52.3	0	0	1	1
总计				1	1	1	3

表4-162　10千米追逐（女子）奖牌榜

排名	国家 / 地区	奖牌获得者	成绩	金牌（枚）	银牌（枚）	铜牌（枚）	总数（枚）
1	德国	马格达莱纳·努内尔	30:16.0	1	0	0	1
2	斯洛伐克	安娜塔西亚·库兹米娜	30:28.3	0	1	0	1
3	法国	玛丽·雷恩·布鲁内	30:44.3	0	0	1	1
总计				1	1	1	3

表4-163　20千米个人（男子）奖牌榜

排名	国家 / 地区	奖牌获得者	成绩	金牌（枚）	银牌（枚）	铜牌（枚）	总数（枚）
1	挪威	埃米尔·黑格尔·斯文森	48:22.5	1	0	0	1
2	白俄罗斯	谢尔盖·诺维科夫	48:32.0	0	1	0	1

续表

排名	国家 / 地区	奖牌获得者	成绩	金牌（枚）	银牌（枚）	铜牌（枚）	总数（枚）
2	挪威	奥利・艾因那尔・比约达伦	48:32.0	0	1	0	1
总计				1	2	0	3

表4-164 15千米个人（女子）奖牌榜

排名	国家 / 地区	奖牌获得者	成绩	金牌（枚）	银牌（枚）	铜牌（枚）	总数（枚）
1	挪威	托拉・博格	40:52.8	1	0	0	1
2	哈萨克斯坦	叶莲娜・克鲁斯塔莱娃	41:13.5	0	1	0	1
3	白俄罗斯	达耶・多姆拉切娃	41:21.0	0	0	1	1
总计				1	1	1	3

表4-165 15千米体出发（男子）奖牌榜

排名	国家 / 地区	奖牌获得者	成绩	金牌（枚）	银牌（枚）	铜牌（枚）	总数（枚）
1	俄罗斯	叶甫根尼・乌斯特尤戈夫	35:35.7	1	0	0	1
2	法国	马丁・福卡德	34:46.2	0	1	0	1
3	斯洛伐克	帕沃尔・胡拉吉特	35:52.3	0	0	1	1
总计				1	1	1	3

表4-166 12.5千米集体出发（女子）奖牌榜

排名	国家 / 地区	奖牌获得者	成绩	金牌（枚）	银牌（枚）	铜牌（枚）	总数（枚）
1	德国	马格达莱纳・努内尔	35:19.6	1	0	0	1
2	俄罗斯	奥尔加・扎伊采娃	35:25.1	0	1	0	1
3	德国	希莫尼・豪斯瓦尔德	35:26.9	0	0	1	1
总计				1	1	1	3

表4-167 4×7.5千米接力（男子）奖牌榜

排名	国家 / 地区	奖牌获得者	成绩	金牌（枚）	银牌（枚）	铜牌（枚）	总数（枚）
1	挪威	哈尔瓦德・汉内沃尔德 / 塔利亚・波伊埃米尔・黑格尔・斯文森 / 奥利・艾因那尔・比约达伦	1:21:38.1	1	0	0	1

续表

排名	国家/地区	奖牌获得者	成绩	金牌（枚）	银牌（枚）	铜牌（枚）	总数（枚）
2	奥地利	西蒙·埃德尔/丹尼尔·梅索蒂什 多米尼克·兰德丁格/克里斯托夫·苏曼	1:22:16.7	0	1	0	1
3	俄罗斯	特切雷佐夫·施普林 特乔多夫/叶甫根尼·乌斯特尤戈夫	1:22:16.9	0	0	1	1
总计				1	1	1	3

表4-168　4×6千米接力（女子）奖牌榜

排名	国家/地区	奖牌获得者	成绩	金牌（枚）	银牌（枚）	铜牌（枚）	总数（枚）
1	俄罗斯	斯维特拉娜·斯莱普佐娃/伯加利·迪托维茨 奥尔加·梅德维德采娃/奥尔加·扎伊采娃	1:09.36:3	1	0	0	1
2	法国	玛丽·雷恩·布鲁内/塞尔维·比卡尔特 玛丽·多林·哈伯特/桑德丽娜·贝莉	1:10:09.1	0	1	0	1
3	德国	凯蒂·维尔海姆/西蒙·豪斯瓦尔德 马尔迪纳·贝克/安德鲁·亨克尔	1:10:13.4	0	0	1	1
总计				1	1	1	3

表4-169　奖牌总榜

排名	国家/地区	金牌（枚）	银牌（枚）	铜牌（枚）	总数（枚）
1	挪威	3	2	0	5
2	德国	2	1	2	5
3	俄罗斯	2	1	1	4
4	法国	1	2	3	6
5	斯洛伐克	1	1	1	3
6	瑞典	1	0	0	1
7	奥地利	0	2	0	2
7	白俄罗斯	0	1	1	2
9	哈萨克斯坦	0	1	0	1
10	克罗地亚	0	0	1	1
总计		10	11	9	30

5. 2006 意大利都灵冬奥会冬季两项项目奖牌榜（表 4–170 ～表 4–180）

表4–170　10千米短距离（男子）奖牌榜

排名	国家 / 地区	奖牌获得者	成绩	金牌（枚）	银牌（枚）	铜牌（枚）	总数（枚）
1	德国	斯文・费舍尔	26:11.6	1	0	0	1
2	挪威	哈尔瓦德・汉内沃尔德	26:19.8	0	1	0	1
3	挪威	普罗德・安德森	26:31.3	0	0	1	1
总计				1	1	1	3

表4–171　7.5千米短距离（女子）奖牌榜

排名	国家 / 地区	奖牌获得者	成绩	金牌（枚）	银牌（枚）	铜牌（枚）	总数（枚）
1	法国	巴维尔・罗布特	22:31.41	1	0	0	1
2	瑞典	安娜・卡琳・奥洛夫森	22:33.8	0	1	0	1
3	乌克兰	莉莉娅・叶夫列莫娃	22:38.0	0	0	1	1
总计				1	1	1	3

表4–172　12.5千米追逐（男子）奖牌榜

排名	国家 / 地区	奖牌获得者	成绩	金牌（枚）	银牌（枚）	铜牌（枚）	总数（枚）
1	法国	文森特・德弗雷斯内	35:20.2	1	0	0	1
2	挪威	奥利・埃纳尔・比约达伦	35:22.9	0	1	0	1
3	德国	斯文・费舍尔	35:35.8	0	0	1	1
总计				1	1	1	3

表4–173　10千米追逐（女子）奖牌榜

排名	国家 / 地区	奖牌获得者	成绩	金牌（枚）	银牌（枚）	铜牌（枚）	总数（枚）
1	德国	卡迪・维尔海姆	36:43.6	1	0	0	1
2	德国	马尔蒂纳・格拉戈	37:57.2	0	1	0	1
3	俄罗斯	奥比纳・阿卡托娃	38:08.0	0	0	1	1
总计				1	1	1	3

表4-174　20千米个人（男子）奖牌榜

排名	国家 / 地区	奖牌获得者	成绩	金牌（枚）	银牌（枚）	铜牌（枚）	总数（枚）
1	德国	米切尔·格雷斯	54:23.0	1	0	0	1
2	挪威	奥利·埃纳尔·比约达伦	54:39.0	0	1	0	1
3	挪威	哈尔瓦德·汉内沃尔德	55:31.9	0	0	1	1
总计				1	1	1	3

表4-175　15千米个人（女子）奖牌榜

排名	国家 / 地区	奖牌获得者	成绩	金牌（枚）	银牌（枚）	铜牌（枚）	总数（枚）
1	俄罗斯	斯维特拉娜·伊什姆拉托娃	49:24.1	1	0	0	1
2	德国	马尔蒂纳·格拉戈	50:34.9	0	1	0	1
3	俄罗斯	奥比纳·阿卡托娃	50:55.0	0	0	1	1
总计				1	1	1	3

注：原银牌得主俄罗斯选手佩列娃药检阳性被剥夺奖牌。

表4-176　15千米体出发（男子）奖牌榜

排名	国家 / 地区	奖牌获得者	成绩	金牌（枚）	银牌（枚）	铜牌（枚）	总数（枚）
1	德国	米切尔·格雷斯	47:20.0	1	0	0	1
2	波兰	托马斯·斯科拉	47:26.3	0	1	0	1
3	挪威	奥利·埃纳尔·比约达伦	47:32.3	0	0	1	1
总计				1	1	1	3

表4-177　12.5千米集体出发（女子）奖牌榜

排名	国家 / 地区	奖牌获得者	成绩	金牌（枚）	银牌（枚）	铜牌（枚）	总数（枚）
1	瑞典	安娜·卡琳·奥洛夫森	40:36.5	1	0	0	1
2	德国	卡迪·维尔海姆	40:55.3	0	1	0	1
3	德国	尤斯切·迪斯尔	41:19.4	0	0	1	1
总计				1	1	1	3

表4-178　4×7.5千米接力（男子）奖牌榜

排名	国家/地区	奖牌获得者	成绩	金牌（枚）	银牌（枚）	铜牌（枚）	总数（枚）
1	德国	里科·格罗斯/米切尔·勒施 斯文·费舍尔/米切尔·格雷斯	1:21:51.5	1	0	0	1
2	俄罗斯	伊万·切列佐夫/谢尔盖·罗日科夫/巴维尔·罗斯托夫采夫/亚历山大·洛尼诺夫	1:22:12.4	0	1	0	1
3	法国	朱利恩·罗伯特/文森特·德弗斯纳 费雷奥尔·卡纳尔/拉斐尔·波瓦雷	1:22:35.1	0	0	1	1
总计				1	1	1	3

表4-179　4×6千米接力（女子）奖牌榜

排名	国家/地区	奖牌获得者	成绩	金牌（枚）	银牌（枚）	铜牌（枚）	总数（枚）
1	俄罗斯	安娜·波格里拉娅/斯维特拉娜·伊什姆拉托娃 奥尔加·扎伊采娃/奥比纳·阿卡托娃	1:16:12.5	1	0	0	1
2	德国	马尔蒂纳·格拉戈/安德鲁·亨克尔 卡特琳·阿皮尔/卡迪·维尔海姆	1:17:03.2	0	1	0	1
3	法国	德尔普雷特·佩勒托/佛罗伦萨·巴弗雷尔·罗伯特 塞维尔·贝卡尔特/·桑德丽娜·巴伊	1:18:38.7	0	0	1	1
总计				1	1	1	3

表4-180　奖牌总榜

排名	国家/地区	金牌（枚）	银牌（枚）	铜牌（枚）	总数（枚）
1	德国	5	4	2	11
2	俄罗斯	2	1	2	5
3	法国	2	0	2	4
4	瑞典	1	1	0	2
5	挪威	0	3	3	6
6	波兰	0	1	0	1
7	乌克兰	0	0	1	1
总计		10	10	10	30

第四节　北欧两项

一、北欧两项运动的概念

北欧两项（nordic combined），冬奥会唯一只设男子单一项目的比赛，又称北欧式滑雪或古典滑雪，由越野滑雪和跳台滑雪两种技术组成的雪上运动项目。它在挪威、瑞典流传很长时间，成为北欧的传统项目，故又称北欧全能。

1924 年第一届法国夏蒙尼冬季奥运会上北欧两项即被列为比赛项目，1988 年第十五届加拿大卡尔加里冬季奥运会开始设团体项目。2002 年第十九届美国盐湖城冬奥会上新增加了个人追逐（竞速）赛。

二、北欧两项运动的起源与发展

北欧两项起源于北欧，所以也称北欧滑雪。在挪威和其他斯堪的纳维亚半岛的丘陵地带发展，由于北欧斯堪的那维亚半岛地区冬季雪多，适于开展滑雪运动，但因缺乏阿尔卑斯山脉那样的高山，高山滑雪不够普及和发达，而越野滑雪和跳台滑雪却得到较好的开展。于是出现了既要求越野滑得快，又要求跳雪跳得远的北欧两项比赛项目。这个项目是北欧几个国家的体育强项，故又称北欧全能。

北欧两项于 19 世纪中期首先出现在挪威，1883 年被列入霍尔门科伦滑雪大奖赛，20 世纪初成为挪威全国性北欧两项的比赛项目，随后开始向世界推广。

到 1924 年第一届法国夏蒙尼冬季奥运会上北欧两项被列为正式比赛项目，其中越野滑雪距离原为 18 千米，到 1956 年才改为 15 千米。在 1924 年、1928 年、1932 年和 1936 年的四届冬奥会中，挪威连续届包揽全部个人比赛的奖牌，而 1984 年以前所用冬奥会的北欧两项比赛只设个人赛，到 1988 年第十五届加拿大卡尔加里冬季奥运会开设团体项目，但也仅有男子项目。比赛按跳台滑雪、越野滑雪的顺序进行，其跳台滑雪，最初在奥运会比赛中为 K70 米级跳台，由于 1992 年跳台滑雪项目将 K70 米级跳台改名为 K90 米级，所以 1992 年后北欧两项的跳台滑雪比赛也变名为 K90 米级跳台（北欧两项的跳台滑雪也可以在 K120 米级台上进行）。

2002 年第十九届美国盐湖城冬奥会开始又增设了大台男子短距离项目和个人追逐（竞速）赛 [个人追逐（竞速）赛在 2002 年被定为短距离，一般为 7.5 千米的比赛]。挪威是这一项目的传统强国，到目前为止在国际大赛中的奖牌总数和金牌总数均列首位。但是在 20 世纪末期，欧洲的芬兰、德国、奥地利等国以及亚洲的日本队都已成为北欧两项的强国，在 1994—2002 年的三届冬奥会中芬兰队、德国队、奥地利队、日本队均取得过前三名的好成绩。

三、我国北欧两项运动的发展

北欧两项在中国发展较晚。2009 年中国运动员参加了世界大学生冬季运动会北欧两项比赛。中国队派出 4 名队员出战，这也是中国选手首次参加北欧两项比赛。中国北欧两项国家队于 2017 年正式建立，国家集训队于 2018 年 6 月成立，入选运动员多数在越野滑雪项目有一定基础，但跳台滑雪水平较为薄弱。队伍成立后便立刻前往日本、芬兰等地展开集训。同年 12 月，这支队伍参加了在美国举行的一站洲际杯比赛，这也是这批队员首次踏上北欧两项的国际赛场。在高级别赛事中，中国选手的水平与世界水平差距较大，在北京冬奥会之前，中国队从未获得过冬奥会参赛资格。

四、北欧两项运动的赛事及项目

（一）国际赛事

1. 国际冬季奥林匹克运动会

1924 年第一届法国夏蒙尼冬季奥运会上北欧两项被列为正式比赛项目，1988 年第十五届加拿大卡尔加里冬季奥运会开设团体项目，2002 年第十九届美国盐湖城冬奥会开始又增设了大台男子短距离项目和个人追逐（竞速）赛。

2. 亚洲冬季运动会

亚洲冬季运动会简称亚冬会，是亚洲冬季规模最大的综合性运动会，由亚洲奥林匹克理事会的成员国轮流主办。自 1986 年开始第一届，每四年举办一届，截至 2022 年共举办了八届（2021 年第九届亚洲冬季运动会未举行）。国际奥林匹克委员会承认亚洲冬季运动会为正式的亚洲地区冬季运动会。

3. 冬季两项世界杯

冬季两项世界杯由国际冬季两项联盟主办，由一系列冬季两项的比赛所组成，这些比赛被称作冬季两项世界杯项目。

在每场项目中，各选手及国家会依照其获得的名次换算为积分，在该赛季结束后总和积分最高者即为此届冬季两项世界杯的冠军。冬季两项世界杯每年皆会计算与举行。

4. 冬季两项世锦赛

1958 年举行第一届世界冬季两项锦标赛，1960 年被列为冬奥会比赛项目并定名为现代冬季两项。现代冬季两项世界锦标赛分成年组和青年组两组进行比赛。

（二）国内赛事

中华人民共和国冬季运动会

中华人民共和国冬季运动会，简称“全国冬运会”或“冬运会”，是中国规模最大、级别最高的冬季综合性体育赛事，每四年举办一次，第一届于 1959 年 2 月在哈尔滨和吉林市举行。此后基本上是每四年举办一次，至 2022 年已举办十三届（第二届停办但届次照算，第十四届延期）。第一至第四届作为全国运动会的冬季项目，与全运会的夏季项目一并作为一项赛事举办。1983 年以后，冬季运动会从全国运动会中分离，另行举办。

（三）比赛项目

现代北欧项目包括一项 15 千米越野比赛和一项特殊的跳台滑雪比赛，获胜者将根据两项比赛的成绩评分。有许多因素区分不同的个人越野比赛，如起跑的类型，滑雪风格（自由式或古典式）和距离。所有越野赛都以间隔比赛时间，运动员之间间隔 30 秒出发。因此，运动员是在与时间赛跑，而不是彼此直接比赛。比赛采用追击模式进行，在这种比赛中，一名运动员（或团队）领先，另一名运动员（或团队）试图赶上，通常需要两轮比赛，运动员（或团队）互换角色；最终，运动员是在比赛，而不是在计时。

目前北欧两项在奥运会及世界杯等国际大赛中一般设 3 枚奖牌，即个人单项赛、个人追逐（竞速）赛、四人团体赛。冬奥会北欧两项比赛共有三个小项，分别为男子个人（标准台）+10 千米越野滑雪、男子个人（大跳台）+10 千米越野滑雪和男子团体（大跳台）+4 × 5 千米接力越野滑雪。

1. 北欧两项之——跳台滑雪

运动员脚着特制的滑雪板，沿着跳台的倾斜助滑道下滑。借助速度和弹跳力，使身体跃入空中，使整个身体在空中飞行 4 ～ 5 秒后，落在山坡上。

2. 北欧两项之——越野滑雪

运动员足蹬自由式滑雪板、手持雪杖滑行于旷野雪原之中。

因为北欧两项需要跳台滑雪及越野滑雪两个项目结合的比赛，所以要求运动员同时掌握两个项目的技术特点，既需要有跳台滑雪“准确的技术动作”，又需要有越野滑雪的“体能”。

3. 个人赛

在北欧两项的个人赛小项之中，运动员需进行 90 米高的跳台滑雪和 15 千米的越野滑雪。当中，运动员会于第一天进行跳台滑雪，每位运动员跳两次，以“姿势分”和“距离分”计算运动员的总成绩。在“姿势分”方面，5 位裁判会从运动员由开始起动至落地时的“准确性”“完美性”“稳定性”和“整体稳定性”作出严格的评分（由最低的 0 ～ 20 分），并把最高和最低的分数去掉，将剩下的 3 个分数相加起来，最高的限额分为 60 分。而“距离分”方面，若运动员在跳跃后未能到达“K 点”（原定目标），则会将距离乘以每米分值（1 米两分），从原来的得分中扣减。但如超过原定目标的“K 点”，则会将距离乘以每米分值，增加在原来的得分中，得到第一天的总成绩，得分愈高排名愈高。赛事的第二天是决赛日，在第一天成绩最佳者将首个于起点出发，其后的运动员会根据与首名运动员分数之距离，按名次出发，进行 15 千米的滑行，最早到达终点的就是优胜者。

4. 竞速赛

在竞速赛方面，型式类似个人赛：运动员要在 120 米高的跳台上进行跳台滑雪以及进行 7.5 千米的越野滑雪，在两天的赛事中，第一天为跳台滑雪，第二天为越野滑雪。赛事的第一天是跳台滑雪，但所有的运动员只有一次跳台的机会，这是与个人赛最不同之处，但同时都是以“姿势分”及“距离分”作为评分，名次也是以成绩的高低作为次日赛事的出发次序。第二天的越野滑雪中与个人赛相同，都是以第一天中运动员成绩名次作为出发次序的依据，进行 7.5 千米的越野滑雪，最先到达终点的则为胜利者。

5. 团体赛

团体赛之中，都是分两天比赛，第一天是跳台滑雪，第二天为越野滑雪，运动员会在越野滑雪中滑行 5 千米以及进行 90 米高的跳台滑雪。在团体赛的跳台滑雪内，一队中有 4 位运动员，各运动员会按先后次序出发，每位运动员都有两跳，每跳都会以“姿势分”和“距离分”评分，一队共有 8 次的得分，8 个得分会合并计算，而在越野滑雪上，在第一天成绩最好的一队最先出发，以及后的队伍要根据第一天的成绩，与最好的队伍得分之差，换算为出发时间距离，滑行 5 千米，而所有队伍的第二、第三和第四名运动员会在接棒区等候，成功交换后即出发，以第四名运动员到达终点的顺序排定名次。在接力中要注意的是每队的运动员排名次序是一定要与第一天跳台滑雪运动员出场次序一样，不可作出改变。

五、北欧两项运动员的运动技术等级标准

（一）国际级运动健将

凡符合下列条件之一者，可申请授予国际级运动健将称号：

冬奥会、世界锦标赛单项前 15 名，团体前 6 名。

（二）运动健将

凡符合下列条件之一者，可申请授予运动健将称号：

（1）冬奥会、世界锦标赛单项第十六至第三十名，团体第七至第十名。

（2）世界杯分站赛单项前三十名，团体前六名。

（3）冬青奥会单项前十名，团体前四名。
（4）世界大学生运动会、世界青年锦标赛单项前八名。
（5）国际雪联洲际杯单项前十五名。
（6）亚洲冬季运动会单项前八名，团体前三名。
（7）全国冬季运动会单项前六名。
（8）全国锦标赛、全国冠军赛单项前三名。

（三）一级运动员

凡符合下列条件之一者，可申请授予一级运动员称号：
（1）全国冬季运动会单项第七至第十二名，团体第一名。
（2）全国锦标赛、全国冠军赛单项第四至第八名，团体第一名。
（3）全国青年运动员、全国青少年锦标赛青年组单项前三名。

（四）二级运动员

凡符合下列条件之一者，可申请授予二级运动员称号：
（1）全国冬季运动会单项第十三至第二十名，团体第二至第三名。
（2）全国锦标赛、全国冠军赛单项第九至第十五名，团体第二至第三名。
（3）全国青年运动员、全国青少年锦标赛青年组单项第四至第八名。
（4）省、自治区、直辖市体育局主办的综合性运动会、省级锦标赛成年组单项前六名，青年组单项前三名。

（五）三级运动员

凡符合下列条件之一者，可申请授予三级运动员称号：
（1）省、自治区、直辖市体育局主办的综合性运动会、省级锦标赛成年组单项第七至第十五名，青年组单项第四至第八名。
（2）市（地、州、盟）体育行政部门主办的综合性运动会单项前三名。

注：①可授予等级称号的小项（以下小项外的其他小项不得授予等级称号：男子个人、女子个人、男子团体、女子团体）；②上述比赛各单人项目须至少有八人、团体项目至少有四队，方可授予等级称号；③上述比赛未明确组别的，则仅最高水平组可授予等级称号。

六、北欧两项运动的规则

（一）一般规则

北欧两项是跳台滑雪及越野滑雪两个项目的体育竞技比赛，目前只有男子组比赛。

在奥运会及世界杯等国际大赛中一般设 3 枚奖牌，即个人单项赛、个人追逐（短距离）赛、四人团体赛。比赛一般分两天进行，第一天是跳台滑雪，每人跳两次，以姿势分和距离分计算出总得分，规则与跳台滑雪项目相同（跳三次，取其中成绩最好的两次，70 米跳台的飞行距离超过 60.5 米时，每米分值为 1.6 分）；第二天是越野滑雪，规则与越野滑雪项目相同（15 千米越野滑雪比赛按名次计分，第一名得 220 分，以下名次按 1 分钟等于 9 分值的比率递减）。

规则要求先进行跳台滑雪比赛，再进行越野滑雪比赛。通过把运动员跳台滑雪赛上的得分，计算转换成秒数，由此计算出的秒数差就是运动员在越野滑雪比赛中的出发顺序，即跳台滑雪赛中的第一名运动员在越野滑雪赛中是第一个出发者，而跳台滑雪赛中的第二名运动员，把他在跳台滑雪赛中的得分和第一名运动员的得分差，通过计算转换成秒数，得出的秒数就是比第一名运动员晚出发的时间（得分与秒数的计算方法依照北欧两项竞赛规则），这样以此类推地出发后，第一个到达终点的运动员为第一名。

因为北欧两项需要跳台滑雪及越野滑雪两个项目结合的比赛，所以要求运动员同时掌握两个项目的技术特点，既需要有跳台滑雪“准确的技术动作”，又需要有越野滑雪的“体能”。

（二）普通台男子个人赛

在北欧两项的个人赛小项之中，运动员需进行 90 米高的跳台滑雪和 15 千米的越野滑雪。运动员会于第一天进行跳台滑雪，每位运动员跳两次，以“姿势分”和“距离分”计算运动员的总成绩。在“姿势分”方面，跳台滑雪选手两腿弯曲，胸部低倾靠近大腿以减少空气阻力，选手在起跳前的时速可达到 90 千米左右。选手身体向前伸展，这种姿势决定了最终的跳跃距离。选手在空中将身体放平靠近雪板，双手自然向后，雪板呈“V”字形，选手在空中飞行时距离坡面的高度不超过 6 米。5 位裁判会根据上述过程，从运动员由开始起动至落地时的“准确性”“完美性”“稳定性”和“整体稳定性”作出严格的评分（由最低的 0 分到 20 分），并把最高和最低的分数去掉，将剩下的 3 个分数相加起来，最高的限额分为 60 分；而“距离分”方面，跳起的选手落在标记区内，两腿轻微弯曲。若运动员在跳跃后未能到达“K 点”（原定目标），则会将距离乘以每米分值（1 米 2 分），从原来的得分中扣减。但如超过原定目标的“K 点”，则会将距离乘以每米分值，增加在原来的得分中，得到第一天的总成绩，得分愈高排名愈高。选手在跳台滑雪的得分由滑行距离和空中姿态两部分组成，其中滑行距离更为重要。当选手在大台跳台滑雪中滑行距离达到 K 点时，获得 60 分，每超过或不足 1 米，将相应地加上或减掉 1.5 分。如果是标准台就相应地增加或减少 2 分。赛事的第二天是决赛日，在第一天成绩最佳者将首个于起点出发，其后的运动员会根据与首名运动员分数之距离，按名次出发，进行 15 千米的滑行，最早到达终点的就是优胜者。

（三）大台男子个人赛

在个人大跳台 +10 千米越野滑雪赛方面，形式类似个人赛标准台，只是运动员要在 120 米高的跳台上进行跳台滑雪以及进行 7.5 千米的越野滑雪，在两天的赛事中，第一天为跳台滑雪，第二天为越野滑雪。赛事的第一天是跳台滑雪，但所有运动员只有一次跳台的机会，这是与个人赛最不同之处，但同时都是以“姿势分”及“距离分”作为评分，名次也是以成绩的高低作为次日赛事的出发次序。第二天的越野滑雪中与个人赛相同，都是以第一天运动员成绩名次作为出发次序的依据，进行 7.5 千米的越野滑雪，最先到达终点的则为胜利者。

（四）团体赛

团体赛之中，都是分两天比赛，第一天是跳台滑雪，第二天为越野滑雪，运动员会在越野滑雪中滑行 5 千米以及进行 90 米高的跳台滑雪。在团体赛的跳台滑雪内，一队中有 4 位运动员，各运动员会按先后次序出发，每位运动员都有两跳，每跳都会以“姿势分”和“距离分”评分，一队共有 8 次的得分，8 次得分会合并计算。而在越野滑雪上，在第一天成绩最好的一队最先出发，其后的队伍要根据第一天的成绩，与最好的队伍得分之差，换算为出发时间距离，滑行 5 千米。而所有队伍的第二、第三、第四名运动员会在接棒区等候，成功交换后即出发，以第四名运动员到达终点的顺序排定名次。在接力中要注意的是每队的运动员排名次序一定要与第一天跳台滑雪运动员出场次序一样，不可作出改变。

七、北欧两项运动的场地

北欧两项是由跳台滑雪与越野滑雪两个项目组合而成，因此场地也分为跳台滑雪和越野滑雪两个部分。

1. 跳台滑雪场地

跳台滑雪场地分K30米、K60米、K90米和K120米四种形式。跳台滑雪比赛的跳台由助滑道、着陆坡、停止区组成。跳台可以就山形修建，也可以由建筑材料架设。助滑道包括出发区段、斜直线区段、过渡曲线区段以及起跳台，宽度不得少于2.5米。着陆坡的宽度，不得少于7.2米，大型台不得少于9.6米，此宽度从着陆坡一直延伸到K点。

K点是着陆区评分坐标原点，以K点向两侧延伸与运动员跳跃方向相垂直的线是距离监视裁判员和距离测量员用以评定运动员跳跃距离的标准线。

2. 越野滑雪场地

北欧两项中的越野滑雪部分，应在2.0千米或2.5千米的越野滑雪区进行。赛道分为1/3上坡段、1/3平地段和1/3下坡段三个部分。在1/3上坡段，倾斜度为9～18度，高度差为10米以上。同时赛道中要加入一些短的斜度大于18度的斜坡。赛道还要有1/3起伏路面，高度差在1～9米。

八、北欧两项运动的装备器材

（一）雪板

越野技术有传统式和自由式之分，在雪板方面也存在这一区别。自由板和传统板的区别主要是在构造和长度上。

1. 自由板

自由板的板底非常光滑，从而形成一个较大的涂蜡层。这个表层的作用就是滑行。在选择一副自由式越野板时应注意：雪板的长度应该在自己身高上加长10～15厘米，但同时也要考虑雪板的硬度（张力）和自己的体重相适应（雪板上一般都标注了适合的理想体重）。

2. 传统板

传统板具有很明显的弓形弧线（有一定的张力），并被划分为登坡部分和滑行部分。雪板的长度为身高加上30厘米。同样，雪板的张力要和体重相适应。这一点可以用如下方法来测量：站在雪板上，测量板底和地面之间的缝隙，具体测量位置是在从脚跟到雪板上的每两个标记之间这一段。如果这个缝隙正好可以通过一张纸，则雪板的张力是合适的。如果只用一只雪板测试（全身重量落在一只板上），则纸张应该无法通过这个缝隙。

（二）雪鞋

（1）自由式滑雪鞋的鞋帮应该高出踝骨，以形成一定的支撑，同时要保证踝关节能自如地活动，以确保任何时候都能以最佳姿势站在雪板上。

（2）传统式滑雪鞋：在滑传统技术时，人们通常穿鞋帮较低的鞋。这样既保证了有一定的支撑，同时也能让脚踝有最大的活动范围，从而达到理想的滑雪动作。

（3）多用滑雪鞋：如果不想受项目的限制来选鞋的话，也可以选用多用鞋，这种鞋适合自由式和传统式两种技术要求。

（三）滑雪杖

可供选择的滑雪杖有很多，应该根据不同的项目来选择合适的长度，原则是身高 ×0.85。

（四）服装

选择服装一定要保证身体能自如活动，不能太紧。所有的服装都应该具有高弹性，并应防风、防水，易保养，可水洗的。选择手套时应注意，开始戴时感觉稍紧更好，一定不能选有褶皱的，以免以后手上磨出水泡。

九、北欧两项运动的相关名称

北欧两项：Nordic Combined
男子个人标准台 +10 千米越野滑雪 Men's Individual Gundersen NH+10 km Cross-Country Skiing
男子个人大跳台 +10 千米越野滑雪 Men's Individual Gundersen LH+10 km Cross-Country Skiing
男子团体大跳台 +4 × 5 千米接力越野滑雪 Men's Team Gundersen LH+4 × 5 km Cross-Country Skiing

十、近五届冬奥会奖牌榜分布

1. 2022 中国北京冬奥会北欧两项项目奖牌榜（表 4–181 ～表 4–184）

表4–181　男子个人（标准台+10千米越野滑雪）奖牌榜

排名	国家 / 地区	奖牌获得者	成绩	金牌（枚）	银牌（枚）	铜牌（枚）	总数（枚）
1	德国	文岑茨・盖格尔	25:07.7	1	0	0	1
2	挪威	约根・格拉巴克	25:08.5	0	1	0	1
3	奥地利	卢卡斯・格赖德雷尔	25:14.3	0	0	1	1
总计				1	1	1	3

表4–182　男子个人（大跳台+10千米越野滑雪）奖牌榜

排名	国家 / 地区	奖牌获得者	成绩	金牌（枚）	银牌（枚）	铜牌（枚）	总数（枚）
1	挪威	约根・格拉巴克	27:13.3	1	0	0	1
2	挪威	延斯・卢拉斯・奥夫特布罗	27:13.7	0	1	0	1
3	日本	渡部晓斗	27:13.9	0	0	1	1
总计				1	1	1	3

表4-183 男子个人（大跳台+4×5千米越野滑雪接力）奖牌榜

排名	国家 / 地区	奖牌获得者	成绩	金牌（枚）	银牌（枚）	铜牌（枚）	总数（枚）
1	挪威	约根·格拉巴克 / 延斯·卢拉斯·奥夫特布罗 埃斯彭·比约恩斯塔 / 埃斯彭·安德森	50:45.1	1	0	0	1
2	德国	曼努埃尔·费斯特 / 埃里克·弗伦策尔 文岑茨·盖格尔 / 尤利安·施密德	51:40.0	0	1	0	1
3	日本	渡部晓斗 / 渡部善斗 永井秀昭 / 山本凉太	51:40.3	0	0	1	1
总计				1	1	1	3

表4-184 奖牌总榜

排名	国家 / 地区	金牌（枚）	银牌（枚）	铜牌（枚）	总数（枚）
1	挪威	2	2	0	4
2	德国	1	1	0	2
3	日本	0	0	2	2
4	奥地利	0	0	1	1
总计		3	3	3	9

2. 2018 韩国平昌冬奥会北欧两项滑雪项目奖牌榜（表 4-185 ～表 4-188）

表4-185 男子个人（标准台+10千米越野）奖牌榜

排名	国家 / 地区	奖牌获得者	成绩	金牌（枚）	银牌（枚）	铜牌（枚）	总数（枚）
1	德国	埃里克·弗伦策尔	24:51.4	1	0	0	1
2	日本	渡部晓斗	24:56.2	0	1	0	1
3	奥地利	卢卡斯·克莱普弗	25:09.5	0	0	1	1
总计				1	1	1	3

表4-186 男子个人（大跳台+10千米越野）奖牌榜

排名	国家 / 地区	奖牌获得者	成绩	金牌（枚）	银牌（枚）	铜牌（枚）	总数（枚）
1	德国	约翰内斯·里策克	23:52.5	1	0	0	1
2	德国	法比安·雷斯勒	23:52.9	0	1	0	1
3	德国	埃里克·弗伦策尔	23:53.3	0	0	1	1
总计				1	1	1	3

表4-187　男子个人（大跳台+4×5千米越野滑雪接力）奖牌榜

排名	国家 / 地区	奖牌获得者	成绩	金牌（枚）	银牌（枚）	铜牌（枚）	总数（枚）
1	德国	文岑茨·盖格尔 / 法比安·雷斯勒 埃里克·弗伦策尔 / 约翰内斯·里策克	46:09.8	1	0	0	1
2	挪威	简·施密德 / 埃斯彭·安德森 亚尔·芒努斯·里贝 / 约根·格拉巴克	47:02.5	0	1	0	1
3	奥地利	威廉·德尼夫勒 / 卢卡斯·克莱普弗 伯恩哈德·格鲁伯 / 马里奥·塞德尔	47:17.6	0	0	1	1
总计				1	1	1	3

表4-188　奖牌总榜

排名	国家 / 地区	金牌（枚）	银牌（枚）	铜牌（枚）	总数（枚）
1	德国	3	1	1	5
2	日本	0	1	0	1
2	挪威	0	1	0	1
4	奥地利	0	0	2	2
总计		3	3	3	9

3. 2014 俄罗斯索契冬奥会北欧两项项目奖牌榜（表 4-189 ～表 4-192）

表4-189　男子个人（标准台+10千米越野）奖牌榜

排名	国家 / 地区	奖牌获得者	成绩	金牌（枚）	银牌（枚）	铜牌（枚）	总数（枚）
1	德国	埃里克·弗伦策尔	23:50.2	1	0	0	1
2	日本	渡部晓斗	23:48.4	0	1	0	1
3	挪威	马格努斯·克罗格	22:55.3	0	0	1	1
总计				1	1	1	3

表4-190　男子个人（大跳台+10千米越野）奖牌榜

排名	国家 / 地区	奖牌获得者	成绩	金牌（枚）	银牌（枚）	铜牌（枚）	总数（枚）
1	挪威	约根·格拉巴克	118.4	1	0	0	1
2	挪威	马格努斯·赫希菲尔德·摩恩	117.8	0	1	0	1
3	德国	法比安·雷斯勒	115.1	0	0	1	1
总计				1	1	1	3

表4-191 男子个人（大跳台+4×5千米越野滑雪接力）奖牌榜

排名	国家 / 地区	奖牌获得者	成绩	金牌（枚）	银牌（枚）	铜牌（枚）	总数（枚）
1	挪威	约根·格拉巴克 / 皮特·克莱梅特森 马格努斯·克罗格 / 马格努斯·赫希菲尔德·摩恩	47:13.5	1	0	0	1
2	德国	埃里克·弗伦策尔 / 比约恩·科尔切森 法比安·雷斯勒 / 约翰内斯·雷德泽克	47:13.8	0	1	0	1
3	奥地利	克里斯托夫·比勒尔 / 比尔哈德·格鲁伯 卢卡斯·卡拉佩尔 / 马里奥·斯特切尔	47:16.9	0	0	1	1
总计				1	1	1	3

表4-192 奖牌总榜

排名	国家 / 地区	金牌（枚）	银牌（枚）	铜牌（枚）	总数（枚）
1	挪威	2	1	1	4
2	德国	1	1	1	3
3	日本	0	1	0	1
4	奥地利	0	0	1	1
总计		3	3	3	9

4. 2010 加拿大温哥华冬奥会北欧滑雪项目奖牌榜（表 4–193 ～表 4–196）

表4-193 男子个人（标准台+10千米越野）奖牌榜

排名	国家 / 地区	奖牌获得者	成绩	金牌（枚）	银牌（枚）	铜牌（枚）	总数（枚）
1	法国	杰森·拉米·查普伊	25:47.11	1	0	0	1
2	美国	约翰尼·斯皮雷恩	25:47.5	0	1	0	1
3	意大利	亚历山德罗·皮廷	25:47.9	0	0	1	1
总计				1	1	1	3

表4-194 男子个人（大跳台+10千米越野）奖牌榜

排名	国家 / 地区	奖牌获得者	成绩	金牌（枚）	银牌（枚）	铜牌（枚）	总数（枚）
1	美国	威廉·迈克尔·德蒙	24:46.9	1	0	0	1
2	美国	约翰尼·斯皮雷恩	25:02.9	0	1	0	1

续表

排名	国家 / 地区	奖牌获得者	成绩	金牌（枚）	银牌（枚）	铜牌（枚）	总数（枚）
3	奥地利	比尔哈德·格鲁伯	25:43.7	0	0	1	1
总计				1	1	1	3

表4-195　男子个人（大跳台+4×5千米越野滑雪接力）奖牌榜

排名	国家 / 地区	奖牌获得者	成绩	金牌（枚）	银牌（枚）	铜牌（枚）	总数（枚）
1	奥地利	比尔哈德·格鲁伯 / 大卫·克雷纳尔 菲力克斯·古特瓦尔德 / 马里奥·斯特切尔	49:31.6	1	0	0	1
2	美国	布雷特·卡梅罗塔 / 托德·洛德维克 约翰尼·斯皮雷恩 / 威廉·迈克尔·德蒙	49:36.8	0	1	0	1
3	德国	约翰内斯·雷德泽克 / 帝诺·艾德尔曼 埃里克·弗伦策尔 / 比约恩·科尔切森	49:51.1	0	0	1	1
总计				1	1	1	3

表4-196　奖牌总榜

排名	国家 / 地区	金牌（枚）	银牌（枚）	铜牌（枚）	总数（枚）
1	美国	1	3	0	4
2	奥地利	1	0	1	2
3	法国	1	0	0	1
4	意大利	0	0	1	1
4	德国	0	0	1	1
总计		3	3	3	9

5. 2006 意大利都灵冬奥会北欧滑雪项目奖牌榜（表 4-197 ～表 4-200）

表4-197　男子个人（标准台+10千米越野）奖牌榜

排名	国家 / 地区	奖牌获得者	成绩	金牌（枚）	银牌（枚）	铜牌（枚）	总数（枚）
1	德国	乔治·赫蒂希	39:44.6	1	0	0	1
2	奥地利	菲力克斯·古特瓦尔德	39:54.4	0	1	0	1
3	挪威	马格努斯·赫希菲尔德·摩恩	40:00.8	0	0	1	1
总计				1	1	1	3

表4-198　男子个人（大跳台+10千米越野）奖牌榜

排名	国家 / 地区	奖牌获得者	成绩	金牌（枚）	银牌（枚）	铜牌（枚）	总数（枚）
1	奥地利	菲力克斯·古特瓦尔德	18:29.0	1	0	0	1
2	挪威	马格努斯·赫希菲尔德·摩恩	18:34.4	0	1	0	1
3	德国	乔治·赫蒂希	18:38.6	0	0	1	1
总计				1	1	1	3

表4-199　男子个人（大跳台+4×5千米越野滑雪接力）奖牌榜

排名	国家 / 地区	奖牌获得者	成绩	金牌（枚）	银牌（枚）	铜牌（枚）	总数（枚）
1	奥地利	迈克尔·格鲁伯 / 马里奥·斯特切尔 菲力克斯·古特瓦尔德 / 克里斯托夫·比尔勒	49:52.6	1	0	0	1
2	德国	杰西·盖塞尔 / 比约恩·科尔切森 罗尼·安克尔曼 / 乔治·赫蒂希	50:07.9	0	1	0	1
3	芬兰	安西·科乌兰塔 / 安蒂·库尔兹马 汉努·曼尼宁 / 贾科·塔卢斯	50:19.4	0	0	1	1
总计				1	1	1	3

表4-200　奖牌总榜

排名	国家 / 地区	金牌（枚）	银牌（枚）	铜牌（枚）	总数（枚）
1	奥地利	2	1	0	3
2	德国	1	1	1	3
3	挪威	0	1	1	2
4	芬兰	0	0	1	1
总计		3	3	3	9

第五节　自由式滑雪

一、自由式滑雪运动的概念

自由式滑雪（freestyle skiing）最初只是将高山滑雪和杂技集于一身，经过几十年的发展，演变成运动员借助滑雪板和雪杖于特定的雪场上做出指定动作和自选动作的项目。

二、自由式滑雪运动的起源与发展

19 世纪末，挪威滑雪运动的奠基人、著名的极地探险家弗里德乔夫·南森撰写的《高山滑降技术初级教令》一书中提出对“运动员完成回转动作的数量及优美程度进行评分”，由此，高山滑雪的诞生也孕育了自由式滑雪的萌芽。

自由式滑雪始于 20 世纪 60 年代，在高山滑雪基础上发展而成。自由式滑雪的首次比赛是在 1966 年在新罕布夏州举行的，赛事由一群高山滑雪的职业高手组成，这也是世界上第一次正式的自由式滑雪比赛。在这次比赛成功举办后的几年中，很多自由式滑雪爱好者创造出了大量的惊险动作，此项运动也逐步成型。从 1975 年起每年都有滑雪爱好者举办世界性的自由式滑雪比赛，是一种业余性质的赛事，直至 1979 年获得国际滑雪联合会的承认，才出现了职业比赛。1986 年在法国阿尔卑斯山的蒂恩镇举行了首届自由式滑雪锦标赛。在首届世界自由式滑雪锦标赛举行后不久，国际奥委会将男女雪上芭蕾项目列位 1988 年第十五届加拿大卡尔加里冬奥会的表演项目，而成功的表演促使国际奥委会迅速对这个新兴项目的开放。于是，国际奥委会执委会在 1988 年决定将自由式滑雪列入冬奥会正式比赛项目，但令自由式滑雪选手感到沮丧的是，奥委会仅将雪上技巧列为比赛项目，而没有接收空中技巧和雪上芭蕾。随后，在 1992 年第十六届法国阿尔贝维尔冬奥会上来自 18 个国家的 71 名选手参加了自由式滑雪比赛，包括正式项目男女雪上技巧和表演项目男女空中技巧、男女雪上芭蕾，而自由式滑雪从诞生到“入奥”只用了二十年的时间。

在阿尔贝维尔冬奥会中，自由式滑雪取得了巨大的成功。因此，国际滑雪联合会和利勒哈默尔冬奥会组委会敦促国际奥委会将空中技巧列入 1994 年利勒哈默尔冬奥会比赛项目。在 1994 年冬奥会召开前，国际奥委会终于接收了这个项目，在过去的两届冬奥会中，总共产生了 4 枚自由式滑雪金牌。1994 年之后，冬奥会自由式滑雪比赛稳定为三个项目。至今，自由式滑雪雪上芭蕾项目仍然未被纳入冬奥会正式比赛项目。

三、中国自由式滑雪运动的发展

中国早在 1989 年就正式开始了自由式滑雪空中技巧项目，当时已经有人想到，在以体能为主的雪上项目中，空中技巧这种以灵活和技巧见长的体育项目将会成为中国雪上项目的突破口之一。

中国滑雪界从一开始就形成共识：在体操、跳水等高技巧、低对抗的项目上，中国已多年来保持领先，而空中技巧更是雪上项目中少有的低强度项目。因此，空中技巧将是能较快达到世界水平的项目。很快，一批教练员和运动员投身到这个新的领域。1993 年，沈阳体育学院成立空中技巧队，陈洪彬和杨尔绮分别担任技巧教练和滑雪教练。为解决运动员在没有雪的季节进行训练的问题，沈阳体育学院建立了跳水池进行技能训练。当中国的空中技巧开始能够走出世界的时候，它带给人们的是一个又一个的惊喜，可以说中国雪上项目的突破几乎都是从空中技巧这个项目上得到的。

1994 年，中国首次派出了季晓鸥（第一位自由式空中技巧全国冠军）和尹红两名女子选手参加了第十七届挪威利勒哈默尔冬奥会，在 22 名选手中分别名列第 17 位和第 18 位。成绩虽然不算好，但已经是中国雪上项目参加历次世界大赛的最好成绩。

不过谁也没有想到的是，仅仅四年之后的长野冬奥会，中国女子空中技巧就已经具备了冲击金牌的实力。1996 年，在哈尔滨举行的第三届亚洲冬季运动会在上，中国凭借欧晓涛和郭丹丹的两块自由式滑雪金牌，名列金牌榜和奖牌榜榜首。1998 年日本长野第十八届冬奥会，中国派出了欧晓涛（男）、季晓鸥、尹红、郭丹丹和徐囡囡，四女一男参加空中技巧比赛。预赛，徐囡囡排名第一、季晓鸥和郭丹丹分别排在第六位和第八位。决赛郭丹丹因赛前训练中两个脚踝全部负伤导致第二跳失误，最终获得第七名，徐囡囡获得银牌，而这块银牌也是中国雪上项目的第一块奥运会奖牌。经过了四十多年的奋斗，中国运动员终究没有能在传统的雪上项目上取得突破，却把握住了新兴项目进入奥运会的契机，只用了短短几年时间就实现了中国滑雪人的夙愿。

在中国自由式滑雪的短暂历史中，1999 年在韩国江原道举办的第四届亚洲冬季运动会则是一场值得记住的比赛。郭丹丹获得冠军，徐囡囡获得亚军，季晓欧获得第三名，李妮娜获得第五名。相比之下，中国的女子空中技巧虽然新人辈出，却始终没能赢得她们最想赢得的奥运会金牌。

盐湖城对于中国的自由式滑雪来说并不是福地，在 2002 年第十九届美国盐湖城冬奥会上，夺冠大热的徐囡囡遭受了运动生涯中最为严重的打击，她在比赛中的四次跳跃全部失败，虽然勉强进入了决赛，但是只获得了全部十二名决赛选手中的最后一位，而 19 岁的李妮娜名列第五。在盐湖城冬奥会上，中国男队派出韩晓鹏参赛，但因伤病最终获得第二十四名。从这之后，中国队更加坚定了发展自由式滑雪的道路。中国队的团体优势开始慢慢地培养了起来。

从 2002 年开始，以李妮娜为首的一批女子选手开始占据了世界比赛的舞台。在都灵冬奥会开始前，李妮娜手里已经握有世界杯十站冠军，并在 2005 年度获得中国首个雪上项目世锦赛冠军。再加上两届冬奥会元老徐囡囡、动作难度系数达到了世界最高的 7.85 的郭心心，以及王姣、张鑫和程爽。这 6 名女孩组成的中国女队在世界杯的比赛中所向披靡，几乎包揽了世界杯各站比赛的金牌。

不甘心让女孩压自己一头的韩晓鹏也开始崭露头角，从 2002 年开始，在他参加的五站世界杯中，他夺得了三站亚军和二站第三名。2004—2005 赛季他世界杯积分排名第三位，在冬奥会前最后一站世界杯上获得亚军。

在 2006 年第二十届意大利都灵冬奥会自由式滑雪空中技巧的比赛，韩晓鹏和李妮娜分别获得 1 枚金牌和 1 枚银牌。就这样，中国的自由式滑雪经过了十几年的风雪吹打，终于在阿尔卑斯山层峦叠嶂之间见到了风雪淘尽之后的金牌。

无论是长野冬奥会亚军徐囡囡、都灵冬奥会亚军李妮娜，还是都灵冬奥会冠军韩晓鹏，中国自由式滑雪国家队里，大部分都是从技巧或体操队“转行”过来的。灵活的身材加上扎实的基础，以及从小培养出来的在空中的感觉，中国在空中技巧这个项目中必将高速发展，走向强国之路。

四、自由式滑雪运动的赛事及项目

（一）国际赛事

1. 国际冬季奥林匹克运动会

自由式滑雪在 1988 年的第十五届加拿大卡尔加里冬奥会上作为表演项目；1992 年第十六届法国阿尔贝维尔冬奥会成为正式比赛项目；到 1994 年利勒哈默尔冬奥会将空中技巧列入正式比赛项目。

2. 亚洲冬季运动会

亚洲冬季运动会简称亚冬会，是亚洲冬季规模最大的综合性运动会，由亚洲奥林匹克理事会的成员国轮流主办。自 1986 年开始第一届，每四年举办一届，截至 2022 年共举办了八届（2021 年第九届亚洲冬季运动会未举行）。国际奥林匹克委员会承认亚洲冬季运动会为正式的亚洲地区冬季运动会。

3. 自由式滑雪世界锦标赛

国际滑雪联合会在 1979 年正式承认自由式滑雪项目，并且在运动员及其跳跃技巧方面制定了新的规则，以减小此项运动的危险性。1971 年，新罕布夏州举办了世界第一个正式的自由式滑雪比赛，当时的自由式滑雪以空中技巧赛为主流。1986 年，法国蒂恩镇举办了第一届自由式滑雪世界锦标赛。世锦赛上自由式滑雪分为四个小项，包括雪上技巧、空中技巧、雪地越野、雪上芭蕾。

（二）国内赛事

1. 中华人民共和国冬季运动会

中华人民共和国冬季运动会，简称“全国冬运会”或“冬运会”，是中国规模最大、级别最高的冬季综合性体育赛事，每四年举办一次，第一届于1959年2月在哈尔滨和吉林市举行。此后基本上是每四年举办一次，至2022年已举办十三届（第二届停办但届次照算，第四届延期）。第一至第四届作为全国运动会的冬季项目，与全运会的夏季项目一并作为一项赛事举办。1983年以后，冬季运动会从全国运动会中分离，另行举办。

2. 全国自由式滑雪U型场地锦标赛

全国自由式滑雪U型场地锦标赛由国家体育总局冬季运动项目管理中心、中国滑雪协会主办，设男子个人自选动作、女子个人自选动作、男子团体比赛及女子团体比赛四个大项。

3. 全国自由式滑雪雪上技巧冠军赛

全国自由式滑雪雪上技巧冠军赛由国家体育总局冬季运动管理中心主办，设男女个人赛、男女双人赛和混合团体赛。

4. 全国自由式滑雪障碍追逐冠军赛

全国自由式滑雪雪上技巧冠军赛由国家体育总局冬季运动管理中心主办，设男子障碍追逐、女子障碍追逐和障碍追逐混合团体赛。

（三）比赛项目

1. 空中技巧

比赛时运动员试跳两次，裁判员根据运动员完成动作的质量评定空中动作分和着陆动作分，两者相加再乘以动作难度系数，即为一次试跳的得分，两次试跳得分相加，得分多者名次列前。

2. 雪上技巧

在场地内设置一系列雪包和跳台的陡坡线路上进行回旋动作、空中动作以及滑降速度的比赛，包括单人雪上技巧和双人雪上技巧。雪上技巧场地长200～270米，宽15～25米，坡度为24～32度。以回转动作和空中动作质量分以及计时成绩分相加评定名次。

3. 障碍追逐

在一个包含有不同回转比赛，赛道包含跳台、波浪和其他形式地貌的赛道中进行。赛道长度800～1 300米，垂直落差140～260米，坡度5～22度，场地上设有旗门，连续旗门有颜色间隔，用计时来确定运动员的名次。

4. U型场地赛

比赛是在一个形状类似于U型的槽子里进行，雪槽长度150～170米，宽度19～22米，槽的深度为6.7米，坡度为17～18度。每一轮比赛，运动员都需要在U型池内做5～6个动作（空翻、转体、抓板等），得分根据动作的腾空高度和转体角度以及动作的流畅性及美观性来判定。

5. 坡面障碍技巧

赛道地形复杂，设有多条路线供运动员选择。赛道包括坡面、跳台、轨道和平台等设置。场地垂直落差最小150米，斜坡平均角度12度以上，宽30米，赛道最少有两个不同地貌，最少有三个跳台。裁判员依据整体印象来对运动员的滑行表现进行评分，出现失误将被扣分。场地设置要求运动员完成比赛的时间不少于20秒。

6. 大跳台

大跳台是北京冬奥会新增项目，设置2枚金牌。运动员从一个近50米高的斜坡上下滑，顺滑（正滑）、倒滑都可以选择，在斜坡尽头腾跃完成空翻、转体和抓板等技术动作组合。裁判员依据整体印象来对运动员的滑行表现进行评分。

五、自由式滑雪运动员的运动技术等级标准

空中技巧

（一）国际级运动健将

凡符合下列条件之一者，可申请授予国际级运动健将称号：

（1）冬季奥运会前十二名，混合团体前六名。

（2）世界锦标赛、世界杯总排名前八名，混合团体前三名。

（二）运动健将

凡符合下列条件之一者，可申请授予运动健将称号：

（1）冬季奥运会第十三至第二十四名，混合团体第七至第十二名。

（2）世界锦标赛、世界杯总排名第九至第十六名，混合团体第四至第八名。

（3）世界大学生冬季运动会、世界青年锦标赛、冬季青年奥运会、亚洲冬季运动会前八名，混合团体前三名。

（4）全国冬季运动会成年单项前六名，混合团体前三名。

（5）全国锦标赛、全国冠军赛、全国水池跳水系列赛成年单项前三名，混合团体第一名。

（三）一级运动员

凡符合下列条件之一者，可申请授予一级运动员称号：

（1）冬季奥运会第二十五至第三十名，混合团体第十三至第十八名。

（2）世界锦标赛、世界杯总排名第十七至第二十四名，混合团体第九名至第十二名。

（3）世界大学生冬季运动会、世界青年锦标赛、冬季青年奥运会、亚洲冬季运动会第九至第十二名，混合团体第四名至第八名。

（4）全国冬季运动会成年单项第七名至第十二名，混合团体第四名至第六名，青年单项前三名，混合团体第一名。

（5）全国锦标赛、全国冠军赛、全国水池跳水系列赛成年单项第四名至第八名，混合团体第二名至第三名。

（6）全国锦标赛、全国冠军赛、全国水池跳水系列赛青年单项前三名，混合团体第一名。

（7）全国青年运动会、全国青少年锦标赛、全国 U 系列比赛单项前三名，混合团体第一名。

（四）二级运动员

凡符合下列条件之一者，可申请授予二级运动员称号：

（1）全国冬季运动会成年单项第十三名至第十八名，混合团体第七名至第十名，青年单项第四名至第八名，混合团体第二名至第三名。

（2）全国锦标赛、全国冠军赛、全国水池跳水系列赛成年单项第九名至第十六名，混合团体第四名至第六名。

（3）全国锦标赛、全国冠军赛、全国水池跳水系列赛青年单项第四名至第八名，混合团体第二名至第三名。

（4）全国青年运动会、全国青少年锦标赛、全国 U 系列比赛单项第四名至第八名，混合团体第二名至第三名。

（5）省（区、市）体育行政部门主办的综合性运动会、锦标赛单项前六名。

（五）三级运动员

凡符合下列条件之一者，可申请授予三级运动员称号：

（1）全国冬季运动会成年单项第十九名至第二十四名，混合团体第十一名至第十五名，青年单项第九名至第十六名，混合团体第四名至第六名。

（2）全国锦标赛、全国冠军赛、全国水池跳水系列赛成年单项第十七名至第二十四名，混合团体第七名至第十名。

（3）全国锦标赛，全国冠军赛，全国水池跳水系列赛青年单项第九名至第十六名，混合团体第四名至第八名。

（4）全国青年运动会、全国青少年锦标赛、全国 U 系列比赛单项第九名至第十六名，混合团体第四名至第八名。

（5）省（区、市）体育行政部门主办的综合性运动会、锦标赛单项第七名至第十二名。

注：①可授予等级称号的小项（以下小项外的其他小项不得授予等级称号）：男子、女子、混合团体；②上述国际比赛各小项须至少有 8 人（对、队）、全国比赛混合团体须至少有 6 队、省级比赛各小项须至少有 6 人（对、混合团体须至少有 3 队）上场比赛，方可授予等级称号；③上述比赛未明确组别的，则仅最高水平组别可授予等级称号。

雪上技巧

（一）国际级运动健将

凡符合下列条件之一者，可申请授予国际级运动健将称号：

（1）冬季奥运会前十二名。

（2）世界锦标赛、世界杯总排名前八名。

（二）运动健将

凡符合下列条件之一者，可申请授予运动健将称号：

（1）冬季奥运会第十三名至第二十四名。

（2）世界锦标赛、世界杯总排名第九名至第十六名。

（3）世界大学生冬季运动会、世界青年锦标赛、冬季青年奥运会、亚洲冬季运动会前八名。

（4）全国冬季运动会单项前三名。

（5）全国锦标赛、全国冠军赛单项第一名。

（三）一级运动员

凡符合下列条件之一者，可申请授予一级运动员称号：

（1）冬季奥运会第二十五名至第三十名。

（2）世界锦标赛、世界杯总排名第十七名至第二十四名。

（3）世界大学生冬季运动会、世界青年锦标赛、冬季青年奥运会、亚洲冬季运动会第九名至第十二名。

（4）全国冬季运动会单项第四名至第八名。

（5）全国锦标赛、全国冠军赛单项第二名至第六名。

（6）全国青年运动会、全国青年锦标赛单项第一名。

（四）二级运动员

凡符合下列条件之一者，可申请授予二级运动员称号：

（1）全国冬季运动会单项第九名至第十六名。

（2）全国锦标赛、全国冠军赛单项第七名至第十二名。

（3）全国青年运动会、全国青年锦标赛单项第二名至第六名。

（4）省（区、市）体育行政部门主办的综合性运动会、锦标赛单项前三名。

（五）三级运动员

凡符合下列条件之一者，可申请授予三级运动员称号：

（1）全国冬季运动会单项第十五名至第十八名。

（2）全国锦标赛、全国冠军赛单项第十三名至第十六名。

（3）全国青年运动会、全国青年锦标赛单项第七名至第十二名。

（4）省（区、市）体育行政部门主办的综合性运动会、锦标赛单项第四名至第八名。

注：①可授予等级称号的小项（以下小项外的其他小项不得授予等级称号）：男子个人、女子个人、男子双人、女子双人；②上述比赛各个人、双人项目须至少有 8 人（队、对）上场比赛方可授予等级称号；③上述比赛未明确组别的，则仅最高水平组可授予等级称号。

U型场地

（一）国际级运动健将

凡符合下列条件之一者，可申请授予国际级运动健将称号：

（1）冬季奥运会前十二名。

（2）世界锦标赛、世界杯总排名前八名。

（二）运动健将

凡符合下列条件之一者，可申请授予运动健将称号：

（1）冬季奥运会第十三名至第二十四名。

（2）世界锦标赛、世界杯总排名第九名至第十六名。

（3）世界大学生冬季运动会、世界青年锦标赛、冬季青年奥运会、亚洲冬季运动会前八名。

（4）全国冬季运动会单项前三名。

（5）全国锦标赛、全国冠军赛单项第一名。

（三）一级运动员

凡符合下列条件之一者，可申请授予一级运动员称号：

（1）冬季奥运会第二十五名至第三十名。

（2）世界锦标赛、世界杯总排名第十七名至第二十四名。

（3）世界大学生冬季运动会、世界青年锦标赛、冬季青年奥运会、亚洲冬季运动会第九名至第十二名。

（4）全国冬季运动会单项第四名至第八名。

（5）全国锦标赛、全国冠军赛单项第二名至第六名。

（6）全国青年运动会、全国青年锦标赛单项第一名。

（四）二级运动员

凡符合下列条件之一者，可申请授予二级运动员称号：

（1）全国冬季运动会单项第九名至第十二名。

（2）全国锦标赛、全国冠军赛单项第七名至第十二名。

（3）全国青年运动会、全国青年锦标赛单项第二名至第六名。

（4）省（区、市）体育行政部门主办的综合性运动会、锦标赛单项前三名。

（五）三级运动员

凡符合下列条件之一者，可申请授予三级运动员称号：

（1）全国冬季运动会单项第十五名至第十八名。

（2）全国锦标赛、全国冠军赛单项第十三名至第十六名。

（3）全国青年运动会、全国青年锦标赛单项第七名至第十二名。

（4）省（区、市）体育行政部门主办的综合性运动会、锦标赛单项第四名至第八名。

注：①授予等级称号的小项（以下小项外的其他小项不得授予等级称号）：男子个人、女子个人；②上述国际和全国比赛各小项须至少有 8 人（对、队）、省级比赛各小项至少有 6 人（对）上场比赛，方可授予等级称号；③上述比赛未明确组别的，则仅最高水平组可授予等级称号。

障碍追逐

（一）国际级运动健将

凡符合下列条件之一者，可申请授予国际级运动健将称号：

（1）冬季奥运会前 12 名。

（2）世界锦标赛、世界杯总排名前 8 名。

（二）运动健将

凡符合下列条件之一者，可申请授予运动健将称号：

（1）冬季奥运会第十三名至第二十四名。

（2）世界锦标赛、世界杯总排名第九名至第十六名。

（3）世界大学生冬季运动会、世界青年锦标赛、冬季青年奥运会、亚洲冬季运动会前八名。

（4）全国冬季运动会单项前六名。

（5）全国锦标赛、全国冠军赛单项前三名。

（三）一级运动员

凡符合下列条件之一者，可申请授予一级运动员称号：

（1）冬季奥运会第二十五名至第三十名。

（2）世界锦标赛、世界杯总排名第十七名至第二十四名。

（3）世界大学生冬季运动会、世界青年锦标赛、冬季青年奥运会、亚洲冬季运动会第九名至第十二名。

（4）全国冬季运动会单项第七名至第十二名。

（5）全国锦标赛、全国冠军赛单项第四名至第八名。

（6）全国青年运动会、全国青年锦标赛单项第一名。

（四）二级运动员

凡符合下列条件之一者，可申请授予二级运动员称号：

（1）全国冬季运动会单项第十三名至第十八名。

（2）全国锦标赛、全国冠军赛单项第九名至第十二名。

（3）全国青年运动会、全国青年锦标赛单项第二名至第六名。

（4）省（区、市）体育行政部门主办的综合性运动会、锦标赛单项前三名。

（五）三级运动员

凡符合下列条件之一者，可申请授予三级运动员称号：

（1）全国冬季运动会单项第十九名至第二十二名。

（2）全国锦标赛、全国冠军赛单项第十三名至第十六名。

（3）全国青年运动会、全国青年锦标赛单项第七名至第十二名。

（4）省（区、市）体育行政部门主办的综合性运动会、锦标赛单项第四名至第八名。

注：①可授予等级称号的小项（以下小项外的其他小项不得授予等级称号）：男子个人、女子个人；②上述比赛各单人项目须至少有 8 人上场比赛方可授予等级称号；③上述比赛未明确组别的，则仅最高水平组可授予等级称号。

大跳台和坡面障碍技巧

（一）国际级运动健将

凡符合下列条件之一者，可申请授予国际级运动健将称号：

（1）冬季奥运会前十二名。

（2）世界锦标赛、世界杯总排名前八名。

（二）运动健将

凡符合下列条件之一者，可申请授予运动健将称号：

（1）冬季奥运会第十三名至第二十四名。

（2）世界锦标赛、世界杯总排名第九名至第十六名。

（3）世界大学生冬季运动会、世界青年锦标赛、冬季青年奥运会、亚洲冬季运动会前八名。

（4）全国冬季运动会单项前三名。

（5）全国锦标赛、全国冠军赛单项第一名。

（三）一级运动员

凡符合下列条件之一者，可申请授予一级运动员称号：

（1）冬季奥运会第二十五名至第三十名。

（2）世界锦标赛、世界杯总排名第十七名至第二十四名。

（3）世界大学生冬季运动会、世界青年锦标赛、冬季青年奥运会、亚洲冬季运动会第九名至第十二名。

（4）全国冬季运动会单项第四名至第八名。

（5）全国锦标赛、全国冠军赛单项第二名至第六名。

（6）全国青年运动会、全国青年锦标赛单项第一名。

（四）二级运动员

凡符合下列条件之一者，可申请授予二级运动员称号：

（1）全国冬季运动会单项第九名至第十四名。

（2）全国锦标赛、全国冠军赛单项第七名至第十二名。

（3）全国青年运动会、全国青年锦标赛单项第二名至第六名。

（4）省（区、市）体育行政部门主办的综合性运动会、锦标赛单项前三名。

（五）三级运动员

凡符合下列条件之一者，可申请授予三级运动员称号：

（1）全国冬季运动会单项第十五名至第十八名。

（2）全国锦标赛、全国冠军赛单项第十三名至第十六名。

（3）全国青年运动会、全国青年锦标赛单项第七名至第十二名。

（4）省（区、市）体育行政部门主办的综合性运动会、锦标赛单项第四名至第八名。

注：①可授予等级称号的小项（以下小项外的其他小项不得授予等级称号：男子大跳台、女子大跳台、男子坡面障碍技巧、女子坡面障碍技巧）；②上述国际和全国比赛各小项须至少有 8 人、省级比赛各小项须至少有 6 人（队）上场比赛方可授予等级称号；③上述比赛未明确组别的，仅最高水平组别可授予等级称号。

六、自由式滑雪运动的规则

自由式滑雪是选手们在斜坡上自由滑降，通过表演空中技巧，来比拼艺术性的比赛，也被称为雪原的杂技。与比拼速度的高山滑雪不同，其最大特征是能欣赏到选手们的华丽空中技巧，如后空翻、转体等。冬季奥运会上，分有空中技巧、障碍追逐、U 型场地技巧、坡面障碍技巧和雪上技巧 5 小项比赛。

（一）空中技巧（AE）

自由式滑雪空中技巧是穿雪板在跳台上起跳，展示空中动作的比赛，与体操中的跳马比赛类似。通过 2 轮预选，选出前 12 名选手进入决赛，决赛分 3 轮进行。决赛第 1 轮中获得第 1 ～ 8 名的选手进入第 2 轮，而在第 2 轮比赛中获得第 1 ～ 4 名的选手进入最终的第三轮决赛。选手可以根据战术选择不同难度的跳台，但每个跳台都有指定的基本动作。选手可以在基本动作上添加其他空中技巧动作。

5 名裁判分别按照 20% 的腾空分数（起跳、腾空高度）、50% 的动作分数（完成姿态和难度）以及 30% 的落地分数评分，而满分为 10 分。去掉最高分和最低分后，剩余三个分数相加，再乘动作难度系数，得出最终的分数。

（二）障碍追逐（SX）

自由式滑雪障碍追逐是 4 名选手在由各种地形障碍构成的赛道上竞速的比赛，通过终点线的顺序将决定最终排名。

预选赛中通过 2 次时间记录选出进入决赛的 32 ～ 36 名选手。此后进行的决赛中，4 名选手将被分为一组，而每组的前两名将晋级下一轮，直至最终决赛。

（三）U 型场地技巧（Ski-HP）

自由式滑雪 U 型场地技巧是从倾斜的半圆筒形斜坡往下滑，并展现跳跃、回转等空中技巧的项目。

5 名裁判根据高度、回转、技巧、难度系数等分别打出满分为 100 分的综合表演分数，而其平均分数将作为最终的分数。选手可进行两次表演，其中更高的分数将决定最终排名。

（四）坡面障碍技巧（SS）

自由式滑雪坡面障碍技巧是在由铁轨、桌子、箱子、墙壁等各种障碍及跳台构成的赛道上进行的比赛。选手可在各种障碍中进行选择。

5 名裁判根据高度、回转、技巧、难度系数等分别打出满分为 100 分的综合表演分数，而其平均分数将作为最终的分数。选手可进行两次表演，其中更高的分数将决定最终排名。

通过预选赛，最多由 24 名男选手、12 名女选手进入决赛。

（五）雪上技巧（Mogul）

自由式滑雪雪上技巧比赛包含在一条陡峭的、多雪包的线路上一次自由滑行，强调技术性转动、速度和空中技术动作。

5 名裁判根据雪上技巧运动员的转动技术（占得分的 50%）、腾空技术（占得分的 25%）和速度技术（占得分的 25%）进行综合打分。比赛共分 4 轮，第一轮结束后，前 30 名进入下一轮。第二轮结束后前 16 名进入下一轮。随后剩下的 6 人进入第三轮比赛，第四轮为决赛。比赛过程中也有很严格的规定，当运动员选择好一条线路之后，不可以更改，如运动员在滑行过程中，滑到了另外一条雪道上去，会被扣分；如运动员在滑行过程中摔倒了，雪板也掉了，则直接为 0 分。

七、自由式滑雪运动的场地

（一）U 型场地

比赛是在一个形状类似于 U 型的槽子里进行。结构由宽阔平坦的底部和两侧的凹面斜坡（或四分之一的圆管）组成。宽阔的底部是为了使运动员重新获得平衡并为下一个动作做准备。

（二）坡面障碍技巧场地

坡面障碍技巧比赛所用的场地有着非常严格的标准，冬奥会赛道宽度至少为 30 米，平均坡度应在 12 度以上。由至少六个赛段、三个以上的跳台构成。常见的坡面障碍技巧场地分为障碍区（jib section）和跳台区（jump section）组成。障碍区包括各种样式的铁杆，也可以是各种形状、尺寸、直杆或弧形杆组成。跳台区可大可小，大部分的跳台 6 ～ 24 米长，长度的丈量是从跳台正面坡起的位置开始到后面的着陆坡最顶部。

（三）雪上技巧场地

雪上技巧场地长 200 ～ 270 米，宽 15 ～ 25 米，坡度为 24 ～ 32 度。运动员使用的滑雪板男子不短于 1.90 米，女子不短于 1.80 米。

（四）障碍追逐场地

障碍追逐场地标高差 130 ～ 250 米，长度 1 050 米（ ±150 米），平均倾斜度 12 度（ ±2 度），斜坡宽 40 米，跑道宽度 6 ～ 16 米。

八、自由式滑雪运动的装备器材

（一）滑雪板

1. 双板

双板分全地域板（all-mountain）、自由式滑雪板（freeride skis）、两头翘（freestyle skis）和野雪板（powder ski）。全地域板又分为卡宾板（carving skis）和公园板（park & Pipe ski），公园板又称花式滑雪板（freestyle skis）。此外，双板还有一些竞技类的雪板，多用于专业级比赛选手。

双板根据地形和滑法，使用的板都不相同，其主要从长度、宽度和硬度来衡量。所以雪板要根据个人的身高和体重来选择。滑板长度越长速度越快，稳定性更高；越短操纵性越好，更适合初学者。

2. 单板

单板主要分为全能板（all-mountain）、公园板（park）、自由式板（freestyle）和野雪板（powder），其分类没有明显界限。

单板的选择与双板的选择标准类似要看板型、板长、硬度和弹性等综合指标，也要考虑到不同的滑法、身高、体重等因素。单板相对于双板对于体重的衡量要更重要。

（二）滑雪鞋

1. 双板滑雪鞋

双板滑雪鞋分为两片式和三片式，鞋壳除样式外还包括硬度。两片式滑雪鞋包裹性、力量支撑和操控性较好；三片式雪鞋则调节灵活，穿着舒适和轻松。

2. 单板滑雪鞋

单板滑雪鞋以软鞋为主，选择标准主要为保暖性、舒适性、软硬度和材质。为脚提供减震缓冲、稳定性和隔离保温的功能。

（三）头盔

头盔要选择安全性能较高，符合安全认证的产品。其舒适性和附加性是选择头盔的第二个标准，包括头盔的重量、通气性、尺寸大小和可调节功能，以及是否适合佩戴雪镜等。

（四）滑雪镜

滑雪镜主要是预防雪盲症，以及大面积反光对眼睛的刺激，选择具有防风、防紫外线、预防雪盲症功能的滑雪镜。

（五）滑雪服

滑雪服要具备防风、防水、保暖、透气等功能。不建议选择白色的，因为与环境色极为相似，安全性很低。同时不要选择太紧的滑雪服，会限制滑行动作。

（六）护具

护具包括护臂、护肘、护膝甚至是全身护甲等关节部位的保护装备。护具内衬很重要，要具备通风、排汗功能。

九、自由式滑雪运动的相关名称

（一）项目名称

自由式滑雪：Freestyle Skiing
男子雪上技巧：Men's Moguls
男子空中技巧：Men's Aerials
男子障碍追逐：Men's Ski Cross
男子 U 型场地技巧：Men's Ski Halfpipe
男子坡面障碍技巧：Men's Ski Slopestyle
女子雪上技巧：Ladies' Moguls
女子空中技巧：Ladies' Aerials
女子障碍追逐：Ladies' Ski Cross
女子 U 型场地技巧：Ladies' Ski Halfpipe
女子坡面障碍技巧：Ladies' Ski Slopestyle

（二）难度代码

第一个字母：f 向前（基本没人使用），b 向后
后续字母：（区分大小写）
F：直体翻腾一周转体一周（360 度）
dF：直体翻腾一周转体两周（720 度）
tF：直体翻腾一周转体三周（1080 度）
L：直体翻腾一周
P：屈体翻腾一周
T：团身翻腾一周

bL：一周台动作，向后直体翻腾一周；bFF：两周台动作，向后直体翻腾一周转体一周（360 度）接直体翻腾一周转体一周（360 度）；bFdFF：三周台动作，向后直体翻腾一周转体一周（360 度）接直体翻腾一周转体两周（720 度）接直体翻腾一周转体一周（360 度）。

十、近五届冬奥会奖牌榜分布

1. 2022 中国北京冬奥会自由式滑雪项目奖牌榜（表 4-201 ～表 4-214）

表4-201　空中技巧（男子）奖牌榜

排名	国家 / 地区	奖牌获得者	成绩（分）	金牌（枚）	银牌（枚）	铜牌（枚）	总数（枚）
1	中国	齐广璞	129.00	1	0	0	1

续表

排名	国家 / 地区	奖牌获得者	成绩（分）	金牌（枚）	银牌（枚）	铜牌（枚）	总数（枚）
2	乌克兰	亚历山大·阿布拉缅科	116.50	0	1	0	1
3	俄罗斯奥运队	伊利亚·布罗夫	114.93	0	0	1	1
总计				1	1	1	3

表4-202　空中技巧（女子）奖牌榜

排名	国家 / 地区	奖牌获得者	成绩（分）	金牌（枚）	银牌（枚）	铜牌（枚）	总数（枚）
1	中国	徐梦桃	108.61	1	0	0	1
2	白俄罗斯	汉娜·胡什科娃	107.95	0	1	0	1
3	美国	梅甘·尼克	93.76	0	0	1	1
总计				1	1	1	3

表4-203　雪上技巧（男子）奖牌榜

排名	国家 / 地区	奖牌获得者	成绩（分）	金牌（枚）	银牌（枚）	铜牌（枚）	总数（枚）
1	瑞典	瓦尔特·瓦勒贝格	83.23	1	0	0	1
2	加拿大	迈克尔·金斯伯里	82.18	0	1	0	1
3	日本	堀岛行真	81.48	0	0	1	1
总计				1	1	1	3

表4-204　雪上技巧（女子）奖牌榜

排名	国家 / 地区	奖牌获得者	成绩（分）	金牌（枚）	银牌（枚）	铜牌（枚）	总数（枚）
1	澳大利亚	杰卡拉·安东尼	83.09	1	0	0	1
2	美国	洁琳·考夫	80.28	0	1	0	1
3	俄罗斯奥运队	阿纳斯塔西娅·斯米尔诺娃	77.72	0	0	1	1
总计				1	1	1	3

表4-205　障碍追逐（男子）奖牌榜

排名	国家 / 地区	奖牌获得者	金牌（枚）	银牌（枚）	铜牌（枚）	总数（枚）
1	瑞士	里安・雷格兹	1	0	0	1
2	瑞士	亚历克斯・菲瓦	0	1	0	1
3	俄罗斯奥运队	谢尔盖・里济克	0	0	1	1
总计			1	1	1	3

表4-206　障碍追逐（女子）奖牌榜

排名	国家 / 地区	奖牌获得者	金牌（枚）	银牌（枚）	铜牌（枚）	总数（枚）
1	瑞典	桑德拉・内斯隆德	1	0	0	1
2	加拿大	玛丽埃尔・汤普森	0	1	0	1
3	德国	达妮埃拉・迈尔	0	0	1	1
总计			1	1	1	3

表4-207　坡面障碍技巧（男子）奖牌榜

排名	国家 / 地区	奖牌获得者	成绩(分)	金牌（枚）	银牌（枚）	铜牌（枚）	总数（枚）
1	美国	亚历山大・霍尔	90.01	1	0	0	1
2	美国	尼古拉斯・戈珀	86.48	0	1	0	1
3	瑞典	耶斯佩尔・谢德	85.35	0	0	1	1
总计				1	1	1	3

表4-208　坡面障碍技巧（女子）奖牌榜

排名	国家 / 地区	奖牌获得者	成绩(分)	金牌（枚）	银牌（枚）	铜牌（枚）	总数（枚）
1	瑞士	玛蒂尔德・格雷莫德	86.56	1	0	0	1
2	中国	谷爱凌	86.23	0	1	0	1
3	爱沙尼亚	凯莉・西尔达鲁	82.06	0	0	1	1
总计				1	1	1	3

表4-209　U型场地技巧（男子）奖牌榜

排名	国家 / 地区	奖牌获得者	成绩(分)	金牌（枚）	银牌（枚）	铜牌（枚）	总数（枚）
1	新西兰	尼科·波蒂奥斯	93.00	1	0	0	1
2	美国	戴维·怀斯	90.75	0	1	0	1
3	美国	亚历克斯·费雷拉	86.75	0	0	1	1
总计				1	1	1	3

表4-210　U型场地技巧（女子）奖牌榜

排名	国家 / 地区	奖牌获得者	成绩(分)	金牌（枚）	银牌（枚）	铜牌（枚）	总数（枚）
1	中国	谷爱凌	95.25	1	0	0	1
2	加拿大	凯茜·夏普	90.75	0	1	0	1
3	加拿大	蕾切尔·卡克	87.75	0	0	1	1
总计				1	1	1	3

表4-211　大跳台（男子）奖牌榜

排名	国家 / 地区	奖牌获得者	成绩(分)	金牌（枚）	银牌（枚）	铜牌（枚）	总数（枚）
1	挪威	比尔克·鲁德	187.75	1	0	0	1
2	美国	科尔比·史蒂文森	183.00	0	1	0	1
3	瑞典	亨里克·哈劳特	181.00	0	0	1	1
总计				1	1	1	3

表4-212　大跳台（女子）奖牌榜

排名	国家 / 地区	奖牌获得者	成绩（分）	金牌（枚）	银牌（枚）	铜牌（枚）	总数（枚）
1	中国	谷爱凌	188.25	1	0	0	1
2	法国	泰丝·勒德	187.50	0	1	0	1
3	瑞士	玛蒂尔德·格雷莫德	182.50	0	0	1	1
总计				1	1	1	3

表4-213 空中技巧混合团体（女子）奖牌榜

排名	国家 / 地区	奖牌获得者	金牌（枚）	银牌（枚）	铜牌（枚）	总数（枚）
1	美国	阿什莉·考德威尔 / 克里斯托弗·利利斯 / 贾斯廷·舍尼菲尔德	1	0	0	1
2	中国	徐梦桃 / 贾宗洋 / 齐广璞	0	1	0	1
3	加拿大	玛丽昂·泰诺 / 米哈·方丹 / 刘易斯·欧文	0	0	1	1
总计			1	1	1	3

表4-214 奖牌总榜

排名	国家 / 地区	金牌（枚）	银牌（枚）	铜牌（枚）	总数（枚）
1	中国	4	2	0	6
2	美国	2	4	2	8
2	瑞士	2	1	1	4
4	瑞典	2	0	2	4
5	澳大利亚	1	0	0	1
5	挪威	1	0	0	1
5	新西兰	1	0	0	1
8	加拿大	0	3	2	5
9	法国	0	1	0	1
9	白俄罗斯	0	1	0	1
9	乌克兰	0	1	0	1
12	俄罗斯奥运队	0	0	3	3
13	日本	0	0	1	1
13	爱沙尼亚	0	0	1	1
13	德国	0	0	1	1
总计		13	13	13	39

2. 2018 韩国平昌冬奥会自由式滑雪项目奖牌榜（表 4-215 ～表 4-225）

表4-215 雪上技巧（男子）奖牌榜

排名	国家 / 地区	奖牌获得者	成绩(分)	金牌（枚）	银牌（枚）	铜牌（枚）	总数（枚）
1	加拿大	米克尔·金斯伯里	86.63	1	0	0	1
2	澳大利亚	马特·格雷厄姆	82.57	0	1	0	1

续表

排名	国家 / 地区	奖牌获得者	成绩(分)	金牌(枚)	银牌(枚)	铜牌(枚)	总数(枚)
3	日本	原大智	82.19	0	0	1	1
总计				1	1	1	3

表4-216　雪上技巧（女子）奖牌榜

排名	国家 / 地区	奖牌获得者	成绩(分)	金牌(枚)	银牌(枚)	铜牌(枚)	总数(枚)
1	法国	珀赖因・拉丰	78.65	1	0	0	1
2	加拿大	贾斯丁・杜弗尔	78.56	0	1	0	1
3	哈萨克斯坦	尤利娅・加利娅莎娃	77.40	0	0	1	1
总计				1	1	1	3

表4-217　U型场地技巧（男子）奖牌榜

排名	国家 / 地区	奖牌获得者	成绩(分)	金牌(枚)	银牌(枚)	铜牌(枚)	总数(枚)
1	美国	戴维・怀斯	97.20	1	0	0	1
2	美国	艾力克斯・弗雷拉	96.40	0	1	0	1
3	新西兰	尼科・波蒂厄斯	94.80	0	0	1	1
总计				1	1	1	3

表4-218　U型场地技巧（女子）奖牌榜

排名	国家 / 地区	奖牌获得者	成绩(分)	金牌(枚)	银牌(枚)	铜牌(枚)	总数(枚)
1	加拿大	凯茜・夏普	95.80	1	0	0	1
2	法国	玛丽・马丁诺德	92.60	0	1	0	1
3	美国	比尔塔・西格妮	91.60	0	0	1	1
总计				1	1	1	3

表4-219　坡面障碍技巧（男子）奖牌榜

排名	国家 / 地区	奖牌获得者	成绩(分)	金牌(枚)	银牌(枚)	铜牌(枚)	总数(枚)
1	挪威	奥斯丁・布拉滕	95.00	1	0	0	1
2	美国	尼彻尔斯・格佩	93.60	0	1	0	1

续表

排名	国家 / 地区	奖牌获得者	成绩（分）	金牌（枚）	银牌（枚）	铜牌（枚）	总数（枚）
3	加拿大	博利厄・马尔尚	92.40	0	0	1	1
总计				1	1	1	3

表4-220　坡面障碍技巧（女子）奖牌榜

排名	国家 / 地区	奖牌获得者	成绩（分）	金牌（枚）	银牌（枚）	铜牌（枚）	总数（枚）
1	瑞士	萨拉・霍夫林	91.20	1	0	0	1
2	瑞士	玛蒂尔德・格雷莫德	88.00	0	1	0	1
3	英国	伊莎贝尔・阿特金	84.60	0	0	1	1
总计				1	1	1	3

表4-221　障碍追逐（男子）奖牌榜

排名	国家 / 地区	奖牌获得者	成绩（分）	金牌（枚）	银牌（枚）	铜牌（枚）	总数（枚）
1	加拿大	布雷迪・莱曼		1	0	0	1
2	瑞士	马克・比朔夫贝格尔		0	1	0	1
3	俄罗斯奥运队	谢尔盖・里济克		0	0	1	1
总计				1	1	1	3

表4-222　障碍追逐（女子）奖牌榜

排名	国家 / 地区	奖牌获得者	成绩（分）	金牌（枚）	银牌（枚）	铜牌（枚）	总数（枚）
1	加拿大	凯西・塞瓦		1	0	0	1
2	加拿大	布里塔妮・菲兰		0	1	0	1
3	瑞士	芬妮・史密斯		0	0	1	1
总计				1	1	1	3

表4-223　空中技巧（男子）奖牌榜

排名	国家 / 地区	奖牌获得者	成绩（分）	金牌（枚）	银牌（枚）	铜牌（枚）	总数（枚）
1	乌克兰	奥列克桑德・阿布拉缅科	128.51	1	0	0	1

续表

排名	国家/地区	奖牌获得者	成绩（分）	金牌（枚）	银牌（枚）	铜牌（枚）	总数（枚）
2	中国	贾宗洋	128.05	0	1	0	1
3	俄罗斯奥运队	艾力亚·布罗夫	122.17	0	0	1	1
总计				1	1	1	3

表4-224　空中技巧（女子）奖牌榜

排名	国家/地区	奖牌获得者	成绩（分）	金牌（枚）	银牌（枚）	铜牌（枚）	总数（枚）
1	白俄罗斯	安娜·胡什科娃	96.14	1	0	0	1
2	中国	张鑫	95.52	0	1	0	1
3	中国	孔凡钰	70.14	0	0	1	1
总计				1	1	1	3

表4-225　奖牌总榜

排名	国家/地区	金牌（枚）	银牌（枚）	铜牌（枚）	总数（枚）
1	加拿大	4	2	1	7
2	美国	1	2	1	4
2	瑞士	1	2	1	4
4	法国	1	1	0	2
5	挪威	1	0	0	1
5	白俄罗斯	1	0	0	1
5	乌克兰	1	0	0	1
8	中国	0	2	1	3
9	澳大利亚	0	1	0	1
10	俄罗斯奥运队	0	0	2	2
11	日本	0	0	1	1
11	英国	0	0	1	1
11	新西兰	0	0	1	1
11	哈萨克斯坦	0	0	1	1
总计		10	10	10	30

3. 2014 俄罗斯索契冬奥会自由式滑雪项目奖牌榜（表 4-226 ～表 4-236）

表4-226　雪上技巧（男子）奖牌榜

排名	国家 / 地区	奖牌获得者	成绩（分）	金牌（枚）	银牌（枚）	铜牌（枚）	总数（枚）
1	加拿大	亚历山大·比洛多	26.31	1	0	0	1
2	加拿大	米克尔·金斯伯里	24.71	0	1	0	1
3	俄罗斯	亚历山大·斯密什里亚耶夫	24.34	0	0	1	1
总计				1	1	1	3

表4-227　雪上技巧（女子）奖牌榜

排名	国家 / 地区	奖牌获得者	成绩（分）	金牌（枚）	银牌（枚）	铜牌（枚）	总数（枚）
1	加拿大	贾斯丁·杜弗尔·拉普安特	22.44	1	0	0	1
2	加拿大	克洛伊·杜弗尔·拉普安特	21.66	0	1	0	1
3	美国	汉娜·基尔尼	21.49	0	0	1	1
总计				1	1	1	3

表4-228　U型场地技巧（男子）奖牌榜

排名	国家 / 地区	奖牌获得者	成绩（分）	金牌（枚）	银牌（枚）	铜牌（枚）	总数（枚）
1	美国	戴维·怀斯	92.00	1	0	0	1
2	加拿大	麦克·里德尔	90.60	0	1	0	1
3	法国	凯文·罗兰德	88.60	0	0	1	1
总计				1	1	1	3

表4-229　U型场地技巧（女子）奖牌榜

排名	国家 / 地区	奖牌获得者	成绩（分）	金牌（枚）	银牌（枚）	铜牌（枚）	总数（枚）
1	美国	马蒂·鲍曼	89.00	1	0	0	1
2	法国	玛丽·马蒂诺德	85.40	0	1	0	1
3	日本	小野冢彩那	83.20	0	0	1	1
总计				1	1	1	3

表4-230 坡面障碍技巧（男子）奖牌榜

排名	国家 / 地区	奖牌获得者	成绩（分）	金牌（枚）	银牌（枚）	铜牌（枚）	总数（枚）
1	美国	乔斯·克里斯滕森	95.80	1	0	0	1
2	美国	古斯·肯沃斯	93.60	0	1	0	1
3	美国	尼彻尔斯·戈佩尔	82.40	0	0	1	1
总计				1	1	1	3

表4-231 坡面障碍技巧（女子）奖牌榜

排名	国家 / 地区	奖牌获得者	成绩（分）	金牌（枚）	银牌（枚）	铜牌（枚）	总数（枚）
1	加拿大	达拉·霍维尔	94.20	1	0	0	1
2	美国	德文·洛根	85.40	0	1	0	1
3	加拿大	金·拉马雷	85.00	0	0	1	1
总计				1	1	1	3

表4-232 空中技巧（男子）奖牌榜

排名	国家 / 地区	奖牌获得者	成绩（分）	金牌（枚）	银牌（枚）	铜牌（枚）	总数（枚）
1	白俄罗斯	安东·库什尼尔	134.50	1	0	0	1
2	澳大利亚	大卫·莫里斯	110.41	0	1	0	1
3	中国	贾宗洋	95.06	0	0	1	1
总计				1	1	1	3

表4-233 空中技巧（女子）奖牌榜

排名	国家 / 地区	奖牌获得者	成绩（分）	金牌（枚）	银牌（枚）	铜牌（枚）	总数（枚）
1	白俄罗斯	艾拉·特索帕	98.01	1	0	0	1
2	中国	徐梦桃	83.50	0	1	0	1
3	澳大利亚	莉迪亚·拉西拉	72.12	0	0	1	1
总计				1	1	1	3

表4-234　追逐赛（男子）奖牌榜

排名	国家 / 地区	奖牌获得者	金牌（枚）	银牌（枚）	铜牌（枚）	总数（枚）
1	法国	让・弗雷德里克・查普伊斯	1	0	0	1
2	法国	阿尔诺・博沃伦塔	0	1	0	1
3	法国	乔纳森・米多尔	0	0	1	1
总计			1	1	1	3

表4-235　追逐赛（女子）奖牌榜

排名	国家 / 地区	奖牌获得者	金牌（枚）	银牌（枚）	铜牌（枚）	总数（枚）
1	加拿大	玛丽埃尔・汤普森	1	0	0	1
2	加拿大	凯西・塞瓦	0	1	0	1
3	瑞典	安娜・霍尔姆伦德	0	0	1	1
总计			1	1	1	3

表4-236　奖牌总榜

排名	国家 / 地区	金牌（枚）	银牌（枚）	铜牌（枚）	总数（枚）
1	加拿大	4	4	1	9
2	美国	3	2	2	7
3	白俄罗斯	2	0	0	2
4	法国	1	2	2	5
5	澳大利亚	0	1	1	2
5	中国	0	1	1	2
7	俄罗斯	0	0	1	1
7	日本	0	0	1	1
7	瑞典	0	0	1	1
总计		10	10	10	30

4. 2010 加拿大温哥华冬奥会自由式滑雪项目奖牌榜（表 4–237 ～表 4–243）

表4–237　雪上技巧（男子）奖牌榜

排名	国家 / 地区	奖牌获得者	成绩(分)	金牌（枚）	银牌（枚）	铜牌（枚）	总数（枚）
1	加拿大	亚历山大・比罗迪尤	26.75	1	0	0	1
2	澳大利亚	贝格・史密斯	26.58	0	1	0	1
3	美国	拜恩・威尔逊	26.08	0	0	1	1
总计				1	1	1	3

表4–238　雪上技巧（女子）奖牌榜

排名	国家 / 地区	奖牌获得者	成绩（分）	金牌（枚）	银牌（枚）	铜牌（枚）	总数（枚）
1	美国	汉娜・基尼尔	26.63	1	0	0	1
2	加拿大	杰夫妮・海尔	25.69	0	1	0	1
3	美国	香农・巴尔克	25.43	0	0	1	1
总计				1	1	1	3

表4–239　追逐赛（男子）奖牌榜

排名	国家 / 地区	奖牌获得者	金牌（枚）	银牌（枚）	铜牌（枚）	总数（枚）
1	瑞士	麦克・施密德	1	0	0	1
2	奥地利	安德森・马特	0	1	0	1
3	挪威	杜德恩・格罗恩沃尔德	0	0	1	1
总计			1	1	1	3

表4–240　追逐赛（女子）奖牌榜

排名	国家 / 地区	奖牌获得者	金牌（枚）	银牌（枚）	铜牌（枚）	总数（枚）
1	加拿大	阿什莉・麦克沃尔	1	0	0	1
2	挪威	赫达・伯恩特森	0	1	0	1
3	法国	马里恩・约瑟兰德	0	0	1	1
总计			1	1	1	3

表4-241　空中技巧（男子）奖牌榜

排名	国家 / 地区	奖牌获得者	成绩（分）	金牌（枚）	银牌（枚）	铜牌（枚）	总数（枚）
1	白俄罗斯	阿列克谢・格里辛	248.41	1	0	0	1
2	美国	杰雷特・佩特森	247.21	0	1	0	1
3	中国	刘忠庆	242.53	0	0	1	1
总计				1	1	1	3

表4-242　空中技巧（女子）奖牌榜

排名	国家 / 地区	奖牌获得者	成绩（分）	金牌（枚）	银牌（枚）	铜牌（枚）	总数（枚）
1	澳大利亚	莉迪亚・拉西拉	241.74	1	0	0	1
2	中国	李妮娜	207.23	0	1	0	1
3	中国	郭心心	205.22	0	0	1	1
总计				1	1	1	3

表4-243　奖牌总榜

排名	国家 / 地区	金牌（枚）	银牌（枚）	铜牌（枚）	总数（枚）
1	加拿大	2	1	0	3
2	美国	1	1	2	4
3	澳大利亚	1	1	0	2
4	白俄罗斯	1	0	0	1
4	瑞士	1	0	0	1
6	中国	0	1	2	3
7	挪威	0	1	1	2
8	奥地利	0	1	0	1
9	法国	0	0	1	1
总计		6	6	6	18

5. 2006年法国都灵冬奥会自由式滑雪项目奖牌榜（表4-244～表4-248）

表4-244　雪上技巧（男子）奖牌榜

排名	国家 / 地区	奖牌获得者	成绩(分)	金牌（枚）	银牌（枚）	铜牌（枚）	总数（枚）
1	澳大利亚	贝格・史密斯	26.77	1	0	0	1

续表

排名	国家 / 地区	奖牌获得者	成绩(分)	金牌（枚）	银牌（枚）	铜牌（枚）	总数（枚）
2	芬兰	米科・罗凯宁	26.62	0	1	0	1
3	美国	托比・道森	26.30	0	0	1	1
总计				1	1	1	3

表4-245　雪上技巧（女子）奖牌榜

排名	国家 / 地区	奖牌获得者	成绩(分)	金牌（枚）	银牌（枚）	铜牌（枚）	总数（枚）
1	加拿大	杰夫妮・海尔	26.50	1	0	0	1
2	挪威	卡利・特拉	25.65	0	1	0	1
3	法国	桑德拉・劳拉	25.37	0	0	1	1
总计				1	1	1	3

表4-246　空中技巧（男子）奖牌榜

排名	国家 / 地区	奖牌获得者	成绩(分)	金牌（枚）	银牌（枚）	铜牌（枚）	总数（枚）
1	中国	韩晓鹏	250.77	1	0	0	1
2	白俄罗斯	德米特里・达辛斯基	248.68	0	1	0	1
3	俄罗斯	弗拉基米尔・莱贝德夫	246.76	0	0	1	1
总计				1	1	1	3

表4-247　空中技巧赛（女子）奖牌榜

排名	国家 / 地区	奖牌获得者	成绩(分)	金牌（枚）	银牌（枚）	铜牌（枚）	总数（枚）
1	瑞士	伊芙琳・勒乌	202.55	1	0	0	1
2	中国	李妮娜	197.39	0	1	0	1
3	澳大利亚	艾莉莎・卡普林	191.39	0	0	1	1
总计				1	1	1	3

表4-248　奖牌总榜

排名	国家 / 地区	金牌（枚）	银牌（枚）	铜牌（枚）	总数（枚）
1	中国	1	1	0	2
2	澳大利亚	1	0	1	2

续表

排名	国家 / 地区	金牌（枚）	银牌（枚）	铜牌（枚）	总数（枚）
3	瑞士	1	0	0	1
3	加拿大	1	0	0	1
5	芬兰	0	1	0	1
5	白俄罗斯	0	1	0	1
5	挪威	0	1	0	1
8	法国	0	0	1	1
8	俄罗斯	0	0	1	1
8	美国	0	0	1	1
总计		4	4	4	12

第六节　跳台滑雪

一、跳台滑雪运动的概念

跳台滑雪（ski jumping）简称“跳雪”，是运动员脚穿特制的滑雪板，沿着跳台的倾斜助滑道下滑，借助速度和弹跳力，使身体跃入空中，使整个身体在空中飞行 4 ～ 5 秒后落在山坡上的一种运动。

二、跳台滑雪的起源及发展

（一）起源

跳台滑雪起源于挪威，相传，古时的挪威统治者想出一种处罚犯人的刑法，就是把犯人两脚各缚一块雪板，从有雪的高山往下推，让他自行滑下，当通过断崖的凸处时，身体就会抛向空中，再落在山下后摔死。后来，这种跳下滑雪的动作就逐渐演变成现代的跳雪运动。

1860 年，挪威德拉门地区的两位农民在首都奥斯陆举行的首届全国滑雪比赛上表演了跳台飞跃动作，后逐渐成为一个独立项目并得到广泛开展。到了 1879 年在挪威首都奥斯陆举行了第一次正式跳台滑雪比赛，参赛者利用自然山形建成的跳台进行。他们脚着专用滑雪板，不借助任何外力，从起滑台起滑，在助滑道上获得高速度，于台端飞出后，身体前倾与滑雪板成锐角，沿抛物线在空中飞行，在着陆坡着陆后，继续滑行至停止区停止。比赛按飞跃者从台端起跳至着陆坡止的飞跃距离，并根据助滑路、起跳、空中、着陆、停止等几个动作的姿势进行评分；距离和姿势按评分表换算得分，计算名次。正式比赛以两次跳跃综合计分排列名次。

1883 年，跳台滑雪被列入霍尔门科伦滑雪大奖赛；19 世纪末，跳台滑雪先后传入瑞典、瑞士、美国、法国、意大利和波兰等国家。

（二）发展

跳台滑雪在 1924 年第一届法国夏蒙尼冬奥会即被列为比赛项目（根据国际滑雪联合会规定，在冬季奥运会及世界滑雪锦标赛的跳雪比赛中，设有 70 米级和 90 米级台两个跳雪项目）。从 1925 年起举办世界跳台滑雪锦标赛。在 1964 年以前的 8 届冬奥会中，由于跳台规格不统一，只能以主办国的跳台为标准进行比赛。到 1964 年第九届奥地利因斯布鲁克冬奥会被列为正式项目，并开始统一跳台级别，分别规定为上述的 70 米和 90 米两种。

随着空中滑翔技术的提高，新的跳台设计也不断出现。1926 年瑞士在格劳宾登州的蓬特雷西纳建成 60 米级跳台，1927 年又在圣莫里茨建成 70 米级跳台。从 1971 年开始国际滑雪联合会决定每两年举行一次世界跳台滑雪锦标赛。1972 年首届世界跳台滑雪锦标赛在南斯拉夫举行。

跳台滑雪是利用自然山形特别建造的跳台（70 米或 90 米）所进行的一种滑雪运动。运动员脚绑长 2.30 ～ 2.70 米、宽 11.5 厘米及板底有 3 ～ 5 个方向槽的专用跳台滑雪板，并在不带雪杖和不借助任何外力的情况下，从站台出发，由助滑坡开始下滑，采用弓身下蹲姿势，在“起飞”时，运动员双腿伸直，双臂在两侧与身体并拢，身体前倾成水平姿态，同时使两只滑雪板平行并拢。在即将着地一刹那，运动员身体抬起，一只脚放在前面，双膝弯曲进入回转急停姿态，并将两臂张开以保持平衡，身体和雪板保持锐角状态在空中飞行，在着陆坡着陆后，继续滑行至停止区停止。

跳台由助滑坡、着陆坡和停止区三部分组成。跳台滑雪运动由于跳台助滑道的角度及起跳端的仰起角度等不同，加上气温、风向、风力及雪质等自然条件的差异，跳雪的性能也就随之变化。因此，跳雪比赛只有最好成绩，而没有世界纪录。

为了能达到更大的跳跃距离和能使动作做得利落大方，现代世界跳台滑雪技术要求跳跃者身体前倾，与滑雪板尽量平行，以便能更好地运用飞行中的空气升力，减少空气阻力。此外，两手不做多余的前摆和后振动作，双手和手臂通常紧贴在身体两侧，使身体沿自然抛物线滑翔，在着陆时很自然地能与地面坡度圆滑相接。这项运动极为壮观，能培养人们勇敢、果断、沉着、机智等意志品质。

（三）冬奥会比赛项目

冬奥会跳台滑雪比赛共标准普通台男子单人、大跳台男子单人、大跳台男子团体、普通台女子单人和混合团体跳台滑雪共计 5 个小项，其中女子标准台是 2014 年索契冬奥会才被纳入冬奥会的比赛项目，混合团体则是针对 2022 年北京冬奥会新增的小项。

比赛时每个国家单项限报 4 人，团体限报一个队 4 名运动员。

三、中国跳台滑雪运动的发展历程

跳台滑雪运动对于中国来说仍是一个新兴冬季运动项目。虽然在 1982 年就组建了跳台滑雪队伍，但在此后的三十年间只有吉林省在开展此项运动。受场地、器材等多方面的限制，这个项目一直没有群众基础，只有十几个运动员在训练。中国跳台滑雪运动水平较低，从 2003 年开始，中国跳台滑雪队获得赞助并常年在奥地利训练，经过两年多的训练，水平有了较大提高，但较世界高水平运动员还有一定差距。2006 年，中国跳台滑雪男子运动员李洋首次站在了冬奥会的赛场上，同年又组建了女子跳台滑雪队。2013 年女子跳台运动员刘奇获得世界杯第七名，2018 年女子跳台运动员常馨月获得韩国平昌冬奥会参赛资格，取得了第二十名的成绩。

为了能让更多中国运动员在 2022 年北京冬奥会国家跳台滑雪中心的跳台上展翅飞翔，国家大力开展跳台滑雪运动，通过广泛开展跨界、跨项选拔运动员，从最初吉林省一枝独秀到如今 15 个省、直辖市、自治区的近百名运动员在从事跳台滑雪运动，而且这些运动员也在近两年的训练时间里取得了非常大的进步。国内也有了自己的四季跳台场地，如北大湖跳台场地和亚布力跳台场地陆续建成，漠原基地和北京“雪如意”奥运跳台场地的投入使用，中国跳台雄鹰也能在自己的场地自由飞翔。

四、跳台滑雪运动的赛事及项目

（一）国际赛事

1. 国际冬季奥林匹克运动会

跳台滑雪在1924年第一届法国夏蒙尼冬奥会即被列为比赛项目。到1964年第九届奥地利因斯布鲁克冬奥会被列为正式项目，并开始统一跳台级别。

2. 亚洲冬季运动会

亚洲冬季运动会简称亚冬会，是亚洲冬季规模最大的综合性运动会，由亚洲奥林匹克理事会的成员国轮流主办。自1986年开始第一届，每四年举办一届，截至2022年共举办了八届（2021年第九届亚洲冬季运动会未举行）。国际奥林匹克委员会承认亚洲冬季运动会为正式的亚洲地区冬季运动会。

3. 世界跳台滑雪锦标赛

国际滑雪联合会决定从1971年开始每两年举行一次世界跳台滑雪锦标赛，首届世界跳台滑雪锦标赛于1972年在南斯拉夫举行。

4. 世界大学生运动会

世界大学生运动会，是国际大学生联合会为促进各国大学生体育运动的开展和增进世界大学生之间的友谊而设立。1959年在意大利都灵举办了首届大学生运动会，之后每两年一届，从未间断过。

（二）国内赛事

1. 中华人民共和国冬季运动会

中华人民共和国冬季运动会，简称“全国冬运会”或“冬运会”，是中国规模最大、级别最高的冬季综合性体育赛事，每四年举办一次，第一届于1959年2月在哈尔滨和吉林市举行。此后基本上是每四年举办一次，至2022年已举办十三届（第二届停办但届次照算，第十四届延期）。第一至第四届作为全国运动会的冬季项目，与全运会的夏季项目一并作为一项赛事举办。1983年以后，冬季运动会从全国运动会中分离，另行举办。

2. 全国跳台滑雪冠军赛

全国跳台滑雪冠军赛由国家体育总局冬季运动管理中心主办，设置竞赛项目包括男子K90米个人、K90米团体，女子K90米个人、K90米团体四个项目。执行国家体育总局冬季运动管理中心和中国滑雪协会共同审定的国际雪联《跳台滑雪竞赛规则》。

3. 中华人民共和国大学生运动会

中华人民共和国大学生运动会是中国全国性大学生综合性运动会，由教育部、国家体育总局、共青团中央、全国学联、全国大学生体协联合举办。运动会在省会城市举行，每四年一届，第一届大学生运动会于1982年8月10—19日在北京市举行。

（三）跳台滑雪比赛项目

1. 标准台男子单人/女子单人

比赛从资格赛开始，世界杯赛排名前十名的选手不需要参加资格赛，直接晋级决赛。剩下的选手都要在资格赛中争夺40个决赛名额。决赛共有两跳，第一跳50个人全部参加，取成绩最好的30人参加第二跳。第二跳的顺序是按照第一跳的成绩从低往高倒着进行。

2. 大台男子单人

大台男子单人比赛规则和普通台男子单人一样，只不过它是在大台上进行的。大部分的跳台滑雪世界杯都是在大台上进行的，一个赛季只有一两站是在普通台上进行的。

3. 大台男子团体

在这项比赛中，每个队有 4 名选手。比赛分为两轮，第一轮比赛每个队先跳一个人，随后每队跳第二个人，然后是每队的第三个人、第四个人。每个队 4 名选手合计得分算总分。排在前八名的队伍才能参加第二轮比赛，第二轮比赛的出发顺序和单人比赛相同，按照成绩从低到高，最终总得分最高的队伍获胜。

五、跳台滑雪运动员的运动技术等级标准

（一）国际级运动健将

凡符合下列条件之一者，可申请授予国际级运动健将称号：

（1）冬季奥运会、世界锦标赛、世界杯总决赛单项前十六名，团体项目前八名。

（2）世界杯、夏季大奖赛年度个人总积分排名男子前六十名，女子前四十名（以国际雪联公布的年度总积分排名为准）。

（3）国际雪联 FIS 杯单项第一名，洲际杯单项前三名。

（二）运动健将

凡符合下列条件之一者，可申请授予运动健将称号：

（1）冬季奥运会、世界锦标赛单项第十七至第三十名，团体项目第九至第十二名。

（2）冬季青年奥运会、亚洲冬季运动会单项前八名，团体项目前六名。

（3）世界青年锦标赛、世界大学生冬季运动会单项、团体项目前八名。

（4）世界杯和夏季大奖赛单项前十六名，团体项目前八名。

（5）国际雪联 FIS 杯单项第二至第三名，洲际杯单项第四至第八名。

（6）全国冬季运动会单项、团体项目前三名。

（7）全国锦标赛、全国冠军赛成年组个人项目（K90 米以上级）前三名、团体项目第一名，青年组个人项目（K50 米以上级）第一名。

（三）一级运动员

凡符合下列条件之一者，可申请授予一级运动员称号：

（1）国际雪联洲际杯赛单项第九至第三十名。

（2）全国冬季运动会单项、团体项目第四至第八名。

（3）全国锦标赛、全国冠军赛成年组个人项目（K90 米以上级）第四至第八名、团体项目第二至第八名，青年组个人项目（K50 米以上级）第二至第三名。

（4）全国青年运动会个人项目第一名。

（四）二级运动员

凡符合下列条件之一者，可申请授予二级运动员称号：

（1）全国锦标赛、全国冠军赛青年组个人项目（K50 米以上级）第四至第六名。

（2）全国青年运动会个人项目第二至第三名，团体项目第一名。

（3）省（区、市）体育行政部门主办的综合性运动会成年组个人项目（K50米以上级）前二名，青年组个人项目（K50米以上级）第一名；

（4）省（区、市）体育行政部门主办的锦标赛青年组个人项目（K50米以上级）第一名。

（五）三级运动员

凡符合下列条件之一者，可申请授予三级运动员称号：

（1）全国青年运动会个人项目第四至第六名，团体项目第二至第三名。

（2）省（区、市）体育行政部门主办的综合性运动会成年组个人项目（K50米以上级）第三至第六名，青年组个人项目（K50米以上级）第二至第三名。

（3）省（区、市）体育行政部门主办的锦标赛青年组个人项目（K50米以上级）第二至第三名。

注：①可授予等级称号的小项（以下小项外的其他小项不得授予等级称号）：男子：标准台（个人）、大跳台（个人）、团体；女子：标准台（个人）、大跳台（个人）、团体；混合：团体；②上述国际和全国比赛各小项须至少有6人（队）、省级比赛各小项须至少有4人（队）上场比赛，方可授予等级称号；③上述比赛未明确组别的，则仅最高水平组别可授予等级称号。

六、跳台滑雪运动的规则

（一）一般规则

跳台滑雪比赛中的跳台由助滑坡、着陆坡、停止区组成。比赛时每个国家单项限报四人，团体限报一个队四名运动员。

共设有90米级（原为70米级）、120米级（原为90米级）和团体3个男子项目。

滑雪者两脚各绑一块专用的雪板，板长2.30～2.70米，宽11.5厘米，板底有3～5条方向槽。比赛时运动员不用雪杖，不借助任何外力，以自身体重从起滑台起滑，借助滑道获得110千米/小时的高速度，于台端飞后，身体前倾和滑雪板成锐角，两臂紧贴体侧，沿自然抛物线在空中滑翔，在着陆坡着陆后继续自然滑行到停止区，然后根据从台端到着陆坡的飞行距离和动作姿势评分。

跳台滑雪有5名裁判员。裁判员根据比赛选手两次（飞行）姿态判分，姿态得分与距离得分相加，距离分以飞行的米数来计算。飞跃姿势裁判共5名，每人最高打分为20分。去掉一个最高分和一个最低分，满分为60分。

距离计算采取“2舍3入法”，如60.20米作60米；60.30米作60.50米；60.70米作60.50米，60.80米则进为61米。姿势的最高分为20分，在评姿势分时，跳跃得分占重要比例，成功的可得6～20分，失败的则得0～12分。跳台滑雪的技术动作包括四部分，分别是助滑、起跳、空中飞行和着陆。[NH跳台（普通台）：起跳高度1 635米，到达高度1 528米；LH跳台（大台）：起跳高度1 650米，到达高度1 528米]

（二）竞赛规则

跳台滑雪得分包括飞行距离分和完成姿势分。

飞行距离分与跳台级别大小有关。跳台级别越大，分值越低。规则规定，90米级每米分值为1.6分，120米级每米为1.4分。运动员飞行距离达到K点，则为满分60分。如果运动员的距离超过了K点，则将超过的米数乘以所跳台级每米的分值数，然后加上60分，即为该运动员飞行距离得分。假如运动员飞行的距离未达到K点，则要将少于K点距离的米数乘以每米的分值数从60分中减掉。

完成姿势分满分同样为 60 分。评分由 5 名裁判员进行，每名裁判员最高给分为 20 分，去掉一个最高分和一个最低分，然后将剩余 3 个分相加，即为运动员的完成姿势分。

K 点是着陆区评分坐标原点。此点根据台级大小可调。以原点向两侧延伸的与运动员飞行方向相垂直的线，距离监测裁判员和距离测量员以此线为标准，评定运动员飞行的距离。

冬奥会和世界锦标赛跳台滑雪标准台和特殊台每项每个国家限报 4 人，团体赛每个国家限报一个队。标准跳台比赛先进行，然后依次是大跳台和团体赛（1988 年开始列入冬奥会）。标准台与大跳台之间有 4 天的比赛间隔，目的是给运动员提供大跳台的训练时间。每项比赛进行 2 轮（即每名运动员跳 2 次），以两次比赛得分相加之和（团体为 4 名运动员 2 次比赛所有得分相加之和）计算成绩，得分多者名次列前。

冬奥会和世界锦标赛须在两座不同规格的跳台，即标准台和大跳台上举行。在每座跳台上将产生出一位世界冠军或奥运会冠军。标准台 K 点应设在 90 米；大跳台 K 点设在 115 ～ 120 米。两座跳台 K 点差距至少为 25 米。标准台也可用来举行北欧两项的跳台滑雪比赛。

对于冬奥会和世界锦标赛，采用两个评分的跳跃轮次。在竞赛规程中须包括一个试跳轮次。运动员本人可决定是否参加试跳轮次的跳跃。

第一轮得分前 30 名运动员可参加第二轮的比赛。

如果比赛时由于气候条件恶劣只进行了一个正式比赛轮次，当气候条件允许时应立即进行第二轮比赛。在这种情形下，在第二轮正式比赛开始之前应有一个试跳轮次。在特殊情况下，第二轮正式比赛不能举行，第一轮正式比赛的得分可作为最终成绩。这种情况发生后，不允许将试跳轮次作为第一个比赛轮次对待。

所有国际跳台滑雪比赛都要设两个正式比赛轮次。竞赛规程还必须包括一个试跳轮次，运动员自己决定是否参加试跳轮次的跳跃。

七、跳台滑雪运动的场地

冬奥会正式比赛的跳雪项目为 70 米级台和 90 米级台两项比赛。1992 年第十六届冬奥会取消了 70 米级台，改为 90 米级台和 120 米级台，在 1964 年以前的 8 次冬奥会中，由于跳台规格不统一，只能以主办国的跳台为准进行比赛。从 1964 年的第九届冬季奥运会开始，国际滑雪联合会明确规定了跳雪比赛的跳台级别。所谓 70 米级台和 90 米级台，并不是指跳台本身的高度，而是指跳台的性能。助滑道坡度大而长的跳台性能更高，运动员从此助滑道下滑所得的速度就大，跳飞距离自然就远。

跳台滑雪场地利用自然山建成的跳台进行，场地由助滑坡、跳台、着陆坡、终止区组成。运动员脚着专用滑雪板，从起滑台起滑，在助滑道下滑加速后起跳，于台端飞出，沿抛物线在空中飞行一段时间后，落在着陆坡上继续滑行，最后停止在终止区。

八、跳台滑雪运动的装备器材

（一）雪板

跳台雪板宽 11 ～ 13 厘米，长 275 厘米，原先多用纯木料制成，每副雪板重约 8 千克，由高强度尼龙纤维等合成材料制成，重量轻，弹性和韧性强。跳台雪板的板底装有 6 条雪槽增强滑行时的稳定性。

（二）跳台固定器

跳台固定器包括前固定器、弹簧弓、弹簧弓调节器和缓冲胶垫。前固定器原多为铁质，现改为高强度尼龙或塑料的，它的作用是固定鞋尖。弹簧弓为钢丝制成，弹性很强，不易拉断，可因鞋抬起的角度改变而被拉长并产生张力，起到固定跟的作用。弹簧弓调节器固定在前固定器之前，其螺丝扣可松可紧，松则鞋跟可抬起较高，紧则鞋跟抬起较低。

（三）跳台连身服

跳台连身服是由高强海绵和尼龙经过特殊工艺加工压制而成的上衣与裤子连体服装。跳台连身服质地柔软，穿着舒适合体，可保持良好的形体，海绵厚度适中且富有弹性，既可保暖又可缓冲因摔倒而产生的冲撞力；表层的尼龙面光滑耐磨，既可减小因摔倒而产生的摩擦力，又可减小空气阻力。

（四）跳台鞋

跳台鞋为高质牛皮面和硬底制成，鞋后腰置入弧形钢片，鞋腰前帧与鞋脸形成一定角度。

（五）跳台头盔

跳台头盔体积较其他头盔小些、轻些，且侧面没有耳孔。

（六）跳台手套

跳台手套为五指分开的手套，材料不限。

（七）跳台风镜

跳台风镜的镜框较窄且软，紧贴面部，运动员戴上风镜时既防风雪又便于观看前下方。

九、跳台滑雪运动的天气要求

跳台滑雪是公认的成绩最易受天气影响的比赛之一，气温低于 -20℃或高于 0℃都不适宜比赛。如果气温较低，会使运动员肢体出现僵硬的情况，当气温在 -20℃以下或持续极寒天气时，雪质过硬，甚至出现比较厚的冰晶层，运动员落地时很容易摔伤。

十、跳台滑雪运动的基本技术

（一）助滑

助滑是为了在起跳端造成更快的初速度，以延长空中飞行距离的一种技术。在顺着助滑道的倾斜面前进时，运动员两腿尽量深蹲，上体前倾成流线型姿势，力求与雪面大致平行，以最大限度地减小空气阻力。

（二）起跳

起跳是整个技术动作的关键，起跳动作的好坏决定着运动员的成绩。由于助滑的最快速度可达每秒钟 30 多米，因此，掌握起跳的最佳时机是衡量运动员技术水平高低的主要标准。起跳用力的方法与跳高或跳远都不相同，确切地说，它不是跳而是两腿快速下蹬的动作。运动员顺着助滑道快速滑行，一般当雪板尖到达台端时立即起跳，上体向前伸展。

（三）空中飞行

运动员只有保持大胆、沉着、稳定和善于控制雪板的空中飞行姿势，才能获得理想的成绩，这时，运动员的上体应充分伸展，上体与下肢间稍有曲折，两雪板平行并与脚底呈锐角上仰，上体与雪板基本保持平行，两臂伸直贴放于身体两侧。

（四）着陆

经过助滑、起跳和空中飞行，最后完成正确成功的着陆动作，就使整套动作连贯一致，一气呵成，运动员由此便可获得高分。着陆时，应具有弹性和稳定性，两脚成弓箭步前后分开，身体重量分别落于两脚，雪板后跟略领先于板尖着陆，两腿屈膝做缓冲，两臂左右平伸，以维持身体平衡。落地后，保持平衡姿势顺利滑到终止区，全部动作即算完成。

十一、跳台滑雪运动的相关名称

男子个人标准台：Men’s Normal Hill Individual
男子个人大跳台：Men’s Large Hill Individual
男子团体：Men’s Team
女子个人标准台：Ladies’ Normal Hill Individual
混合团体：Mixed Team Event

十二、近五届冬奥会奖牌榜分布

1. 2022 中国北京冬奥会跳台滑雪项目奖牌榜（表 4–249 ～表 4–254）

表4–249　个人标准台（男子）奖牌榜

排名	国家 / 地区	奖牌获得者	成绩(分)	金牌（枚）	银牌（枚）	铜牌（枚）	总数（枚）
1	日本	小林陵侑	275.0	1	0	0	1
2	奥地利	曼努埃尔·费特纳	270.8	0	1	0	1
3	波兰	达维德·库巴茨基	265.9	0	0	1	1
总计				1	1	1	3

表4–250　个人标准台（女子）奖牌榜

排名	国家 / 地区	奖牌获得者	成绩（分）	金牌（枚）	银牌（枚）	铜牌（枚）	总数（枚）
1	斯洛文尼亚	乌尔萨·博加塔伊	239.0	1	0	0	1
2	德国	卡塔琳娜·阿尔托斯	236.8	0	1	0	1
3	斯洛文尼亚	尼卡·克里兹纳	232.0	0	0	1	1
总计				1	1	1	3

表4-251　个人大跳台（男子）奖牌榜

排名	国家 / 地区	奖牌获得者	成绩（分）	金牌（枚）	银牌（枚）	铜牌（枚）	总数（枚）
1	挪威	马里乌斯・林德维克	296.1	1	0	0	1
2	日本	小林陵侑	292.8	0	1	0	1
3	德国	卡尔・盖格尔	281.3	0	0	1	1
总计				1	1	1	3

表4-252　男子团体奖牌榜

排名	国家 / 地区	奖牌获得者	成绩（分）	金牌（枚）	银牌（枚）	铜牌（枚）	总数（枚）
1	奥地利	斯特凡・克拉夫特 / 丹尼尔・胡贝尔 扬・赫尔 / 曼努埃尔・费特纳	942.7	1	0	0	1
2	斯洛文尼亚	洛夫罗・科斯 / 采内・普雷夫奇 蒂米・扎伊茨 / 彼得・普雷夫茨	934.4	0	1	0	1
3	德国	康斯坦丁・施密德 / 斯特凡・莱赫 马库斯・艾森比希勒 / 卡尔・盖格尔	922.9	0	0	1	1
总计				1	1	1	3

表4-253　混合团体奖牌榜

排名	国家 / 地区	奖牌获得者	成绩（分）	金牌（枚）	银牌（枚）	铜牌（枚）	总数（枚）
1	斯洛文尼亚	乌尔萨・博加塔伊 / 彼得・普雷夫茨 妮卡・克里兹纳尔 / 蒂米・扎伊茨	1 001.5	1	0	0	1
2	俄罗斯 奥运队	伊尔玛・马希尼娅 / 丹尼尔・萨德烈耶夫 伊琳娜・阿瓦库莫娃 / 叶夫根尼・克利莫夫	890.3	0	1	0	1
3	加拿大	亚历山德里娅・洛蒂特 / 马修・绍库普 阿比盖尔・斯特拉特 / 麦肯齐・博伊德・克洛斯	844.6	0	0	1	1
总计				1	1	1	3

表4-254　奖牌总榜

排名	国家 / 地区	金牌（枚）	银牌（枚）	铜牌（枚）	总数（枚）
1	斯洛文尼亚	2	1	1	4
2	日本	1	1	0	2
2	奥地利	1	1	0	2

续表

排名	国家 / 地区	金牌（枚）	银牌（枚）	铜牌（枚）	总数（枚）
4	挪威	1	0	0	1
5	德国	0	1	2	3
6	俄罗斯奥运队	0	1	0	1
7	波兰	0	0	1	1
7	加拿大	0	0	1	1
总计		5	5	5	15

2. 2018 韩国平昌冬奥会跳台滑雪项目奖牌榜（表 4–255 ～表 4–259）

表4–255　个人标准台（男子）奖牌榜

排名	国家 / 地区	奖牌获得者	成绩(分)	金牌（枚）	银牌（枚）	铜牌（枚）	总数（枚）
1	德国	安德鲁斯・魏林格	259.3	1	0	0	1
2	挪威	约翰・安德烈・弗凡	250.9	0	1	0	1
3	挪威	罗伯特・约翰逊	249.7	0	0	1	1
总计				1	1	1	3

表4–256　个人标准台（女子）奖牌榜

排名	国家 / 地区	奖牌获得者	成绩(分)	金牌（枚）	银牌（枚）	铜牌（枚）	总数（枚）
1	挪威	马莲・伦德比	246.6	1	0	0	1
2	德国	卡特琳娜・阿特索斯	252.6	0	1	0	1
3	日本	高梨沙罗	243.8	0	0	1	1
总计				1	1	1	3

表4–257　个人大跳台（男子）奖牌榜

排名	国家 / 地区	奖牌获得者	成绩(分)	金牌（枚）	银牌（枚）	铜牌（枚）	总数（枚）
1	波兰	卡米・斯托奇	285.7	1	0	0	1
2	德国	安德鲁斯・魏林格	282.3	0	1	0	1
3	挪威	罗伯特・约翰逊	275.3	0	0	1	1
总计				1	1	1	3

表4-258　男子团体奖牌榜

排名	国家 / 地区	奖牌获得者	成绩（分）	金牌（枚）	银牌（枚）	铜牌（枚）	总数（枚）
1	挪威	丹尼尔・安德烈・坦德 / 安德鲁斯・谢宁 约翰・安德烈・弗凡 / 罗伯特・约翰逊	1 098.5	1	0	0	1
2	德国	凯尔・盖格尔 / 马库斯・艾森比希勒 理查德・弗赖塔格 / 安德鲁斯・魏林格	1 075.7	0	1	0	1
3	波兰	马切伊・阔特 / 斯特凡・胡拉 达维德・库巴茨基 / 卡米尔・斯托奇	1 072.4	0	0	1	1
总计				1	1	1	3

表4-259　奖牌总榜

排名	国家 / 地区	金牌（枚）	银牌（枚）	铜牌（枚）	总数（枚）
1	挪威	2	1	2	5
2	德国	1	3	0	4
3	波兰	1	0	1	2
4	日本	0	0	1	1
总计		4	4	4	12

3. 2014 俄罗斯索契冬奥会跳台滑雪项目奖牌榜（表 4-260 ～表 4-264）

表4-260　个人标准台（男子）奖牌榜

排名	国家 / 地区	奖牌获得者	成绩（分）	金牌（枚）	银牌（枚）	铜牌（枚）	总数（枚）
1	波兰	卡米尔・斯托奇	278.0	1	0	0	1
2	斯洛文尼亚	皮特・普雷维奇	265.3	0	1	0	1
3	挪威	安德斯・巴达尔	264.1	0	0	1	1
总计				1	1	1	3

表4-261　个人标准台（女子）奖牌榜

排名	国家 / 地区	奖牌获得者	成绩（分）	金牌（枚）	银牌（枚）	铜牌（枚）	总数（枚）
1	德国	卡琳娜・沃格特	247.4	1	0	0	1
2	奥地利	丹尼尔拉・伊拉什科・斯托尔兹	246.2	0	1	0	1
3	法国	考林纳・马特尔	245.2	0	0	1	1
总计				1	1	1	3

表4-262　个人大跳台（男子）奖牌榜

排名	国家 / 地区	奖牌获得者	成绩(分)	金牌（枚）	银牌（枚）	铜牌（枚）	总数（枚）
1	波兰	卡米尔·斯托奇	278.7	1	0	0	1
2	日本	葛西纪明	277.4	0	1	0	1
3	斯洛文尼亚	皮特·普雷维奇	274.8	0	0	1	1
总计				1	1	1	3

表4-263　大跳台团体赛奖牌榜

排名	国家 / 地区	奖牌获得者	成绩(分)	金牌（枚）	银牌（枚）	铜牌（枚）	总数（枚）
1	德国	安德鲁斯·万科 / 马库斯·克劳斯 安德鲁斯·魏林格 / 施威郎·弗洛恩德	1 041.1	1	0	0	1
2	奥地利	迈克尔·哈勒克 / 托马斯·莫根斯特恩 托马斯·迪特哈特 / 乔治·史基勒恩索尔	1 038.4	0	1	0	1
3	日本	伊东大贵 / 葛西纪明 清水礼留飞 / 竹内択	1 024.9	0	0	1	1
总计				1	1	1	3

表4-264　奖牌总榜

排名	国家 / 地区	金牌（枚）	银牌（枚）	铜牌（枚）	总数（枚）
1	德国	2	0	0	2
1	波兰	2	0	0	2
3	奥地利	0	2	0	2
4	日本	0	1	1	2
5	斯洛文尼亚	0	1	1	2
6	法国	0	0	1	1
7	挪威	0	0	1	1
总计		4	4	4	12

4. 2010 加拿大温哥华冬奥会跳台滑雪项目奖牌榜（表 4-265 ～表 4-268）

表4-265　男子个人标准台（K90）奖牌榜

排名	国家 / 地区	奖牌获得者	成绩(分)	金牌（枚）	银牌（枚）	铜牌（枚）	总数（枚）
1	瑞士	西蒙·阿曼恩	276.5	1	0	0	1

续表

排名	国家 / 地区	奖牌获得者	成绩(分)	金牌（枚）	银牌（枚）	铜牌（枚）	总数（枚）
2	波兰	亚当・马里兹	269.5	0	1	0	1
3	奥地利	乔治・史基勒恩索尔	268.0	0	0	1	1
总计				1	1	1	3

表4-266　男子个人大跳台（K120）奖牌榜

排名	国家 / 地区	奖牌获得者	成绩（分）	金牌（枚）	银牌（枚）	铜牌（枚）	总数（枚）
1	瑞士	西蒙・阿曼恩	283.6	1	0	0	1
2	波兰	亚当・马里兹	269.4	0	1	0	1
3	奥地利	乔治・史基勒恩索尔	262.2	0	0	1	1
总计				1	1	1	3

表4-267　男子团体大跳台（K120）奖牌榜

排名	国家 / 地区	奖牌获得者	成绩（分）	金牌（枚）	银牌（枚）	铜牌（枚）	总数（枚）
1	奥地利	沃尔夫冈・鲁伊特兹尔 / 安德烈・柯夫勒 托马斯・莫根斯特恩 / 乔治・史基勒恩索尔	1 107.9	1	0	0	1
2	德国	迈克尔・纽曼 / 安德鲁斯・万科 马丁・施密特 / 迈克尔・赫尔曼	1 035.8	0	1	0	1
3	挪威	安德鲁斯・巴特勒 / 托马斯・海德 约翰・雷曼・文森 / 安德鲁斯・雅格布森	1 030.3	0	0	1	1
总计				1	1	1	3

表4-268　奖牌总榜

排名	国家 / 地区	金牌（枚）	银牌（枚）	铜牌（枚）	总数（枚）
1	瑞士	2	0	0	2
2	奥地利	1	0	2	3
3	波兰	0	2	0	2
4	德国	0	1	0	1
5	挪威	0	0	1	1
总计		3	3	3	9

5. 2006年法国都灵冬奥会跳台滑雪项目奖牌榜（表4–269～表4–272）

表4–269 男子个人标准台（K90）奖牌榜

排名	国家 / 地区	奖牌获得者	成绩（分）	金牌（枚）	银牌（枚）	铜牌（枚）	总数（枚）
1	挪威	拉斯・贝斯托尔	266.5	1	0	0	1
2	芬兰	马蒂・霍塔迈基	265.5	0	1	0	1
3	挪威	劳尔・里约克索伊	264.5	0	0	1	1
总计				1	1	1	3

表4–270 男子个人大跳台（K120）奖牌榜

排名	国家 / 地区	奖牌获得者	成绩（分）	金牌（枚）	银牌（枚）	铜牌（枚）	总数（枚）
1	奥地利	托马斯・莫根斯特恩	276.9	1	0	0	1
2	奥地利	安德鲁斯・考夫勒	276.8	0	1	0	1
3	挪威	拉斯・比斯托尔	250.7	0	0	1	1
总计				1	1	1	3

表4–271 男子团体大跳台（K120）奖牌榜

排名	国家 / 地区	奖牌获得者	成绩(分）	金牌（枚）	银牌（枚）	铜牌（枚）	总数（枚）
1	奥地利	安德鲁斯・维德祖罗兹 / 安德鲁斯・考夫勒 马丁・考彻 / 托马斯・莫根斯特恩	984.0	1	0	0	1
2	芬兰	塔米・库 / 吉安尼・哈波宁 吉安尼・阿霍宁 / 马蒂・霍塔迈基	976.6	0	1	0	1
3	挪威	拉斯・贝斯托尔 / 埃纳尔・罗蒙 汤米・英格布里格森 / 劳尔・里约克索亚	950.1	0	0	1	1
总计				1	1	1	3

表4–272 奖牌总榜

排名	国家 / 地区	金牌（枚）	银牌（枚）	铜牌（枚）	总数（枚）
1	奥地利	2	1	0	3
2	挪威	1	0	3	4
3	芬兰	0	2	0	2
总计		3	3	3	9

第七节　单板滑雪

一、单板滑雪运动的概念

单板滑雪（snowboarding）（又称滑板滑雪）又被称为冬季的冲浪运动，单板滑雪选手用一块滑雪板而不是一双滑雪板，利用身体和双脚来控制方向。

二、单板滑雪运动的起源与发展

（一）起源

单板滑雪于20世纪60年代诞生于美国。1965年圣诞节，美国密歇根州一位名叫谢尔曼·波彭（Sherman Poppen）的滑雪爱好者仿照海上冲浪板，发明了一种名为“雪上冲浪”的娱乐活动。他将两块滑雪板绑在一起，通过一根绳子控制着雪板从山上滑下，创造了两脚踩踏在一整块板上的新“滑雪板”。他为自己的孩子制作了一块滑雪板，取名“斯纳菲尔”，即雪上冲浪的意思，作为儿童玩具出售。而这正是单板滑雪的前身，这种现在看来略显傻气的娱乐方式在当年迅速火爆，截至1976年，全球已经有超过100万的“雪上冲浪”爱好者。

20世纪70年代中期，单板滑雪开始兴起，开展单板滑雪的人越来越多，其中最有成就的是卡彭特和奥尔森。他们经过多次试验，终于用蒸汽弯曲板材和玻璃钢纤维制造出一种背面黏合度高、四周镶有金属边缘的新型滑雪单板。

（二）发展

来自不同领域的滑雪爱好者，将高山滑雪、自由式滑雪和陆地滑板中的一些技术、技巧和运动形式，融入单板滑雪中，逐渐使单板滑雪形成一个独立的竞技项目。这一时期，两个对单板滑雪至关重要的人物出现了。他们通过进一步改良玩法和器材，大大提升了人们在雪上冲浪时的控制力和速度。这两个人就是汤姆·西姆斯（Tom Sims）和杰克·佰顿（Jake Burton），通过两人对单板材质和固定器的改进，使单板从之前的半玩具式娱乐用品，逐渐进化成为真正的运动器材。汤姆·西姆斯和杰克·佰顿也因为对单板运动的贡献被公认为现代单板的奠基人。

进入20世纪80年代滑板滑雪开始风靡美国，现代单板的出现，真正的单板赛事也应运而生。随着单板滑雪的发展和技术水平的提高，一些职业高手决定成立单板滑雪组织和举办单板滑雪比赛。1980年在美国滑雪联盟的组织下，制定了第一个单板滑雪竞赛规则。1982年，美国举办了第一届单板滑雪锦标赛，当年的比赛形式在现在看来不可思议，因为内容是——直线速降。到了1983年，比赛内容被进一步丰富为高山速降赛和大回转赛。同年，汤姆·西姆斯（Tom Sims）创立首届世界单板滑雪锦标赛。

同一时期，单板运动通过杂志传播至欧洲。受到启发的欧洲人在1985年第一次和美国人同场竞技。更有被称为单板自由式之父的特里·基德维尔（Terry Kidwell）率先发明了单板的半管玩法。Terry Kidwell和他的朋友们，是最早将滑板风格和玩法引入单板之中的一群人。而且他们将一直以来人们秉承的，根据比赛用时打分的习惯改变为根据动作印象打分。

单板自由式玩法的出现，迅速引领了这项运动的发展方向。当时，全世界最优秀的单板滑手，都在拼尽全力把自己的名字刻在自由式单板比赛的奖杯上。到1988年，单板滑雪已发展到十余个国家和地区，从事单板滑雪运动的人数达到了两百多万。1989年，半管项目被正式列入美国公开赛中。20

世纪80年代末期，自由式单板滑雪已经吸引了众多当时最有潜力的年轻滑手参赛，如泰耶·哈克森（Terje Hakonsen）、克雷格·凯利（Craig Kelly）、肖恩·帕尔默（Shaun Palmer）和布莱恩·伊古奇（Bryan Iguchi）等。

（三）入奥

进入20世纪90年代，当年还在书写自己传奇历史的年轻人们，将和单板滑雪一起进入高速发展的十年之中。1994年，鉴于单板滑雪运动的发展，国际滑雪联合会（FIS）决定将滑板滑雪定为冬奥会正式项目。

短短二三十年间，单板运动已经风靡全球。1998年，第十八届日本长野冬奥会单板滑雪成为奥运会的正式比赛项目，比赛设男子大回转、女子大回转、男子U型场地技巧以及女子U型场地技巧4个小项。

2002年第十九届美国盐湖冬奥会将男、女大回转比赛分别改为平行大回转比赛。2006年第二十届意大利都灵冬季奥运会增设增添了男子队雪道障碍赛和女子多人雪道障碍赛。

三、中国单板滑雪运动的发展

中国的单板滑雪运动起始于21世纪初。2001年中国第一家单板滑雪学校在北京南山滑雪场诞生，同年，首个半管式U型槽建成（北京南山滑雪场）。2002首次单板滑雪大赛（首届南山单板滑雪公开赛）举办，中国新闻媒体首次出现关于单板滑雪的报道。2003年，中文单板滑雪解说VCD“How to snowboard”出版，由奥兰多·冯·艾恩西德尔（Orlando von Einsiedel）倡议的首次国际单板选手来中国进行表演。2004年，首个单板滑雪公园在北京南山滑雪场建成（诺基亚南山麦罗公园），同年，欧洲单板运动员第一次来中国参加单板滑雪比赛（诺基亚南山单板滑雪公开赛）。2004年，中国滑雪协会首次举办全国性单板滑雪比赛。2005年，全球最大的运动展——ISPO首次在上海举办。2006年中国单板滑雪运动员第一次参加冬奥会单板滑雪项目比赛。

中国的单板滑雪于2003年正式立项，主要开展U型场地雪上技巧项目。凭借在体操、武术等项目上的突出成绩，中国单板滑雪项目选材得当，在短短几年内迅速进步成长。在2005年第二十二届奥地利因斯布鲁克世界大学生冬季运动会上，中国选手潘蕾为中国队赢得了国际比赛的首枚单板滑雪银牌，中国队在该项目上还获得了两个2006年都灵冬奥会的参赛资格。

在2007—2008赛季，中国17岁小将刘佳宇脱颖而出，两次夺得世界杯金牌，并一度跻身世界第一的位置，并在2009年韩国横城单板滑雪世锦赛上，中国队实现历史性突破夺取U型池团体和个人冠军。

单板滑雪运动进入中国虽然时间较短，但却以最迅猛的速度在年轻人中普及开来。从北京到上海再到广东，从室外滑雪场到室内滑雪场，处处都有单板滑雪者的身影。风靡欧洲二十余年的沸雪（Air&Style）单板滑雪大跳台比赛，是世界最高级别的冬季运动赛事之一。从2010年12月，沸雪首次来到中国，至今已连续举办十届。2017年，沸雪国际雪联单板滑雪大跳台世界杯赛也将全面升级成为世界杯分站赛之一。

四、单板滑雪运动的赛事及项目

（一）国际赛事

1. 国际冬季奥林匹克运动会

1994年国际滑雪联合会（FIS）决定将滑板滑雪定为冬奥会正式项目。1998年第十八届日本长野冬奥会单板滑雪成为奥运会的正式比赛项目，比赛设男子大回转、女子大回转、男子U型场地技巧以及女子U型场地技巧4个小项。

2. 亚洲冬季运动会

亚洲冬季运动会简称亚冬会，是亚洲冬季规模最大的综合性运动会，由亚洲奥林匹克理事会的成员国轮流主办。自1986年开始第一届，每四年举办一届，截至2022年共举办了八届（2021年第九届亚洲冬季运动会未举办）。国际奥林匹克委员会承认亚洲冬季运动会为正式的亚洲地区冬季运动会。

3. 世界单板滑雪锦标赛

世界单板滑雪锦标赛（WCS）是世界单板滑雪联合会（WSC）举办的顶级单板滑雪赛事。世界单板滑雪锦标赛为U型池，坡式障碍技巧赛和空中技巧赛真正的世界冠军加冕。这项高水平的单板滑雪盛事每4年举办一次，汇集了代表43个WSF成员国的300多名滑手，在世界各地的滑雪场轮番上演。2016年，亚布力滑雪场，中国最大的冬季运动胜地，举办了第二届单板滑雪世界锦标赛。

4. 沸雪赛事

沸雪赛事于1993年创立于奥地利因斯布鲁克，比赛形式为单板选手从高处滑行而下，通过大跳台起跳，可随意表演各种空翻、回转等动作。沸雪自创立起风靡欧洲24年，2010年12月首次来到中国。2017年沸雪升级成为国际雪联单板滑雪大跳台世界杯六站中的一站，跻身国际A类赛事之列，并成为2018年平昌冬奥会积分赛。

5. 冬季极限运动会

冬季极限运动会起源于美国，每年举办一次，主要是挑战极限滑雪。比赛的定位决定了这一赛事是所有赛事中最具观赏性的一个。冬季极限代表了障碍技巧滑雪、U型管滑雪、大跳台滑雪和极限追逐这几个项目的世界级最高水平。

（二）国内赛事

1. 中华人民共和国冬季运动会

全国冬季运动会一般指中华人民共和国冬季运动会，简称“全国冬运会”或“冬运会”，是中国规模最大、级别最高的冬季综合性体育赛事，每四年举办一次，第一届于1959年2月在哈尔滨和吉林市举行。此后基本上是每四年举办一次，至2022年已举办十三届（第二届停办但届次照算，第十四届延期）。第一至第四届作为全国运动会的冬季项目，与全运会的夏季项目一并作为一项赛事举办。1983年以后，冬季运动会从全国运动会中分离，另行举办。

2. 全国单板滑雪U型场地锦标赛

全国单板滑雪U型场地锦标赛，由国家体育总局冬季运动管理中心、中国滑雪协会主办。比赛分为单板滑雪U型场地男、女个人技术难度规定动作，单板滑雪U型场地男、女个人技术种类规定动作，单板滑雪U型场地男、女个人自选动作，U18单板滑雪U型场地男、女个人，单板滑雪U型场地男、女四人团体5个大项。

3. 全国单板滑雪障碍追逐冠军赛

全国单板滑雪障碍追逐冠军赛，由国家体育总局冬季运动管理中心主办。该项赛事是我国成功申办北京冬奥会后第一次举办该项目赛事冠军赛，共有来自新疆、内蒙古、北京及东北三省在内的60名专业运动员参加。

（三）比赛项目

单板滑雪分为平行回转、U型场地技巧、坡面障碍技巧、障碍追逐、大跳台5个小项。目前我国开展的竞技单板滑雪项目仅为双人平行大回转和U型场地技巧。

1. 平行大回转

单板平行大回转赛道每条宽度至少为40米，赛道平均坡度角17～22度，标高差宜在120～200米，投影长度宜在 400 ～ 700 米，最佳长度为 550 米。整个赛道至少须设置 18 个旗门（建议设置 25 个），两个连续的旗门相距最近的旗门柱之间的距离不得短于 10 米，旗门之间的水平距离应在 20 ～ 25 米，垂直距离应在 8 ～ 10 米，蓝旗赛道与红旗赛道之间应保持 20 ～ 27 米的距离。

2.U 型场地技巧

一般单板 U 型场地长度为 100 ～ 140 米，坡度角 14 ～ 18 度，U 型口宽 14 ～ 18 米，U 型深度 3 ～ 4.5 米，最佳尺寸都为中间数值。适用于奥运会比赛的场地为超级 U 型场地，冬奥会滑道的平均坡度为 17 ～ 18 度；推荐长度为 170 米，而不得短于 150 米；半圆筒须宽 19 ～ 22 米，筒高须达到 6.7 米。

单板滑雪 U 型场地技巧指在倾斜的半圆形赛道（碗状坡道）中滑行及进行跳跃、回转等空中技巧的运动。6 名裁判员根据完成动作的高度、回转、技巧、难度等整体效果评分，100 分为满分，排除最高分与最低分，剩下的四个分数的平均分为该选手本轮比赛最终分数。两次表演中更好的成绩将决定选手的最终排名。

3. 坡面障碍技巧

单板滑雪坡面障碍技巧又称单板滑雪自由式比赛，属于极限运动。在单板滑雪的各种比赛类型中，坡面障碍技巧比赛以赛道长、连续设置多组跳台和道具、充分展现单板动作技巧而成为最具观赏性的比赛项目。

4. 障碍追逐

单板滑雪障碍追逐于 2006 年成为冬奥会比赛项目，后称障碍追逐，是单板滑雪运动大项中的一项运动小项，竞速类雪上项目。障碍追逐运动员比赛中运动员 4 ～ 6 人成组集体出发，在雪道中穿越各种障碍以最快速度到达终点。运动员离开出发门后需要在雪道中通过一系列障碍，跳台、凹槽、波浪道、断崖、半壁等各种障碍，允许适当身体接触，运动员需要以最快速度到达终点。障碍追逐的赛道一般是狭窄的，极度考验运动员的技术能力。

5. 大跳台

单板滑雪大跳台是选手从高处滑行而下通过大跳台一飞冲天，表演各种空翻、回转等空中绝技。1998 年成为冬奥会正式比赛项目。大跳台的场地分为助滑区、起跳台、着陆坡和终点区域四个部分。一般说来，预赛采用 Two-run best（两次表演，取其中最好的一次成绩决定排名），决赛采用 Three-run best（三次表演，取其中最好的两次成绩决定排名）的方式进行角逐。

五、单板滑雪运动的运动技术等级

U型场地

（一）国际级运动健将

凡符合下列条件之一者，可申请授予国际级运动健将称号：

（1）冬季奥运会个人前十二名。

（2）世界锦标赛个人前八名。

（二）运动健将

凡符合下列条件之一者，可申请授予运动健将称号：

（1）冬季奥运会个人第十三至第十六名。

（2）世界锦标赛个人第九至第十二名。

（3）世界杯分站赛个人前第十二名。
（4）世界青年锦标赛、冬季青年奥运会、世界大学生冬季运动会、亚洲冬季运动会个人前八名。
（5）全国冬季运动会个人前三名。
（6）全国锦标赛、全国冠军赛个人第一名。

（三）一级运动员

凡符合下列条件之一者，可申请授予一级运动员称号：
（1）冬季奥运会个人第十七至第二十名。
（2）世界锦标赛、世界杯分站赛个人第十三至第十六名。
（3）世界青年锦标赛、冬季青年奥运会、世界大学生冬季运动会、亚洲冬季运动会个人第九至第十二名。
（4）全国冬季运动会个人第四至第八名。
（5）全国锦标赛、全国冠军赛个人第二至第六名。
（6）全国青年运动会、全国青年锦标赛、全国青少年锦标赛、全国 U 系列比赛个人第一名。

（四）二级运动员

凡符合下列条件之一者，可申请授予二级运动员称号：
（1）全国冬季运动会个人第九至第十六名。
（2）全国锦标赛、全国冠军赛个人第七至第十二名。
（3）全国青年运动会、全国青年锦标赛、全国青少年锦标赛、全国 U 系列比赛个人第二至第六名。
（4）省（区、市）体育行政部门主办的综合性运动会个人前三名。
（5）省（区、市）体育行政部门主办的锦标赛个人第一名。

（五）三级运动员

凡符合下列条件之一者，可申请授予三级运动员称号：
（1）全国冬季运动会个人第十五至第二十名。
（2）全国锦标赛、全国冠军赛个人第十三至第十八名。
（3）全国青年运动会、全国青年锦标赛、全国青少年锦标赛、全国 U 系列比赛个人第七至第十二名。
（4）省（区、市）体育行政部门主办的综合性运动会个人第四至第六名。
（5）省（区、市）体育行政部门主办的锦标赛个人第二至第三名。
注：①可授予等级称号的小项（以下小项外的其他小项不得授予等级称号）：男子个人、女子个人；②上述国际和全国比赛各小项须至少有 8 人（队）、省级比赛各小项须至少有 6 人（队）上场比赛，方可授予等级称号；③上述比赛未明确组别的，则仅最高水平组别可授予等级称号。

平行回转、平行大回转

（一）国际级运动健将

凡符合下列条件之一者，可申请授予国际级运动健将称号：
冬季奥运会、冬季青年奥运会、世界锦标赛、世界杯总决赛（或排名总积分）单项前二十名。

（二）运动健将

凡符合下列条件之一者，可申请授予运动健将称号：

（1）世界大学生冬季运动会、世界青年锦标赛单项前十六名。

（2）国际雪联积分赛单项前八名。

（3）国际雪联洲际杯比赛单项前十六名。

（4）亚洲冬季运动会单项前八名。

（5）全国冬季运动会单项前四名。

（6）全国锦标赛、全国冠军赛单项前三名。

（三）一级运动员

凡符合下列条件之一者，可申请授予一级运动员称号：

（1）全国锦标赛、全国冠军赛单项第四至第八名。

（2）世界中学生冬季运动会、全国青年运动会、全国青少年锦标赛、全国 U 系列比赛青年组单项前三名。

（四）二级运动员

凡符合下列条件之一者，可申请授予二级运动员称号：

（1）世界中学生冬季运动会、全国青年运动会、全国青少年锦标赛全国 U 系列比赛青年组单项第四至八名，全国大学生滑雪挑战赛（总决赛）、全国中学生单项锦标赛少年组单项前三名。

（2）省（区、市）体育行政部门主办的综合性运动会、锦标赛成年组单项前八名，青年组单项前三名。

（五）三级运动员

凡符合下列条件之一者，可申请授予三级运动员称号：

（1）省（区、市）体育行政部门主办的综合性运动会、锦标赛成年组单项第九至第十六名，青年组单项第四至第八名。

（2）市（地、州、盟）体育行政部门主办的综合性运动会、锦标赛单项前三名。

注：①可授予等级称号的小项（以下小项外的其他小项不得授予等级称号）：男子、女子：平行回转、平行大回转、回转、大回转；②上述比赛各小项须至少有 16 人上场比赛，方可授予等级称号；③上述比赛未明确组别的，则仅最高水平组别可授予等级称号。

障碍追逐

（一）国际级运动健将

凡符合下列条件之一者，可申请授予国际级运动健将称号：

（1）冬季奥运会前十二名。

（2）世界锦标赛、世界杯总排名前八名。

（二）运动健将

凡符合下列条件之一者，可申请授予运动健将称号：

（1）冬季奥运会第十三至第二十四名。

（2）世界锦标赛、世界杯总排名第九至第十六名。
（3）世界大学生冬季运动会、世界青年锦标赛、冬季青年奥运会、亚洲冬季运动会前八名。
（4）全国冬季运动会单项前六名，团体第一名。
（5）全国锦标赛、全国冠军赛单项前三名。

（三）一级运动员

凡符合下列条件之一者，可申请授予一级运动员称号：
（1）冬季奥运会第二十五至第三十名。
（2）世界锦标赛、世界杯总排名第十七至第二十四名。
（3）世界大学生冬季运动会、世界青年锦标赛、冬季青年奥运会、亚洲冬季运动会第九至第十二名。
（4）全国冬季运动会单项第七至第十二名，团体第二至第三名。
（5）全国锦标赛、全国冠军赛单项第四至第八名，团体第一名。
（6）世界中学生冬季运动会、全国青年运动会、全国青年锦标赛单项第一名。

（四）二级运动员

凡符合下列条件之一者，可申请授予二级运动员称号：
（1）全国冬季运动会单项第十三至第十八名。
（2）全国锦标赛、全国冠军赛单项第九至第十二名，团体第二至第三名。
（3）世界中学生冬季运动会、全国青年运动会、全国青年锦标赛单项第二至第六名，团体第一名。
（4）全国大学生滑雪挑战赛（总决赛）、全国中学生单项锦标赛、省（区、市）体育行政部门主办的综合性运动会、省（区、市）体育行政部门主办的锦标赛单项前三名。

（五）三级运动员

凡符合下列条件之一者，可申请授予三级运动员称号：
（1）全国冬季运动会单项第十九至第二十二名。
（2）全国锦标赛、全国冠军赛单项第十三至第十六名。
（3）全国青年运动会、全国青年锦标赛单项第七至第十二名，团体第二至第三名。
（4）全国大学生滑雪挑战赛（总决赛）、全国中学生单项锦标赛、省（区、市）体育行政部门主办的综合性运动会、省（区、市）体育行政部门主办的锦标赛单项第四至第八名。

注：①可授予等级称号的小项（以下小项外的其他小项不得授予等级称号）：男子个人、女子个人、混合团体；②上述比赛各单人项目须至少有 8 人、团体项目须至少有 6 队参加，方可授予等级称号；③上述比赛未明确组别的，则仅最高水平组可授予等级称号。

大跳台和坡面障碍技巧

（一）国际级运动健将

凡符合下列条件之一者，可申请授予国际级运动健将称号：
（1）冬季奥运会前十二名。
（2）世界锦标赛前八名。

（二）运动健将

凡符合下列条件之一者，可申请授予运动健将称号：

（1）冬季奥运会第十三至第十六名。

（2）世界锦标赛第九至第十二名。

（3）世界杯分站赛前十二名。

（4）世界青年锦标赛、冬季青年奥运会、世界大学生冬季运动会、亚洲冬季运动会前八名。

（5）全国冬季运动会前三名。

（6）全国锦标赛、全国冠军赛第一名。

（三）一级运动员

凡符合下列条件之一者，可申请授予一级运动员称号：

（1）冬季奥运会第十七至第二十名。

（2）世界锦标赛、世界杯分站赛第十三至第十六名。

（3）世界青年锦标赛、冬季青年奥运会、世界大学生冬季运动会亚洲冬季运动会第九至第十二名。

（4）全国冬季运动会第四至第八名。

（5）全国锦标赛、全国冠军赛第二至第六名。

（6）全国青年运动会、全国锦标赛青年组、全国冠军赛青年组第一名。

（四）二级运动员

凡符合下列条件之一者，可申请授予二级运动员称号：

（1）全国冬季运动会第九至第十四名。

（2）全国锦标赛、全国冠军赛第七至第十二名。

（3）全国青年运动会、全国锦标赛青年组、全国冠军赛青年组第二至第六名。

（4）省（区、市）体育行政部门主办的综合性运动会前三名。

（5）省（区、市）体育行政部门主办的锦标赛第一名。

（五）三级运动员

凡符合下列条件之一者，可申请授予三级运动员称号：

（1）全国冬季运动会第十五至第二十名。

（2）全国锦标赛、全国冠军赛第十三至第十八名。

（3）全国青年运动会、全国锦标赛青年组、全国冠军赛青年组第七至第十二名。

（4）省（区、市）体育行政部门主办的综合性运动会第四至第六名。

（5）省（区、市）体育行政部门主办的锦标赛第二至第三名。

注：①可授予等级称号的小项（以下小项外的其他小项不得授予等级称号）：男子大跳台、女子大跳台、男子坡面障碍技巧、女子坡面障碍技巧；②上述国际和全国比赛各小项须至少有 8 人、省级比赛各小项须至少有 6 人上场比赛，方可授予等级称号；③上述比赛未明确组别的，则仅最高水平组别可授予等级称号。

六、单板滑雪运动的规则

（一）平行大回转（parallel GS）竞赛规则

（1）男子、女子运动员各 32 名。

（2）运动员首先在红、蓝两道上分别进行一轮滑行，并按其两轮滑行时间之和进行排名。男、女前十六名进入决赛。

（3）决赛对阵按 1 ～ 16、2 ～ 15、3 ～ 14……（以此类推）进行分组，按 16 进 8、8 进 4 进行淘汰赛。

（4）前四名运动员分成两组比赛，每组第一名进入大决赛（big final）决出第一、第二名，第二名进入小决赛（small final）决出第三、第四名。

（二）U 型场地（halfpipe）

1. 竞赛规则

（1）男子运动员 30 名、女子运动员 24 名。

（2）预赛两轮：第一轮男子前六名、女子前三名运动员直接进入决赛，其余运动员通过第二轮比赛再次决出男子前六名、女子前三名进入决赛。

（3）决赛三轮：每名运动员按三轮中成绩最好的一轮成绩进行排名。

2. 评分规则

（1）裁判员从腾空高度、技术动作难度、运动员完成质量、成套完整性四个方面对运动员进行评价。

（2）每套动作满分为 100 分。

（3）六人制裁判组，去掉最高分和最低分后的平均分为运动员成绩。

（三）障碍追逐（snowboard cross）竞赛规则

（1）男子运动员 40 名、女子运动员 30 名。

（2）运动员首先进行一轮个人预赛，即每人独自滑行赛道并按其滑行时间进行排名。

（3）按排名将运动员每 4 ～ 6 人一组分为若干组进行比赛，每组前两名进入下一轮。

（4）前八名运动员分成两组比赛，每组前两名进入大决赛（Big Final）决出第一名到第四名，后两名进入小决赛（Small Final）决出第五名到第八名。

（四）大跳台（bigair）

1. 评分规则

（1）裁判员从腾空高度、技术动作难度、运动员完成质量三个方面对运动员进行评价。

（2）每套动作满分为 100 分。

（3）六人制裁判组，去掉最高分和最低分后的平均分为运动员成绩。

2. 竞赛规则

（1）男子运动员 40 名、女子运动员 30 名（均需兼项坡面技巧）。

（2）预赛两轮：第一轮男子前五名、女子前三名运动员直接进入决赛，其余运动员通过第二轮比赛再次决出男子前五名、女子前三名进入决赛。

（3）决赛三轮：每名运动员按三轮中成绩最好的两轮成绩之和进行排名。

（五）坡面技巧（slopestyle）

1. 竞赛规则

（1）男子运动员 40 名、女子运动员 30 名（均需兼项大跳台）。

（2）预赛两轮：第一轮男子前五名、女子前三名运动员直接进入决赛，其余运动员通过第二轮比赛再次决出男子前五名、女子前三名进入决赛。

（3）决赛三轮：每名运动员按三轮中成绩最好的两轮成绩之和进行排名。

2. 评分规则

（1）裁判员从腾空高度、技术动作难度、运动员完成质量三个方面对运动员进行评价。

（2）每套动作满分为 100 分。

（3）六人制裁判组，去掉最高分和最低分后的平均分为运动员成绩。

七、单板滑雪运动的装备器材

单板滑雪装备可划分为硬件（滑板、雪鞋和固定器）、软件（滑雪服、手套和帽子）以及安全护具（头盔、护腕、护臀、护膝是常用的基本装备，更专业的运动人士还需要护肘、全身护甲）等。

（一）滑雪板

滑雪板是最年轻的冬季运动器材，在世界范围内受到越来越多人的欢迎，单板的构造及滑行条件与高山板（ski）很相近，但玩法（技巧）和装备不同。滑雪单板一般分为三类：

回转式（carving）：又称 race 板，板尖部分略微向下翘起，板比较窄，基本上只在雪道上长直线滑行和用滑板边缘进行急转弯，适合于回转比赛。

便于操纵式（freeride）：适用范围广，多功能的大众全能板，不仅可以在雪道上，而且可以在深雪中滑。此板前后端都向上翘起，但方向性还是很明确。

自由式（freestyle）：用于跳跃、旋转等方式的技巧滑雪板。在跳跃、花样、横杆滑行、半管道和花样变换方面有突出优势。

（二）单板滑雪鞋

单板的鞋分为软鞋和硬鞋两种。硬鞋同高山滑雪鞋非常相似（硬的外壳及柔软的内鞋套），如今几乎只用在少数竞技比赛中（如大回转）。舒适轻便的软鞋在近些年中得以推广。

（三）固定器

与高山滑雪最大的区别是单板固定器是将鞋和板真正地固定在一起的。软鞋和硬鞋要配不同的固定器，软鞋系列占领着市场。固定器的最新发展趋势是所谓的“Step in”固定器，即在鞋的底部加上一块特殊的金属，用于固定鞋和板。

（四）滑雪服、滑雪帽

穿滑雪服的目的就是在滑雪时保持身体温暖、干燥。

滑雪帽应以保护耳部、轻便、不影响视野为宜，一般用弹性较好的细绒线织成。如果滑行中感觉冷风对脸部的刺激太大，可选择一个只露出双眼的头套，再加一个全封闭型的滑雪镜，则可将面部完全罩住，能有效地阻止冷风对面部的侵入。

（五）头盔

单板滑雪时最好佩戴头盔。多项研究指出，如在滑雪或玩滑雪板时戴上合规格的头盔能有效地防止头部受伤。

（六）手套

单板不需要雪杖，因此手套在这里的作用主要不是耐磨，而是为了保暖、防寒。滑雪手套一般用天然皮革和合成材料制成，外层面料一定要防水。

（七）安全护具

与高山滑雪服一样，滑单板时要用一些护具，如护膝、护肘、护腕、护臀等加以保护。同样，风镜也是必不可少的。

八、单板滑雪运动的基本技术

（一）基本站姿

（1）膝盖弯曲，保持最大的弹性。
（2）双手平举，辅助平衡。
（3）上半身同样应保持最大的弹性，配合滑板动作，做出必要的反应姿势。

（二）站姿变换

与滑雪一样，单板滑雪在滑行中，站立姿势会依前进方向或是地形变化而有所不同。
（1）低站姿可应用在转弯及需要降低身体重心的情况。
（2）弯曲上半身、腰、膝盖。
（3）不管如何一定要保持全身关节的弹性。

（三）安全的跌倒和起立

单板滑雪必须要穿戴护腕、护膝、护臀等防护用具，以防止关节或骨盆部分受伤。
1. 面谷的安全摔法
（1）臀部先着地（臀部一定要穿戴护具）。
（2）依臀、腰、手的顺序，渐次将力量散去。
（3）即便穿戴安全帽，也不要让头部直接撞击雪面。
2. 面山的站立法
（1）以脚趾侧的钢边及膝盖撑。
（2）以手为支撑，下半身先起。
（3）手离地至完全站立。
3. 面谷的站立法
（1）以脚跟侧的钢边及臀部顶地。
（2）以手为支撑，下半身先起。
（3）手离地至完全站立。
4. 面山的安全摔法一
（1）膝盖先着地。

（2）接着手掌置于胸前撑地。
（3）将冲击的力量依膝、手掌渐次散去。
5. 面山的安全摔法二
（1）膝盖先着地。
（2）接着手肘、手掌依序撑地。
（3）将冲击的力量依膝、手肘、手掌渐次散去。

（四）单脚滑行

单脚滑行不只是练习动作，在平地上或是进入缆车站前都会用到。
（1）穿着滑板的脚在前，以后脚推雪。
（2）双眼注视前方，保持身体平衡。
（3）滑板在向前滑动时，后脚可置于滑板后鞋套前。

（五）单脚滑行 + 停止

此练习坡度最好在 5 度以下为宜。
1. 面山练习
（1）滑板直滑而下，后脚站在滑板中间偏后的位置，双手平举辅助平衡。
（2）身体压低，膝盖弯曲压低重心，后脚的脚趾顺势处向后拉，将滑板速度减慢刹车。
（3）头转向后看着下方。
（4）滑行距离不要太长。
2. 面谷练习
（1）滑板直滑而下，后脚站在滑板中间偏后的位置，双手平举辅助平衡。
（2）身体压低，膝盖弯曲压低重心，后脚的脚跟顺势处向前推，将滑板速度减慢刹车。
（3）滑行距离不要太长。

（六）横滑 + 停止

1. 面谷
（1）二脚掌翘起，脚跟为施力点向下滑动，二脚跟随时调整出力，使雪板下滑速度不会缓和而平顺。
（2）二手微开辅助平衡，身体也微弯保持弹性，以保持最大的稳定度。
（3）停止时，压低身体、膝盖，脚跟逐渐加压用力，让雪板速度减慢进而刹车停住。
（4）记得眼睛要注视前方，不要看地上。
2. 面山
（1）身体微转向谷，眼睛注视后方。
（2）二脚掌前端施力（脚趾处），随时调整出力，使雪板下滑速度不会缓和而平顺。
（3）二手微开辅助平衡，身体也微弯保持弹性，以保持最大的稳定度。
（4）停止时，压低身体、膝盖，脚掌前端逐渐加压用力，让雪板速度减慢进而刹车停住。

（七）落叶飘

落叶飘（zig-zag）是滑板练习中最重要的环节。
1. 面谷
（1）脚跟施力，身体微倾向滑动方向。往左滑，身体往左倾；往右滑，身体往右倾。

（2）手指向辅助指引方向。

（3）眼睛注视滑动方向。

（4）变换滑动方向前，先让身体位置回到中心点，两脚施力平均，待滑板力量平衡后，再变换下一滑行方向。

2. 面山

（1）动作要领同面谷，脚掌改由脚趾处施力。

（2）注意眼睛不要看脚下。

3. 进阶练习

落叶飘的幅度可以随着练习的熟练度而逐渐调整，最终目的是能随心所欲地滑向想去的地方。

落叶飘除了是重要的练习动作，也能运用在不同地形，是非常好用的保命招式。在练习过程中，如有脚跟或是脚趾用力过度导致不舒服感的话，可以尝试面山、面谷轮流交互练习，可以减少不适感。

自落叶飘之后的所有练习，都要开始注意前后脚的位置。

如果是标准型，那就是左脚为前置脚，所有的练习动作都是以左脚在前。

如果是特殊型，那就是右脚为前置脚，所有的练习动作都是以右脚在前。

（1）面谷：①脚跟用力，滑板横向滑动，动作要领同面谷之落叶飘；②加强后脚脚跟力量，使滑板向上回山。

（2）面山：①脚趾端用力，滑板横向滑动，动作要领同面山之落叶飘；②加强后脚脚趾端力量，使滑板向上回山。

本练习也可配合熟练度横滑的角度，横滑角度越大，滑板速度会越快，回山时后脚力量相对要加大。

（八）直滑降回山

1. 面谷

（1）滑板朝谷方直滑而下。

（2）后脚脚跟逐次加压，使滑板转横回山。

（3）本练习可配合横滑降回山练习项目，可视为其最终练习目标。

2. 面山

（1）滑板朝谷方直滑而下。

（2）后脚脚趾端逐次加压，使滑板转横回山。

（九）斜滑降侧转弯

1. 自面谷转面山

（1）面谷横滑出发。

（2）放掉滑板上的压力，身体、膝盖拉直，原先与雪面接触的脚跟侧也放掉摆平。

（3）身体保持微前倾，使滑板打直往下滑动。

（4）脚趾端钢边接触雪面，准备转向。

（5）压低重心，身体、膝盖渐次弯曲，后脚脚趾顺势向后拉。6、7、8 配合滑板本身的弧度及脚趾侧的压力，滑板转为面山。

2. 自面山转面谷

（1）动作要领同上，只是脚掌运用方式对调。

（2）转弯时后脚脚跟向前顺势推出。

眼睛跟着滑行方向走、双手平举辅助平衡、身体、膝盖保持最大弹性，是不变的要领。变换方向之间，把滑板钢边放掉摆平是一个很重要的程序步骤，漏掉这个步骤有可能会因为钢边动作与身体动作无法配合而摔倒。

（十）连续转弯

将斜滑降到转弯练习中的面谷转面山及面山转面谷衔接起来，就是完整的连续转弯。
（1）膝盖的上下动作在方向变换之间扮演很大的角色。
（2）滑行过程注意下半身的外倾、上半身的内倾。
（3）滑板的钢边有释放再加上压力的转换。
（4）眼睛、手的功能性不要忽略。

九、单板滑雪运动的相关名称

（一）项目术语

男子平行大回转：Men's Parallel Giant Slalom
男子 U 型场地技巧：Men's Halfpipe
男子障碍追逐：Men's Snowboard Cross
男子坡面障碍技巧：Men's Slopestyle
男子大跳台：Men's Big Air
女子平行大回转：Ladies' Parallel Giant Slalom
女子 U 型场地技巧：Ladies' Halfpipe
女子障碍追逐：Ladies' Snowboard Cross
女子坡面障碍技巧：Ladies' Slopestyle
女子大跳台：Ladies' Big Air

（二）技术动作术语

前手（front hand）：离板尖处最近的手。对于左脚在前的滑雪者来说是左手，对于右脚在前的滑雪者来说就是右手。

后手（back hand）：离板尾处最近的手。对于左脚在前的滑雪者来说是右手，对于右脚在前的滑雪者来说就是左手。

前脚（front foot）：离板尖处最近的脚。对于左脚在前的滑雪者来说是左脚，对于右脚在前的滑雪者来说就是右脚。

后脚（back foot）：离板尾处最近的脚。对于左脚在前的滑雪者来说是右脚，对于右脚在前的滑雪者来说就是左脚。

前刃（toe edge）：确定好站位时（左脚在前或右脚在前滑行），你所面对方向下方雪板的板刃就是前刃。

后刃（heel edge）：确定好站位时（左脚在前或右脚在前滑行），你所背对方向下方雪板的板刃就是后刃。

后脚在前面滑（fakie）：向与站姿相反方向滑的情况，左脚在前的滑雪者换成用右脚向前滑。

支撑跳（ollie）：由双板的动作而来。抬起前脚后接着后脚借助雪板的弹性，不需要起跳就能达到的腾空动作。

前腿弹（nose bone）：前腿侧踢出去，后腿膝盖弯曲，形成弓字步。

后退弹（tail bone）：后腿侧踢出去，前腿膝盖弯曲，形成弓字步。

转弯（frontside turn）：对于左脚在前的滑雪者来说是左转弯，对于左撇子来说就是右转弯。

转弯（backside turn）：对于左脚在前的滑雪者来说是右转弯，对于左撇子来说就是左转弯。

旋转（frontside rotation）：对于左脚在前的滑雪者来说是逆时针旋转，而对于左撇子来说就是顺时针旋转。

旋转（backside rotation）：对于左脚在前的滑雪者来说是顺时针旋转，而对于左撇子来说就是逆时针旋转。

抓板（grab）：可以一只手也可以两只手同时、依次抓板的两刃。

腾空（straight legs）：是一种两腿同时伸直状态下的腾空。

抓刃（stiffy Air)：两条腿伸直，同时结合一个抓板动作的情况。通常是后手抓固定器之间的前刃部分。

360 度旋转（caballerials，简称 Cab）：以倒滑起滑，然后转体 360 度，最后以倒滑滑行着陆。

空翻（invert）：指的是头与地面的距离小于脚与地面的距离的情况，借助手来保持平衡。这个技巧多发生在单板公园中，难度很大，极具危险性。

“Z”字滑行 (falling leaf)：在雪道上张开双臂保持平衡，接着可用后刃正面滑行（身体面向雪道），也可用前刃反面滑行（身体背对着雪道）来学习这个动作，这个动作就像秋天飘落的树叶一般用飘荡的方式由左飘至右由右飘至左，动作要领是靠头部转向带动身体飘移，也就是说当你平滑至左侧雪道的边缘时 (此时你的头是向着左边方向) 马上将你的头转至反方向的右方此时雪板会因为你头部的转向而往右滑行，接下来就是按此方法摆动你头的方向用荡滑的方式向雪道下方滑行，这对初学者未来学转向与其他动作来说是非常重要的。

十、近五届冬奥会奖牌榜分布

1. 2022 中国北京冬奥会单板滑雪项目奖牌榜（表 4–273 ～表 4–284）

表4–273 U型场地技巧（男子）奖牌榜

排名	国家 / 地区	奖牌获得者	成绩（分）	金牌（枚）	银牌（枚）	铜牌（枚）	总数（枚）
1	日本	平野步梦	96.00	1	0	0	1
2	澳大利亚	斯科蒂・詹姆斯	92.50	0	1	0	1
3	瑞士	扬・舍雷尔	87.25	0	0	1	1
总计				1	1	1	3

表4–274 U型场地技巧（女子）奖牌榜

排名	国家 / 地区	奖牌获得者	成绩（分）	金牌（枚）	银牌（枚）	铜牌（枚）	总数（枚）
1	美国	克洛伊・金	94.00	1	0	0	1
2	西班牙	克拉尔特・卡斯特列特	90.25	0	1	0	1

续表

排名	国家 / 地区	奖牌获得者	成绩（分）	金牌（枚）	银牌（枚）	铜牌（枚）	总数（枚）
3	日本	富田濑奈	88.25	0	0	1	1
总计				1	1	1	3

表4-275　坡面障碍技巧（男子）奖牌榜

排名	国家 / 地区	奖牌获得者	成绩（分）	金牌（枚）	银牌（枚）	铜牌（枚）	总数（枚）
1	加拿大	马克斯・帕罗特	90.96	1	0	0	1
2	中国	苏翊鸣	88.70	0	1	0	1
3	加拿大	马克・麦克莫里斯	88.53	0	0	1	1
总计				1	1	1	3

表4-276　障碍技巧（女子）奖牌榜

排名	国家 / 地区	奖牌获得者	成绩(分）	金牌（枚）	银牌（枚）	铜牌（枚）	总数（枚）
1	新西兰	萨多夫斯基・辛诺特	92.88	1	0	0	1
2	美国	茱莉亚・马里诺	87.68	0	1	0	1
3	澳大利亚	特丝・科迪	84.15	0	0	1	1
总计				1	1	1	3

表4-277　障碍追逐（男子）奖牌榜

排名	国家 / 地区	奖牌获得者	金牌（枚）	银牌（枚）	铜牌（枚）	总数（枚）
1	奥地利	亚历山德罗・黑默勒	1	0	0	1
2	加拿大	埃利奥特・格伦丁	0	1	0	1
3	意大利	奥马尔・维辛廷	0	0	1	1
总计			1	1	1	3

表4-278　障碍追逐（女子）奖牌榜

排名	国家 / 地区	奖牌获得者	金牌（枚）	银牌（枚）	铜牌（枚）	总数（枚）
1	美国	琳赛・雅各贝利斯	1	0	0	1

续表

排名	国家 / 地区	奖牌获得者	金牌（枚）	银牌（枚）	铜牌（枚）	总数（枚）
2	法国	克洛艾·特雷斯珀什	0	1	0	1
3	加拿大	梅尔耶塔·奥丁	0	0	1	1
总计			1	1	1	3

表4-279 大跳台（男子）奖牌榜

排名	国家 / 地区	奖牌获得者	成绩(分)	金牌（枚）	银牌（枚）	铜牌（枚）	总数（枚）
1	中国	苏翊鸣	182.50	1	0	0	1
2	挪威	蒙斯·勒伊斯韦兰	171.75	0	1	0	1
3	加拿大	马克斯·帕罗特	170.25	0	0	1	1
总计				1	1	1	3

表4-280 大跳台（女子）奖牌榜

排名	国家 / 地区	奖牌获得者	成绩(分)	金牌（枚）	银牌（枚）	铜牌（枚）	总数（枚）
1	奥地利	安娜·加塞尔	185.50	1	0	0	1
2	新西兰	佐伊·萨多夫斯基·辛诺特	177.00	0	1	0	1
3	日本	村濑心椛	171.50	0	0	1	1
总计				1	1	1	3

表4-281 平行大回转（男子）奖牌榜

排名	国家 / 地区	奖牌获得者	成绩（分）	金牌（枚）	银牌（枚）	铜牌（枚）	总数（枚）
1	奥地利	本亚明·卡尔	41.90	1	0	0	1
2	斯洛文尼亚	蒂姆·马斯特纳克	42.72	0	1	0	1
3	俄罗斯奥运队	维奇·维尔德	41.48	0	0	1	1
总计				1	1	1	3

表4-282　平行大回转（女子）奖牌榜

排名	国家/地区	奖牌获得者	成绩（分）	金牌（枚）	银牌（枚）	铜牌（枚）	总数（枚）
1	捷克	埃丝特·莱德茨卡	43.00	1	0	0	1
2	奥地利	达妮埃拉·乌尔宾	未完成比赛判负，获银牌	0	1	0	1
3	斯洛文尼亚	格洛里娅·科特尼克	45.18	0	0	1	1
总计				1	1	1	3

表4-283　障碍追逐混合团体奖牌榜

排名	国家/地区	奖牌获得者	金牌（枚）	银牌（枚）	铜牌（枚）	总数（枚）
1	美国	尼克·鲍姆加特纳/琳赛·雅各贝利斯	1	0	0	1
2	意大利	奥马尔·维辛廷/米凯拉·莫约利	0	1	0	1
3	加拿大	埃利奥特·格伦丁/梅尔耶塔·奥丁	0	0	1	1
总计			1	1	1	3

表4-284　奖牌总榜

排名	国家/地区	金牌（枚）	银牌（枚）	铜牌（枚）	总数（枚）
1	美国	3	1	0	4
1	奥地利	3	1	0	4
3	加拿大	1	1	4	6
4	新西兰	1	1	0	2
4	中国	1	1	0	2
6	日本	1	0	2	3
7	捷克	1	0	0	1
8	澳大利亚	0	1	1	2
8	斯洛文尼亚	0	1	1	2
8	意大利	0	1	1	2
11	法国	0	1	0	1
11	西班牙	0	1	0	1
11	挪威	0	1	0	1
14	俄罗斯奥运队	0	0	1	1

续表

排名	国家 / 地区	金牌（枚）	银牌（枚）	铜牌（枚）	总数（枚）
14	瑞士	0	0	1	1
总计		11	11	11	33

2. 2018 韩国平昌冬奥会单板滑雪项目奖牌榜（表 4-285 ～表 4-295）

表4-285　U型场地技巧（男子）奖牌榜

排名	国家 / 地区	奖牌获得者	成绩(分)	金牌（枚）	银牌（枚）	铜牌（枚）	总数（枚）
1	美国	肖恩・怀特	97.75	1	0	0	1
2	日本	平野步梦	95.25	0	1	0	1
3	澳大利亚	斯科蒂・詹姆斯	92.00	0	0	1	1
总计				1	1	1	3

表4-286　U型场地技巧（女子）奖牌榜

排名	国家 / 地区	奖牌获得者	成绩(分)	金牌（枚）	银牌（枚）	铜牌（枚）	总数（枚）
1	美国	克洛伊・金	98.25	1	0	0	1
2	中国	刘佳宇	89.75	0	1	0	1
3	美国	阿丽尔・戈尔德	85.75	0	0	1	1
总计				1	1	1	3

表4-287　坡面障碍技巧（男子）奖牌榜

排名	国家 / 地区	奖牌获得者	成绩(分)	金牌（枚）	银牌（枚）	铜牌（枚）	总数（枚）
1	美国	雷德蒙德・杰勒德	87.16	1	0	0	1
2	加拿大	迈克斯・帕罗特	86.00	0	1	0	1
3	加拿大	马克・麦克莫里斯	85.20	0	0	1	1
总计				1	1	1	3

表4-288　坡面障碍技巧（女子）奖牌榜

排名	国家 / 地区	奖牌获得者	成绩(分)	金牌（枚）	银牌（枚）	铜牌（枚）	总数（枚）
1	美国	杰米・安德森	83.00	1	0	0	1
2	加拿大	劳丽・布鲁因	76.33	0	1	0	1

续表

排名	国家 / 地区	奖牌获得者	成绩(分)	金牌(枚)	银牌(枚)	铜牌(枚)	总数(枚)
3	芬兰	恩妮·鲁卡哈尔维	75.38	0	0	1	1
总计				1	1	1	3

表4-289　平行大回转（男子）奖牌榜

排名	国家 / 地区	奖牌获得者	金牌(枚)	银牌(枚)	铜牌(枚)	总数(枚)
1	瑞士	内文·加尔马里尼	1	0	0	1
2	韩国	李相浩	0	1	0	1
3	斯洛文尼亚	扎恩·科西尔	0	0	1	1
总计			1	1	1	3

表4-290　平行大回转（女子）奖牌榜

排名	国家 / 地区	奖牌获得者	金牌(枚)	银牌(枚)	铜牌(枚)	总数(枚)
1	捷克	埃丝特尔·莱德卡	1	0	0	1
2	德国	瑟琳娜·约尔格	0	1	0	1
3	德国	拉莫娜·特雷西娅·霍夫迈斯特	0	0	1	1
总计			1	1	1	3

表4-291　障碍追逐（男子）奖牌榜

排名	国家 / 地区	奖牌获得者	金牌(枚)	银牌(枚)	铜牌(枚)	总数(枚)
1	法国	皮埃尔·沃尔蒂尔	1	0	0	1
2	澳大利亚	贾里德·休斯	0	1	0	1
3	西班牙	雷吉诺·埃尔南德斯	0	0	1	1
总计			1	1	1	3

表4-292　障碍追逐（女子）奖牌榜

排名	国家 / 地区	奖牌获得者	金牌(枚)	银牌(枚)	铜牌(枚)	总数(枚)
1	意大利	米凯拉·莫欧力	1	0	0	1
2	法国	佩雷拉·德索萨·马比勒夫	0	1	0	1

续表

排名	国家 / 地区	奖牌获得者	金牌（枚）	银牌（枚）	铜牌（枚）	总数（枚）
3	捷克	伊娃·萨姆科娃	0	0	1	1
总计			1	1	1	3

表4-293　大跳台（男子）奖牌榜

排名	国家 / 地区	奖牌获得者	成绩（分）	金牌（枚）	银牌（枚）	铜牌（枚）	总数（枚）
1	加拿大	塞巴斯蒂安·图唐特	174.25	1	0	0	1
2	美国	凯尔·麦克	168.75	0	1	0	1
3	英国	比利·摩根	168.00	0	0	1	1
总计				1	1	1	3

表4-294　大跳台（女子）奖牌榜

排名	国家 / 地区	奖牌获得者	成绩(分)	金牌（枚）	银牌（枚）	铜牌（枚）	总数（枚）
1	奥地利	安娜·加塞	185.00	1	0	0	1
2	美国	杰米·安德森	177.25	0	1	0	1
3	西班牙	萨多斯基·斯诺特	157.50	0	0	1	1
总计				1	1	1	3

表4-295　奖牌总榜

排名	国家 / 地区	金牌（枚）	银牌（枚）	铜牌（枚）	总数（枚）
1	美国	4	2	1	7
2	加拿大	1	2	1	4
3	法国	1	1	0	2
4	捷克	1	0	1	2
5	瑞士	1	0	0	1
5	奥地利	1	0	0	1
5	意大利	1	0	0	1
8	澳大利亚	0	1	1	2
8	德国	0	1	1	2
10	韩国	0	1	0	1
10	日本	0	1	0	1

续表

排名	国家 / 地区	金牌（枚）	银牌（枚）	铜牌（枚）	总数（枚）
10	中国	0	1	0	1
13	芬兰	0	0	1	1
13	英国	0	0	1	1
13	斯洛文尼亚	0	0	1	1
13	西班牙	0	0	1	1
13	新西兰	0	0	1	1
总计		10	10	10	30

3. 2014 俄罗斯索契冬奥会单板滑雪项目奖牌榜（表 4-296 ～表 4-306）

表4-296　U型场地技巧（男子）奖牌榜

排名	国家 / 地区	奖牌获得者	成绩(分）	金牌（枚）	银牌（枚）	铜牌（枚）	总数（枚）
1	瑞士	尤里・波德拉奇科夫	94.75	1	0	0	1
2	日本	平野步梦	93.50	0	1	0	1
3	日本	平冈卓	92.25	0	0	1	1
总计				1	1	1	3

表4-297　U型场地技巧（女子）奖牌榜

排名	国家 / 地区	奖牌获得者	成绩（分）	金牌（枚）	银牌（枚）	铜牌（枚）	总数（枚）
1	美国	凯特琳・法灵顿	91.75	1	0	0	1
2	澳大利亚	特拉・布莱特	91.50	0	1	0	1
3	美国	凯莉・克拉克	90.75	0	0	1	1
总计				1	1	1	3

表4-298　坡面障碍技巧（男子）奖牌榜

排名	国家 / 地区	奖牌获得者	成绩（分）	金牌（枚）	银牌（枚）	铜牌（枚）	总数（枚）
1	美国	萨奇・科岑伯格	93.50	1	0	0	1
2	挪威	斯塔勒・桑德贝赫	91.75	0	1	0	1
3	加拿大	马克・麦克莫里斯	88.75	0	0	1	1
总计				1	1	1	3

表4-299　坡面障碍技巧（女子）奖牌榜

排名	国家/地区	奖牌获得者	成绩（分）	金牌（枚）	银牌（枚）	铜牌（枚）	总数（枚）
1	美国	贾米·安德森	95.25	1	0	0	1
2	芬兰	恩妮·鲁卡贾维	92.50	0	1	0	1
3	英国	詹妮·琼斯	87.25	0	0	1	1
总计				1	1	1	3

表4-300　平行回转（男子）奖牌榜

排名	国家/地区	奖牌获得者	金牌（枚）	银牌（枚）	铜牌（枚）	总数（枚）
1	俄罗斯	维克·维尔德	1	0	0	1
2	斯洛文尼亚	扎恩·科西尔	0	1	0	1
3	奥地利	本杰明·卡尔	0	0	1	1
总计			1	1	1	3

表4-301　平行回转（女子）奖牌榜

排名	国家/地区	奖牌获得者	金牌（枚）	银牌（枚）	铜牌（枚）	总数（枚）
1	奥地利	茱莉亚·杜伊莫维茨	1	0	0	1
2	德国	安克·卡斯滕斯	0	1	0	1
3	德国	艾米莉·科贝尔	0	0	1	1
总计			1	1	1	3

表4-302　平行大回转（男子）奖牌榜

排名	国家/地区	奖牌获得者	金牌（枚）	银牌（枚）	铜牌（枚）	总数（枚）
1	俄罗斯	维克·维尔德	1	0	0	1
2	瑞士	内文·加尔马里尼	0	1	0	1
3	斯洛文尼亚	扎恩·科西尔	0	0	1	1
总计			1	1	1	3

表4-303　平行大回转（女子）奖牌榜

排名	国家 / 地区	奖牌获得者	金牌（枚）	银牌（枚）	铜牌（枚）	总数（枚）
1	瑞士	帕特里齐娅・库默尔	1	0	0	1
2	日本	竹内智香	0	1	0	1
3	俄罗斯	阿莱娜・扎瓦兹娜	0	0	1	1
总计			1	1	1	3

表4-304　障碍追逐（男子）奖牌榜

排名	国家 / 地区	奖牌获得者	金牌（枚）	银牌（枚）	铜牌（枚）	总数（枚）
1	法国	皮埃尔・沃尔蒂尔	1	0	0	1
2	俄罗斯	尼古拉・奥尤宁	0	1	0	1
3	美国	艾力克斯・戴伯德	0	0	1	1
总计			1	1	1	3

表4-305　障碍追逐（女子）奖牌榜

排名	国家 / 地区	奖牌获得者	金牌（枚）	银牌（枚）	铜牌（枚）	总数（枚）
1	捷克	埃娃・萨姆科娃	1	0	0	1
2	加拿大	多米尼克・马尔泰斯	0	1	0	1
3	法国	克洛艾・特雷斯普切	0	0	1	1
总计			1	1	1	3

表4-306　奖牌总榜

排名	国家 / 地区	金牌（枚）	银牌（枚）	铜牌（枚）	总数（枚）
1	美国	3	0	2	5
2	俄罗斯	2	1	1	4
3	瑞士	2	1	0	3
4	法国	1	0	1	2
4	奥地利	1	0	1	2
6	捷克	1	0	0	1
7	日本	0	2	1	3

续表

排名	国家 / 地区	金牌（枚）	银牌（枚）	铜牌（枚）	总数（枚）
8	加拿大	0	1	1	2
8	斯洛文尼亚	0	1	1	2
8	德国	0	1	1	2
11	挪威	0	1	0	1
11	芬兰	0	1	0	1
11	澳大利亚	0	1	0	1
14	英国	0	0	1	1
总计		10	10	10	30

4. 2010 加拿大温哥华冬奥会单板滑雪项目奖牌榜（表 4–307 ～表 4–313）

表4–307　U型池（男子）奖牌榜

排名	国家 / 地区	奖牌获得者	成绩（分）	金牌（枚）	银牌（枚）	铜牌（枚）	总数（枚）
1	美国	肖恩 · 怀特	48.40	1	0	0	1
2	芬兰	皮图 · 皮罗宁	45.00	0	1	0	1
3	美国	斯科特 · 拉戈	42.80	0	0	1	1
总计				1	1	1	3

表4–308　U型池（女子）奖牌榜

排名	国家 / 地区	奖牌获得者	成绩（分）	金牌（枚）	银牌（枚）	铜牌（枚）	总数（枚）
1	澳大利亚	特拉 · 布莱特	45.00	1	0	0	1
2	美国	汉娜 · 泰特尔	42.40	0	1	0	1
3	美国	凯莉 · 克拉克	42.20	0	0	1	1
总计				1	1	1	3

表4–309　障碍追逐（男子）奖牌榜

排名	国家 / 地区	奖牌获得者	金牌（枚）	银牌（枚）	铜牌（枚）	总数（枚）
1	美国	塞斯 · 维斯考特	1	0	0	1
2	加拿大	迈克 · 罗伯逊	0	1	0	1

续表

排名	国家 / 地区	奖牌获得者	金牌（枚）	银牌（枚）	铜牌（枚）	总数（枚）
3	法国	托尼·拉蒙	0	0	1	1
总计			1	1	1	3

表4-310　障碍追逐（女子）奖牌榜

排名	国家 / 地区	奖牌获得者	金牌（枚）	银牌（枚）	铜牌（枚）	总数（枚）
1	加拿大	玛丽麦克蕾·达尼卡·里克尔	1	0	0	1
2	法国	黛博拉·安东尼奥兹	0	1	0	1
3	瑞士	奥莉维亚·诺布斯	0	0	1	1
总计			1	1	1	3

表4-311　平行大回转（男子）奖牌榜

排名	国家 / 地区	奖牌获得者	金牌（枚）	银牌（枚）	铜牌（枚）	总数（枚）
1	加拿大	杰西·杰·安德森	1	0	0	1
2	奥地利	本杰明·卡尔	0	1	0	1
3	法国	马蒂厄·波泽托	0	0	1	1
总计			1	1	1	3

表4-312　平行大回转（女子）奖牌榜

排名	国家 / 地区	奖牌获得者	金牌（枚）	银牌（枚）	铜牌（枚）	总数（枚）
1	荷兰	尼克林·索尔布雷吉	1	0	0	1
2	俄罗斯	叶卡捷琳娜·伊尔尤金娜	0	1	0	1
3	奥地利	马里奥·克蕾娜	0	0	1	1
总计			1	1	1	3

表4-313　奖牌总榜

排名	国家 / 地区	金牌（枚）	银牌（枚）	铜牌（枚）	总数（枚）
1	美国	2	1	2	5
2	加拿大	2	1	0	3
3	荷兰	1	0	0	1

续表

排名	国家 / 地区	金牌（枚）	银牌（枚）	铜牌（枚）	总数（枚）
3	澳大利亚	1	0	0	1
5	法国	0	1	2	3
6	奥地利	0	1	1	2
7	芬兰	0	1	0	1
7	俄罗斯	0	1	0	1
9	瑞士	0	0	1	1
总计		6	6	6	18

5. 2006 年法国都灵冬奥会单板滑雪项目奖牌榜（表 4–314 ～表 4–320）

表4–314　U型场地技巧（男子）奖牌榜

排名	国家 / 地区	奖牌获得者	成绩(分)	金牌（枚）	银牌（枚）	铜牌（枚）	总数（枚）
1	美国	肖恩・怀特	46.80	1	0	0	1
2	美国	丹尼尔・卡斯	44.00	0	1	0	1
3	芬兰	马尔库・卡斯基	41.50	0	0	1	1
总计				1	1	1	3

表4–315　U型场地技巧（女子）奖牌榜

排名	国家 / 地区	奖牌获得者	成绩（分）	金牌（枚）	银牌（枚）	铜牌（枚）	总数（枚）
1	美国	汉娜・泰特	46.40	1	0	0	1
2	美国	格雷琴・布雷勒	43.40	0	1	0	1
3	挪威	克杰斯蒂・布亚斯	42.00	0	0	1	1
总计				1	1	1	3

表4–316　障碍追逐（男子）奖牌榜

排名	国家 / 地区	奖牌获得者	金牌（枚）	银牌（枚）	铜牌（枚）	总数（枚）
1	美国	塞斯・维斯考特	1	0	0	1
2	斯洛伐克	拉多斯拉夫・兹德克	0	1	0	1
3	法国	保罗・亨利・德勒鲁	0	0	1	1
总计			1	1	1	3

表4-317　障碍追逐（女子）奖牌榜

排名	国家 / 地区	奖牌获得者	金牌（枚）	银牌（枚）	铜牌（枚）	总数（枚）
1	瑞士	坦贾・弗里登	1	0	0	1
2	美国	林赛・雅克贝利斯	0	1	0	1
3	加拿大	多米尼克・马尔塔伊斯	0	0	1	1
总计			1	1	1	3

表4-318　平行大回转（男子）奖牌榜

排名	国家 / 地区	奖牌获得者	金牌（枚）	银牌（枚）	铜牌（枚）	总数（枚）
1	瑞士	菲利浦・舒赫	1	0	0	1
2	瑞士	西蒙・舒赫	0	1	0	1
3	奥地利	齐格弗里德・格拉布纳	0	0	1	1
总计			1	1	1	3

表4-319　平行大回转（女子）奖牌榜

排名	国家 / 地区	奖牌获得者	金牌（枚）	银牌（枚）	铜牌（枚）	总数（枚）
1	瑞士	丹妮拉・穆利	1	0	0	1
2	德国	艾米莉・科贝尔	0	1	0	1
3	美国	罗塞・弗莱切	0	0	1	1
总计			1	1	1	3

表4-320　奖牌总榜

排名	国家 / 地区	金牌（枚）	银牌（枚）	铜牌（枚）	总数（枚）
1	美国	3	3	1	7
2	瑞士	3	1	0	4
3	斯洛伐克	0	1	0	1
3	德国	0	1	0	1
5	法国	0	0	1	1
5	芬兰	0	0	1	1
5	奥地利	0	0	1	1

续表

排名	国家 / 地区	金牌（枚）	银牌（枚）	铜牌（枚）	总数（枚）
5	挪威	0	0	1	1
5	加拿大	0	0	1	1
总计		6	6	6	18

第五章　其他运动

第一节　雪橇

一、雪橇运动的概念

雪橇（Luge）即指原来的无舵雪橇，它整体为木制，底部滑板为金属制成，一般有无舵、有舵、单撬、宽撬、骑式、卧式、连模、牵引、电动、风帆等类型。目前，冬季奥林匹克运动会只采用无舵雪橇（亦称“运动雪橇”或“单雪橇”）和有舵雪橇（雪车）进行竞赛。

二、雪橇运动的起源与发展

无舵雪橇的存在历史比有舵雪橇久远得多，8 世纪初的奥斯陆就有类似雪橇的运输工具。因为无舵雪橇起源于北欧，故又称北欧冰橇。据记载，早在 1480 年挪威就已出现无舵雪橇。而历史上首次正式的国际雪橇比赛是在瑞士举办的，1883 年 2 月 12 日，瑞士人皮特（Peter Minsch）和澳大利亚人乔治（George Robertson）联手进行了一次“伟大的国际冰橇比赛”，他们用时 9 分 15 秒滑过在瑞士达沃斯 4 千米的赛道。随后这项运动在瑞士、奥地利、德国、意大利、美国等国家迅速兴起。1887 年，瑞士圣莫里茨地区的机械专家马蒂斯（Mattis）设计制作了世界上的第一个比赛冰橇。

自 20 世纪 50 年代起，随着无舵雪橇的兴起，冰橇逐渐被淘汰。冰橇滑降时，运动员头在前，俯卧在冰橇上，利用安装在专用皮靴前部的防滑钉控制冰橇的运动方向或制动。仅在 1928 年和 1948 年被列为冬奥会比赛项目。

1957 年国际无舵雪橇联合会（international luge federation）正式成立，决定从第九届奥地利的因斯布鲁克冬奥会开始进行无舵雪橇比赛，在非冬奥会年份，每年举行世界锦标赛、欧洲锦标赛及各种杯赛。无舵雪橇有男子单人、双人及女子单人 3 个比赛项目，产生 4 枚金牌。男子线路长 1 000 米左右，女子线路长 800 米左右。

小资料：国际无舵雪橇联合会

国际无舵雪橇联合会（international luge federation，FIL），1913年奥地利、德国和瑞士创建了“国际雪橇联合会”，1935年并入国际有舵雪橇和平底雪橇联合会，作为它的一个部。1954年国际奥委会决定用无舵雪橇取代冰橇在冬奥会上的位置。1957年1月无舵雪橇从国际有舵雪橇和平底雪橇联合会中独立出来，成为国际无舵雪橇联合会，并在同年得到国际奥委会的承认。该组织总部设在德国。

代表大会是该组织的最高权力机构，每年召开一次，有权修改和审批联合会的章程和比赛规则、选举官员、确定国际比赛和其他国际活动的日程，任命比赛裁判和官员，处理有关联合会的其他问题。

中国于1984年3月加入国际无舵雪橇联合会。

国际无舵雪橇联合会（FIL）每年会依据运动员参加世界杯所得积分进行排名，是评价运动员水平高低的主要依据。

在整个冬季奥运的无舵雪橇项目中，德国、意大利和苏联是该项目的大赢家，它们都夺得过半的无舵雪橇中的奖牌。在现代的无舵雪橇比赛中，选手的速度可以达到每小时140千米或者更快，其离心力超过5G。

1982年第一届世界青少年锦标赛在美国普莱西德湖人工赛道上举行。1998年日本长野成功举办第十八届冬奥会，日本成为首个举办国际雪橇比赛的亚洲国家。2014年俄罗斯索契冬奥会上，雪橇团体赛成为正式比赛项目。

三、中国雪橇运动的开展

2015年9月中国雪橇国家队正式组建，4个月后，中国队派出5名运动员参加2015—2016赛季国际雪橇联合会青少年世界杯赛奥地利站的比赛，完成国际赛场首秀。最终，女子运动员胡慧兰获少年组女子第四十三名。2016年12月1日，中国雪橇队运动员阿拉巴提·艾合买提在国际雪橇联合会青年世界杯第一站的比赛中获得少年男子A组（youth A men）比赛第十二名。2018年12月5日刘鑫怡获得2018—2019赛季青少年世界杯赛美国站的第6名，创造了中国雪橇队历史最好成绩。

四、雪橇运动的风险

与许多极限运动一样，雪橇也有风险。虽然大多数受伤只为碰伤、擦伤、骨折和脑震荡，但死亡也偶有发生。2010年冬奥会时，格鲁吉亚雪橇选手诺达尔·库玛丽塔什维利在一次练习中遭受了致命的碰撞。几个小时后，国际雪橇联合会发布结论，这起事故是由转向误差造成的，而不是轨道错误。

五、雪橇运动的赛事及项目

（一）国际赛事

1. 国际冬季奥林匹克运动会（winter olympic games）

冬季奥林匹克运动会每四年一届，无舵雪橇在1964年已被列为冬季奥林匹克运动会比赛项目。在第九届奥地利的因斯布鲁克冬季奥运会上被列入正式比赛，男女分别进行。参赛选手通过各站积分赛和世界杯赛才能拿到冬奥会的入场券。冬奥会雪橇项目比赛为期两天，每天进行两轮次滑行（前三轮次滑行排名前二十的队伍才有资格进行第四轮次滑行）四轮次滑行成绩相加（未进决赛的队伍三轮次滑行成绩相加）决定最终排名。

2. 世界锦标赛（FIL world championships）

世界锦标赛一年举办一次，逢奥运年不举办，比赛仅设立一站。举办的时间在二月末至三月初，举办地点在拥有符合国际赛事标准赛道的国家。世锦赛为期两天，单人雪橇每天进行两轮次滑行（前三次滑行排名前二十的队伍才有资格进行第四次滑行）四次滑行成绩相加（未进决赛的队伍三次滑行成绩相加）决定最终排名。双人座雪橇共进行三轮滑行，第三轮为决赛轮，比赛不设团体雪橇项目。

3. 欧洲锦标赛（FIL european championship）

欧洲锦标赛一年一届，比赛仅设一站，举办的时间在十一月中旬至次年二月初，举办地点在欧洲国家，比赛设男、女子单人座雪橇和双人座雪橇三个比赛项目。

4. 菲斯曼世界杯（viessmann world cup）

菲斯曼世界杯一年一届，比赛共设立九站，举办的时间一般在十一月中旬至次年二月末，2018—2019 赛季举办地点分别在因斯布鲁克、惠斯勒、卡尔加里、普莱西德湖、国王湖、锡古尔达、阿尔滕贝格、奥伯霍夫和索契。世界杯比赛男子单人座需滑行五轮，女子单人座滑行四轮，无团体赛。

5. 菲斯曼团体世界杯（Viessmann Team Relay World Cup presented）

菲斯曼团体世界杯一年一届，比赛共设立六站。举办的时间在十一月初至次年二月末，举办地点在欧洲和北美国家，每个国家只允许派出一支队伍参赛，参赛队伍的队员须具备参加世界杯、国家杯或世锦赛的资格。

6.BMW Sprint 世界杯（BMW sprint world cup）

BMW Sprint 世界杯一年一届，比赛共设立三站，举办的时间在十一月中旬至次年二月末，举办地点主要在欧洲和北美国家，比赛不设团体赛。FIL 各单项积分排名前十五位的选手才有资格参加 BMW Sprint 世界杯比赛。

除上述赛事外还有欧洲青年锦标赛（每年一次）和各种杯赛（欧洲杯、国家杯、世界杯）等赛事。

（二）比赛项目

1. 单人赛

单人赛的赛事中，所用的雪橇重量不可超过 20 千克。单人赛会进行两天的赛事，每天进行两次滑行，首次出发名次以抽签决定，之后的出场次序以成绩定断，在四次的滑行中所得时间会合计起来，所有时间最短的一队为优胜，如成绩相同，则会以任何一次最快时间完成的一队为优胜。

2. 双人赛

双人赛方面，雪橇重量的最高上限为 22 千克，赛事为期一天，进行两次滑行，赛事第一次的出发名次以抽签决定，之后的出场次序会以成绩决定，在两次滑行中所得时间会合计起来，所有时间最短的一队为优胜者，如成绩相同，则会以任何一次最快时间完成的一队为优胜。

六、雪橇运动员的运动技术等级标准

（一）国际级运动健将

凡符合下列条件之一者，可申请授予国际级运动健将称号：

冬季奥运会、世界锦标赛、世界杯前十名。

（二）运动健将

凡符合下列条件之一者，可申请授予运动健将称号：
（1）世界锦标赛、世界杯第十一至第二十名。
（2）世界青年锦标赛、世界大学生冬季运动会、青年世界杯总决赛前十五名。
（3）亚洲冬季运动会、亚洲锦标赛前十二名。
（4）全国冬季运动会个人项目前六名。
（5）全国锦标赛、全国冠军赛个人项目前三名。

（三）一级运动员

凡符合下列条件之一者，可申请授予一级运动员称号：
（1）全国冬季运动会个人项目第七至第十二名。
（2）全国锦标赛、全国冠军赛个人项目第四至第六名。
（3）全国青少年锦标赛个人项目前三名。

（四）二级运动员

凡符合下列条件之一者，可申请授予二级运动员称号：
（1）全国冬季运动会个人项目第十三至第十八名。
（2）全国锦标赛、全国冠军赛个人项目第七至第十二名。
（3）全国青少年锦标赛个人项目第四至第八名。
（4）省（区、市）体育行政部门主办的综合性运动会、锦标赛成年组个人项目前六名，青年组个人项目前三名。

（五）三级运动员

凡符合下列条件之一者，可申请授予三级运动员称号：
省（区、市）体育行政部门主办的综合性运动会、锦标赛成年组个人项目第七至第十二名，青年组个人项目第四至第八名。

注：①可授予等级称号的小项（以下小项外的其他小项不得授予等级称号）：男子、女子、双人；②上述比赛各小项须至少有 6 人上场比赛，方可授予等级称号；③上述比赛未明确组别的，则仅最高水平组别可授予等级称号。

七、雪橇运动的规则

（一）赛制规则

男、女单人项目比赛每队限报 3 人，每名运动员可滑行三次，总成绩排名前二十位的进入第四轮滑行，以滑行时间总和计算名次，用时短者获胜。双人项目比赛时每队不得超过两名运动员，每组运动员可滑行两次，以两次滑降时间总和评定名次，用时少者列前。单人比赛的出发顺序按照根据世界杯最后三站的积分排名，排名在前三十六的运动员分成 3 组，（A 组 :1 ～ 12；B 组：13 ～ 24；C 组 :25 ～ 36）并对以上种子组和排名在 37 位以下的运动员进行抽签。

每一轮的滑行顺序如下：
第一轮：1 ～ 12（A 组），13 ～ 24（B 组），25 ～ 36（C 组），37 ～最后 1 名。
第二轮：12 ～ 1（A 组），24 ～ 13（B 组），36 ～ 25（C 组），最后 1 名～ 37。

第三轮：根据第二轮滑行成绩排序。

第四轮：根据第三轮滑行成绩排位在前 20 名的运动员，按照排位顺序的逆序出发。

双人比赛：

第一轮：1 ～ 12（A 组），13 ～ 24（B 组），25 ～最后 1 名。

第二轮：根据第一轮成绩排序的逆序出发。

（二）竞赛规则

比赛时要求运动员乘坐木制或金属制的双橇滑板在专用的冰雪线路上高速滑降、回转。要求单座重量不准超过 20 千克，双座不准超过 22 千克。运动员坐在雪橇上，双手借助起点助栏用力向后推而使雪橇起动。在滑行过程中，运动员仰卧在雪橇上，单手拉住雪橇皮带利用身体姿势的改变，操纵雪橇，使之沿着冰道快速滑降。到达终点时，运动员须在雪橇上，否则成绩无效。

比赛过程中运动员在一次比赛中要滑行四次，分两天比赛，每次滑行两次，首轮出发次序是以抽签决定。之后的出场名次是按上一轮成绩而定，最差的一组会先出发。在四轮完毕后，会以四次滑行中到达终点的时间累积，得到最终的成绩，数字越低，则排名越高。若出现相同时间，则会以任何一次最快时间完成的一队为优胜。

（三）比赛要求

（1）参赛资格要求：参加雪橇比赛的选手必须年满 16 岁并取得国际无舵雪橇联合会的认证资格。

（2）重量要求：单人男子雪橇人车基础重量不得低于 90 千克，若运动员体重超过 90 千克，则不允许添加额外配重；若运动员体重低于 90 千克可以添加额外配重，配重为运动员体重与 90 千克差额的 100%，但最大配重不允许超过 13 千克。女子单人雪橇车基础重量不得低于 75 千克，若运动员体重超过 75 千克，则不允许添加额外配重；若运动员体重低于 75 千克可以添加额外配重，配重为运动员体重与 75 千克差额的 100%，但最大配重不得超过 10 千克。双人雪橇若超出 180 千克则不允许添加配重，如果有 1 名运动员的体重超过 90 千克，则超出部分需要添加到另 1 名运动员的身上。

（3）到达终点时，运动员必须在雪橇上，否则成绩无效。

（四）计时规则

雪橇项目比赛，计时需要精确到千分之一秒。单人和双人比赛中，计时从出发开始到终点结束，起终点分别设置计时装置。团体比赛中，第一名出发的运动员的计时方式与单人比赛一致，过终点时需通过拍击终点线上方的计时板来获得滑行时间，并打开第二名出发运动员起点处的出发门，第二名运动员同样在终点线拍击计时板获得滑行时间同时开启第三名运动员的出发门。

八、雪橇运动的场地

雪橇的滑道以混凝土或木所建成，滑道宽 1.3 ～ 1.5 米，两侧的护墙要浇冰，男子比赛线路长度为 1 000 ～ 1 400 米，比赛线路长度为女子 800 ～ 1 200 米，滑道内有 11 ～ 18 个弯道，弯道的半径为 8 米，平均坡度为 4 ～ 10 度，男女没有分别，在滑道内，起点与终点的高度差异为 70 ～ 130 米。比赛平均时速约为 90 ～ 100 千米，最高时速可达 150 千米。刹车时，选手抓住雪橇前面的钢架向上提，同时双脚撑地，用力让雪橇停下来。

九、雪橇运动的装备器材

雪橇多由木料或金属制成，目前冬季奥林匹克运动会采用的无舵雪橇（也称“运动雪橇”或“单雪橇”）为木制，底面由一对平行的金属滑板组成。无舵雪橇全长为70～140厘米，宽为34～38厘米，高为8～20厘米。雪橇前部没有舵板，后部也没有制动闸。滑板上部为支架。滑板前面翘起部分可有一定柔软性，以利转弯，但不准装置能操纵滑板的舵和制动器。

十、雪橇运动的基本技术

雪橇分单座重量（21～25千克）和双座重量（25～30千克）两种。比赛又分男子单座、男子双座、女子单座三项。比赛时运动员坐在雪橇上，双手借助起点助栏用力向后推，使雪橇向前起动，滑行中仰卧在雪橇上，单手拉住雪橇皮带利用身体起卧，变换肩、腿姿势操纵雪橇，使之沿着冰道快速滑降。选手可选择最理想的线路前进，以尽可能地减少比赛的用时。到达终点时，运动员须坐在雪橇上，否则不予计算成绩。比赛中平均时速可达130千米，最快时速可达145千米。单座滑4次，赛期为两天；双座滑2次，赛期为一天。比赛所用时间相加，均以时间少者为胜。成绩相等时，以各次滑降中成绩最好者为胜。出发顺序由抽签决定。

（一）开始

选手紧握住起点助栏两边的启动把手，前后移动产生动力。

（二）起跑

选手仰面躺在雪橇上，双脚在前。通过向左向右变换身体姿势来操纵雪橇高速转弯滑降的摆动。

（三）加速

比赛开始时，选手手戴锥形手套，紧握冰块，便于迅速加速。

（四）制动

选手手握雪橇板，产生向后的压力，对雪橇进行减速，同时将脚放在冰面上进行制动。

十一、雪橇运动的相关名称

男子单人：Men’s Single Luge
女子单人：Women’s Single Luge
男子双人：Doubles Luge
混合团体接力：Mixed Team Relay

十二、近五届冬奥会奖牌榜分布

1. 2022中国北京冬奥会雪橇项目奖牌榜（表5-1～表5-5）

表5-1 单人（男子）奖牌榜

排名	国家 / 地区	奖牌获得者	成绩(分)	金牌(枚)	银牌(枚)	铜牌(枚)	总数(枚)
1	德国	约翰内斯·路德维希	3:48.735	1	0	0	1
2	奥地利	沃尔夫冈·金德尔	3:48.895	0	1	0	1

续表

排名	国家 / 地区	奖牌获得者	成绩(分)	金牌（枚）	银牌（枚）	铜牌（枚）	总数（枚）
3	意大利	多米尼克·菲施纳勒	3:49.686	0	0	1	1
总计				1	1	1	3

表5-2　单人（女子）奖牌榜

排名	国家 / 地区	奖牌获得者	成绩（分）	金牌（枚）	银牌（枚）	铜牌（枚）	总数（枚）
1	德国	纳塔莉·盖森贝格尔	3:53.454	1	0	0	1
2	德国	安娜·贝赖特尔	3:53.947	0	1	0	1
3	俄罗斯奥运队	塔季扬娜·伊万诺娃	3:54.507	0	0	1	1
总计				1	1	1	3

表5-3　男子双人奖牌榜

排名	国家 / 地区	奖牌获得者	成绩（分）	金牌（枚）	银牌（枚）	铜牌（枚）	总数（枚）
1	德国	托比亚斯·文德尔 / 托比亚斯·阿尔特	1:56.554	1	0	0	1
2	德国	托尼·埃格特 / 萨沙·贝内肯	1:56.653	0	1	0	1
3	奥地利	托马斯·施托伊 / 洛伦茨·科勒	1:57.065	0	0	1	1
总计				1	1	1	3

表5-4　混合团队接力奖牌榜

排名	国家 / 地区	奖牌获得者	成绩（分）	金牌（枚）	银牌（枚）	铜牌（枚）	总数（枚）
1	德国	纳塔莉·盖森贝格尔 / 约翰内斯·路德维希 托比亚斯·文德尔 / 托比亚斯·阿尔特	3:03.406	1	0	0	1
2	奥地利	马德莱娜·埃格勒 / 沃尔夫冈·金德尔 托马斯·施托伊 / 洛伦茨·科勒	3:03.486	0	1	0	1
3	拉脱维亚	马丁斯·博茨 / 罗伯茨·普吕姆 伊丽莎·季鲁马 / 克里斯特斯·阿帕约兹	3:04.354	0	0	1	1
总计				1	1	1	3

表5-5 奖牌总榜

排名	国家 / 地区	金牌（枚）	银牌（枚）	铜牌（枚）	总数（枚）
1	德国	4	2	0	6
2	奥地利	0	2	1	3
3	俄罗斯奥运队	0	0	1	1
3	意大利	0	0	1	1
3	拉脱维亚	0	0	1	1
总计		4	4	4	12

2. 2018 韩国平昌冬奥会雪橇项目奖牌榜（表 5–6 ～表 5–10）

表5-6 单人（男子）奖牌榜

排名	国家 / 地区	奖牌获得者	成绩(分)	金牌（枚）	银牌（枚）	铜牌（枚）	总数（枚）
1	奥地利	大卫・格莱舍尔	3:10.70	1	0	0	1
2	美国	切尔斯・马萨德泽	3:10.73	0	1	0	1
3	德国	约翰内斯・路德维希	3:10.93	0	0	1	1
总计				1	1	1	3

表5-7 单人（女子）奖牌榜

排名	国家 / 地区	奖牌获得者	成绩(分)	金牌（枚）	银牌（枚）	铜牌（枚）	总数（枚）
1	德国	纳塔莉・盖森贝格	3:05.23	1	0	0	1
2	德国	达贾娜・埃特博格	3:05.60	0	1	0	1
3	加拿大	艾利克斯・高芙	3:05.64	0	0	1	1
总计				1	1	1	3

表5-8 男子双人奖牌榜

排名	国家 / 地区	奖牌获得者	成绩(分)	金牌（枚）	银牌（枚）	铜牌（枚）	总数（枚）
1	德国	托比亚斯・文德尔 / 托比亚斯・阿尔特	1:31.70	1	0	0	1
2	奥地利	皮特・彭茨 / 格奥尔・费施勒	1:31.78	0	1	0	1
3	德国	托尼・埃格特 / 沙斯查・贝内肯	1:31.99	0	0	1	1
总计				1	1	1	3

表5-9 混合团体接力奖牌榜

排名	国家 / 地区	奖牌获得者	成绩(分)	金牌(枚)	银牌(枚)	铜牌(枚)	总数(枚)
1	德国	纳塔莉・盖森贝格尔 / 约翰内斯・路德维希 托比亚斯・文德尔 / 托比亚斯・阿尔特	2:24.517	1	0	0	1
2	加拿大	艾利克斯・高芙 / 萨姆・埃德尼 崔斯坦・沃克 / 贾斯丁・斯尼	2:24.872	0	1	0	1
3	奥地利	玛德琳・埃格勒 / 大卫・格莱舍尔 皮特・彭茨 / 格奥尔・费施勒	2:24.988	0	0	1	1
总计				1	1	1	3

表5-10 奖牌总榜

排名	国家 / 地区	金牌(枚)	银牌(枚)	铜牌(枚)	总数(枚)
1	德国	3	1	2	6
2	奥地利	1	1	1	3
3	加拿大	0	1	1	2
4	美国	0	1	0	1
总计		4	4	4	12

3. 2014 俄罗斯索契冬奥会雪橇项目奖牌榜(表 5-11 ～表 5-15)

表5-11 单人(男子)奖牌榜

排名	国家 / 地区	奖牌获得者	成绩(分)	金牌(枚)	银牌(枚)	铜牌(枚)	总数(枚)
1	德国	菲力克斯・罗赫	3:27.53	1	0	0	1
2	俄罗斯	奥博特・德姆琴科	3:28.00	0	1	0	1
3	意大利	阿米・佐戈勒	3:28.80	0	0	1	1
总计				1	1	1	3

表5-12 单人(女子)奖牌榜

排名	国家 / 地区	奖牌获得者	成绩(分)	金牌(枚)	银牌(枚)	铜牌(枚)	总数(枚)
1	德国	纳塔莉・盖森贝格	3:19.77	1	0	0	1
2	德国	塔季扬娜・霍夫纳	3:20.91	0	1	0	1
3	美国	叶林・哈姆林	3:21.15	0	0	1	1
总计				1	1	1	3

表5-13　男子双人奖牌榜

排名	国家 / 地区	奖牌获得者	成绩（分）	金牌（枚）	银牌（枚）	铜牌（枚）	总数（枚）
1	德国	托比亚斯·文德尔 / 托比亚斯·阿尔特	1:38.93	1	0	0	1
2	奥地利	安德雷亚斯·林格 / 沃尔夫冈·林格	1:39.45	0	1	0	1
3	拉脱维亚	安德里斯·希克斯 / 居里斯·希克斯	1:39.79	0	0	1	1
总计				1	1	1	3

表5-14　混合团体接力奖牌榜

排名	国家 / 地区	奖牌获得者	成绩（分）	金牌（枚）	银牌（枚）	铜牌（枚）	总数（枚）
1	德国	纳塔莉·盖森贝格 / 菲力克斯·罗赫 托比亚斯·文德尔 / 托比亚斯·阿尔特	2:45.649	1	0	0	1
2	俄罗斯	塔季扬娜·伊万诺娃 / ·德姆琴科 亚历山大·丹尼斯耶夫 / 弗拉迪斯拉夫·安东诺夫	2:46.679	0	1	0	1
3	拉脱维亚	安德里斯·希克斯 / 居里斯·希克斯 伊莉莎·蒂鲁马 / 马丁斯·鲁本尼斯	2:47.295	0	0	1	1
总计				1	1	1	3

表5-15　奖牌总榜

排名	国家 / 地区	金牌（枚）	银牌（枚）	铜牌（枚）	总数（枚）
1	德国	4	1	0	5
2	俄罗斯	0	2	0	2
3	奥地利	0	1	0	1
4	拉脱维亚	0	0	2	2
5	美国	0	0	1	1
5	意大利	0	0	1	1
总计		4	4	4	12

4. 2010 加拿大温哥华冬奥会雪橇项目奖牌榜（表 5-16 ～表 5-19）

表5-16　单人（男子）奖牌榜

排名	国家 / 地区	奖牌获得者	成绩(分)	金牌（枚）	银牌（枚）	铜牌（枚）	总数（枚）
1	德国	菲力克斯·罗赫	3:13.09	1	0	0	1
2	德国	大卫·穆勒	3:13.76	0	1	0	1

续表

排名	国家 / 地区	奖牌获得者	成绩(分)	金牌（枚）	银牌（枚）	铜牌（枚）	总数（枚）
3	意大利	阿米・佐戈勒	3:14.38	0	0	1	1
总计				1	1	1	3

表5-17　单人（女子）奖牌榜

排名	国家 / 地区	奖牌获得者	成绩(分)	金牌（枚）	银牌（枚）	铜牌（枚）	总数（枚）
1	德国	塔季扬娜・霍夫纳	2:46.52	1	0	0	1
2	奥地利	妮娜・雷斯梅耶尔	2:47.01	0	1	0	1
3	德国	纳塔莉・盖森贝格	2:47.10	0	0	1	1
总计				1	1	1	3

表5-18　男子双人奖牌榜

排名	国家 / 地区	奖牌获得者	成绩(分)	金牌（枚）	银牌（枚）	铜牌（枚）	总数（枚）
1	奥地利	沃尔夫冈・林格尔 / 安德里亚斯・林格尔	1:22.70	1	0	0	1
2	拉脱维亚	安德里斯・希克斯 / 朱里斯・希克斯	1:22.97	0	1	0	1
3	德国	帕特里克・雷特纳 / 亚历山大・雷希	1:23.04	0	0	1	1
总计				1	1	1	3

表5-19　奖牌总榜

排名	国家 / 地区	金牌（枚）	银牌（枚）	铜牌（枚）	总数（枚）
1	德国	2	1	2	5
2	奥地利	1	1	0	2
3	拉脱维亚	0	1	0	1
4	意大利	0	0	1	1
总计		3	3	3	9

5. 2006 年法国都灵冬奥会雪橇项目奖牌榜（表 5-20 ～表 5-23）

表5-20　单人（男子）奖牌榜

排名	国家 / 地区	奖牌获得者	成绩（分）	金牌（枚）	银牌（枚）	铜牌（枚）	总数（枚）
1	意大利	阿米・佐戈勒	3:26.09	1	0	0	1

续表

排名	国家/地区	奖牌获得者	成绩（分）	金牌（枚）	银牌（枚）	铜牌（枚）	总数（枚）
2	俄罗斯	奥尔伯特·德姆琴科	3:26.20	0	1	0	1
3	拉脱维亚	马丁斯·鲁本尼斯	3:26.44	0	0	1	1
总计				1	1	1	3

表5-21 单人（女子）奖牌榜

排名	国家/地区	奖牌获得者	成绩（分）	金牌（枚）	银牌（枚）	铜牌（枚）	总数（枚）
1	德国	西尔克·奥托	3:07.98	1	0	0	1
2	德国	希尔克·克劳夏尔	3:08.12	0	1	0	1
3	德国	塔季扬娜·霍夫纳	3:08.46	0	0	1	1
总计				1	1	1	3

表5-22 男子双人奖牌榜

排名	国家/地区	奖牌获得者	成绩（分）	金牌（枚）	银牌（枚）	铜牌（枚）	总数（枚）
1	奥地利	沃尔夫冈·林格尔/安德里亚斯·林格尔	1:34.50	1	0	0	1
2	德国	阿德尔·弗罗舒茨/托斯腾·乌斯里希	1:34.81	0	1	0	1
3	意大利	格哈德·普兰肯斯特纳/奥斯瓦尔德·哈塞雷德	1:34.93	0	0	1	1
总计				1	1	1	3

表5-23 奖牌总榜

排名	国家/地区	金牌（枚）	银牌（枚）	铜牌（枚）	总数（枚）
1	德国	1	2	1	4
2	意大利	1	0	1	2
3	奥地利	1	0	0	1
4	俄罗斯	0	1	0	1
5	拉脱维亚	0	0	1	1
总计		3	3	3	9

第二节 雪车

一、雪车运动的概念

雪车（bobsleigh）也称有舵雪橇，是一种集体乘坐的雪车，是乘坐可操纵方向的雪橇在冰道上滑行的运动项目。雪车由金属制成，形如小舟，车首覆有流线型罩。车底前部是一对舵板，上与方向盘相接，车底后部为一对固定平行滑，车尾装有制动器。

二、雪车运动的起源与发展

雪车，为雪橇运动项目之一，由无舵雪橇发展而来，起源于瑞士。它是一种集体乘坐雪橇，是利用舵和方向盘控制在人工冰道上滑行的运动。

18 世纪 80 年代，两位美国考察人员惠内（Stephen Whiney）和蔡尔兹（L. P.Childs）在瑞士的圣莫里茨将两个无舵雪橇前后用木板钉在一起，前面的用于控制转弯，并进行了一次比赛，引起观众的兴趣。1883 年，英国人把平底雪车装上了车板。1888 年，瑞士的马蒂斯（Mattis）研制成装有操纵舵的长雪橇、木制架子、铁制滑板。1890 年，爱好者们又制成装有金属舵板和制动闸的雪车，称为有舵雪车。1898 年 1 月，在克雷斯特朗又有 4 人座有舵雪橇问世。克雷斯特朗的滑道是自然雪道，因雪橇下滑速度不断增大，常常发生出辙、翻车等事故，因此人们逐渐想出在陡坡上多修转弯道的办法，以求减速，并把雪道表面冻成冰面，雪道两侧加护墙。在这样的雪道上滑降，平均时速可达 90 ～ 100 千米，最高时速可达 120 千米。

1903 年，第一条人工有舵雪橇线路在圣莫里茨建成。最初的雪橇乘员为 5 人，其中男子 3 人，女子 2 人，到 20 世纪初规则规定只允许男子参加，乘员人数由 5 人减到 4 人。国际有舵雪橇和平底雪橇联合会（international bobsleigh and tobogganing federation，FIBT）成立于 1923 年 11 月。初期还包括无舵雪橇运动，直至 1957 年无舵雪橇运动才单独分出，另成立国际无舵雪橇联合会。1924 年在第一届冬季奥运会中被列为正式比赛项目，冬奥会设双人座和四人座（1924 年列入）两个比赛项目，仅限男子参加。比赛时每队下滑四次，以四次比赛的总时间计算名次，时间少者为胜。女子双人座项目是在 2002 年第十九届美国盐湖城冬季奥运会成为正式比赛项目的。

雪车之所以引人入胜，是因为它高速滑行的时候，选手距离地面非常近，在一连串设计好的减速或增速壶道滑道里，那种风驰电掣般的高速行驶可以使选手充分享受危险刺激性。雪车的速度受到三个因素的影响，一是重量；二是空气阻力；三是摩擦，如果这三项因素相等，那么选手与雪橇组合最重的就会跑得最快。

现在的有舵雪橇是建立在速度和空气动力学的基础上，圆锥形玻璃纤维的头部、四个明光闪亮的轮子都有助于选手高速完成比赛。比赛开始时，选手尽自己所能快速推送雪车大约 50 米，然后快速跃入车内。

小资料：国际雪车联合会

国际雪车联合会（international bobsleighand tobogganing federation，FIBT）原名称为国际有舵雪橇和平底雪橇联合会。1897 年，世界上第一个雪车俱乐部在瑞士成立。国际雪车联合会于 1923 年 11 月 23 日在法国巴黎正式成立，正式工作语言为法语、英语、德语。国际雪车联合会总部设在意大利米兰，是冬季项目国际单项体育联合会总会成员。

三、中国雪车运动的发展

（一）起步发展

中国雪车队是 2015 年北京申办冬奥会成功后组建的。为备战 2022 年北京冬奥会，2016 年经过两次较大规模的运动员选拔，目前雪车队共 20 人。2018 年平昌冬奥会上，中国雪车队共获得四个冬奥会名额，分别是男子双人雪车项目两个席位、男子四人雪车和男子钢架雪车各一席。2018 年 2 月 2 日，中国雪车运动员的身影首次出现在冬奥会的比赛中。

组队两年，中国雪车就在国际大赛中崭露头角。2017 年 2 月在德国国王湖举办的雪车世锦赛中，中国女子双人雪车选手应清、马园园在前三轮的比赛中以第二十位的成绩闯入决赛，并顺利完赛。中国队世锦赛首秀凭借良好的技术和稳定的发挥，以完美落幕。

（二）人才稀缺

由于我国雪车项目起步较晚，必然造成人才稀缺的现状，优秀的运动员和本土教练员数量都还不能达到国家队所需，人才的培养是中国雪车亟待解决的大问题。

目前，雪车国家队的所有队员都是由田径、举重、摔跤等项目转项而来，为更好地备战 2022 年北京冬奥会，冬运中心开启了跨项跨界选材的大门，雪车项目的选材也在按部就班地进行着。国外雪车项目跨项运动员不乏成功的先例：美国的威廉姆斯曾在伦敦奥运会上夺得女子 4 × 100 米接力金牌，两年后她参加了索契冬奥会，夺得女子双人雪车项目银牌。我们也汲取了国外的优秀跨项经验，在人才的培养方式、训练模式等方面取长补短，加快脚步培养出一批优秀的雪车项目运动员。

目前，中国雪车和钢架雪车国家队分别由三名外教掌鞭，没有一名中国籍的主教练，优秀的教练员及雪车项目专家的培养也是下一步需要解决的问题。

（三）场地匮乏

目前，国际雪车联合会认证的标准赛道全世界只有 16 条，这其中大多数赛道所在城市都承办过冬奥会，北京延庆建设的是世界上第十六条标准赛道，也是中国第一条雪车雪橇赛道。

由于标准赛道造价极高，建成之后的运营与维护费用不菲，像美国、德国这些雪车强国有许多迷你赛道供大众娱乐。

随着生活水平的日益提高，国内热爱极限运动的人不在少数，如果雪车运动的场地逐步落成，相信会吸引大批国内的极限运动爱好者的关注。

2022 年北京冬季奥运会，中国用了完全不同的工具，来构造出高质量、结构优良的山间巨龙般的赛道（雪游龙），同时赛道质量也十分优越，将举行男子双人、男子四人，女子双人项目的比赛。

四、雪车运动的赛事及项目

（一）国际赛事

1. 国际冬季奥林匹克运动会

雪车运动于 1932 年第三届美国普莱希德湖冬季奥运会上被列入正式比赛项目。

2. 世界雪车锦标赛

世界雪车锦标赛由国际雪车联合会（international bobsleigh and tobogganing federation，FIBT）原名称为国际有舵雪橇和平底雪橇联合会主办。设置男子双人雪车、男子四人雪车、女子双人雪车、男子钢架雪车、女子钢架雪车和混合钢架团体赛。

（二）国内赛事

1. 中华人民共和国冬季运动会

中华人民共和国冬季运动会，简称“全国冬运会”或“冬运会”，是中国规模最大、级别最高的冬季综合性体育赛事，每四年举办一次，第一届于 1959 年 2 月在哈尔滨和吉林市举行。此后基本上是每四年举办一次，至 2022 年已举办十三届（第二届停办但届次照算，第十四届延期）。第一届至第四届作为全国运动会的冬季项目，与全运会的夏季项目一并作为一项赛事举办。1983 年以后，冬季运动会从全国运动会中分离，另行举办。

2. 全国雪车锦标赛

首届全国雪车锦标赛暨平昌冬奥会测试赛于 2017 年 10 月在加拿大卡尔加里雪车滑行中心举行，我国 9 个省、自治区、直辖市的 21 名运动员参赛。本次比赛是雪车项目第一次全国性比赛，将决出进入平昌冬奥会资格赛的名单。比赛共设 4 个项目，即单人、双人推车比赛和男子、女子双人雪车比赛。比赛设有 8 个小项，新增了男子四人推车和四人车（滑行）的比赛，传统的 6 个小项分别为男女单人、双人推车比赛和男子、女子双人雪车比赛。

（三）比赛项目

冬奥会雪车比赛项目分男子双人座、男子四人座和女子双人座三个比赛项目，共计 9 枚奖牌。

五、雪车运动员的运动技术等级

（一）国际级运动健将

凡符合下列条件之一者，可申请授予国际级运动健将称号：

（1）入选冬奥会名单。

（2）世界锦标赛前二十名。

（3）世界杯分站赛前二十名。

（4）青年世锦赛前八名。

（5）欧洲杯、北美杯分站赛前三名。

（二）运动健将

凡符合下列条件之一者，可申请授予运动健将称号：

（1）世锦赛第二十一名至三十名。

（2）世界杯分站赛第二十一名至三十名。
（3）青年世锦赛第九名至二十名。
（4）欧洲杯、北美杯分站赛第四名至二十名。
（5）全国冬季运动会前六名；全国锦标赛前三名。

（三）一级运动员

凡符合下列条件之一者，可申请授予一级运动员称号：
（1）世界杯分站赛第三十一名至四十名。
（2）世锦赛第三十一名至四十名。
（3）青年世锦赛第二十一名至三十名。
（4）欧洲杯、北美杯分站赛第二十一名至三十名。
（5）全国冬季运动会第七名至十二名。
（6）全国锦标赛第四名至十二名。

（四）二级运动员

凡符合下列条件之一者，可申请授予二级运动员称号：
（1）全国冬季运动会第十三名至二十名。
（2）全国锦标赛第十三名至二十名。
（3）省、自治区、直辖市体育行政部门主办的综合性运动会或锦标赛前三名。

（五）三级运动员

凡符合下列条件之一者，可申请授予三级运动员称号：
（1）省、自治区、直辖市体育行政部门主办的综合性运动会或锦标赛第四名至八名。
（2）市（地、州、盟）体育行政部门主办的综合性运动会或锦标赛前三名。

注：①可授予等级称号的小项：男子四人、男子双人；女子单人、女子双人；男子单人推车、男子双人推车、男子四人推车；女子单人推车、女子双人推车；②在我国完成场地建设之前，全国比赛随外训期间，择期举行。拟参赛运动员需达到可参加比赛的训练水平，经教练和竞赛观察组同意，方可参赛；比赛至少须有六人、三支代表队（需根据我国该项目未来发展人数而定）上场比赛，完成线路滑行，有比赛成绩，方可授予等级称号。

六、雪车运动的规则

（一）一般规则

1. 男子双人座
男子双人座雪车长不得超过 2.7 米，宽 0.67 米。选手与装备加上雪车总重量不得超过 390 千克。
2. 男子四人座
男子四人座雪车长不得超过 3.8 米，宽 0.67 米，选手与装备加上雪车总重量不得超过 630 千克。四人座项目的第 2、第 3 号选手作为推手，在出发的时候起到加速的作用。
3. 女子双人座
女子双人座雪车长不得超过 2.7 米，宽 0.67 米，选手与装备加上雪车总重量不得超过 350 千克。所有项目重量不足，可携带其他加重物补足。

（二）竞赛规则

比赛分双人座和四人座两项。每赛次滑行 4 次，以 4 次比赛的累计时间计算成绩，时间少者名次列前。遇两队时间总和相等时，以任何一次最少时间的队为胜。

每赛次滑行 4 次，以 4 次比赛的累计时间计算成绩，时间少者名次列前。遇两队时间总和相等时，以任何一次最少时间的队为胜。

每个小项赛期两天，每天进行 2 次。首轮出发顺序由抽签决定。从第二轮起，出发顺序由前一轮的最后一名先出发，接着顺次下排。出发前，雪橇距起点线 15 米。出发信号发出后，均由选手在起点处手推雪橇奔跑起动，推行距离大概在 50 米，选手随后跃入座位，前座的人掌舵，最后座的人负责制动。到达终点时选手均须在座位上，否则成绩无效。

七、雪车运动的场地

雪车滑道和比赛设施是用混凝上或木材建造的，具有一定坡度的凹型滑道。宽 1.40 米，两侧为护墙。护墙的内侧高 1.40 米，外侧高 2 ～ 7 米。滑道及两侧的护墙均需浇冰。比赛线路长度为 1 300 ～ 2 000 米，平均坡度为 4 度 30 分，最大坡度为 8 度 30 分。弯道部分的半径必须在 20 米以上，滑道的护墙最少不得低于 50 厘米。全程设有 15 ～ 20 个弯道，弯道的半径不得小于 20 米。滑道的平均坡度为 4 ～ 8 度。起点与终点的高度差为 100 ～ 150 米。

八、雪车运动的装备器材

（一）雪车

（1）双人座有舵雪橇长不得超过 2.70 米，宽 0.67 米，滑橇板宽度 8 毫米。双人座有舵雪橇比赛时，总重量不得超过 375 千克，不足重量可携带其他加重物补足。

（2）四人座有舵雪橇最长 3.80 米，宽 0.67 米，滑橇板最小宽度为 12 毫米。四人座有舵雪橇总重量不得超过 630 千克，不足重量可携带其他加重物补足。

（二）比赛服装

有舵雪橇服装、运动员穿戴用具包括：比赛服，护肩、护肘、头盔和专用钉靴。靴钉为刷型并均匀分布于靴底。靴钉的长度不超过 14 毫米，间隔不超过 3 厘米。

九、雪车运动的基本技术

（一）一般技术

有舵雪橇一般技术分为启动、舵手就位、中间位置就位、刹车手就位和比赛 4 部分技术。

（二）选手技术

（1）舵手：全队的战术制定者，在车内掌舵，选择理想的滑行线路。

（2）中间位置：比赛中，左右移动身体控制雪车。

（3）刹车手：仅在雪车到达终点后使用刹车装置停止雪车运行。

（三）赛车技术

（1）方向盘：位于雪车的两侧，用来控制和推动雪车，除后部方向盘外，都可以伸缩。

（2）雪车前部：雪车由两个方向盘控制的滑轮系统操作。
（3）滑行装置：由两对独立的钢制滑行装置组成。
（4）车身：车身或通风罩由玻璃纤维和钢铁制成，车身后部敞开，用于其他队员跃入座位。

十、雪车运动的相关名称

男子雪车项目：Men's Bobsleigh
男子双人座：Two Man
男子四人座：Four Man
女子雪车项目：Women's Bobsleigh
女子单人座：Monobob
女子四人座：Four Woman

十一、近五届冬奥会奖牌榜分布

1. 2022 中国北京冬奥会雪车项目奖牌榜（表 5–24 ～表 5–28）

表5–24　双人雪车（男子）奖牌榜

排名	国家 / 地区	奖牌获得者	成绩	金牌（枚）	银牌（枚）	铜牌（枚）	总数（枚）
1	德国	弗朗西斯科・弗里德里希 / 托尔斯滕・马吉斯	3:56.89	1	0	0	1
2	德国	约翰内斯・洛赫纳 / 弗洛里安・鲍尔	3:57.38	0	1	0	1
3	德国	克里斯滕・哈珀 / 马蒂亚斯・佐默	3:58.58	0	0	1	1
总计				1	1	1	3

表5–25　双人雪车（女子）奖牌榜

排名	国家 / 地区	奖牌获得者	成绩	金牌（枚）	银牌（枚）	铜牌（枚）	总数（枚）
1	德国	劳拉・诺尔特 / 德博拉・莱维	4:03.96	1	0	0	1
2	德国	玛丽亚马・雅曼卡 / 亚历山德拉・布格哈特	4:04.73	0	1	0	1
3	美国	埃拉娜・迈耶斯・泰勒 / 西尔维亚・霍夫曼	4:05.48	0	0	1	1
总计				1	1	1	3

表5–26　单人雪车（女子）奖牌榜

排名	国家 / 地区	奖牌获得者	成绩	金牌（枚）	银牌（枚）	铜牌（枚）	总数（枚）
1	美国	凯莉・汉弗莱斯	4:19.27	1	0	0	1

续表

排名	国家 / 地区	奖牌获得者	成绩	金牌（枚）	银牌（枚）	铜牌（枚）	总数（枚）
2	美国	埃拉娜·迈耶斯·泰勒	4:20.81	0	1	0	1
3	加拿大	克里斯蒂娜·德布鲁因	4:21.03	0	0	1	1
总计				1	1	1	3

表5-27 四人雪车奖牌榜

排名	国家 / 地区	奖牌获得者	成绩	金牌（枚）	银牌（枚）	铜牌（枚）	总数（枚）
1	德国	弗朗西斯科·弗里德里希 / 托尔斯滕·马吉斯 坎迪·鲍尔 / 亚历山大·许勒尔	3:54.30	1	0	0	1
2	德国	约翰内斯·洛克纳 / 弗洛里安·鲍尔 克里斯托弗·韦伯 / 克里斯蒂·拉瑟弗	3:54.67	0	1	0	1
3	加拿大	贾斯廷·克里普斯 / 里安·萨默 卡姆·斯通斯 / 本·科克韦尔	3:55.09	0	0	1	1
总计				1	1	1	3

表5-28 奖牌总榜

排名	国家 / 地区	金牌（枚）	银牌（枚）	铜牌（枚）	总数（枚）
1	德国	3	3	1	7
2	美国	1	1	1	3
3	加拿大	0	0	2	2
总计		4	4	4	12

2. 2018 韩国平昌冬奥会雪车项目奖牌榜（表 5-29 ～表 5-32）

表5-29 双人雪车（男子）奖牌榜

排名	国家 / 地区	奖牌获得者	成绩	金牌（枚）	银牌（枚）	铜牌（枚）	总数（枚）
1	加拿大	贾斯廷·克里普斯 / 亚历山大·科帕茨	3:16.86	1	0	0	1
1	德国	弗朗西斯科·弗里德里希 / 托尔斯滕·马吉斯	3:16.86	1	0	0	1
3	拉脱维亚	奥斯卡斯·梅尔巴季斯 / 吉尼斯·斯特加	3:16.91	0	0	1	1
总计				2	0	1	3

表5-30　双人雪车（女子）奖牌榜

排名	国家 / 地区	奖牌获得者	成绩	金牌（枚）	银牌（枚）	铜牌（枚）	总数（枚）
1	德国	玛丽亚马・雅曼卡 / 丽萨・布克维茨	3:22.45	1	0	0	1
2	美国	埃拉娜・迈耶斯・泰勒 / 劳伦・吉布斯	3:22.52	0	1	0	1
3	加拿大	凯莉・汉弗莱斯 / 菲莉霞・乔治	3:22.89	0	0	1	1
总计				1	1	1	3

表5-31　四人雪车（男子）奖牌榜

排名	国家 / 地区	奖牌获得者	成绩	金牌（枚）	银牌（枚）	铜牌（枚）	总数（枚）
1	德国	弗朗西斯科・弗里德里希 / 卡迪・鲍尔 马丁・格罗特 / 托尔斯滕・马吉斯	3:15.85	1	0	0	1
2	德国	尼克・沃森 / 凯文・库斯科 亚历山大・罗迪克 / 艾尔・弗兰肯	3:16.38	0	1	0	1
2	韩国	元允宗 / 全够珠 / 徐英佑 / 金东炫	3:16.38	0	1	0	1
总计				1	2	0	3

表5-32　奖牌总榜

排名	国家 / 地区	金牌（枚）	银牌（枚）	铜牌（枚）	总数（枚）
1	德国	3	1	0	4
2	加拿大	1	0	1	2
3	美国	0	1	0	1
3	韩国	0	1	0	1
5	拉脱维亚	0	0	1	1
总计		4	3	2	9

3. 2014 俄罗斯索契冬奥会雪车项目奖牌榜（表 5-33 ～表 5-36）

表5-33　双人雪车（男子）奖牌榜

排名	国家 / 地区	奖牌获得者	成绩	金牌（枚）	银牌（枚）	铜牌（枚）	总数（枚）
1	瑞士	贝亚特・哈弗提 / 艾利克斯・鲍曼	3:46.05	1	0	0	1
2	美国	史蒂文・霍尔科姆 / 史蒂文・兰顿	3:46.27	0	1	0	1
3	拉脱维亚	奥斯卡斯・梅尔巴季斯 / 多曼特斯・德赖斯克	3:46.48	0	0	1	1
总计				1	1	1	3

表5-34 双人雪车（女子）奖牌榜

排名	国家/地区	奖牌获得者	成绩	金牌（枚）	银牌（枚）	铜牌（枚）	总数（枚）
1	加拿大	凯莉·汉弗莱斯/海瑟·莫伊瑟	3:50.61	1	0	0	1
2	美国	劳琳·威廉姆斯/埃拉娜·迈耶斯·泰勒	3:50.71	0	1	0	1
3	美国	格鲁贝尔/埃文斯	3:51.61	0	0	1	1
总计				1	1	1	3

表5-35 四人雪车（男子）奖牌榜

排名	国家/地区	奖牌获得者	成绩	金牌（枚）	银牌（枚）	铜牌（枚）	总数（枚）
1	拉脱维亚	奥斯卡斯·梅尔巴季斯/多曼特斯·德赖斯克 艾维斯·维尔卡斯特/贞尼斯·斯特伦加	3:40.69	1	0	0	1
2	美国	史蒂文·霍尔科姆/柯蒂斯·托马塞维茨 史蒂文·兰顿/克里斯托弗·福格特	3:40.99	0	1	0	1
3	英国	乔·詹姆斯·杰克逊/派瑞·本森 布鲁斯·斯戴卡/乔伊·费通	3:41.10	0	0	1	1
总计				1	1	1	3

表5-36 奖牌总榜

排名	国家/地区	金牌（枚）	银牌（枚）	铜牌（枚）	总数（枚）
1	拉脱维亚	1	0	1	2
2	瑞士	1	0	0	1
2	加拿大	1	0	0	1
4	美国	0	3	1	4
5	英国	0	0	1	1
总计		3	3	3	9

4. 2010加拿大温哥华冬奥会雪车项目奖牌榜（表5-37～表5-40）

表5-37 双人雪车（男子）奖牌榜

排名	国家/地区	奖牌获得者	成绩	金牌（枚）	银牌（枚）	铜牌（枚）	总数（枚）
1	德国	安德烈·朗格/凯文·库斯克	3:26.65	1	0	0	1
2	德国	托马斯·弗罗舒茨/理查德·阿德杰	3:26.87	0	1	0	1
3	俄罗斯	亚历山大·祖布科夫/阿列克斯基·沃伊沃达	3:27.51	0	0	1	1
总计				1	1	1	3

表5-38　双人雪车（女子）奖牌榜

排名	国家 / 地区	奖牌获得者	成绩	金牌（枚）	银牌（枚）	铜牌（枚）	总数（枚）
1	加拿大	凯莉·汉弗莱斯 / 海瑟·莫伊瑟	3:32.28	1	0	0	1
2	加拿大	海勒·安普敦 / 夏利·安·布朗	3:33.13	0	1	0	1
3	美国	叶林·帕克 / 埃拉娜·迈耶斯·泰勒	3:33.40	0	0	1	1
总计				1	1	1	3

表5-39　四人雪车（男子）奖牌榜

排名	国家 / 地区	奖牌获得者	成绩	金牌（枚）	银牌（枚）	铜牌（枚）	总数（枚）
1	美国	史蒂文·霍尔科姆 / 史蒂文·梅斯勒 柯蒂斯·托马塞维茨 / 贾斯丁·奥尔森	3:24.46	1	0	0	1
2	德国	安德尔·朗格 / 凯文·库斯克 亚历山大·罗迪格 / 马丁·普泽	3:24.84	0	1	0	1
3	加拿大	林顿·拉什 / 大卫·比塞特 拉塞尔斯·布朗 / 克里斯·李·比安	3:24.85	0	0	1	1
总计				1	1	1	3

表5-40　奖牌总榜

排名	国家 / 地区	金牌（枚）	银牌（枚）	铜牌（枚）	总数（枚）
1	德国	1	2	0	3
2	加拿大	1	1	1	3
3	美国	1	0	1	2
4	俄罗斯	0	0	1	1
总计		3	3	3	9

5. 2006 法国都灵冬奥会雪车项目奖牌榜（表 5-41 ～表 5-44）

表5-41　双人雪车（男子）奖牌榜

排名	国家 / 地区	奖牌获得者	成绩	金牌（枚）	银牌（枚）	铜牌（枚）	总数（枚）
1	德国	安德尔·朗格 / 凯文·库斯克	3:43.38	1	0	0	1
2	加拿大	皮埃尔·鲁德斯 / 拉塞尔斯·布朗	3:43.59	0	1	0	1
3	瑞士	马丁·安南 / 贝亚特·哈弗提	3:43.73	0	0	1	1
总计				1	1	1	3

表5-42 双人雪车（女子）奖牌榜

排名	国家 / 地区	奖牌获得者	成绩	金牌（枚）	银牌（枚）	铜牌（枚）	总数（枚）
1	德国	桑德拉・基里亚希斯 / 安佳・施奈德海因策	3:49.98	1	0	0	1
2	美国	肖纳・罗博克 / 瓦莱丽・弗莱明	3:50.69	0	1	0	1
3	意大利	杰尔达・魏森施泰纳 / 珍妮弗・艾萨克	3:51.01	0	0	1	1
总计				1	1	1	3

表5-43 四人雪车（男子）奖牌榜

排名	国家 / 地区	奖牌获得者	成绩	金牌（枚）	银牌（枚）	铜牌（枚）	总数（枚）
1	德国	安德尔・朗格 / 罗恩・哈珀 凯文・库斯克 / 马丁・普泽	3:40.42	1	0	0	1
2	俄罗斯	亚历山大・祖布科夫 / 菲利普・叶戈罗夫 阿列克谢・斯列沃斯托夫 / 阿列克斯基・沃伊沃达	3:40.55	0	1	0	1
3	瑞士	马丁・安南 / 托马斯・兰帕特尔 贝亚特・哈弗提 / 塞德里克・格兰德	3:40.83	0	0	1	1
总计				1	1	1	3

表5-44 奖牌总榜

排名	国家 / 地区	金牌（枚）	银牌（枚）	铜牌（枚）	总数（枚）
1	德国	3	0	0	3
2	美国	0	1	0	1
2	加拿大	0	1	0	1
2	俄罗斯	0	1	0	1
5	瑞士	0	0	2	2
6	意大利	0	0	1	1
总计		3	3	3	9

第三节 钢架雪车

一、钢架雪车运动的概念

钢架雪车（skeleton）也称无舵雪车、卧式雪橇、俯式冰橇，又称冰橇。钢架雪车是以雪橇为工具，借助起滑后的惯性从山坡沿专门构筑的冰道快速滑降的一种冬季运动，在传统雪车的基础上延伸出来的一种运动项目。

二、钢架雪车运动的起源

19 世纪，钢架雪车运动在欧洲的瑞士、奥地利、意大利、德国以及北美的加拿大、美国等国家兴起。

1884 年，在瑞士的圣莫里茨举行了第一次的钢架雪车比赛，参赛者是在结冰的道路上举行比赛，比赛路线是从圣莫里茨滑到塞勒里那，获胜者得到一瓶香槟。从 1887 年开始出现类似现在这种俯卧式的雪车姿势。同年，由瑞士圣莫里茨地区的机械专家马蒂斯设计制造历史上第一个用于比赛的俯式冰橇。到 1892 年将俯式冰橇正式定名为“skeleton”，因为这种雪车的造型类似人体的骨架，也称骨架雪车。

钢架雪车产生的背景源于第二次工业革命的巅峰，钢材产业已经相当成熟，当时的冰雪运动处在快速发展阶段，为了适应更高强度的运动项目，人们开始尝试用不同的材料制造运动设备。最初的钢架雪车采用玻璃纤维和金属合成品制作，车体比较脆弱容易在使用过程中损毁，为了促进雪车运动的发展，同时为了保护运动员的安全，从而于 1892 年催生出了世界上第一部由纯钢材质制作而成的雪车，即钢架雪车。

1923 年，国际雪橇和雪车联合会正式成立后，建议把钢架雪车和雪车一并列入 1924 年首届冬奥会竞赛项目。到 1928 年第二届冬奥会在瑞士的圣莫里茨举行，作为无舵雪橇的故乡，瑞士决定将钢架雪车纳入冬奥会，获得了国际奥委会的批准，并设置男、女各一项比赛，但由于存在危险的原因，最终只有雪车项目被采纳列入。直到二十年之后，圣莫里茨再度举办冬奥会，又把钢架雪车列入比赛项目。但钢架雪车这种运动具有极高的危险性，其下降速度极快，同时运动员头部朝下，一旦发生事故很可能车毁人亡，因此，钢架雪车又被取消，从此中断了其在冬奥会比赛项目的历史，在冬奥会的赛场上销声匿迹。从 20 世纪 50 年代开始，随着无舵雪橇的兴起，人们对钢架雪车的兴趣逐渐减退。1988 年，为了促进钢架雪车的发展，国际有舵雪橇和平底雪橇联合会决定开始举办世界钢架雪车锦标赛。

直到 2002 年的盐湖城冬奥会，钢架雪车比赛才又再度成为冬奥会的比赛项目，设男子和女子 2 个项目。前两届的比赛，只有男子组，盐湖城冬奥会加进了女子组的比赛。到 2010 年，温哥华冬奥会钢架雪车比赛共设男子单人座和女子单人座 2 个小项。

三、中国钢架雪车运动的发展

我国该项目在 2015 年之前尚未开展。

在 2015 年 9 月 22—25 日，由国家体育总局冬季运动管理中心组织的中国钢架雪车国家队选拔在 2022 年北京张家口冬奥会雪车、雪橇项目举办场地的北京延庆区举行。通过此次选拔将选拔出首批国家钢架雪车队的运动员。此次选拔也意味着我国将正式开展钢架雪车项目，从而弥补中国在冬季奥运会上未参加大项的空缺之一。2015 年 8 月 17—24 日同样在延庆区成功举办了国家雪橇队的运动员选拔，为此次选拔奠定了工作基础和经验积累。参加此次选拔最终选出男女共 10 名运动员组成国家队，同时产生约 10 名替补运动员。由此，中国钢架雪车国家队于 2015 年 10 月成立，11 月 25 日踏上出国训练的首站加拿大卡尔加里，之后转训德国国王湖。

2016 年 1 月 15—16 日，国家钢架雪车队首次正式参加国际级比赛——欧洲杯第五站、第六站。在第五站比赛中，女队员龙承凤获得第二十名的成绩；第六站比赛中，男队员耿文强在裁判出现失误导致出发顺序有误的情况下，及时调整状态并顺利完赛，最终获得第十九名的成绩。龙承凤、耿文强顺利完成滑行并取得积分，其他参赛队员赵绪博、闫文港、陈梅芳、杨丹霞均顺利完成比赛，获得一次有效比赛成绩。1 月 27—28 日，欧洲杯分站赛将在瑞士的圣莫里茨的赛道举行。这次赛事是欧洲杯赛前的一次邀请赛，有很多报名参加欧洲杯的运动员也参加角逐。耿文强和闫文港分别以首轮第四和第八的成绩进入决赛，训练了两个多月的中国选手耿文强获得铜牌，闫文港名列第十。

2021 年 11 月 26 日，在奥地利因斯布鲁克举行的 2021—2022 赛季钢架雪车世界杯赛中，耿文强以 1 分 46 秒 04 的总成绩获得男子单人比赛冠军，这也是中国首个钢架雪车世界杯冠军。

2022 年 1 月，北京冬奥会中国体育代表团组成队。

四、钢架雪车运动的运动技术等级

（一）国际级运动健将

凡符合下列条件之一者，可申请授予国际级运动健将称号：

（1）冬奥会前十二名。

（2）世界锦标赛、年度世界排名前八名。

（3）世界杯分站赛第一名。

（二）运动健将

凡符合下列条件之一者，可申请授予运动健将称号：

（1）冬奥会第十三名至十八名。

（2）世界锦标赛、年度世界排名第九名至十四名。

（3）世届青年锦标赛、冬季青年奥运会、世界大学生冬运会、亚洲冬季运动会前八名。

（4）世界杯分站赛前六名。

（5）洲际杯分站赛第一名。

（6）全国冬季运动会前六名。

（7）全国锦标赛、全国冠军赛前三名。

（8）全国夏季锦标赛、全国青年锦标赛第一名。

（三）一级运动员

凡符合下列条件之一者，可申请授予一级运动员称号：

（1）世界锦标赛第十五名至二十四名。

（2）世界杯分站赛第七名至第十六名。

（3）洲际杯分站赛第二名至八名。

（4）世界大学生冬运会、冬季青年奥运会、世界青年锦标赛、亚州冬季运动会第九名至十六名。

（5）全国冬季运动会第七名至十四名。

（6）全国锦标赛、全国冠军赛第四名至十名。

（7）全国夏季锦标赛、全国青年锦标赛第二名至六名。

（四）二级运动员

凡符合下列条件之一者，可申请授予二级运动员称号：

（1）全国冬季运动会第十五名至二十四名。

（2）全国锦标赛、全国冠军赛第十一名至二十四名。

（3）全国夏季锦标赛、全国青年锦标赛第七名至十六名。

（4）省、自治区、直辖市体育行政部门主办的综合性运动会及锦标赛单项前三名。

（五）三级运动员

凡符合下列条件之一者，可申请授予三级运动员称号：

（1）全国夏季锦标赛、全国青年锦标赛第十七名至二十四名。

（2）省、自治区、直辖市体育行政部门主办的综合性运动会或锦标赛单项第四名至十二名。

（3）市（地、州、盟）体育行政部门主办的综合性运动会或锦标赛第一名。

注：①可授予等级称号的小项（以下小项外的其他小项不得授予等级称号）：男子、女子；②上述国际和全国比赛各小项须至少有八人（队）、省级和地市级比赛各小项须至少有六人（队）上场比赛，方可授予等级称号；③上述比赛未明确组别的，则仅最高水平组别可授予等级称号。

五、钢架雪车运动的规则

（一）赛事规则

比赛在同一天进行两轮，两轮成绩相加排列名次，如果选手成绩相同，名次可以并列。第一轮出发顺序由抽签决定，第一轮成绩最好的二十名男选手和十二名女选手晋级第二轮，第二轮出发顺序是以第一轮的成绩为依据，成绩最好的最后一个出发。

（二）姿势要求

钢架雪车比赛所用的赛道与雪橇相同，不同的是雪橇和滑行的姿势，雪橇是选手仰躺在雪橇上，脚在前头在后，而钢架雪车则相反，选手俯身躺在雪车上，头朝前脚在后。

出发时选手排列在起点等候，依照出发顺序出发。出发的信号灯亮起之后，选手必须在 30 秒内完成出发动作。出发时选手必须将雪车推向前，加速之后迅速登上雪车完成比赛，出发动作必须全部由选手自行完成，钢架雪车规定只能以俯卧式进行，选手的肚子贴在雪车上的姿势才被允许。中途允许掉落雪车，但在通过终点时，选手必须在雪车上才算完成比赛。

（三）器材要求

1. 男子单人

（1）钢架雪车加上选手的重量不得超过 115 千克。

（2）只要钢架雪车的重量控制在 33 千克以内，总体重量也可超过 115 千克。

（3）即使总体重量未超过 115 千克，钢架雪车的重量也不得超过 43 千克。

（4）在重量不足的情况下，选手可以通过贴铅块来补足重量。

2. 女子单人

（1）钢架雪车加上选手的重量不得超过 92 千克。

（2）只要钢架雪车的重量控制在 29 千克以内，总体重量也可超过 92 千克。 即使总体重量未超过 92 千克，钢架雪车的重量也不得超过 35 千克。

（3）在重量不足的情况下，选手可以通过贴铅块来补足重量。

六、钢架雪车运动的场地

钢架雪车与雪车项目一样，滑道长 1 200 ～ 1 300 米，平均倾斜度为 8 ～ 15 度，曲线半径须至少在二十米以上。滑行转弯时，压力接近于地球重力的四倍，平均时速达到 100 千米。在曲线、直线、马蹄形滑道上保持加速度，滑行绕过 14 ～ 22 个弯道是该项赛事的重点。由于是争分夺秒的比赛，因此不能减慢滑行的速度。

七、钢架雪车运动的装备器材

（一）雪车

钢架雪车最初是以金属制作的，多为玻璃纤维和金属合成品，比赛中两轮必须使用同一辆雪车，如果在比赛中雪车被损毁，可以借用雪车比赛，但必须上报并获准后方可使用。雪车长度在 80 ～ 120 厘米，高度为 8 ～ 20 厘米。

1. 男子比赛

使用的钢架雪车，规定重量不得超过 43 千克，雪车和选手加起来重量不得超过 115 千克。如果雪车和选手加起来重量超过 115 千克，那么雪车重量不得少于 33 千克。

2. 女子比赛

雪车不得超过 35 千克，雪车和选手加起来重量不得超过 92 千克，如果雪车和选手加起来重量超过 92 千克，那么雪车不得少于 29 千克。

如果重量不足，可以在雪车上增加重物，但不得在选手身上放置重物。雪车与地面接触的雪板部分，必须以钢材制成，上面不能有任何涂装。在比赛前选手将雪车送到起点，经检查之后，到比赛时雪和雪板温度与送去时的温差不得超过 4℃。

（二）服装

选手的雪靴最多可以用 8 支长钉，每个不得超过 7 厘米，所有参赛选手必须佩戴全罩式安全帽，以维护颈部以上的安全。

八、钢架雪车运动的基本技术

（一）头部技术

钢架雪车的操控要比雪橇容易。头部的偏转会让两个橇刃的压力不同，在高速的情况下，细微的头部偏转就会让橇在赛道中有比较大的方向变化，在低速的情况下，头部的过大动作会导致严重侧滑损失速度。

（二）脚部技术

两脚在正后方轻点冰面会往点冰的脚的方向拐弯，双脚同时轻点冰面可以让橇在侧滑中快速回正，但速度损失较多。

（三）弯道技术

现代钢架雪车赛道的弯道会有倾斜的坡面，橇会上到坡面上，橇刃的后半部分是有棱的，棱两侧有凹槽，在膝盖的主动压力下可以嵌入冰中，在弯道里造成阻力，加上肩部的动作可以让橇在弯道中做出上下移动的动作（比赛称 up 和 down），通常也会配合头部和脚部的动作。

上述动作想要做到“干脆”，难度很大。例如，在弯道里，在离心力甩你的情况下，如果需要用“down”，运动员感觉自己压了头实际上并没有的，所以橇并没有被很好地控制；还有些情况下是需要肩部不改变两侧压力只有头的动作，这些在高速移动中很难做出来，需要运动员有非常好的感觉。区别雪车原理是完全不同的，雪车有四条刃，是靠前面的舵造成前两个刃的偏转来转弯的，而钢架雪车的脚趾点地控制总会损失速度，所以其最高速度没有大雪车快。

九、钢架雪车运动的相关名称

男子单人：Men's Single

女子单人：Women's Single

十、近五届冬奥会奖牌榜分布

1. 2022 中国北京冬奥会钢架雪车项目奖牌榜（表 5–45 ～表 5–47）

表5–45　单人（男子）奖牌榜

排名	国家 / 地区	奖牌获得者	成绩	金牌（枚）	银牌（枚）	铜牌（枚）	总数（枚）
1	德国	克里斯托弗・格罗特赫尔	4:01.01	1	0	0	1
2	德国	阿克塞尔・容克	4:01.67	0	1	0	1
3	中国	闫文港	4:01.77	0	0	1	1
总计				1	1	1	3

表5–46　单人（女子）奖牌榜

排名	国家 / 地区	奖牌获得者	成绩	金牌（枚）	银牌（枚）	铜牌（枚）	总数（枚）
1	德国	汉娜・奈泽	4:07.62	1	0	0	1
2	澳大利亚	贾克琳・纳拉科特	4:08.24	0	1	0	1
3	荷兰	金伯莉・博斯	4:08.46	0	0	1	1
总计				1	1	1	3

表5–47　奖牌总榜

排名	国家 / 地区	金牌（枚）	银牌（枚）	铜牌（枚）	总数（枚）
1	德国	2	1	0	3
2	澳大利亚	0	1	0	1
3	中国	0	0	1	1
3	荷兰	0	0	1	1
总计		2	2	2	6

2. 2018 韩国平昌冬奥会钢架雪车项目奖牌榜（表 5-48 ～表 5-50）

表5-48 单人（男子）奖牌榜

排名	国家 / 地区	奖牌获得者	成绩	金牌（枚）	银牌（枚）	铜牌（枚）	总数（枚）
1	韩国	尹诚彬	3:20.55	1	0	0	1
2	俄奥运选手	尼基塔・特列古博夫	3:22.18	0	1	0	1
3	英国	多姆・帕森斯	3:22.20	0	0	1	1
总计				1	1	1	3

表5-49 单人（女子）奖牌榜

排名	国家 / 地区	奖牌获得者	成绩	金牌（枚）	银牌（枚）	铜牌（枚）	总数（枚）
1	英国	利兹・雅诺德	3:27.28	1	0	0	1
2	德国	杰奎琳・洛伊林	3:27.73	0	1	0	1
3	英国	劳拉・迪斯	3:27.90	0	0	1	1
总计				1	1	1	3

表5-50 奖牌总榜

排名	国家 / 地区	金牌（枚）	银牌（枚）	铜牌（枚）	总数（枚）
1	英国	1	0	2	3
2	韩国	1	0	0	1
3	俄奥运选手	0	1	0	1
4	德国	0	1	0	1
总计		2	2	2	6

3. 2014 俄罗斯索契冬奥会钢架雪车项目奖牌榜（表 5-51 ～表 5-53）

表5-51 单人（男子）奖牌榜

排名	国家 / 地区	奖牌获得者	成绩	金牌（枚）	银牌（枚）	铜牌（枚）	总数（枚）
1	俄罗斯	亚历山大・特雷蒂亚科夫	3:44.29	1	0	0	1
2	拉脱维亚	马丁斯・杜库斯	3:45.10	0	1	0	1
3	美国	马特・安托万	3:47.26	0	0	1	1
总计				1	1	1	3

表5-52　单人（女子）奖牌榜

排名	国家 / 地区	奖牌获得者	成绩	金牌（枚）	银牌（枚）	铜牌（枚）	总数（枚）
1	英国	利兹 · 雅诺德	3:52.89	1	0	0	1
2	美国	皮库斯 · 佩斯	3:53.86	0	1	0	1
3	俄罗斯	艾琳娜 · 尼基蒂娜	3:54.30	0	0	1	1
总计				1	1	1	3

表5-53　奖牌总榜

排名	国家 / 地区	金牌（枚）	银牌（枚）	铜牌（枚）	总数（枚）
1	俄罗斯	1	0	1	2
2	英国	1	0	0	1
3	美国	0	1	1	2
4	拉脱维亚	0	1	0	1
总计		2	2	2	6

4. 2010 加拿大温哥华冬奥会钢架雪车（俯式冰橇）项目奖牌榜（表 5-54 ～表 5-56）

表5-54　单人（男子）奖牌榜

排名	国家 / 地区	奖牌获得者	成绩	金牌（枚）	银牌（枚）	铜牌（枚）	总数（枚）
1	加拿大	乔恩 · 蒙特格莫里	3:29.73	1	0	0	1
2	拉脱维亚	马丁斯 · 杜库斯	3:29.80	0	1	0	1
3	俄罗斯	亚历山大 · 特雷蒂亚科夫	3:30.75	0	0	1	1
总计				1	1	1	3

表5-55　单人（女子）奖牌榜

排名	国家 / 地区	奖牌获得者	成绩	金牌（枚）	银牌（枚）	铜牌（枚）	总数（枚）
1	英国	艾美 · 威廉姆斯	3:35.64	1	0	0	1
2	德国	克斯汀 · 兹姆科维亚克	3:36.20	0	1	0	1
3	德国	安佳 · 胡伯尔	3:36.36	0	0	1	1
总计				1	1	1	3

表5-56　奖牌总榜

排名	国家 / 地区	金牌（枚）	银牌（枚）	铜牌（枚）	总数（枚）
1	英国	1	0	0	1
2	加拿大	1	0	0	1
3	德国	0	1	1	2
4	拉脱维亚	0	1	0	1
5	俄罗斯	0	0	1	1
总计		2	2	2	6

5. 2006 法国都灵冬奥会钢架雪车（俯式冰橇）项目奖牌榜（表 5-57 ～表 5-59）

表5-57　单人（男子）奖牌榜

排名	国家 / 地区	奖牌获得者	成绩	金牌（枚）	银牌（枚）	铜牌（枚）	总数（枚）
1	加拿大	迪夫・吉伯森	1:55.88	1	0	0	1
2	加拿大	杰夫・佩因	1:56.14	0	1	0	1
3	瑞士	格雷戈尔・斯特莱	1:56.80	0	0	1	1
总计				1	1	1	3

表5-58　单人（女子）奖牌榜

排名	国家 / 地区	奖牌获得者	成绩	金牌（枚）	银牌（枚）	铜牌（枚）	总数（枚）
1	瑞士	玛雅・佩特森	1:59.83	1	0	0	1
2	英国	谢利・鲁德曼	2:01.06	0	1	0	1
3	加拿大	梅丽莎・霍林沃斯	2:01.41	0	0	1	1
总计				1	1	1	3

表5-59　奖牌总榜

排名	国家 / 地区	金牌（枚）	银牌（枚）	铜牌（枚）	总数（枚）
1	加拿大	1	1	1	3
2	瑞士	1	0	1	2
3	英国	0	1	0	1
总计		2	2	2	6

参考文献

[1] 全国体育院校教材委员会 . 冰雪运动 [M]. 北京：人民体育出版社，2001.

[2] 朱志强 . 冰上运动 [M]. 北京：人民体育出版社，2012.

[3] 朱志强 . 雪上运动 [M]. 北京：人民体育出版社，2012.